李锦全文集

· 第一卷 ·

李锦全　著

·广州·

版权所有　翻印必究

图书在版编目（CIP）数据

李锦全文集. 第一卷/李锦全著. —广州：中山大学出版社，2018.10
ISBN 978-7-306-06226-0

Ⅰ. ①李… Ⅱ. ①李… Ⅲ. ①哲学—中国—文集 Ⅳ. ①B2-53

中国版本图书馆 CIP 数据核字（2017）第 277574 号

出 版 人：	王天琪
责任编辑：	章　伟
封面设计：	刘　犇
责任校对：	刘丽丽
责任技编：	何雅涛
出版发行：	中山大学出版社
电　　话：	编辑部 020-84111996，84113349，84111997，84110779
	发行部 020-84111998，84111981，84111160
地　　址：	广州市新港西路 135 号
邮　　编：	510275　　　传　真：020-84036565
网　　址：	http://www.zsup.com.cn
	E-mail:zdcbs@mail.sysu.edu.cn
印 刷 者：	佛山市浩文彩色印刷有限公司
规　　格：	787mm×1092mm　1/16　19.25 印张　388 千字
版次印次：	2018 年 10 月第 1 版　2018 年 10 月第 1 次印刷
定　　价：	78.00 元

如发现本书因印装质量影响阅读，请与出版社发行部联系调换

李锦全简介

1926年生，中山大学哲学系教授、博士生导师。曾任中山大学哲学系主任，兼任国际儒学联合会理事、广东儒学研究会会长、广东岭南理学研究会会长、广东朱熹学术思想研究会会长等职。多年来，从事中国哲学思想史教学和研究工作。出版个人专著、合著20余部，发表学术论文200多篇。与萧萐父主编的全国高校统编教材《中国哲学史》获国家教育委员会高等学校优秀教材一等奖、广东省哲学社会科学优秀成果奖特别学术成就奖、中山大学第二届卓越服务奖，发行10多万册。与方克立主持国家哲学社会科学研究基金"七五""八五"重点规划课题"现代新儒学思潮研究"。在中国传统思想文化研究领域中做出了重要贡献。

道法自然　止于至善

——李锦全教授的学思和情怀（代序）

李宗桂

《李锦全文集》即将出版，我作为30多年来跟随李锦全先生学习，接触先生甚多而且自认了解先生甚深的学生之一，乐意借此机会谈谈先生的为学和为人，以帮助读者加深对这套文集里的论说的理解。同时，也希望能为当代中国学术史提供一点可资借鉴的资料和想法。

一

李锦全，1926年2月9日出生于广东省东莞县（现东莞市）莞城镇一个医生家庭。1932年春天，他入县城新民小学读书。1937年9月，考入东莞县立中学，其时他只有11岁多。1938年秋，日寇的铁蹄践踏华南，东莞县城沦陷，他被迫停学，困居家中。他父亲喜欢作旧体诗，家中藏有不少文史书籍，古典小说名著相当齐全。受这种家庭环境的熏陶，他在停学的4年中，广泛涉猎了古典文史著作。先是读《唐诗三百首》《词选》《花间集》等诗词选本，接着读《昭明文选》中的汉魏六朝诗赋，《诗经·国风》和《楚辞》，以及传奇剧本《桃花扇》等。同时，他还阅读了大量古典小说。《三国演义》《西游记》《水浒传》《红楼梦》等名著自不必说，就连晚清时期的一些文学作品和各个时期的历史演义，也涉猎甚多。历史书籍如《史记》《资治通鉴》等，虽有一些接触，但不如看文学书的兴趣大。可以说，他年少时期的阅读兴趣，表明他是一个具有文学爱好和文学气质的人。

1942年，他复学入读初中二年级。在1938年到1942年这4年的停学自修期间，他学会了作旧体诗和填词。他少年时期记忆力很强。据他自己说，他现在能背诵的大量诗词，都是那时候熟记下来的。他复学之时，东莞县城仍在敌伪的统治下，入读复办的东莞一中的学生，都是留在沦陷区的孩子。沦陷区后来虽然挂起汪记国民政府的招牌，可是"亡国"的滋味仍然深深地刺痛了他的心。他后来写过一组《莞城杂忆》诗，其中有两首云："心惊胆战入城中，老幼无言尽鞠躬。少小应知亡国恨，神州依旧血流红。""少小无知作顺民，胸中郁结向谁申？挑灯作伴唯书卷，闭户关门隔路尘。"这些咏叹表明，他从青少年时代开始，就是一个坚定的爱国主义者、一个具有文化自觉意识的民族主义者。这种以家国情怀为表征的爱国主义精神，可谓深入骨髓，长期坚持。因此，在前些年某些人为汉奸行为和汉奸理论辩护、为帝国主义侵华行径涂脂抹粉的时候，他旗帜鲜明地撰文批驳，展现了一个正直的知识分子的堂堂正气和激浊扬清的大丈夫精神。

1947年7月，他从东莞中学毕业。当时从高中二年级开始文理分科，他入的是理科班，学了两年数理化。但在报考大学时，他没有听从父亲要他报考医科的意见，而从兴趣出发，自行决定报考广东省立文理学院中国文学系和中山大学历史系，结果被两校同时录取。由于中山大学是国立大学，故他最后进了历史系。这个人生花絮，表明他虽是一个性格温和但具有很强自主性和独立性的人。

1949年10月，广州解放。李锦全先生班上不少同学参加了工作，他是继续留校学习的三人之一。在校期间，他修读过刘节、阎宗临、丘陶常、陈锡祺等先生开设的课程。他的毕业论文《唐碑校释》由岑仲勉先生指导，至今完好地保存在中山大学图书馆里。他在历史系文物室兼任梁钊韬先生的助手，经过老师的教导和个人的努力，他掌握了历史文献学、考据学以至文字训诂学等方面的基本功，为后来从事历史研究、思想文化史研究和哲学史研究打下了宽广坚实的基础。

1951年7月，李锦全先生从中山大学历史系毕业，被分配到中南文化部文物处工作。1952年被选派到北京，参加由中央文化部、中国社会科学院考古研究所和北京大学联合举办的第一届考古工作人员训练班。除在北京上课外，还到大同、云冈、洛阳、郑州等地实习。通过众多名师的指点、现场直观教学与实践锻炼，他学到了不少具体知识。1953年，他在长沙住了8个多月，做了大量古墓葬的发掘工作。他参加了出土有战国竹简的仰天湖35号墓的清理工作，并为此赋诗云："仰天湖上出奇珍，竹简千秋尚未闻。谁识此中文字意，墓中宝物日常新。"他后来虽然没有继续做考古工作，但经过这段时间的专业学习和实际操作，加深了对我国古代社会历史文化的认识，这对他日后的研究工作有相当大的帮助。

1954年，国家调整行政体制，撤销了各大行政区，李锦全先生于当年10月回到母校中山大学历史系工作。他先是从事中国古代史领域的研究工作，当了一年多的助教，1956年升任讲师。其时，历史系成立中国思想史教研组，他开始以古代思想史为研究方向。1960年，中山大学复办哲学系，他和中国思想史教研组随同杨荣国先生转到哲学系，直到2000年退休。

"文化大革命"前，李锦全先生在中山大学历史系、哲学系工作了11年多。在此期间，他讲授过中国古代史、中国哲学史专业基础课和中国古代思想史专门化课程。在杨荣国先生指导下，他和陈玉森、吴熙钊合写出《简明中国思想史》。1962年该书由中国青年出版社出版，在当时产生了良好的社会影响。那段时间，由于经常要下乡参加各种政治活动，耗费了不少时间，但他仍从事科研工作，并关注学术问题的讨论。如针对古史辨派的疑古论、曹操的历史评价、地主阶级的"让步政策"、中国思想史上的"天人关系"、董仲舒的自然观、陈白沙哲学的性质等问题，他都发表过文章，阐发自己的见解。至于"文化大革命"期间"四人帮"搞的所谓"批林批孔""评法批儒"之类的把戏，虽然迫于当时的局势，他也和当时绝大多数的知识分子一样被卷进漩涡，但他诚恳地说，那谈不上是学术研究。打倒"四人帮"后，他的学术活动才真正得以开展，学术生命才真正得以焕发。

1978年是李锦全先生在教学和科研工作上重新起步的一年。他在恢复职称评审制度时晋升为副教授，并开始担任中国哲学史专业硕士研究生的教学工作，先后开出中国古代哲学史专题研究、先秦哲学原著研究、汉唐哲学原著研究、宋明清哲学原著研究、中国古代史专题研究等课程。他受教育部委托，参加主编高校《中国哲学史》教材（上、下册，人民出版社出版，已经重印10多次，发行10余万册）。1983年，他晋升为教授。1986年，被国务院学位委员会批准为中国哲学专业博士生导师。1984年至1989年，他担任中山大学哲学系系主任。

李锦全先生兼任过不少社会职务。他先后担任过中国哲学史学会常务理事、国际儒学联合会理事、中国孔子基金会理事兼学术委员会委员、广东省社会科学界联合会主席团委员、广东哲学学会副会长、广东历史学会副会长、广东省文化学会副会长、广东无神论研究会会长、广东儒学研究会会长、广东朱熹学术思想研究会会长、广东岭南理学研究会会长、广东康（有为）梁（启超）研究会副会长、中山大学学术委员会委员、中山大学学位委员会委员，等等。

二

自1978年以来，李锦全先生除了参加主编大学教材《中国哲学史》外，还出版了专著《海瑞评传》和《陶潜评传》。海瑞和陶潜都是匡亚明主编的"中国思想家评传丛书"中的"传主"，而一般中国哲学思想史都未承认他们是思想家，李先生确是用了很大的功力，将他俩写成"另类"思想家。这两部著作都是有独创性见解的学术研究专著，现收入这套文集中，值得关注。他还与人合作出版著作多部，主编《中国哲学初步》，在海内外发表了300余篇学术论文，参加国际国内学术会议近百次。他积极参加中国哲学、中国思想文化方面的重大学术讨论，为中国哲学和中国文化的发展、为中华民族的振兴而竭心尽力。

李锦全先生知识广博，文史哲兼通，并擅长旧体诗词的写作，在内地（大陆）和香港、台湾地区的学术界口碑甚佳。他发表的论文，就时间跨度而言，从先秦贯通当代，各个历史时期的都有；就学术流派而言，儒家、道家、墨家、法家、佛家、名家等，无不论及；先秦子学、两汉经学、魏晋玄学、隋唐佛学、宋明理学、近代新学，以至现代新儒学，都在他的学术视野之中，而且都有相应的论文发表。至于近年来影响广泛而深远的中国文化讨论，特别是关于中国传统文化与现代化的关系问题，他更是见解独到，论著甚多，颇为学术界同人重视，产生了比较广泛的影响。他是国内最早招收"中国传统文化与现代化"研究方向博士生、系统培养文化研究人才的学者之一。

  对于中国传统哲学发展的特点，李锦全先生用"矛盾融合，承传创新"8个字加以概括。他认为，中国传统哲学从先秦各家学派开始，便具有矛盾的两重性。儒家学说的重要特点之一，是着意研究和解决人际关系问题，孔子的"仁"可以说就是一种人际关系学。儒学一方面在道德修养上平等要求不同地位的人们，提倡独立人格精神；另一方面又在社会政治上竭力维护等级制度，从而形成了儒家在人际关系上的两重性思想矛盾。道家学者一方面抨击时政，一方面要为统治者的长远利益出谋划策，也表现出思想上的两重性矛盾。墨家既力主"非命""尚力"，又宣扬"天志"，倡导"明鬼"，同样表现出思想上的两重性矛盾。法家既竭力尊君，但也主张君臣合作共事，显然也具有两重性的思想矛盾。

  李锦全先生明确指出，先秦诸子百家争鸣，尽管彼此互相批判，但仍然有相通之处，"即表现为矛盾融合论"。他认为，墨家的兼爱和儒家的泛爱、博爱，前者是视人犹己，后者是推己及人，在思想实质上并无差别，只是操作程序上的差别而已，因而是可以融合的。道家猛烈批评儒、墨、法三家的学说，彼此间固然有相当的思想距离，但其实儒、墨、法各家与道家思想之间也并非完全没有相通之处。道家倡导无为，儒家也讲无为而治——尧、舜垂拱而治是儒家最高的政治理想；法家思想集大成者韩非也以尧、舜为君臣关系的样板，其实也是对垂拱而治的肯定。至于反对"损不足以奉有余"，则更是为道、儒、墨、法各家所阐释、认同。礼与法是儒法两家思想的连接点，汉代之所以出现儒表法里（汉宣帝所谓"霸王道杂之"）的国策，并在其后两千年封建社会中流传不绝，本身就证明了儒法两家之间没有不可逾越的思想屏障。道家与法家之间也是如此。道法思想的结合，早在战国时期便已出现。以道为体，以法为用，是先秦道法两家思想的结合点。总之，"从汉初黄老之治的道法结合，到董仲舒儒表法里的儒法互补，中国学术思想正是沿着矛盾融合的路子向前发展"。后来虽然出现道教、佛教，但既矛盾又融合，最终归于融合的趋势没有改变。

  李锦全先生认为，各家各派思想的交互融合有一个由浅入深的过程。从礼到法，道生法，儒表法里，道本儒末，所讲多是派生或互补的关系，且多就政治层面而论，未到哲学思想深处。即使是佛教儒学化，将佛教的"五戒"与儒学的"五常"比附，仍然未能进入中国传统文化的哲理化的途径，直到理学产生，才真正将三教思想加以融合，在承传传统思想文化的基础上，做出了某种程度的创新，把中国哲学提高到一个新水平。

对于中国传统文化的现代转型问题，李锦全先生认为，要结合当代中国的实际，实行批判继承方针，正确分析传统思想文化的矛盾两重性所带来的社会效应。比如，儒家的亲亲尊尊，用于处理人际关系时，如能做到尊老爱幼、和睦亲朋邻里、守望相助、疾病相扶，应当予以继承；但儒家为亲者讳、为尊者讳的思想，会助长官僚主义和人情网的滋生，以及特权思想、家长作风的泛滥，因而应该进行批判。儒家对道德人格高标准的要求，诸如讲究正己正人、以身作则、见利思义、先忧后乐、不欺暗室等，属于带有人民性、进步性的传统，应该加以发扬；但对儒学中的伪君子、假道学，则要加以揭露和批判。

显然，李锦全先生用"矛盾融合，承传创新"8个字概括中国传统哲学的发展历程及其特点，是见解独到的持平之论。可以说，他自改革开放以来的论著，其写作思路、史料阐释、理论提炼，都是"矛盾融合，承传创新"这一基本理论构架的展现。

需要指出的是，自改革开放以来，学术界诸多重大理论问题的探讨，李锦全先生都积极参与，发表论文，阐发自己的观点，主要有如下9个方面。

关于历史发展动力问题。20世纪70年代末期以来，史学界曾对此展开热烈讨论。有人认为，生产力的发展是推动整个人类社会发展的根本动力。李锦全先生提出，在阶级社会中，生产斗争与阶级斗争是两个不同的范畴。不同社会形态的更替，生产力的发展是决定性因素，但"决定因素"和"动力"不能等同。从唯物史观来看，阶级斗争则是推动阶级社会发展的伟大动力。据此，他撰写了《关于阶级社会中历史发展的动力问题》一文，全面阐述了自己的观点（1979年《中国历史学年鉴》有介绍）。

关于封建社会中农民政权的性质和劳动人民思想的评价问题。李锦全先生在1987年广东史学会年会上，提交了题为《从中国历史上农民起义的纲领口号看劳动人民思想的两重性》的论文。1981年在广州召开太平天国史学术讨论会，他提交的论文是《试论洪秀全的思想及太平天国政权的两重性》。文章认为，在封建社会，农民和地主是对立的统一体，反映在思想和主张上，就是革命性与封建性、平均平等与封建特权诸因素错综复杂地结合在一起，太平天国就是带有矛盾两重性的政权。他的观点在1982年《中国历史学年鉴》中被列为五种意见之一。

关于无神论与有神论的思想关系问题。1980年，李锦全先生在武汉参加中国无神论学术讨论会，提交了《陶渊明无神论思想试探》一文。该文认为，在历史唯物主义理论创立之前，无神论思想只能表现在自然观方面。如果超出了这个界限，涉及社会人事问题时，就会陷入唯心主义的宿命论，从而通向有神论。1982年《中国哲学年鉴》介绍了这个观点。他后来在讨论柳宗元世界观的性质和老、庄论"道"的性质时，便用这种观点撰文加以阐述，力图在理论上对这类思想的矛盾及其通向问题给出合理的诠释。

关于中国哲学史和思想史的关系问题。《哲学研究》1983年第10期曾开辟专栏进行讨论。李锦全先生应约在该刊1984年第4期发表《试论思想史与哲学史的联系和区别》一文，认为前者研究的对象和着重点是思想流变发展规律的历史进程，后者则是理论思维发展的内在逻辑。他这种观点曾被《新华文摘》摘要介绍。其实，这篇文章的雏形是他在1983年10月于西安召开的首届中国思想史学术研讨会闭幕式上的主题发言。这篇文章所论的问题，就方法论意义而言，至今在中国哲学史和思想史研究方面都有重要的参考价值。

关于儒法思想及其关系的研究。对中国传统的各种哲学流派，李锦全先生做了相当广泛的研究，发表了大量文章。早在1979年和1980年，他就发表了《邓析、惠施、公孙龙思想初探》和《宋钘、尹文思想初探》两篇文章，批驳了所谓战国末期名归于法和名家是法家的同盟军的论点。由于"文革"宣扬儒家反动、法家进步的观点，"文革"后有人反其道而行之，提出儒家讲民主、法家倡专制的论断。李锦全先生写了《实事求是评价先秦儒法两家的思想》和《也谈如何认识儒法两家的思想》，主张要做出全面公正的评价。后来又写了一篇《论我国传统思想文化中的儒法互补问题》，从宏观上论证了两家思想的关联及其历史作用。

关于道家思想的研究。李锦全先生撰写了《关于庄子的哲学性质及其评价》《老庄哲学的神学特色》等文，日本东京大学池田知久教授将其作为中国庄子研究的一种代表性观点在日本《东方学》杂志上予以介绍。李锦全先生后来陆续撰写了《老子政治哲学的矛盾两重性与道家思想的历史作用》《道家思想在传统文化中的历史地位》两篇文章，对道家思想做了系统的阐释和全面的评价。

关于儒家思想的研究。这是李锦全先生研究的重点领域。1985年，他到香港中文大学进行短期访问，将在哲学系做学术讲演和讨论会上的发言整理成《儒家思想的演变及其历史评价》《儒家思想与现代化关系的探讨》二文。此前，他于1983年发表了《是吸取宗教的哲理，还是儒学的宗教化？》。这些文章构成了一个相对完整的系列，从纵向探讨了儒家思想各个阶段的发展以及演变规律。后来，他又在连续发表的《论儒学思想的包容性及其发展路向》《儒家思想哲理化的历史进程》《从社会向近现代转型中看儒家思想的适应性》《儒学传统能否适应现代化》等多篇论文中做了进一步的阐述。对于儒学在海外的传播，他也比较注意研究。如对朝鲜李退溪的思想，他就联系儒学发展的历史写过多篇论文，并参加了几次有关的国际会议。其中，具有代表性的是《中国儒学与退溪学论人际关系的思想特点》《论退溪人生哲学在儒学中的历史地位》。对现代的新儒学思潮，他也十分关注，并参与主持了作为国家重点课题的"历代新儒学思潮研究"项目，发表了《现代新儒学思潮的历史评价》等文。

关于儒学是不是宗教问题。20世纪80年代初期，任继愈先生在《中国社会科学》杂志发表了《论儒教的形成》一文，提出了儒学是宗教的观点，引起了海内外的广泛关注。《中国社会科学》杂志社特约李锦全先生撰文，就儒学是不是宗教的问题发表见解。李先生于是撰写了《是吸取宗教的哲理，还是儒学的宗教化？》一文，发表在该刊1983年第3期上。文章认为，儒学并非现代意义的宗教，但具有宗教的特点和功能。这篇文章的观点至今具有深远的影响。

关于爱国主义问题。针对近些年社会上有人贬斥、否定近代中国的爱国主义的现象，李锦全先生撰写了《对近代中国爱国主义思想的一点认识》《关于"爱国主义"问题的思考》《关于"爱国主义"问题的再思考》《爱国主义的时代性与民族性》《对近代中国"爱国主义"问题的剖析》等一系列论文。他认为，反帝反封建是中国近代的主旋律，同时也表现出爱国主义思想的特点，这是由当时半殖民地半封建社会这一特殊国情所决定的。在改革开放中，固然要学习国外的先进文化，但也要有民族自尊心、自信心和民族自豪感，而媚俗、媚权、媚洋则是树立现代爱国主义精神的障碍。近代中国的爱国主义，只能是反帝反封建的民主革命，推翻清王朝，而不是寄希望于清廷自行改革宗法专制制度。有人认为，近代史上的三元里抗英、鸦片战争后广州人民的反入城斗争等是落后、愚昧、封闭的，英国是先进的资本主义国家，清朝是落后的封建王朝，先进帮助落后，因此英国侵略不应当抵抗，否则就是妨碍中国走向现代化，给广东乃至全国带来灾难性的后果。李锦全先生认为这是不符合历史实际的奇谈怪论。他在系列论文中从历史和逻辑两个方面驳斥了这种言论。

三

李锦全先生为人沉稳厚道，淡泊名利。他做事讲究实际，不图虚名。他研究学术，始终坚持学术真理，在高扬中华民族精神和时代精神的同时，不趋时、不守旧，论从己出。对于学术界的前沿问题，他既积极参与，又保持价值理性。他说话写书，平实自然，绝不故弄玄虚，更不为了炒作而制造耸人听闻的歪论怪论。中国传统哲学和思想文化发展的规律和特点是"矛盾融合，承传创新"；儒家的仁学本质上是一种人际关系学；在中国传统哲学发展进程中，不仅有儒道互补，还有儒法互补；在中国传统哲学发展史上，魏晋玄学的出现和宋明理学的出现，推动了中国哲学特别是儒家哲学的哲理化进程；儒学是一种吸取了宗教哲理的思想，具有宗教的特点和功能，但儒学本身并不是现代意义的宗教；中国传统文化与现代化既相适应又不相适应，关键在于要用现代化的理念去扬弃、转化传统文化的合理因素。诸如此类的见解反映出李锦全先生尊重历史、崇尚学术真理的品质。这与这些年来某些为了出名牟利而不惜炮制各种歪论怪论、以走极端而博关注的人相比，其境界和品格不啻天壤之别！历代正直的知识分子所追求的"正其义不谋其利，明其道不计其功"的这种人格境界和精神风范，在李锦全先生身上得到了传承。

李锦全先生为人谦和，心胸开阔，善于与人合作共事。他与陈玉森教授、吴熙钊教授自20世纪60年代初开始学术合作。从那时至今，我们国家经历了种种磨难，特别是改革开放后人们的利益关系有了重大的调整，但他们真诚合作的精神和友好相处的态度始终如一，体现了团结向上的精神面貌。他们彼此尊重，和衷共济，其乐融融。他们从来没有因为现今不少人为之头痛的稿费分配、署名前后、职称晋升之类的问题而发生不愉快，也没有因为谁的成就、名气比自己大而不服气。应该说，我所在的中国哲学专业博士点能够取得可喜的成就，能够获得国内外同行的尊重，是与他们长期的团结奋斗分不开的，也是与李锦全教授的人格力量分不开的。20世纪70年代末80年代初，他与武汉大学萧萐父教授受教育部委托，共同主编大学教材《中国哲学史》。3年间，两人配合默契，酬唱神州，佳话连篇。20世纪80年代中期到90年代中期，整整10年，他与方克立教授共同主持国家"七五""八五"重点课题"现代新儒学思潮研究"，团结了全国近20所重点大学和研究院的数十名中青年研究人员一道奋斗，成果丰硕，在海内外引起广泛关注，受到好评。在工作中，他充分尊重方克立教授对诸多具体事务的领导，大事共同商量决策，相互合作无间。可以说，队伍庞大的"现代新儒学思潮研究"课题组之所以能够取得丰硕的成果，影响遍及国内外，是与两位主持人为人和为学严谨的大家风范分不开的。

李锦全先生十分注意教书育人，悉心培养年青一代，甘为人梯。他充分肯定青年思想开阔、勇于创新的精神，但同时也严肃指出其知识面窄、史料功底和理论功底都有所欠缺的弱点。但他坚信长江后浪推前浪、世上新人换旧人是人类社会发展的必然规律。他衷心祝愿并真诚鼓励下一代能够青出于蓝而胜于蓝，为繁荣祖国的文化教育事业做出更大的贡献。他培养的研究生基本上都出版了自己的专著，并成长为所在单位的骨干。其中，有的学有所成，比较年轻就成为教授、博士生导师，有的担任了省部级学术机构的领导，有的在国外深造。看到后辈的成长，他感到由衷的欣慰。

李锦全先生欣赏这样一副对联："宠辱不惊，任庭前花开花落；去留无意，似天上云卷云舒。"他在萧萐父教授《佛教哲学简介》的题词中云："欲除烦恼需无我，各有因缘莫羡人。佛性是空还是有，灵山非幻亦非真。"并在其《思空斋诗草》中自注道："世事当如是观耳。"他经常说自己的人生哲学是"道法自然"。我想，这种"法自然""无我"的哲学，并不是世俗所谓的"消极"。恰恰相反，透过这种现象上的反映，我们看到了一个哲人的超越。这种超越不仅是对个人荣辱、毁誉、穷通的超越，更是对自我存在的超越。由这种超越精神的引导和提升，李锦全先生真正达到了自我身心的和谐、自我与社会的和谐、自我与他人的和谐。中国传统文化的精神生命在李锦全先生身上得到了具体而生动的体现。"矛盾融合，承传创新"，他所概括的中国传统哲学的发展历程和特点，在他的学术生命中得到了生动的诠释。在这里，我们感受到中国传统人文精神所追求的知行合一的精神力量，领悟到"君子儒"的真谛。

李锦全先生是我的业师，我是在他教泽的滋润下成长起来的。他对我和其他弟子寄托着殷切的希望。他引用韩愈的话——"弟子不必不如师，师不必贤于弟子"来鼓励我们奋力前行。我们愿意努力，争取不辜负他的厚望。

中国传统哲学、传统思想文化里有很多优秀的思想精粹，最质朴而深刻的一句是"平常心是道"，而道法自然、止于至善则是很高的境界追求和人格风范。我想，已经92岁高龄却依然精神健旺、思维敏锐的李锦全先生，就是以"平常心是道"对待人生的，就是中国优秀传统文化道法自然、止于至善的生动体现。

2017 年 12 月 28 日

内容介绍

《李锦全文集》第一卷主要收入我参加研讨中国传统思想文化总体及其发展过程的文章。《中国传统思想文化的回顾与前瞻》，这是应中华书局出版《中华文化的过去、现在和未来——中华书局成立八十周年纪念论文集》一书的征文，也是我对这个研究课题总的看法。

《论中国传统思想文化的矛盾两重性》，这是我对中国传统思想文化发展定性的看法，即表现为封闭与开放的矛盾两重性。

《矛盾融合　承传创新——论中国哲学、传统思想文化发展的特点》，这是我研究中国哲学和中国传统思想文化形成的哲学史观。这是从特定思想体系内的"矛盾两重性"，与不同思想群落间的"矛盾融合论"，形成思想史进化历程中的"承传创新观"。这是从历史辩证法体认得来的规律性认识，在学术研究中具有方法论意义。

《论中国古代"奉天法古"的传统思想》，"奉天法古"是儒家思想传统，几千年来对中国历史起到促进力还是惰性力？本文偏于后一种意见，可供读者讨论。

中国传统思想文化比较偏重人生哲学，所谓"立人极""安身立命"就是讲怎样做人的人生观问题。这里收入《中国传统文化对知识分子人生道路选择的影响》《论我国传统人生的安身立命之道》《论我国传统人生的价值取向及其社会效应》《为学与做人——中国传统文化漫议》《李退溪的人生哲学及其对建设现代精神文明的现实意义》。这几篇文章试图讨论各种类型人物的人生处世之道，读者可以对照参考。

中国传统思想文化由于受"奉天法古"历史惰性力的影响，有它保守的一面，但社会历史毕竟是发展的，"究天人之际，通古今之变"，在传统文化中也有"自强不息"的精神。随着中国古代社会向近现代转型，传统文化如何适应社会的发展？因而传统文化与现代化关系的探讨也就成为学术界研究的主要课题。

《关于中国传统文化研究前途的展望》是我对传统文化与现代化关系的一次发言，提出一些要解决问题的意见。下面几篇多是参加研讨会的文章：《中国传统价值观的现代思考》《民族文化能与现代社会接轨吗？——传统文化与现代化问题的一点思考》《中国传统价值观能否适应现代企业的管理？》《传统思想文化与现代精神文明》。

在中国传统思想文化中，道德伦理观念是其中的重要内容，这些年来对传统道德的评价亦有正面和负面的不同争论。下面几篇就是我参加讨论的文章：《正确对待传统文化道德遗产和建设社会主义精神文明的关系》《中国传统道德能合理继承吗？——兼论传统道德民族性与时代性的关系》《要正确分析我国传统文化中的道德遗产》《中国古代"孝"文化的两重性》《对传统道德别开生面的批评——对宋恕"酷刑迫娼"论的联想与现代思考》。

传统文化对增强人民素质、促进社会和谐等方面的作用，近年来也有研讨，下面是相关讨论的几篇文章：《提高民族文化素质的反思与对策》《两个十年的文化反思》《公平、公正、双赢是建构和谐社会的基本保证——从"致中和""仇必和而解"两个命题谈起》《和谐思想——中华文化的优秀传统》。

进入21世纪的全球化时代，中国传统文化的发展前景及走向如何，是学术界值得关注的问题，下面是几篇参加研究讨论的文章：《世纪之交对中华文化前景的探索》《全球化与中国传统文化的世界走向》《世纪之交中华文化的前景问题》《中国民族文化向何处去？——兼论多元民族文化与世界文化的关系》《试论中国传统思想文化的承传创新》。

最后附录链接文章，那是同行的评议三篇：解丽霞《思想史的"两重性"探求及意义衍生——李锦全先生对中国思想史本质的诠释》、孔繁《关于中国传统文化矛盾两重性之启迪——祝李锦全教授八十寿辰》、潘志锋《探寻传统文化与现代文明的连接点——李锦全先生关于"传统文化现代化问题"的思考》。

在综合讨论中国传统思想文化之后，附有一组研讨中华民族凝聚力的专题文章。由于广东成立一个"增强中华民族凝聚力研究会"，我多次参加这个问题的讨论，这是一个还难有结论的课题，欢迎大家多提批评意见。

目　录

研讨中国传统思想文化总体及其发展过程的文章

中国传统思想文化的回顾与前瞻 ………………………………………… (2)
论中国传统思想文化的矛盾两重性 ……………………………………… (23)
矛盾融合　承传创新
　　——论中国哲学、传统思想文化发展的特点 ………………………… (30)
论中国古代"奉天法古"的传统思想 ……………………………………… (42)
中国传统文化对知识分子人生道路选择的影响 ………………………… (55)
论我国传统人生的安身立命之道 ………………………………………… (63)
论我国传统人生的价值取向及其社会效应 ……………………………… (70)
关于中国传统文化研究前途的展望 ……………………………………… (78)
为学与做人
　　——中国传统文化漫议 ………………………………………………… (79)
李退溪的人生哲学及其对建设现代精神文明的现实意义 ……………… (81)
中国传统价值观的现代思考 ……………………………………………… (90)
民族文化能与现代社会接轨吗？
　　——传统文化与现代化问题的一点思考 …………………………… (97)
正确对待传统文化道德遗产和建设社会主义精神文明的关系 ………… (99)
中国传统道德能合理继承吗？
　　——兼论传统道德民族性与时代性的关系 ………………………… (106)
中国传统价值观能否适应现代企业的管理？ …………………………… (112)
传统思想文化与现代精神文明 …………………………………………… (114)
要正确分析我国传统文化中的道德遗产 ………………………………… (116)
中国古代"孝"文化的两重性 ……………………………………………… (119)
对传统道德别开生面的批评
　　——对宋恕"酷刑迫娼"论的联想与现代思考 ……………………… (126)
提高民族文化素质的反思与对策 ………………………………………… (138)
两个十年的文化反思 ……………………………………………………… (145)

公平、公正、双赢是建构和谐社会的基本保证
　　——从"致中和""仇必和而解"两个命题谈起……………………（152）
和谐思想
　　——中华文化的优秀传统………………………………………（162）
世纪之交对中华文化前景的探索……………………………………（169）
全球化与中国传统文化的世界走向…………………………………（178）
世纪之交中华文化的前景问题………………………………………（186）
中国民族文化向何处去？
　　——兼论多元民族文化与世界文化的关系……………………（188）
试论中国传统思想文化的承传创新…………………………………（197）

链接评议的文章

思想史的"两重性"探求及意义衍生
　　——李锦全先生对中国思想史本质的诠释……………解丽霞（206）
关于中国传统文化矛盾两重性之启迪
　　——祝李锦全教授八十寿辰……………………………孔　繁（216）
探寻传统文化与现代文明的连接点
　　——李锦全先生关于"传统文化现代化问题"的思考………潘志锋（222）

研讨增强中华民族凝聚力的文章

传统文化是增强中华民族凝聚力的重要思想源泉……………………（228）
"兼爱互利"思想与中华民族凝聚力…………………………………（236）
民族凝聚力的双向效应………………………………………………（239）
中华民族凝聚力的重要思想源泉……………………………………（243）
关于增强中华民族凝聚力问题的反思与探索………………………（250）
试论中华民族精神的基本内容及其对民族凝聚力的促进作用………（259）
增强中华民族凝聚力是增强综合国力的一项基本保证………………（264）
批判继承　古为今用
　　——对增强中华民族凝聚力关系的探讨………………………（267）
近代中华民族凝聚力的历史发展……………………………………（273）
"一国两制"构想与中华民族凝聚力…………………………………（288）

研讨中国传统
思想文化总体及其发展过程的文章

中国传统思想文化的回顾与前瞻

中国历史源远流长，是世界上有数的文明古国。我们中华民族的祖先，凭着勤劳的双手和智慧的头脑，曾经创造出光辉灿烂的古代文化，至今仍成为维系海内外华人的精神凝聚力量。近100多年来，我国在走向近代的历程中，虽然经过了不少坎坷，但民族文化中的优秀传统还在继续鼓舞着人们向前奋斗。当前，我们正面临着走上现代化的征途，精神文明的建设更加迫切。我们不能割断历史，因此对传统思想文化如何反思过去，联系现在，展望将来，这将是一项很有现实意义的工作。由于这个研究课题牵涉的时间长、范围广，本文只能做一宏观考察，不当之处，敬请海内外同人多加指正。

一、中国传统思想文化形成和发展的历史回顾

何谓文化？由于外延广泛而内涵复杂，至今尚无法做统一的界定。本文主要讲的是精神文化。哲学是时代精神的精华，故这里讲的中国传统思想文化，其核心是哲学思想。由于中国古代哲学与政治、伦理思想的关系非常密切，并且贯彻始终，因此，中国传统文化又是哲学、政治、伦理思想的综合体。

中国传统思想文化是怎样逐步形成的？这是有一个过程的。按照人类理论思维的发展规律，在原始社会中人和自然的关系主要反映在一些神话中，如开天辟地的传说，万物有灵的观念，以及图腾崇拜、祖先崇拜思想的出现，这一方面反映当时人类知识水平的低下，但另一方面也表明当时还没有统一的至上神，这是原始时代的特点。

进入阶级社会的文明时代以后，地上有了最高王权，天上随之有至上神出现，殷商时称之为"帝"。这个上帝，既是至上神，又是祖宗神，是地上王权的庇护者，是支配自然和社会人事的最高权威。殷王每事都向上帝请示，包括对自然和人事上的吉凶祸福。当时统治者以受天命自居，如纣王就宣称"我生不有命在天"①，这是王权神授的观点。但随着王朝的更替，殷灭周兴。周人认为殷王"不敬厥德，乃早坠厥命"；而周王能"敬德"，故"祈天永命"②。这就是"以德配天"思想。所谓"皇天无亲，惟德是辅。民心无常，惟惠之怀"③。想享有

---

① 《尚书·商书·西伯戡黎》。
② 《尚书·召诰》。
③ 《尚书·蔡仲之命》。

天命，就要取得民心；而想得到民心，就要施行德政。只有敬德保民，才能配天受命，这种思想，特别是对后来的儒家产生了深远影响。

从西周末年到春秋时期，由于时局的动荡和社会的变革，天神的权威日渐失坠，因而出现重民轻神思想。如春秋时随国大夫季梁提出"夫民，神之主也。是以圣王先成民而后致力于神"①的命题。史嚚则进一步说："国将兴，听于民；将亡，听于神。"②周内史叔兴更是说"吉凶由人"③。这标志着在人神关系中，人的价值和地位日益受到重视。"观乎人文，以化成天下"④，可以视为中国古代对文化做出的界定，这里姑不论其科学性如何，但人文思想的发达，在中国传统文化中具有特色，这是为世人所公认的。

从春秋后期到战国，先秦诸子的百家争鸣是中国思想文化史上的黄金时代。从人文思想来说，各家都具有特色，并且多与政治、伦理思想紧密相连。汉代司马谈在《论六家要旨》中说是"此务为治者也"。这个"治"当然可以说为统治者服务，但也不排除道德上的教化和思想教育工作，同时也包括怎样处理好社会上的人际关系，在共同文化心态上寻求社会稳定。

先秦儒家是当时的显学，在汉代以后的长期封建社会中，基本上是居于官方正统思想的地位。当前学术界有称之为中国文化的主干、轴心或代表，但也有不同意见，如有的文章认为，"中国传统文化从表层结构看，是以儒家为代表的政治伦理学说；从深层结构看，则是道家的哲学框架"⑤。不过主干问题尽管看法上有分歧，但由于儒家主张入世，所以从社会功能和对后世的影响来看，无论从正面还是负面来评判，不能不承认儒家思想的巨大作用。

儒家是人文思想比较丰富的学派，是沿着西周初年周公制定"以德配天"的思想路线发展而来的。后世连同它的创始人孔子称之为周、孔之教。孔、孟虽然也讲天命，但主张行仁政和德治，并最后以民心向背作为衡量人君好坏的评判标准。从周初讲"民之所欲，天必从之"⑥，春秋时提出"神"是"依人而行"⑦，到战国末年儒家荀况主张"制天命而用之"⑧，在天人关系、神人关系的发展过程中，天神的权威逐渐被淡化了。虽然君权神授仍被封建帝王作为专制护法的灵光圈，儒家也有讲神道设教，但人文主义而非神文主义毕竟是儒家思想的主流，而刚健有为、自强不息的精神，成为促进人生向前奋斗的动力，这就成为

---

① 《左传》桓公六年。
② 《左传》庄公三十二年。
③ 《左传》僖公十六年。
④ 《周易·彖传》。
⑤ 周玉燕、吴德勤：《试论道家思想在中国传统文化中的主干地位》，载《哲学研究》1986年第9期。
⑥ 《尚书·泰誓上》。
⑦ 《左传》庄公三十二年。
⑧ 《荀子·天论》。

中国传统文化中的精华部分。

在儒家的人文思想中还提出一整套的人生奋斗目标，就是从格物、致知、正心、诚意到修身、齐家、治国、平天下。这既是人生哲学，又是将事物认知、道德修养、政治抱负连成一体，按照从个人、家庭到全国的发展层次，构成一条完整的思想路线。儒家提倡慎独，不欺暗室，正己正人，成己成物。从以身作则推而广之，到"先天下之忧而忧，后天下之乐而乐""天下兴亡，匹夫有责"。这些后世都成为激励人心的民族格言，而为历代爱国忧时之士所共识。

墨家也是先秦的显学，秦汉以来作为学派虽然是中绝了，但墨家思想对后世仍有相当影响。墨家讲"天志""明鬼"，似是宣扬迷信；与所讲的"非命""尚力"构成思想体系上的矛盾。但墨子认为"天意"是"兼相爱，交相利"①。"天"是"爱天下之百姓"，所以顺天意者必得赏，反天意者必得罚。鬼神也是"能赏贤而罚暴"②，这实际上把天鬼作为人所操持的工具。当然，这里也反映小生产者有其软弱性的一面。

墨子虽然宣称天鬼的作用，但还是强调人们必须强力而为。他反复申明"强必治，不强必乱；强必宁，不强必危""强必贵，不强必贱；强必荣，不强必辱""强必富，不强必贫；强必饱，不强必饥""强必富，不强必贫；强必煖，不强必寒"③等各种必然现象。从而认为过去禹、汤、文、武这些圣王为政天下时，能够使到"饥者得食，寒者得衣，劳者得息，乱者得治"，并非由于"命"所生成，而是"以为其力也"④。他由此归结说："赖其力者生，不赖其力者不生。"⑤

墨家主张强力，但为的是爱利天下。反对墨家的孟子也不得不承认说："墨子兼爱，摩顶放踵利天下，为之。"⑥ 墨子主张"视人之国，若视其国；视人之家，若视其家；视人之身，若视其身"⑦，还说"为彼者犹为己也"⑧。墨子要求"仁人之事者，必务求兴天下之利，除天下之害"⑨；而墨者本身，却"日夜不休，以自苦为极"⑩。这种利他主义精神和艰苦朴素作风在传统文化中是应该保留的民族美德。

---

① 《墨子·天志上》。
② 《墨子·明鬼下》。
③ 《墨子·非命下》。
④ 《墨子·非命下》。
⑤ 《墨子·非乐上》。
⑥ 《孟子·尽心上》。
⑦ 《墨子·兼爱中》。
⑧ 《墨子·兼爱下》。
⑨ 《墨子·兼爱下》。
⑩ 孙诒让：《墨子传略》。

道家也是先秦一大学派，但入世态度与儒、墨不同，老、庄是不满现实统治者，但将社会上出现的弊端归咎于人类智识文明的进化，因而在历史观上形成一条复古倒退的思想路线，在人生观上则倾向于逃避现实。如老子向往一个"小国寡民""民至老死不相往来"①的理想社会；而庄子则走得更远，他仰望的"至德之世"却是个"同与禽兽居"，即人兽不分，并表现为"无知""无欲"②的混沌世界。后来发展到鲍敬言那种激烈抨击现实的无君论，在传统文化中处在异端地位。

不过，先秦道家并非只是现实政治的反对派，它也有"务为治"的一面。老子就说过，"为无为，则无不治"③，这是道家统治方术的特点。老子主张无为而治虽然是"道法自然"④思想的反映，但也并非消极到完全无所作为。这可以是"知雄守雌"，所谓"清虚以自守，卑弱以自持，此君人南面之术也"⑤。其实这是一种以退为进的策略。当然，无为而治会有利于形成比较宽松的政治环境，与民休息和采取不干涉政策，如西汉初曹参为汉相，"君臣俱欲休息乎无为""民务稼穑，衣食滋殖"⑥。这就有助于恢复生产和改善人民生活，使社会得到安定。

法家在先秦各派中比较后起，后来被称为法家的多是一些政治实干派的人物，并不太注意建构自身的理论体系。战国晚年作为法家集大成者韩非，据说他曾师事儒家荀子，并对老子书有所悟解，似接受过儒道两家思想的影响。但法家思想有其特点，即坚持进化的历史观。如商鞅明确提出："治世不一道，便国不必法古。"⑦韩非也说"世异则事异""事异则备变"，因而强调"因时变法"。他还认为人类社会发展有其阶段性："上古竞于道德，中世逐于智谋，当今争于气力。"⑧因而主张"美当今"，反对"道往古""法先王"，这是不同于儒、墨、道各家。韩非建立了法、术、势相结合的法治理论，为2000年来中央集权封建专制统治奠定了思想基础。法家的务实政治，重耕战，行赏罚，韩非提出"明主之国，无书简之文，以法为教；无先王之语，以吏为师"⑨。对文化遗产采取全盘否定的态度，这会为人所诟病。但法家主张"法不阿贵""刑过不避大臣，赏

---

① 《老子》八十章。
② 《庄子·马蹄》。
③ 《老子》三章。
④ 《老子》二十五章。
⑤ 《史记·吕后本纪》。
⑥ 《史记·吕后本纪》。
⑦ 《商君书·更法》。
⑧ 《韩非子·五蠹》。
⑨ 《韩非子·五蠹》。

善不遗匹夫"①。故能"矫上之失，诘下之邪"②。司马谈也说法家"不别亲疏，不殊贵贱，一断于法"③，这种精神当能纠正儒家重人治和亲亲尊尊的偏失。如从法治传统的渊源来加以追溯，法家思想应当占有一席之地。

儒、道、墨、法一般认为是先秦思想的四大流派，司马谈加上阴阳和名家称为六家。他还引用《易大传》的话："天下一致而百虑，同归而殊途。"这里所谓"同归"是从"务为治"的目的来说；而"殊途"则是指"所从言之异路"，也可以说采取不同的途径和手段，对如何实现"为治"来出谋献策，这是反映先秦诸子百家争鸣的现实意义。

不过到战国末年，各家思想虽然仍有矛盾斗争的一面，但另一面也出现有互相渗透和合流的趋势。如荀子虽属儒家，他对诸子也包括儒家一些派别有所批评④，但也有所吸收。他不像孔、孟那样强调仁义，而在讲礼治的内容中却带有"法"的意味。他提出"礼者，法之大分，类之纲纪也"⑤的界说。但又说"法者，治之端也；君子者，法之原也"⑥，仍然将法治与人治加以调和。荀子还提出"虚壹而静"⑦的认识方法，有受《老子》的"静观""玄览"和《管子》中《心术》等篇"静因之道"的思想影响。对理想的统治者，荀子主张做到"天子不视而见，不听而聪，不虑而知，不动而功，块然独坐而天下从之如一体"⑧，这就有点近似道家倡导的君人南面之术了。

荀子的学生韩非，前面讲过是法家的集大成者。由于秦朝任法而亡，后世多误认为法家只讲严刑峻法，其实韩非也讲"刑德"两面⑨。他虽然主张尊君，但也强调君臣合作和重视民心向背。如要求做到"君操其名，臣效其形，形名参同，上下和调"⑩。对桀、纣这些暴君，则一再指责他们"尽民力""伤民性"，成为"天下之大患"⑪。他认为"有道之君"，是"外无怨仇于邻敌，而内有德泽于人民"，如"举动而与天下为仇，非全身长生之道也"⑫。因此他提出"人主之道，静退以为宝，不自操事而知拙与巧，不自计虑而知福与咎"，要做到"臣有

---

① 《韩非子·有度》。
② 《韩非子·有度》。
③ 《论六家要旨》。
④ 参见《荀子·非十二子》。
⑤ 《荀子·劝学》。
⑥ 《荀子·君道》。
⑦ 《荀子·解蔽》。
⑧ 《荀子·君道》。
⑨ 《韩非子·二柄》。
⑩ 《韩非子·扬权》。
⑪ 《韩非子·难势》。
⑫ 《韩非子·解老》。

其劳，君有其成功，此之谓贤主之经也"①。韩非对君臣关系，还要求做到有如桴鼓之应，并说"此尧之所以南面而守名，舜之所以北面而效功也"。

荀子和韩非在战国末年的诸子中是带有总结性的人物。他们在"务为治"这个主题思想上，既有法家的任法和墨家的尚贤精神，又向往儒家的垂拱而治和道家的南面之术，所以从总体上来看可谓同归而殊途。还有近年在马王堆出土的"帛书"，时代可能与荀、韩相近。"帛书"内分《经法》等四篇，开头第一句是"道生法"，这是道法结合的政治理论，是在"道"的最高原则指导下，充分发挥法治的作用。约略与此同时的《易传》，则在宇宙生成问题上，反映出儒、道、阴阳几家结合的思想。以上情况表明，出现先秦诸子争鸣标志着中国传统思想文化的形成，到战国末年则在矛盾斗争中显示出第一次融合的趋势。但当时还说不上哪一家是中国传统思想文化的主体，而是在诸侯异政、百家异说的气氛中，彼此间是处在平等竞争的地位。

秦王朝的统一，一般多认为得力于法家思想，但它的灭亡却不能都归咎于法家。如秦始皇为人"刚戾自用""乐以刑杀为威""天下之事无小、大皆决于上"，而"二世受之，因而不改，暴虐以重祸"②。这些作为当然不能说是来自韩非的法治理论，只能说是一种片面的歪曲。汉初接受秦亡的教训，贾谊认为是由于"仁义不施"③，陆贾则提出要"文武并用，长久之术"④。实质上是儒、法并用的两手政策。当时由于经济残破，人民需要休养生息，故黄老无为而治的思想一度勃兴。史称惠帝、高后时，"萧、曹为相，填（镇）以无为，从民之欲，而不扰乱，是以衣食滋殖，刑罚用稀"⑤，从而取得较好的社会效果。

汉初的黄老并不等同于先秦的老庄，那是上面说的"帛书"道法家思想在政治上的实践。当时所谓无为而治并非不要法令，而是像曹参与惠帝对话中说的，"高帝与萧何定天下，法令既明，今陛下垂拱，参等守职，遵而勿失，不亦可乎"⑥，这就是历史上说的萧规曹随。曹参死后，百姓在赞歌中也说："萧何为法，顜若画一，曹参代之，守而勿失。载其清净，民以宁一。"⑦ 这里表明曹参为政是道法思想结合的产物。汉初儒、道、法等几家思想经过重新分化组合，到董仲舒时又出现第二次合流的趋势。

董仲舒在汉代被称作群儒首，又说他"治公羊春秋，始推阴阳，为儒者

---

① 《韩非子·主道》。
② 《史记·秦始皇本纪》。
③ 《过秦论》。
④ 《史记·陆贾本传》。
⑤ 《汉书·刑法志》。
⑥ 《史记·曹相国世家》。
⑦ 《史记·曹相国世家》。

宗"①。他在汉武帝时举贤良对册,"推明孔氏,抑黜百家"②,因此一般认为是开创了儒学的独尊地位。但其实他既继承孔子的"君君,臣臣,父父,子子"③的正名学说,又吸收韩非"臣事君,子事父,妻事夫,三者顺则天下治,三者逆则天下乱"④的三纲思想,他虽然强调"德治",却并不废除"法度"。所以在政治思想上有称之为"儒表法里",看来也不无根据。他既讲君权神授,宣扬儒家的"天命";又讲天能赏罚,就类似墨家的"天志";对道家和《易传》的阴阳观念也有所吸收。总观董氏思想,可以说是儒家为主体,而与法、墨、道、阴阳、名等各家有所互补,这是中国传统思想文化的第二次融合。与战国末年不同之处,是儒家的人文思想突出了纲常名教,从而奠定了2000年来封建统治的思想基础,这是中国传统思想文化发展的第二阶段。

汉代儒学,在董仲舒之后曾出现与谶纬神学合流的趋势,人文思想反而淡化了。到魏晋南北朝,由于玄学与佛教思想的流行,一般认为儒学走向低谷。玄学标榜《老》《庄》,加上《周易》称为"三玄",讨论的中心是"名教"与"自然"的关系。当时强调两者对立的有嵇康,他主张"越名教而任自然"⑤,并蔑视儒家的礼法名教,指斥"六经为芜秽""仁义为臭腐"⑥。但也有些贵族子弟借口不受礼法的约束,走向所谓"任达"之途,乃至"相与为散发倮身之饮,对弄婢妾"⑦。这就成为纵欲的享乐主义了。不过作为玄学的主流派,何晏、王弼却宣称"名教"出于"自然",继起的向秀、郭象则论证"自然"和"名教"的"合一",即是将封建纲常伦理作为合乎人性自然而加以肯定,这无非是用道家思想来论证儒家伦理纲常的合理性。稍后的葛洪成为道教中儒道兼综的代表人物,这标志着儒道合流;但同时"好老庄之书"的鲍敬言倡导"无君论",从而发展了先秦道家"异端"思想的一面,反映出中国传统文化中的统一性与多样性。

佛教的传入和在社会上流行,对中国传统文化是一次冲击。它是外来的宗教,且以出家离俗作为特点,这与儒家的入世和重伦理纲常是完全对立的。唐初反佛的傅奕就说"佛踰城出家,逃背其父,以匹夫而抗天子,以继体而悖所亲",所以斥之为"无父之教"⑧。韩愈也批评佛教,"必弃而(汝)君臣,去而

---

① 《汉书·五行志》。
② 《汉书·董仲舒传》。
③ 《论语·颜渊》。
④ 《韩非子·忠孝》。
⑤ 《释私论》。
⑥ 《难自然好学论》。
⑦ 《晋书·五行志》。
⑧ 《旧唐书·傅奕传》。

（汝）父子，禁而相生相养之道，以求其所谓清净寂灭者"①。由于佛教徒抛弃君臣父子，违背儒家的伦理纲常，故为封建统治者所不满，如唐高祖李渊就曾质问僧徒："弃父母之须发，去君臣之章服，利在何门之中，益在何情之外？"② 在这种情况下，佛教徒为适应传统世俗的需要，不能不做出让步。在东晋南朝时还发生过"沙门不敬王者""沙门不应拜俗"的争辩；到了唐代，如华严宗的宗密，就宣称"佛且类世五常之教，令持五戒"③。将佛教的"五戒"与"五常"相比附，表示僧徒是拥护儒家"五常"等道德观念的。他们又宣扬《孝子报恩经》《父母恩重经》，鼓吹"孝道"是"儒释皆宗之"④。这样一来，佛教就明显向周、孔之教靠拢，从而纳入中国传统文化的轨道。到宋、明时期，有不少人认为理学是儒、释、道三教合流的产物，这是中国传统思想文化发展的第三阶段。

回顾2000多年来中国传统思想文化的形成和发展，可以说是经过多次矛盾与融合的反复过程。而传统文化的内容亦因之不断丰富，并表现出对外来文化的吸收。这种情况到中国社会走向近代时才发生新的变化。

二、中国社会走向近代的过程中传统文化的遭遇及其现实对策

中国社会走向近代，虽然酝酿的时间比较早，在明朝中叶以后，学术界一般认为：在当时封建社会内部由于商品经济的发展，已经出现有资本主义的萌芽。按照毛泽东同志的看法，说："如果没有外国资本主义的影响，中国也将缓慢地发展到资本主义社会。"⑤ 当然这里说的只是一种推论。事实上由于中国封建社会的根深蒂固，资本主义的幼芽在这个盘根错节的参天大树之下是很难得到发展的。从万历到乾隆，过去有学者论证这个时期的资本主义萌芽问题。其实一直到鸦片战争前夕，这个"萌芽"都没有构成多大威胁；反而距今150年前的鸦片战争，却促使中国社会起到较大的变化。

鸦片战争，现在被称为中国近代史的开端。按照社会发展的常规，中国古代的封建社会走向近代，意味着将发展到资本主义社会。因为外国资本主义的入侵，对中国自给自足的自然经济的基础起到了分解作用。这一方面由于自然经济的破坏，给资本主义造成了商品市场；另一方面，大量农民和手工业者的破产，又给资本主义提供了大批自由雇佣劳动力。这些都是构成资本原始积累的必备条件，因而对中国资本主义的产生和发展，应该说是会起到促进作用。

---

① 《原道》。
② 《大正藏》卷五二。
③ 宗密：《原人论》。
④ 宗密：《盂兰盆经疏序》。
⑤ 《毛泽东选集》（合订本）。

但是从中国社会走向近代的过程来看,随着外来资本主义入侵的刺激,到 19 世纪的下半期,中国国内是有出现一些由私人经营的资本主义新式工业,到 20 世纪初年,中国的民族资本主义则是得到初步的发展。可是这并不意味着中国能够正常地发展到资本主义社会,对这一点旧知识分子如梁漱溟,他在 20 世纪 20 年代时已有所认识。他说:"这世界上个个俱是工商业的先进国,拼命竞争,有你无我。我们工商业兴发之机早已被堵塞严严的不得透一口气。正不是愿步他们后尘或不愿的问题,而是欲步不能了。"① 从鸦片战争到五四运动已经过了 80 年,在第一次世界大战时由于欧美帝国主义国家忙于战争,对中国的经济控制曾暂时有所放松,所以中国的民族工业也得到一点发展机会,但要真正发展成为独立的资本主义国家仍然是不可能的,梁漱溟这番话讲的是实情,同时又为后来历史实践所验证。

那么,中国近代社会往何处去?中国传统思想文化在这个历史转折关头又是如何度过的?这些确是值得研究的问题。国内这些年来,一般都认为近代中国的走向,是一步步地变成了半殖民地半封建社会。如在鸦片战争的前后,当时国内仍然是清王朝的封建专制统治,而碰到的却是外来资本主义势力的入侵。由于这是两个不同的历史发展阶段,是存在着落后与先进的差距,因此中国传统文化如何应付西方文化的传入,怎样形成中国的近代文化,就需要认真研究。

中国近代文化,一般认为是在西方文化和中国传统文化互相冲突又会通融合的过程中形成的。本文上面讲过,如佛教也是外来文化,但传入中国后就逐渐向儒家思想靠拢而为中国传统文化所融合。但西方文化却与此不同,它是在资本主义发生和发展的基础上兴起的,而中国当时并没有那样的社会以及思想文化条件。如在鸦片战争前夕,龚自珍算得是个开风气的人物。他否定乾嘉所流行的脱离现实政治的考据学和空谈心性的程朱理学,而积极倡导主张变革的经世致用思想,从而开出近代中国的学术新风。后来梁启超谈到今文学的兴起时,就说龚自珍"往往引公羊义讥切时政,诋排专制","晚清思想之解放,自珍确与有功焉。光绪间所谓新学家者,大率人人皆经过崇拜龚氏之一时期,初读定庵文集,若受电然"。"然今文学派之开拓,实自龚氏。"② 这里正说明龚自珍对近代思想所起到的启蒙作用。

不过龚自珍虽是个开风气的人物,但他对西方文化还是接触不多。当时由于鸦片的源源输入,只是使他警觉到有外来侵略的危险。1838 年当好友林则徐赴广东禁烟时,他写了一篇《送钦差大臣侯官林公序》,痛陈鸦片之害,激励林则徐要严加禁绝;同时他还意识到外国势力可能武装入侵,所以主张在禁烟时要注

---

① 《中国民族自救运动之最后觉悟》。
② 《清代学术概论》,见《饮冰室合集·专集之三十四》。

意海防,"修整军器",严加戒备。在鸦片战争爆发不久,龚自珍猝死,来不及看到这场战事结果。

鸦片战争前后,作为禁烟主角的林则徐是中国近代开眼看世界的第一人。他到广东后即选择熟悉外情的人才,组织翻译班子,有计划地搜集和编译外国书报,并亲自向外国人询访外情。通过不断搜集、积累研究有关外国资料,使他了解到西方主要资本主义国家的发展历史和富强现象,对其先进的政治制度、经济实力和军事科学技术,都有不同程度的认识。至于他之所以开眼看世界,通过知己知彼,为的是要制定抵抗侵略的"制夷之策"。林则徐这种开放思想带动了魏源等人继续从事这项工作,这就开创了中西比较学的先河。

魏源对西方的认识,先是通过看林则徐当政时组织翻译的著作,如《四洲志》《外国史略》《万国图书集》等,开拓了眼界;后又接受林则徐委托,把《四洲志》扩编为《海国图志》,直接介绍"西洋人谈西洋"的资料,成为一部当时了解全球各地的最完备的巨著。魏源自己也说:"不披海图、海志,不知宇宙之大。"而开眼看世界后,则"直可扩万古之心胸"①。由于他通过比较看到西方不少长处,因而产生了"师夷长技以制夷"②这一策略思想。

鸦片战争的失败,外来侵略者打开了中国的大门。但当时中方之所以失利,不少人认为是由于缺乏与英军对抗的坚船利炮。魏源评论这个问题时也说:"夫力不均、技不等而相攻,则力强技巧者胜。"③这里也认为英军之所以获胜,是由于"长技"较中国为优。不过魏源所说的"夷之长技",除了指西洋的战船、火器等外,还包括养兵、练兵之法。比后来的洋务派只靠引进一些坚船利炮,而无习战之方,结果在甲午战争中一败涂地,落得个"有器无人终委敌"的可悲下场,这对师夷的理解更为片面了。

不过魏源所主张的"师夷长技",虽然主要是学习西方的军事技术以抵抗外来侵略,但也注意探讨西方之所以富强之道,并涉及所推行的政治制度和经济政策。如他说到英国的情况,是"不务行教而专行贾,且佐行贾以行兵,兵贾相资,遂雄岛夷"④。这里他看到英国在军事上之所以强大,是由于重视发展工商业,因而具有雄厚经济实力的结果。对英国的议会制度,他也做了肯定,说:"国中有大事,王及官民俱至巴厘满(Parliament,指议会)衙门,公议乃行。""设有用兵和战之事,虽国王裁夺,亦必由巴厘满议允。"⑤对美国的总统制他也做出了评议。他说:"公举一大酋总摄之,匪惟不世及,且不四载即受代,一变

---

① 《海国图志后叙》。
② 《海国图志叙》。
③ 《海国图志》卷二《筹海三·议战》。
④ 《海国图志》卷三《大西洋欧罗巴各国总叙》。
⑤ 《海国图志》卷五十《大西洋英吉利国总记》。

古今官家之局，而人心翕然，可不谓公乎？"又说："议事听讼，选官举贤，皆自下始，众可可之，众否否之，众好好之，众恶恶之；三占从二，舍独徇同，即在下预议之人，亦由公举，可不谓周乎？"① 魏源认为美国的总统选举及其代议制，是做到公正与周全，虽然是看表象，而并未深入洞悉资产阶级民主制的内幕，但比之中国君主世袭的封建专制制度，当然是胜此一筹，因此魏源的开眼看世界，给士大夫们以不少新鲜的启迪。

但是，这里要指出一点，魏源虽肯定英国财富兵强，却说它是"不务行教而专行贾"，即是说文化教育方面不行。鸦片战争的失败，清朝统治者那种夜郎自大，以天朝上国自居的架子，是有点维持不下去了；但自诩为文明礼仪之邦，而外夷则不识教化，士大夫中具有这种心态的还相当普遍。如1861年（咸丰十一年），冯桂芬撰写《校邠庐抗议》，在提出"采西学""制洋器"时，就明确主张要"以中国之伦常名教为原本，辅以诸国富强之术"。薛福成则进一步提出："取西人器数之学，以卫吾尧舜禹汤文武周孔之道，俾西人不敢蔑视中华。"他还说："吾知尧舜禹汤文武周孔复生，未始不有事乎此；而其道亦必渐被乎八荒，是乃所谓用夏变夷者也。"②

按照魏源、冯桂芬、薛福成上述的观点，开始是想学习西方的军事技术以抵抗外来的侵略，进而想用西方的科学技术来维护中国的伦理纲常，这可称为"变器卫道"。再进则想用周孔之道来同化外邦，即所谓"用夏变夷"。后来张之洞在1898年（光绪二十四年）的奏折中提出："以中学为体，以西学为用，既无迂陋无用之讥，亦杜离经叛道之弊。"这就是有名的中体西用论。其用意正如辜鸿铭所指出："文襄之效西法，非慕欧化也；文襄之图富强，志不在富强也。盖欲借富强以保中国，保中国即可以保名教。"③ 这就是近代中国颇为流行的中体西用论的本旨所在。

以上这些人的设想，主观上当然想一举两得。既能达到西方那样富国强兵，又可以保住中国的纲常名教，甚至"用夏变夷"，用中国的文化来同化世界。但是作为中国文化主体的传统儒学能否实现这个目标呢？这在历史上是曾经有过一些成功的例子，即在汉族周围的少数民族，如两晋南北朝时少数民族内迁，与宋朝对峙的辽、金，曾经入主中原，这些少数民族原来的文化层次就比汉族为低，因此与汉人接触后就逐渐被汉民族的传统儒学所同化，这是历史事实。但到了19世纪下半期，面对着资本主义先进国家的西方文化，还想重温"用夏变夷"的美梦，那就只能是一厢情愿的幻想。因为时代不同，要想用封建儒学的纲常伦理去包容资产阶级文化的民主与科学，这根本是不可能的，而且相互之间都很难

---

① 《海国图志》卷五十九《外大西洋墨利加洲总叙》。
② 《筹洋刍议·变法》。
③ 《张文襄公幕府纪闻》。

接受。如太平天国运动初期，按照基督教义，宣传在上帝面前人人平等。其实起义队伍本身也并没有完全做到，但曾国藩已感到不能容忍，这就是"举中国数千年礼义人伦诗书典则，一旦扫地荡尽"，"乃开辟以来名教之奇变，我孔子、孟子之所痛哭于九原"①。张之洞写《劝学篇》，序中说："三纲为中国神圣相传之至教，礼政之原本，人禽之大防。""五伦之要，百行之原，相传数千年，更无异义，圣人所以为圣人，中国所以为中国，实在于此。"② 对来自西方资产阶级的，则谓"民权之说无一益而有百害"，认为"民权之说一倡，愚民必喜，乱民必作，纪纲不行，大乱四起"③。当时持这类观点的人，对此也是同声责难，如说什么"权既下移，国谁与治？民可自主，君亦何为？是率天下而乱也。平等之说，蔑视人伦，不能自行，而顾以立教，真悖谬之尤也"④。这里可见中西文化的激烈冲突。

不过当时一些有识之士，或能做冷静分析的人，虽然仍存在着卫道心态，但对比之下，也能看到中国的不足之处。如前面讲到的魏源，他就承认西方的代议制是优于中国，又如冯桂芬虽主张要以伦常名教为本，但他看到中国是"人无弃材不如夷，地无遗利不如夷，君民不隔不如夷，名实必符不如夷"⑤。这"四不如"就涉及政治、文化方面，不仅是技艺、器物不如西方了。还有郑观应也是主张"变器不变道"，但他把"器"扩大到西方的各项制度，如议院制度、学校制度等。他认为西方的"治乱之源，富强之本，不尽在船坚炮利，而在议院上下一心，教养有法"⑥。他特别重视西方的代议制度，认为"泰西各国，咸设议院，每有举错，询谋佥同"。他对开设议院的必要性时说："欲行公法，莫要于张国势；欲张国势，莫要于得民心；欲得民心，莫要于通下情；欲通下情，莫要于设议院。"故他主张"必先立议院，达民情，而后能张国威，御外侮"⑦。何启、胡礼垣写的《新政真诠》则更进而提出："人之根本在元气，国之根本在民情。""天下之权，唯民是主。"这就接触到西方资产阶级政治文化的核心问题了。

这里就产生一个矛盾：要想用中国的伦理纲常去同化异邦，看来难以奏效；但要接受西方的民主与科学，也是不易推行。因此，一些改革家和革命先行者主张要双方融合会通。如康有为在戊戌变法时，就说到要"泯中西之界限，化新旧之门户"⑧。严复既反对"教育中西主辅之说"，又不同意"尽去吾国之旧，以谋

---

① 《纠粤匪檄》。
② 《劝学篇·明纲第三》。
③ 《劝学篇·正权第六》。
④ 《翼教丛编》卷五《宾凤阳等上王益吾院长书》。
⑤ 《校邠庐抗议·制洋器议》。
⑥ 《盛世危言·自序》。
⑦ 《盛世危言·议院上》。
⑧ 《康有为政论集》。

西人之新"。他提出"必将阔视远想,统新故而视其通,苞中外而计其全,而后得之"①。孙中山也主张"发扬吾固有之文化,且吸收世界之文化而光大之,以期与诸民族并驱于世界"。他又说:"余之谋中国革命,其所持主义,有因袭吾国固有之思想者,有规抚欧洲之学说事迹者,有吾所独见而创获者。"② 还有李大钊对中西文明比较研究,认为二者"互有长短,不宜妄为轩轾于其间","必须时时调和,时时融会,以创造新生命而演进于无疆"③。这都是主张对中西文化取长补短,通过融合以创造新文化,这里没有用夏变夷或全盘西化的问题。

为了使中西文化得到调和,当时的维新派也多方想法将双方的思想加以沟通。如康有为就说:"推己及人,乃孔子立教之本;与民同之,自主平等,乃孔子立治之本。"④ 他还提出"以仁济天下"⑤。这是将孔子的思想和仁学与西方的平等博爱挂钩。而谭嗣同则在《仁学》总纲中,也下了这样的界说:"凡为仁学者,于佛书当通《华严》及心宗、相宗之书;于西书当通《新约》及算学、格致、社会学之书;于中国书当通《易》《春秋公羊传》《论语》《礼记》《孟子》《庄子》《墨子》《史记》及陶渊明、周茂叔、张横渠、陆子静、王阳明、王船山、黄梨洲之书。"这样说来,仁学变成无所不包,中国的儒、道、墨以及佛教及西方基督教,均无不会通。谭氏提出"仁以通为第一义",他要变四不通为四通,即中外通、上下通、男女内外通和人我通,这是要将传统儒家的仁学通向西方自由、平等、博爱之路。

康、谭发动的维新变法,想在中国实现西方式的君主立宪制度,结果是失败了。孙中山领导的辛亥革命,虽然建立了号称的民国,但民主革命并未成功。从鸦片战争到五四运动,已经历了80年的历史,中国社会虽然走向近代,但并未真正缔造出一个资产阶级共和国。在思想文化方面,学习西方成为一股社会思潮。虽然学习的内容和目的并不相同,如有主张"师夷长技以制夷"的,也有想"用夏变夷"或是"变器卫道"的。如中体西用论者就是想用西方的科学技术,来保持中国的名教纲常。其中亦有用比附方式,将中西文化加以调和的。总的来说,无论采取什么方式,或具有何种目的,学习西方的窗口已经打开,梁启超认为由此导致经世致用思想的复活,曾盛极一时的乾嘉汉学正统派的地位就不能不动摇了。

下面我们看梁启超的一段论述:"鸦片战役以后,志士扼腕切齿,引为大辱奇戚,思所以自湔拔。经世致用观念之复活,炎炎不可抑。又海禁既开,所谓

---

① 《与〈外交报〉主人书》。
② 《中国革命史》,见《孙中山全集》(第7卷),中华书局1985年版,第60页。
③ 《东西文明根本之异点》,见《民国丛书·守常文集》,上海书店出版社1989年版,第39~40页。
④ 《中庸注》。
⑤ 《礼运注叙》。

'西学'者逐渐输入,始则工艺,次则政制,学者若生息于漆室之中,不知室外更何所有,忽穴一牖外窥,则粲然者皆昔所未睹也。还顾室中,则皆沈黑积秽,于是对外求索之欲日炽,对内厌弃之情日烈,欲破壁以自拔于此黑暗,不得不先对于旧政治而试奋斗。于是以其极幼稚之'西学'智识,与清初启蒙期所谓'经世之学'者相结合,别树一派,向于正统派公然举叛旗矣。"①

毛泽东结合自身经历,对这个时期学习西方的情况也有一段概述:"自从一八四〇年鸦片战争失败那时起,先进的中国人,经过了千辛万苦,向西方国家寻找真理。洪秀全、康有为、严复和孙中山,代表了在中国共产党出世以前向西方寻找真理的一派人物。那时,求进步的中国人,只要是西方的新道理,什么书也看。向日本、英国、美国、法国、德国派遣留学生之多,达到了惊人的程度。国内废科举、兴学校,好像雨后春笋,努力学习西方。我自己在青年时期,学的也是这些东西。这些是西方资产阶级民主主义的文化,即所谓新学,包括那时的社会学说和自然科学,和中国封建主义的文化即所谓旧学是对立的。学了这些新学的人们,在很长的时期内产生了一种信心,认为这些很可以救中国,除了旧学派,新学派自己表示怀疑的很少。要救国,只有维新,要维新,只有学外国。那时的外国只有西方资本主义国家是进步的,它们成功地建设了资产阶级的现代国家。日本人向西方学习有成效,中国人也想向日本人学。在那时的中国人看来,俄国是落后的,很少人想学俄国。这就是十九世纪四十年代至二十世纪初期中国人学习外国的情形。"② 这样叙述还是比较客观的。

梁启超和毛泽东后来虽是走着不同的发展路向,但他们对近代中国思想文化界的状况还是有所洞察的。在学习西方这一难以阻挡的趋势中,中国传统的思想文化能否适应现代社会,就成为众所关心的问题,五四运动以来,对这个问题就发生激烈的争辩,传统文化向何处去? 自是进入了一个新的阶段。

三、五四新文化运动后对中国传统文化的反思与展望

五四运动在我国近代史上是一场带有启蒙性质的新文化运动。在当时来说,主要强调的是反传统精神。反传统实质上就是反封建,因为人们思想上的愚蒙是由封建社会所造成的,所以说要启发愚蒙,开通民智,就要反对封建专制统治,发起一场在思想文化上的启蒙运动,这就是五四精神的结晶。

从反封建的启蒙运动来说,不是在中国才有的,欧洲从 14—16 世纪的文艺复兴就具有这种性质,人文主义是这场启蒙运动的精神旗帜,是反对封建文化和

---

① 《清代学术概论》,见《饮冰室合集·专集之三十四》。
② 《毛泽东选集》(合订本)。

宗教神学的锐利武器。人文主义主张以人为中心，要求发展个性，把人的思想和智慧从封建神学的束缚下解放出来。同时还强调天赋人权和人的自由平等地位，为建立近代西方民主共和国奠定思想基础。

五四新文化运动的启蒙理论，如进化论、天赋人权论和民主共和国思想，都是从西方传入的，批判的对象是封建政治和文化，而首当其冲的则是封建儒学，打倒孔家店和鞭挞吃人的礼教，就成为运动的锋芒所向。五四运动前夕，中国面临内忧外患，外有列强环伺，时患瓜分；内则战乱频仍，常忧复辟。为要救亡图存，在政治体制和思想文化方面，反对封建专制和要求改变愚昧落后的农业社会意识，就成为当时的迫切需要。

至于五四运动中用以批判旧传统的思想武器，就是《新青年》提出的两大口号：民主与科学，即"德先生"（Democracy）和"赛先生"（Science）。文章中说："要拥护那德先生，便不得不反对孔教、礼法、贞节、旧伦理、旧政治；要拥护那赛先生，便不得不反对国粹和旧文学。"又说："我们现在认定只有这两位先生，可以救治中国政治上、道德上、学术上、思想上一切的黑暗。"① 这就是当时批判传统文化的政治宣言。

五四时期批判旧传统的知名人物，如陈独秀、李大钊、鲁迅、吴虞等人，他们都驳斥了要把孔教定为国教的论调，指出孔教和帝制的关系，所以反孔教实质上是反对帝制的复活。他们还集中攻击封建礼教，如鲁迅在《狂人日记》中揭露旧礼教是戴着"仁义道德"的假面具来"吃人"；吴虞则被胡适称为"双手打孔家店的老英雄"。总之，五四运动是一场提倡爱国主义精神的新文化运动。反对旧道德提倡新道德，反对旧文学提倡新文学，反对文言文提倡白话文，破除迷信和专制，提倡科学和民主，反对出卖国家利益的行为，提倡爱国主义。应该说在破旧立新方面，做出了应有的历史贡献。

对"五四"之批判传统问题，应该做出什么样的评价，海内外的学术界在看法上从来就有分歧。我认为批判传统就是批判旧思想旧文化，从总体方向来说是对的，但不能一棍子打死，因为传统中既有封建性的糟粕，也有民主性精华，如果所有传统都要抛弃，最终就会导致民族虚无主义。

五四运动是一场爱国主义运动，但要救亡图存，必须自身富强，这就包括要在思想文化方面的更新。因此，反对旧传统，这在当时是不可避免的，而提倡民主与科学也是与爱国主义精神相一致的。但"五四"反传统确有其缺点：一方面，参与这次运动的只是青年学生和部分知识分子，如民主与科学思想在社会上的广大群众中间并没有产生很大影响。另一方面，批判传统时带有片面性，有时却过于偏激。如笼统提出打倒孔家店和旧礼教，把"仁义道德"说成"吃人"。

---

① 《本志罪恶之答辩书》，载《新青年》第六卷第一号。

甚至说要把线装书丢入厕所，提出不要读中国书等，这就走向另一极端。当然，打着"仁义道德"的招牌来"吃人"是有的，那是像李贽所揭露的"被服儒雅，行若狗彘"的假道学，但说仁义道德本身都是坏的却不能下这个结论。事缘儒家的仁政和德治为历代帝王所利用，而其中不少却是专制暴君，因而使仁德也坏了名声。其实传统儒学讲正己正人，立己立人，仁民爱物，博施济众，这些思想观点其中应有可取之处。中国素称文明礼仪之邦，作为民族传统也是不能完全否定。所以不加分析地作为旧传统旧礼教而加以打倒，这里就有简单化和片面性的毛病，而结果反而难以解决问题，这是当前如何对待传统思想文化这个老问题时，值得我们反思和吸取应有的教训。

五四时期，一些爱国者为要救亡图存，除批判旧思想旧文化之外，还尽量吸收外来文化，所以各种思想流派传入的很多。从五四运动提倡科学与民主这一时代思潮来看，对各种传播进来的思想流派也是一视同仁的，并且重现出百家争鸣的态势。如有民主主义，也有社会主义；有马克思主义，也有实验主义；有国家主义，也有无政府主义。当时作为社会主义流派介绍到中国的，就有施蒂纳、蒲鲁东、巴枯宁、克鲁泡特金的各种无政府主义，武者小路笃实的新村主义，托尔斯泰的泛劳动主义，伯恩斯坦、考茨基的议会主义，欧文等人的合作主义，还有基尔特社会主义、互助论、工读主义等，可谓五花八门，在五四时期都作为新思潮而得到传播。

五四时期中西错置、新旧杂陈所表现出的思想万花筒确是使人感到有点眼花缭乱，但是争论的主题，还是围绕着由于中西文化的冲突如何看待中国传统文化的走向问题。抱残守缺，坚持传统文化本位的人是有的。如林纾虽然翻译了不少西方的文学小说，但对国内的维新思想却表示不能容忍。而原来作为变法主将的康有为，后来却倒退到保皇保教的老路上去。这些人在学术上称为国粹派。与此相对立的则是主张全盘西化，有人提到陈序经，因为他早年有这方面的言论。当时刚从国外回来的胡适，曾认为中国万事不如人，也有崇洋的倾向。不过他对中国传统文化还是有研究的，并且对青年还开列过研读国学的书目。其实国粹派与全盘西化派各走一端，要想原封不动保存传统文化或彻底抛弃都是办不到的，而应该随着时代的发展和国情的需要，经过批判、继承、扬弃而达到更新。

这里谈一下马克思列宁主义与传统文化的关系问题。现在海外有些人总认为马列主义与传统文化是不相容的，其实并非这样。如列宁就曾明确指出："马克思的学说是人类在十九世纪所创造的优秀成果——德国的哲学、英国的政治经济学和法国的社会主义的当然继承者。"① 又说："马克思主义这一革命的无产阶级思想体系赢得了世界历史性的意义，是因为它并没有抛弃资产阶级时代最宝贵的

---

① 《列宁全集》（第19卷），人民出版社1959年版，第2页。

成就，相反地却吸收和改造了两千多年来人类思想和文化发展中一切有价值的东西。"① "例如，当我们谈到无产阶级文化的时候，应当明确地认识到，只有确切地了解到人类全部发展过程所创造的文化，只有对这种文化加以改造，才能建设无产阶级的文化。……无产阶级文化并不是从天上掉下来的，也不是那些自命为无产阶级文化专家的人杜撰出来的，这完全是胡说。无产阶级文化应该是人类在资本主义社会、地主社会和官僚社会压迫下创造出来的全部知识发展的必然结果。" "只有用人类创造的全部知识财富来丰富自己的头脑，才能成为共产主义者。"②

从上面列宁的论述中可以看出，马列主义奠基人还是重视历代文化知识的积累的。毛泽东在抗日战争时期谈到学习问题，也很重视学习历史遗产。他说："我们这个民族有数千年的历史，有它的特点，有它的许多珍贵品。……今天的中国是历史的中国的一个发展；我们是马克思主义的历史主义者，我们不应当割断历史。从孔夫子到孙中山，我们应当给以总结，承继这一份珍贵的遗产。这对于指导当前的伟大的运动，是有重要的帮助的。"③

刘少奇在抗日战争时期写过一部《论共产党员的修养》。如果说毛泽东对学习历史遗产只是做一般号召，那么，刘少奇在这次讲演中对传统儒学中的一些精粹格言就运用得比较成熟和具体。他肯定孔子从"十有五而志于学"开始的修养过程，推重孟子说的要在历史上担当"大任"的人就要经过艰苦的锻炼④。他主张要有孟子提出的"富贵不能淫、贫贱不能移、威武不能屈"的坚定气节；他还称赞范仲淹那种"先天下之忧而忧，后天下之乐而乐"的博大襟怀⑤，甚至为着多数人的利益，不惜牺牲自己，做到"杀身成仁""舍生取义"⑥；他主张做人要奋发有为，借用孟子的话，就是"人皆可以为尧舜"⑦，但平常要警惕自己，做到"吾日三省吾身"⑧。即使在无人监督的情况下也不做坏事，这就是慎独功夫⑨。最后要求学习历史上的优秀遗产，凡是学到的就必须做到。以上是刘少奇要求党员进行的自我修养。

从上面材料可以看出，刘少奇认为马克思列宁主义与中国传统文化并非不能相容。在孔、孟儒学中亦有一些嘉言懿行是可以给后人以启迪，说明学习历史遗

---

① 《列宁全集》（第31卷），第283页。
② 《列宁全集》（第31卷），第253～254页。
③ 《毛泽东选集》（合订本）。
④ 参见《论共产党员的修养》，人民出版社1980年版，第5页。
⑤ 参见《论共产党员的修养》，人民出版社1980年版，第39页。
⑥ 《论共产党员的修养》，人民出版社1980年版，第41页。
⑦ 《论共产党员的修养》，人民出版社1980年版，第10页。
⑧ 《论共产党员的修养》，人民出版社1980年版，第14页。
⑨ 参见《论共产党员的修养》，人民出版社1980年版，第40页。

产对提高人们的思想确是有所帮助。刘少奇1939年7月在延安马列学院的这篇讲演，抗日战争时期已经出过多种版本，1949年和1962年，又经过作者两次修订，并在1962年第15、16期的《红旗》杂志上发表，同年9月再由人民出版社出第二版。这说明在"文化大革命"前这部著作的广泛影响。既作为共产党员个人修养的必读书，又使国内学术界在肯定传统儒学时有所依据。

刘少奇这部著作在"文革"时期曾受到猛烈抨击。当时曾大张旗鼓来批判所谓黑《修养》，并作为刘少奇的主要罪状之一，但这并不能说明马列主义与传统文化的彻底决裂。因为在"文革"时期，无论是扫"四旧"，批判"封、资、修"，或是"批林批孔"，林彪和"四人帮"一伙，都是为着政治斗争需要，写的是影射史学的文章，本无学术是非可言。当时对传统文化的全盘否定，既是违背列宁的教导，也并不符合毛泽东原来对待历史遗产所持的立场，所以不能以"文革"时期的情况来说明马列主义与传统文化的根本对立。

1976年10月，打倒"四人帮"后，"文化大革命"宣告结束。经过1978年12月召开的中共十一届三中全会，进入了拨乱反正和改革开放时期。1980年3月，刘少奇的《论共产党员的修养》又大量出版发行，这实际上是纠正"文革"期间的错误。1981年6月在中共十一届六中全会上通过的《关于建国以来党的若干历史问题的决议》中就明确指出："社会主义必须有高度的精神文明。要坚决扫除长期间存在而在'文化大革命'期间登峰造极的那种轻视教育科学文化和歧视知识分子的完全错误的观念，努力提高教育科学文化在现代化建设中的地位和作用。"并承认"没有文化和知识分子是不可能建设社会主义的"。1986年9月通过的《中共中央关于社会主义精神文明建设指导方针的决议》，其中更进一步指出："中华民族是有悠久历史和文化的伟大民族，在古代文明史上长期处于世界的前列。在近代，由于封建制度的腐朽和帝国主义的侵略而落后了。"因而现在需要"复兴"。"这个复兴，不但将创造出高度发达的物质文明，而且将创造出以马克思主义为指导的，批判继承历史传统而又充分体现时代精神、立足本国而又面向世界，这样一种高度发达的社会主义精神文明。"同时文中又提到"社会主义道德作为人类文明中道德发展的新境界，它必然要批判地继承人类历史上一切优良道德传统，并要同各种腐朽思想道德做斗争"。

上面两个"决议"所谈的建设社会主义精神文明，以及如何对待历史传统和道德传统等问题，其实也没有什么新的东西，不过是纠正"文革"的错误，恢复列宁、毛泽东原来所主张的批判继承方针而已。但是在较长时期极"左"的思想路线统治下，能做到拨乱反正也是不容易的，这一点应该肯定。同时，这里也澄清了某些误解，即认为马列主义终归要消灭传统文化。

不过，中国传统思想文化的发展前景如何，并不完全决定于国家对文化建设的指导方针和政策，关键还在于传统文化能否适应现代社会的需要。如有的人提出：所以说儒家传统不适应现代化，指的就是儒家伦理本位主义的价值系统与现代化是一逆向的精神力量。即认为以维护纲常名教为中心，以"贵义轻利"和"重道轻器"为核心的儒家传统价值系统，与现代化的民主与科学导向是背道而驰的，当然也就不相适应。

近几年来，随着改革和开放的浪潮，近代西方思想武库中民主、自由、人权、个性解放等观念再度成为某些人宣传的热点。于是全面否定中国传统文化和全面拥抱西方现代文化，这就成为他们的思想主调。甚至认为中国现状不是这几十年内造成的，其源头在中国远古的黄河文明。西方文化则从来都是先进的，所以中国只有彻底扫清原有的文化传统，归属于蓝色的海洋文化，才能进入现代社会，这就是电视剧《河殇》所宣扬的主题。

为要解决传统文化与现代化的接轨问题，20世纪50年代时在港、台地区的新儒家唐君毅、牟宗三等人，提出"从中国历史文化之重道德主体之树立，即必当发展为政治上之民主制度"①。这里树立道德主体是"本"，开创民主制度是"新"，所以称之为"返本开新"之论。

港、台现代新儒家提出的"返本开新"问题，传统儒学能否开创出民主与科学？近年来海外也颇有争议，如林毓生与李明辉互相驳难②，说明问题还在深入讨论。我认为唐、牟这套观点不过是儒家从内圣开出外王的思想发挥，实质上是以道德文化决定论作为理论依据，在我国经过历史实践证明是难以收到这种效果的。

不过，我们也要看到传统儒学到现在仍然可以发挥它的社会功能。如在20世纪七八十年代，日本和所谓亚洲"四小龙"——新加坡、韩国、中国台湾、中国香港由于经济上的起飞，从而进入现代化的行列。但学习西方的结果也带来别的弊病。正如新加坡第二副总理王鼎昌在一次会议中说："新加坡共和国成立以来，在经济、科技建设等方面，我们都取得可喜的成就，这是向西方学习的结果。"但同时他又指出西方文明中存在的问题："道德伦理的破坏，人际关系的实用主义化，这都是西方世界存在着可怕的现象。"副总理吴作栋也说："新加坡人越来越西化，人民的价值观也从儒家伦理的克勤克俭和为群体牺牲的精神转为自我中心的个人主义。这种价值观的改变，将会削弱我们的国际竞争能力，从而影响国家的繁荣与生存。"对此他表示："我们的忧虑是，在不知不觉中，受到西方的同化。"因此"新加坡学校已有多年没有教导儒家伦理，直到最近才恢复"。③ 这里说明，亚洲像新加坡那些已走向现代化的资本主义国家和地区，是

---

① 唐君毅：《中华人文与当今世界》。
② 林毓生：《新儒家在中国推展民主与科学的理论面临的困境》；李明辉：《儒学如何开出民主与科学》，载《法言》1989年第2期。
③ 《儒家基本价值观应升华为国家意识》，载《联合早报》1988年10月29日。

由于西化后物质文明带来的精神危机，所以才恢复中国传统文化中的儒家思想教育。因此，我认为在后工业化社会中，儒家的道德伦理及其价值观念对社会精神危机是可以起到补偏救弊的作用。现在西方的资本主义国家亦有人对以中国传统儒学为核心的东方文明感兴趣，其中也不无道理。

因此，从整个世界文明的发展趋势来看，当今所谓发达国家和发展中国家，其差距主要表现在物质财富的积累和科学技术的水平方面。至于精神生活，特别在道德伦理、人际关系等方面，则并无明显的先进与落后的差别，只能说是互有短长。所以，中西文化的冲突很可能将来形成"互补"的格局，即经过互相吸收、扬弃、输进外来血液，使自身的文化发展进入良性循环。因而，我国的传统文化在将来世界文化发展的长河中，总会占有一席之地。

我国是个社会主义国家，但还处在初级阶段，我们并不是要建设资本主义现代化社会，但在改革的过程中还是要对外开放。因此，对传统文化和外来文化都有个如何正确对待的问题。批判继承做到古为今用，批判吸收做到洋为中用，作为指导方针基本上是可以的，但如何取得协调、互补，并在此基础上创新，却是一个复杂的问题。下面从一些事例略做剖析。

从价值观念来看，传统儒学重义轻利的思想不能适应商品经济的发展，需要引进西方式的经济竞争机制和重效益的观念。但也不能因此就见利忘义，甚至为个人私利而多行不义。经商固然要赚钱，但也要有起码的职业道德，否则只知唯利是图，一切向钱看，对社会主义精神文明建设就会起消极作用。因而义利之辨，不能各走一端，义利双行才是持平之论。

再从家庭伦理和社会人际关系等方面看，我国传统儒学的"亲亲"观念，导致某些做父母的为子女而以权谋私，而有些青年也以炫耀家庭权势为荣，故为世人所诟病。而现代西方国家，多数青年喜欢独立奋斗，并以依靠父母为耻，这种社会风气就值得我们仿效。但西方子女成年后，往往视父母有如陌路；而社会人际关系，却有如浸在金钱冰水之中，这就成为一种社会病态了。在这种对比情况之下，我们应该取长补短，既要反对那些为亲情谋私利的不正之风，提倡青年们要有自立、自强观念，但也要处理好家庭和社会的人际关系。我认为，对传统儒学中，凡是有利于稳定家庭和社会秩序，有利于创造和谐的生活环境，能用群体道德来调节好人际关系的，所有这些思想因素，在剔除其中的封建糟粕后，还是可以发扬的。我们建设社会主义精神文明也需要有更多的和睦家庭，如尊敬父母、教育子女、和睦邻里、守望相助、疾病相扶之类的传统美德，还是应该提倡的。这会有利于形成安定团结的社会局面。

总之，传统文化往何处去，其前景如何，这不单要做理论探讨，同时也是个社会实践问题。所谓批判继承，就是要分析其中矛盾的两重性。如义利关系、公私关系、群体与个体关系、理想与现实关系等，都要进行正确处理。既要适应商品经济发展的需要，但也要提倡社会主义公德和献身精神。中国科学技术协会这几年来倡导"献身、创新、求实、协作"的科学精神和职业道德，并展开了"讲理想、比贡献"的竞赛活动，被认为对社会主义精神文明建设产生了良好影响。这就是在社会实践方面，对待传统道德文化，是去其糟粕，存其精华，经过扬弃、改造，使其符合现代国情的较为成功的尝试。各行各业和各个阶层的人，我认为根据自己的实情，都可以进行这种尝试。

　　一个民族的传统文化，经过长期积淀，往往成为这个民族人们精神心理上的深层结构。特别像中国这样的文明古国，要想一朝把传统完全抛弃，那是不可能的；但时代变了，要想一成不变地保留传统，也是不可能的。只能因势利导，在建设社会主义精神文明总方针的指导下，我们这个民族的优秀历史文化遗产必将得到发扬。中华民族既能以日益富强的面貌自立于世界各民族之林，我们的传统文化也自当以新的面貌出现而走向世界。

　　（原载《中华文化的过去、现在和未来——中华书局成立八十周年纪念论文集》，中华书局1992年版）

论中国传统思想文化的矛盾两重性

我国是个文明古国,传统文化源远流长,经历数千年而绵延不绝,这种现象在世界各民族中是罕见的。之所以会出现这种情况,有人搬出地理特点,如说大陆文化、黄色文明,并且与所谓海洋文化、蓝色文明对立起来,即强调传统文化的封闭性。不过也有人认为,传统文化几千年来并非一成不变的,对外来思想文化也有所吸收,即表现出开放性的一面。封闭与开放从形式上是对立的,但对中国传统思想文化,却不能说是非此即彼,而是表现为封闭与开放的矛盾两重性。

一

对中国传统思想文化,为什么说它具有封闭性的一面?这是与它形成的历史条件有关。我国现在虽然是个多民族国家,但多年来形成传统的却是以汉族为主体的汉文化。当前海内外华人多被称为炎黄子孙,其实炎帝与黄帝在古史传说中是两个不同的部族。进入夏、商、周三代,虽然有一定的承传关系,就像孔子说的,"殷因于夏礼,所损益可知也;周因于殷礼,所损益可知也;其或继周者,虽百世可知也"①。即认为三代的礼制虽有所增减和修正,而基本内容还是可以传续下去。本来殷商与西周的文化渊源也是不同的,但作为相继承的王朝,对夏、商、周三代也有称之为华夏文化,至于汉族和汉文化的称谓,可能与统一的汉王朝有关。由于汉、唐在历史上的国威远播,因而汉人、唐人的称谓也就扬名海外。对汉文化的形成,董仲舒起到相当重要的作用。他在回答汉武帝的《对策三》中,主张随着政治上的大一统,在法制和思想文化方面也要统一,他说:"今师异道,人异论,百家殊方,指意不同,是以上亡以持一统,法制数变,下不知所守。臣愚以为诸不在六艺之科,孔子之术者,皆绝其道,勿使并进,邪辟之说灭息,然后统纪可一而法度可明,民知所从矣。"

上面这段话,就是主张用行政力量来禁止不同思想的传播。我国历史上的春秋战国时期,正是由于百家争鸣,才形成儒、道、墨、法、名、兵等各家学派,出现孔、墨、老、庄、孟、荀、孙、韩等一批哲人。他们各有创见的学术思想构成一幅丰富多彩的画面,成为中国文化史上的黄金时代。可是由于董仲舒"罢黜百家,独尊儒术"的对策,实行政治文化的专制主义,这样一来,以儒学为主体

---

① 《论语·为政》。

的传统思想文化,在不同程度上逐渐成为各封建王朝的官方意识形态,并且随着中国封建社会发展的缓慢甚至出现停滞,传统思想文化的封闭性也就逐渐为人所觉察了。

不过,中国传统思想文化是否只有封闭性的一面?看来亦非如此。如前面讲到战国时的百家争鸣,各学派之间的思想观点当然有不同的地方,否则何以谓之"争鸣"。他们之间甚至猛烈抨击对方,突出的例子如孟子骂墨翟、杨朱是无父无君的禽兽,甚至在儒家内部,荀子也要声讨孟轲之罪。但能否说各家各派思想都在实行自我封闭呢?其实亦不尽然。司马谈在《论六家要旨》中先引《易大传》的论点:"天下一致而百虑,同归而殊途。"接着评论说:"夫阴阳、儒、墨、名、法、道德,此务为治者也。"即是说各家思想是殊途而同归。各家主张虽然所走的路子不同,但为统治者出谋献策,怎样治理好国家,这个目标是一致的。所以,彼此之间思想上亦非没有相通之处。这种相通或者说是交流,说明各家思想亦有其开放性的一面。

董仲舒讲独尊儒术,主张行仁政和德治,在意识形态上将政治与道德伦理相结合的三纲五常作为立国之本。作为官方的统治思想延续了2000多年,不但贯穿在整个封建社会,并且还影响到近现代。如作为传统文化一个重要环节的角度来看,正表现出它封闭性的一面。但是董仲舒所主张独尊的儒术,看来亦非纯粹的孔孟之道。他既继承孔子的"君君、臣臣、父父、子子"的正名学说,又吸取韩非"臣事君,子事父,妻事夫,三者顺则天下治,三者逆则天下乱"的三纲思想,实现了儒法合流。他提出了德、刑并用而以德教为主的统治方针,主张充分发挥"礼乐教化"的作用。同时为上述战略提供理论基础,他还继承和发展先秦儒、墨显学所宣扬的"天命""天志"思想,并与秦汉方士神秘化了的阴阳五行学说结合起来,运用春秋公羊学的类比方法,构造出一套以天人感应目的论为中心的神学唯心主义体系。由此可见,从政治到哲学,董仲舒倡导的汉文化虽以儒家思想为主调,却广泛吸收墨、法、名、阴阳等各家思想。这说明董氏所独尊的儒术,亦不全是自我封闭,它的开放性表现在它的包容性。

中国以儒学为主体的传统文化在接受外来文化时,同样也表现出封闭与开放的两重性。如佛教思想的传入与传统儒学是有矛盾的。佛教讲出世解脱等一套,与儒家讲君臣父子的封建纲常是相违背的。唐朝是个泱泱大国,对外经济文化交流算是比较开放,但要坚守封建纲常这条防线。佛教传入中国后,曾经想不受世俗王权的支配,提出过"沙门不敬王者""沙门不应拜俗"的争辩,因而引起统治者的不满。唐高祖李渊曾质问僧徒:"弃父母之须发,去君臣之章服,利在何门之中,益在何情之外?"[①]反对佛教的傅奕也说"礼本于事亲,终于奉上,此

---

① 《大正藏》卷五二。

则忠孝之理著,臣子之行成。而佛踰城出家,逃背其父,以匹夫而抗天子,以继体而悖所亲",因而斥之为"无父之教"①。后来唐高宗李治对僧道要否拜君亲问题也明确表示:"朕禀天经以扬孝,赞地义以宣礼,奖以名教,被兹真俗。"② 以上无非是说,封建纲常名教是不能触动的,无论出家的僧道和世俗之人都要遵守。从传统文化的角度来说,正是表现出它的封闭性。

不过,唐朝的宗教政策对佛教还是尊重和加以利用,但是要以儒家的君父之义来约束,就可以对外来宗教开放和包容。而佛教为了能在中国传播,不能不适应中国的国情。如翻译佛经原著碰到与中国宗法伦理冲突时,则删略不译或反译,也有增字以迎合封建伦常的需要。由于封建帝王的倡导和干预,佛教明显向儒家思想靠拢。如华严宗的宗密,宣传什么"佛且类世五常之教,令持五戒"③。将佛教的"五戒"与"五常"相比附,表示佛教徒是拥护儒家"五常"等道德观念。当时佛教徒为表示忠于封建国家,有的把皇帝看成活佛、活菩萨,还有的为封建王朝的国运祈祷。他们又宣扬《孝子报恩经》《父母恩重经》,鼓吹"孝道"是"儒释皆宗之"④,表示佛教徒也拥护儒家提倡的孝道。忠君和孝亲是封建纲常名教的根本要求,而佛教徒的出家这方面易为世人所诟病,因此他们对此极力加以修补,所谓佛教的世俗化也就是趋向于儒学化。往后儒、佛之间虽也有矛盾,但作为外来的佛教文化确逐渐适应中国国情,并为中国传统文化所包容,成为其中的一个组成部分。

二

中国近代社会与西方不同,没有完成向资本主义社会的转变,却反而陷入半封建半殖民地的境地。在这种情况下,中国传统文化能否走向近代化和如何走向近代化,是一个十分值得研究的问题。当时中国碰到西方的外来文化与过去佛教的传入不同,儒、佛同是古代社会的产物,彼此还比较容易互相适应。而近代西方则是资本主义文化,比封建儒学超前一个时代,因此中国传统文化如何对付西学东渐问题,是遭受到一场严峻的挑战。

鸦片战争的失败打破了清廷统治者天朝上国的迷梦。但当时人并不承认自身思想文化的落后,认为所缺乏的只是同英国对抗的坚船利炮。当时林则徐、魏源等开始放眼世界。魏源提出"师夷长技以制夷"⑤,主要是学习西方的军事技术

---

① 《旧唐书·傅奕传》。
② 《大正藏》卷五二。
③ 《原人论》。
④ 宗密:《盂兰盆经疏序》。
⑤ 《海国图志叙》。

以抵抗外来侵略。到1861年冯桂芬撰写的《校邠庐抗议》，提出"采西学""制洋器"时，更明确主张"以中国之伦常名教为原本，辅以诸国富强之术"。薛福成则进一步提出："取西人器数之学，以卫吾尧舜禹汤文武周孔之道，俾西人不敢蔑视中华。"他还说："吾知尧舜禹汤文武周孔复生，未始不有事乎此；而其道亦必渐被乎八荒，是乃所谓用夏变夷者也。"①

按照魏源、冯桂芬、薛福成上述的观点，开始是想学西方的军事技术以抵抗外来侵略，进而想用西方的科学技术来维护中国的伦理纲常，这可称为"变器卫道"。再进则想用周孔之道来同化外邦，即所谓"用夏变夷"。后来张之洞在1898年的奏折中提出："以中学为体，以西学为用，既无迂陋无用之讥，亦杜离经叛道之弊。"这就是有名的中体西用论。其用意正如辜鸿铭所指出："文襄之效西法，非慕欧化也；文襄之图富强，志不在富强也。盖欲借富强以保中国，保中国即可以保名教。"② 这就是中体西用论的本旨所在。

在中国近代所流行的中体西用论，正是中国传统文化封闭与开放这一矛盾两重性的思想反映。这里所谓"体"是指封建纲常名教，作为立国的根本是不能改变的，这是封闭性的表现。而所谓"用"是指西方的长技，可以开放而给予引进，如洋务派走的就是这条路子，这也算是开放性的一面。

以上按照中体西用论者的设想，主观上当然想一举两得。既达到西方那样富强，又保住中国的名教，甚至"用夏变夷"，用中国的文化来同化世界，但传统儒学能否实现这个目标，看来难以做到。因为时代不同了，想用过去对付佛教的办法使之归宗儒学，实际上已行不通。因为要用封建儒学的纲常伦理去包容资产阶级文化的民主与科学，这根本是不可能的，而且相互之间都很难接受。如太平天国运动初期，按照基督教义，宣传在上帝面前人人平等，曾国藩就感到不能容忍，说这是"举中国数千年礼义人伦诗书典则，一旦扫地荡尽"，"乃开辟以来名教之奇变，我孔子、孟子所痛哭于九原"③。持这类观点的人，对西方资产阶级民权、民主等一套更是同声责难，说什么"权既下移，国谁与治？民可自主，君亦何为？是率天下而乱也。平等之说，蔑弃人伦，不能自行，而顾以立教，真悖谬之尤者"④。这里可见中西文化的激烈冲突。

由是产生一个问题：要想用中国的伦理纲常去同化异邦，看来难以奏效；但要接受西方的民主与科学，思想却又难通，这就使得中国传统文化在遇到西方文化的挑战时处在两难的境地。继续封闭难以使国家进步和富强，及时开放又怕难以抵挡外来的异端邪说。因此，在社会走向近代的过程中传统文化往何处去就深

---

① 《筹洋刍议·变法》。
② 《张文襄公幕府纪闻》。
③ 《讨粤匪檄》。
④ 《翼教丛编》卷五《宾凤阳等上王益吾院长书》。

受人们所关注。

在中西文化的激烈冲突中，亦非所有人对传统儒学保持封闭的心理，其中有识之士，或能做冷静分析的人，也能看到中国的不足之处。就如冯桂芬虽说伦常名教为本，但他也看到中国"人无弃材不如夷，地无遗利不如夷，君民不隔不如夷，名实必符不如夷"①。这"四不如"就涉及政治、文化方面，不仅是技艺、器物不如西方了。据此郑观应亦指出西方的"治乱之源，富强之本，不尽在船坚炮利，而在议院上下一心，教养有法"②。他特别重视西方的代议制度，认为"泰西各国，咸设议院，每有举错，询谋佥同"。故他主张"必先立议院，达民情，而后能张国威，御外侮"③。何启、胡礼垣写的《新政真诠》更进而提出"人之根本在元气，国之根本在民情"，"天下之权，唯民是主"。这就接触到西方资产阶级政治文化的核心问题了。

在解除封闭心理，和对西方文化认识逐步提高的情况下，近代中国一些改革家和革命先行者提出要中西文化双方会通融合的主张。如康有为在戊戌变法时，就说到要"泯中西之界限，化新旧之门户"④。严复既反对"教育中西主辅之说"，又不同意"尽去吾国之旧，以谋西人之新"。他提出"必将阔视远想，统新故而视其通，苞中外而计其全，而后得之"⑤。孙中山也主张"发扬吾固有之文化，且吸收世界文化而光大之，以期与诸民族并驱于世界"。他又说："余之谋中国革命，其所持主义，有因袭吾国固有之思想者，有规抚欧洲之学说事迹者，有吾所独见而创获者。"⑥还有李大钊对中西文明比较研究，认为二者"互有长短，不宜妄为轩轾于其间"，"必须时时调和，时时融会，以创造新生命而演进于无疆"⑦。这是主张对中西文化取长补短，通过调和融会以创造新文化。

三

当前，我们正在为建设中国特色社会主义新文化而努力，那么，如何对待传统文化，这是不能回避的问题。由于传统文化对民族心理、社会习俗，以至千百万群众，多年来已发生了潜移默化的影响，无视它的存在是不可能的，问题是如何应对，这些年来特别是学术界是有着不同意见。

从五四新文化运动以来，有的人着重看到传统文化停滞、落后即是封闭性的

---

① 《校邠庐抗议·制洋器议》。
② 《盛世危言·自序》。
③ 《盛世危言·议院上》。
④ 《康有为政论集》。
⑤ 《与〈外交报〉主人书》。
⑥ 《中国革命史》，见《孙中山全集》（第7卷），中华书局1985年版，第60页。
⑦ 《东西文明根本之异点》，见《民国丛书·守常文集》，上海书店出版社1989年版，第39～40页。

一面,也就是全看成封建性糟粕,因而主张彻底决裂和全盘否定。他们对内采取民族虚无主义的态度,提出走全盘西化的道路。另外有的人着重看出资本主义西方物质文明的弊端,认为应该用注意提高人们精神素质的东方文化去补偏救弊。他们还认为中国传统文化是具有开放性和包容性的,如过去儒家在道德上之天下为公和人格平等,按其自身发展要求,必然会走上民主政治之路。为此有的学者主张要复兴儒学,并据此以求现代化中国文化之重建,这被称为"返本开新"之论。

以上对中国传统文化,无论是做否定式的主张全盘西化,还是做肯定式的提出要返本开新,都是对传统文化封闭与开放这一矛盾两重性的片面理解,出现的毛病正如荀子批评的那样:"凡人之患,蔽于一曲,而暗于大理。"① 指的就是人们认识上的局限。关于如何对待传统思想文化,我们本来已提出了批判继承的方针,即剔除其封建性糟粕,吸取其民主性的精华,这就是古为今用。但这个方针如何贯彻,多年来并未很好解决。如怎样区分其中的精华与糟粕,不能像切西瓜那样简单地一分为二。也有用人的肠胃消化功能做比喻,通过消化后吸取食物中的营养,而将粪便排泄出去。但这种形象化的比喻对于比较抽象的思想精神文化,毕竟难以完全比附,可见这仍然是一种较难解决的问题。

近几年来,我国对社会主义精神文明建设的指导方针还是明确的。比如说,社会主义道德作为人类文明中道德发展的新境界,它必然要批判地继承人类历史上一切优良道德传统,并要与各种腐朽思想道德做斗争。又如说,进行社会主义思想道德建设,还要注意处理好树立时代精神与弘扬传统美德的关系,把时代精神同弘扬民族传统美德结合起来。这些原则性的指导思想当然是对的,问题也是如何理解和贯彻。

儒家的政治道德伦理思想,是构成中国传统文化的重要内容,在当前的社会现实生活中仍然有它的作用和影响。在如何区分其精华与糟粕的问题上,我认为也并非没有可能,关键是要正确分析从思想矛盾的两重性中所带来的社会效应。比如说儒家是讲究亲亲和尊尊,在社会上就带来不同效应。当处理人际关系时,如能做到尊老爱幼,和睦亲朋邻里,守望相助,疾病相扶,这类传统美德就应加以继承。对领导与被领导、上级与下级的关系,则要在民主集中制的基础上,这就有助于稳定社会秩序,维护安定团结的局面。但是儒家那种为亲者讳、为尊者讳的思想作风,也将有助于滋长官僚主义和亲情关系网,以及特权思想、家长作风等带有封建性的纲常名教思想的残余,这种现象最为群众所非议,就应该进行批判。儒家对道德人格高标准的要求,如讲究正己正人、以身作则、见利思义、先忧后乐等思想行为和立身处世之道,以至不欺暗室的慎独功夫,这是儒学中的

---

① 《荀子·解蔽》。

民主性精华和优良传统,就应该加以发扬;但对过去称之为伪君子、假道学,今天亦有这些言行不一的两面派,就要加以揭露和批判。

据此,我认为我国传统文化中的某些思想观点,其所包含的矛盾两重性对当前社会是可以产生不同影响的,关键是"古为今用"。对这个"用"字,如上面所说的"尊老爱幼",如何理解这个"爱"字就大有文章,有的人严格教育子女,培养下一代成为"四有"新人;而有些人则偏于溺爱,甚至以权谋私,利用自己的权势为子女营造安乐窝,这种现象在当前社会上是不少见的。又如"和为贵",可以理解为在工作中要搞好人际关系,维护安定团结的局面;也可以在工作中不讲原则,随风倒,和稀泥,这种"乡原"式人物,其实连孔、孟也是不赞成的。由于理解不同,实践即"用"的效果就不一样。

对中国传统文化,我们说是"古为今用"。其实这个"今"不但在我们国内,在某些外国也有应用。如祝寿臣写的《日本从中国拿去了什么?》[①] 其中就说到严密的企业管理是日本经济取得成功的一个主要因素,而重视吸取、借鉴优秀的中国文化对日本的企业管理也产生了巨大的影响。对此文中列举了三点:"以人为本"的人才管理、贵在"人和"的经营方式、"信誉第一"的质量管理。具体例子则讲到松下电器公司创始人松下幸之助,他非常推崇儒家哲学中"以人为本"的思想,把"任人唯贤"作为选拔人才的唯一标准。他还把"取信于天下"和"明德、亲民、至善"作为经商之道。日本对职工培训中"经营道德课"的教科书就是中国的"四书""五经";松下商学院每天早晨"天天读"的课本是《大学》《论语》《孟子》等书,像这样的"中为洋用"所产生的社会效应,也可能是我们所始料不及的。

另据菲律宾《世界日报》5月22日发表记者杜敬在新加坡的采访文章,谈新加坡的公务员制度和廉政建设。其中说到"新加坡政府也对公务员进行'心治'教育,宣传和推崇儒学和中华文化传统,培养公务员遵纪守法、公私分明、秉公办事的品德"[②]。这也是中国传统文化对外传播取得社会成效的一例。

总之,中国传统思想文化自身包含有矛盾的两重性,对当前社会是可以产生正面或负面的效应,关键是在于如何运用,并且在社会实践中取得成效。近年来,日本、新加坡、韩国等国家从不同方面取得了一些经验,值得我们借鉴。当然我们还要根据自己的国情,由理论文化界和实际工作者共同加以研讨,可以从微观的具体问题,或是宏观的综合理论加以研究,并应当容许百家争鸣,在各人的探索和进行讨论中逐步求得解决。

(原载《文化与传播》,上海文化出版社1993年版)

---

① 参见《羊城晚报》1992年7月5日。
② 参见《参考消息》1992年7月8日。

矛盾融合　承传创新
——论中国哲学、传统思想文化发展的特点

关于中国传统哲学发展的特点，我用"矛盾融合"与"承传创新"八个字来加以概括，这可能是我研究中国哲学的理解和体会，下面试就有关问题进行论证。

一

我认为中国哲学的特点，从先秦各家学派开始，多是带有矛盾的两重性。由于中国传统并不单纯重视研究自然观问题，所探讨的多属有关政治、伦理方面的人生哲学。即使谈到天人关系，也往往是借天意说明人意。如各家较普遍使用"道"这个范畴，是唯心论还是唯物论也是难以判断。我主张要按照各家思想的特点和学术界看法多有分歧的问题进行探讨。

中国儒家从孔子开始有个特点，就是着意研究和解决人际关系问题。"仁"学是孔子伦理学说的核心，"仁"字在《论语》中出现最多，虽然含义不尽相同，但总离不开有关"人"的界说。孔子往往把有完全人格的人称为"仁人"。由于"仁"的字形结构，许慎的《说文》解释为"从人，从二"，《礼记》郑玄注认为仁是"相人偶"之意，即用以协调人与人之间的相互关系。所以孔子的"仁"也可以说是一种人际关系学。

对孔子的儒家处理人际关系问题如何评价？学术界的看法很有分歧。由于孔子对"仁"所悬标准很高，对处理人际关系要做到正己正人。《论语》中有两段话："夫仁者，己欲立而立人，己欲达而达人。"① "己所不欲，勿施于人。"② 有的学者认为这表现出人与人平等的因素，反映出孔子的人与人平等的思想。但也有学者提出：孔子讲"节用而爱人，使民以时"③，对"人"讲"爱"，对"民"讲"使"，那表现出阶级差别，"人"与"民"是否都有这种区别可以研究，但孔子的时代肯定存在等级差别，后来司马谈评述儒家思想要旨时说："若夫列君臣父子之礼，序夫妇长幼之别，虽百家弗能易也。"④ 在《论语》中孔子主张维

---

① 《论语·雍也》。
② 《论语·卫灵公》。
③ 《论语·学而》。
④ 《论六家要旨》。

护社会等级秩序的言行也是清楚的，很难说真有人民平等的思想。

这里就产生一个问题，孔子对人格的完善、道德的修养，在要求上是人人平等的，如正己正人、立己立人、达己达人，他要求所有的人都去做，并无等级之分。但由于在现实政治生活中，人们的地位却是不平等的，如以正己正人而论，即使国君或居上位的能"正其身"，下面的臣民"孰敢不正"。就要做到各安其位，各守其分，更不能犯上作乱，在实践效果上仍有利于维护社会等级秩序，孔子对人们在人格道德上的平等要求和在社会政治上对等级的维护，形成儒家在人际关系上的两重性思想矛盾。

在君臣关系方面儒家是尊君的，君臣、父子那一套亲亲、尊尊等级观念是牢不可破的，但又不是无条件忠君。如孔子要"君使臣以礼"，才"臣事君以忠"①，否则"天下有道则见，无道则隐"②。对当局可以不予合作，所谓"以道事君，不可则止"③。对无道之君就不用尽臣子之责。孟子则说得更清楚，"君之视臣如手足，则臣视君如腹心""君之视臣如土芥，则臣视君如寇仇"④。臣子对君主既是以德报德，又能以牙还牙，这是处于对等的地位。孟、荀还将暴君比之独夫民贼，称赞汤、武革命的上下易位。这和尊君、忠君意识，自会构成二重性的思想矛盾。

封建社会有个特点，就是普遍存在着人身依附关系，但先秦儒家很强调个人独立人格的尊严，如孔子就说过："三军可夺帅也，匹夫不可夺志也。"⑤孟子对此更加以发挥说："居天下之广居，立天下之正位，行天下之大道；得志，与民由之；不得志，独行其道。富贵不能淫，贫贱不能移，威武不能屈，此之谓大丈夫。"⑥荀子还提出"从道不从君"⑦的命题。所有这些强调独立人格的精神，与维护社会等级制度的封建时代意识相比，构成强烈的反差，而这种矛盾的两重性，正显示出先秦儒家对人际关系问题的思想特色。

先秦道家以老、庄为代表，老庄的政治哲学是变革时代的产物。他们不满现实，对当政者展开猛烈的抨击；但也像先秦各家那样，是"务为治者也"⑧。要为统治者的长远利益出谋献策，从而表现道家思想矛盾两重性立场。

从《老子》书中反映出的思想，很明显对当时社会现状和统治者是不满的，认为在哲学上是不符合天道自然之理，如说："天之道，其犹张弓与！高者抑之，

---

① 《论语·八佾》。
② 《论语·泰伯》。
③ 《论语·先进》。
④ 《孟子·离娄下》。
⑤ 《论语·子罕》。
⑥ 《孟子·滕文公下》。
⑦ 《荀子·臣道》。
⑧ 《论六家要旨》。

下者举之；有余者损之，不足者补之。天之道，损有余而补不足；人之道则不然，损不足以奉有余，孰能以有余奉天下？唯有道者。"① 他还从有道与无道做对比，说"天下有道，却走马以粪；天下无道，戎马生于郊"②。这里用安定生产和战乱频繁相比较，作为有道与无道的分界线，老子对当时农业生产受到破坏，而统治者却忙于搜刮财富极表不满，他指斥那些"服文彩，带利剑，厌饮食，财货有余"的人，"是谓盗夸（竽）"③，即称之为强盗头子，并发出"多藏必厚亡"的警告。

由于老子对现实统治者的强烈批评，因此近年来，有人主张老子思想是作为人民群众主体的农民阶级思想的流露，也有说成逃亡奴隶的旗帜，更有甚者，认为《老子》书是无产阶级前身的革命文献。其实老子并非革命造反派，也不是要推翻当时的统治者，他提出一套道家的治国方术，主张"以正治国，以奇用兵，以无事取天下"，又说："我无为而民自化，我好静而民自正，我无事而民自富，我无欲而民自朴。"④ 这就是所谓"道常无为而无不为，侯王若能守之，万物将自化"⑤ 的治国之术，也是将天道自然无为应用到社会政治方面的例证。而对现实统治者思想上则陷入既欲毁之又要成之的两重性矛盾。

另外，老子在批判现实社会时还走向一个思想误区，他把人类智慧文明的进步和物质欲望的提高看成是社会动乱的根源。如说："民多利器，国家滋昏，人多伎巧，奇物滋起。"⑥ 又说："五色令人目盲，五音令人耳聋，五味令人口爽，驰骋田猎令人心发狂，难得之货令人行妨。"⑦ 他从而提出"罪莫大于多欲，祸莫大于不知足"⑧。这些论断，如果是针对统治层的骄奢逸乐和无限制的纵欲，当然是对的，但不能走向另一极端，老子从主张"见素抱朴，少私寡欲"⑨ 进而要"常使民无知无欲"⑩，这就使批判社会现实的积极意义走向反面。他把社会纷争变乱从谴责"损不足以奉有余"的统治层，却转而归咎于人类知识的文明进化。他公然提出"民之难治，以其智多。故以智治国，国之贼；不以智治国，国之福"，并从而主张"古之善为道者，非以明民，将以愚之"⑪。老子提出天道自然，主张无为而治，这是有与民休息的一面，但又要把人民变得愚昧无知，因

---

① 《老子》七十七章。
② 《老子》四十六章。
③ 《老子》五十三章。
④ 《老子》五十七章。
⑤ 《老子》三十七章。
⑥ 《老子》五十七章。
⑦ 《老子》十二章。
⑧ 《老子》四十六章。
⑨ 《老子》十九章。
⑩ 《老子》三章。
⑪ 《老子》六十五章。

此出现二重性的社会效果，这种思想矛盾给后世带来深远影响。

庄子基本上是沿着老子的思路，对现实统治者进行猛烈的抨击。老子是反对仁义的，他说"大道废，有仁义"①，并主张"绝仁弃义"②。庄子则进一步指出"仁义"不过是为统治者野心家所利用。比如说："为之仁义以矫之，则并与仁义而窃之。何以知其然邪？彼窃钩者诛，窃国者为诸侯；诸侯之门而仁义传焉，则是非窃仁义圣知邪？"③ 他指出在现实社会中，"窃钩"的人不过是个小偷，却被判成死罪；而抢夺了整个国家的大盗，反而登上诸侯高位。那些统治者就是拿仁义做标榜，这岂非仁义圣知都被偷盗了吗？庄子揭露仁义的虚伪性是相当深刻的，但对人类运用智慧所缔造的文明也连带否定，和老子一样也是犯了因噎废食的错误。

先秦墨家的代表人物是墨子，按照一般看法，墨子是属于小手工业者阶层，即是小生产者的思想代表。为了自身生存，这个阶层的人必须倚靠自己的力量奋斗；但是这个阶层在社会上的力量又是薄弱的，没有坚强的信念。因此，墨子既提出"非命"，主张"尚力"；但同时又宣扬"天志"，倡导"明鬼"，构成思想上的两重性矛盾。

墨子是个经验论者，他驳斥"执有命者"的根据是历史事实。他说："昔者桀之所乱，汤治之，纣之所乱，武王治之，此世不渝而民不改，上变政而民易教。其在汤武则治，其在纣桀则乱，安危治乱，在上之发政也，则岂可谓有命哉！"④ 国家和人民都没有变化，但桀纣乱而汤武治，靠的是人力而非天命，这是对的，但对现实的统治者的暴行，自身却又感到无能为力，只能借助上天的权威，因此又说"天子为暴，天能罚之"⑤，这里又是陷入矛盾的心态了。

还有先秦法家以慎到、商鞅、韩非等人为代表，韩非是集大成者，按一般印象，认为法家是绝对君权论者，只是用严刑峻法实行统治，其实这种看法是片面的，从君臣、君民等人际关系来看，法家思想亦同样带有矛盾的两重性。

法家固然尊君，但君主也要依法行事，如慎到提出要做到"官不私亲，法不遗爱，上下无事，唯法所在"⑥，商鞅也主张"不贵义而贵法，法必明，令必行"⑦，韩非讲要做到"法不阿贵""刑过不避大臣，赏善不遗匹夫"⑧，这都带有人人应该遵守法律的意味。

---

① 《老子》十八章。
② 《老子》十九章。
③ 《庄子·胠箧》。
④ 《墨子·非命中》。
⑤ 《墨子·天志中》。
⑥ 《慎子·君臣》。
⑦ 《商君书·画策》。
⑧ 《韩非子·有度》。

法家对君臣关系，亦非绝对尊君，也有主张合作共事的一面，如韩非承认"凡五霸所以能成功名于天下者，必君臣俱有力焉"①，他虽认为"君臣不同道"，只是分工不同，"君操其名，臣效其刑，刑名参同，上下和调也"②。当然他也注意到君臣之间是有利害关系的矛盾，但他主张设法去缓和，例如要"明主立可为之赏，设可避之罚"，以便使得"上下之恩结"③，这里仍表现出两重性的思想矛盾。

二

先秦诸子在学术思想上开展百家争鸣，构成中国哲学思想史上的黄金时代，但各家在争鸣中尽管相互间开展激烈的批评，甚至加以攻击，而相互间亦并非没有相通之处，即表现为矛盾融合论。

众所周知，孟子对墨家兼爱和杨朱的为我曾进行猛烈的抨击，指称"杨氏为我，是无君也；墨氏兼爱，是无父也。无父无君，是禽兽也"。据此，他表示要"距杨墨，放淫辞，邪说者不得作"，还说"能言距杨墨者，圣人之徒也"④。

不过孟子虽是痛骂杨墨，究其原因，他说"杨墨之道不息，孔子之道不著"⑤，似乎是卫道派性在作怪，其实各家思想也不是完全对立的。如孟子也承认"墨子兼爱，摩顶放踵利天下，为之"⑥，不是也做了肯定吗？墨家讲兼爱，似与儒家推爱不同，其实只是操作程序上的差别，儒家讲正己正人，推己及人，如孔子讲"夫仁者，己欲立而立人，己欲达而达人"⑦，孟子说："老吾老，以及人之老；幼吾幼，以及人之幼。天下可运于掌。"⑧ 墨家在思维逻辑上却倒转过来，讲视人犹己，如墨子就说"为彼者犹为己也"⑨，并大讲"视人之国，若视其国；视人之家，若视其家，视人之身，若视其身"⑩，这和儒家的泛爱、博爱实质上应该是可以融合的。

对杨朱的为我，孟子是有误解的。杨朱主要不是讲是否利天下的问题，他所谓"为我"讲的是"全性保真"，实质上是道家式的个人修养，如果与儒家比

---

① 《韩非子·难二》。
② 《韩非子·扬权》。
③ 《韩非子·用人》。
④ 《孟子·滕文公下》。
⑤ 《孟子·滕文公下》。
⑥ 《孟子·尽心上》。
⑦ 《论语·雍也》。
⑧ 《孟子·梁惠王上》。
⑨ 《墨子·兼爱下》。
⑩ 《墨子·兼爱中》。

较，是有点"独善其身"的味道，孟子说杨朱为我是无君，那么孔子讲"天下有道则见，无道则隐"①，孟子讲"得志，与民由之；不得志，独行其道"②，荀子更是讲"从道不从君"③，那不也是无君思想吗？

先秦道家老子，对儒、墨、法各家都提出批评，如说："大道废，有仁义，智慧出，有大伪。六亲不和，有孝慈。国家昏礼，有忠臣。"④ "故失道而后德，失德而后仁，失仁而后义，失义而后礼。夫礼者，忠信之薄，而乱之首。"⑤ 他的主张是："绝圣弃智，民利百倍；绝仁弃义，民复孝慈；绝巧弃利，盗贼无有。"⑥ 老子这些批评主要是针对儒家，他认为仁义礼智并不能解决社会问题，只有抛弃这些东西，实行无为而治，才对民众有利。老子还说"不尚贤，使民不争"⑦，这是针对墨家。对法家严刑峻法的统治，老子也表示反对，如说："法令滋彰，盗贼多有。"⑧ "民不畏死，奈何以死惧之？"⑨ 他还同情人民，说"民之饥，以其上食税之多，是以饥"⑩，这是他反对"损不足以奉有余"的"人之道"的又一种表达。

但是，儒、墨、法各家与道家思想并非没有相通之处，儒家亦讲无为而治，并且将其作为最高层次的理想政治，如孔子说："大哉！尧之为君也，巍巍乎！唯天为大，唯尧则之。荡荡乎！民无能名焉，巍巍乎！其有成功也。"⑪ 又说："无为而治者，其舜也与？夫何为哉？恭己正南面而已矣。"⑫ 尧舜是儒家最崇拜的君主，那么，无为而治当然也是最高的政治理想了。

被称为讲绝对君权的法家，前面说过他们亦主张君臣合作共事关系，不是由君主个人独断。如韩非指出："故古之能致功名者，众人助之以力，近者结之以成，远者誉之以名，尊者载之以势。如此，故太山之功长立于国家，而日月之明久著于天地，此尧之所以南面而守名，舜之所以北面而效功也。"⑬

至于反对"损不足以奉有余"，儒、墨、法各家从不同角度都有所表述。如孔子主张"有国有家者，不患寡而患不均，不患贫而患不安，盖均无贫，和无

---

① 《论语·泰伯》。
② 《孟子·滕文公下》。
③ 《荀子·臣道》。
④ 《老子》十八章。
⑤ 《老子》三十八章。
⑥ 《老子》十九章。
⑦ 《老子》三章。
⑧ 《老子》五十七章。
⑨ 《老子》七十四章。
⑩ 《老子》七十五章。
⑪ 《论语·泰伯》。
⑫ 《论语·卫灵公》。
⑬ 《韩非子·功名》。这里又以尧舜作为君臣关系的样板，那不是垂拱而治吗？

寡，安无倾"①，故要"因民之所利而利之"②。墨子则主张"有力者疾以助人，有财者勉以分人，有道者劝以教人。若此，则饥者得食，寒者得衣，乱者得治。若饥则得食，寒则得衣，乱者得治，此安生生"③。为此他劝告统治者，"凡足以奉给民用，则止；诸加费不加于民利者，圣王弗为"④。对这个问题，韩非还提醒统治者，认为"有道之君"，是"外无怨仇于邻敌，而内有德泽于人民"，而"人君无道"，"则内暴虐其民而外侵欺其邻国"。对此，他警告说："众人多而圣人寡，寡之不胜众，数也。今举动而与天下为仇，非全身长生之道也。"⑤ 最后一句也是对道家做了回应。

　　墨家和法家亦有非儒的言论，但各家矛盾出现了融合的趋势。或是连接两家的观点，如荀子对"礼"的解释，说"礼者，法之大分类之纲纪也"⑥。礼与法融合成为儒法两家的连接点，又如董仲舒讲德主刑副的两手，形成儒表法里或称阳儒阴法思想，汉宣帝所谓"以霸王道杂之"⑦，并成为指导统治思想的汉朝国策。在其后2000年的封建社会中，儒法互补的统治方术一直流传不绝。

　　道法思想的结合在战国时期已经出现，如稷下学者曾提出过"法出乎权，权出乎道"⑧的观点，韩非也提到"以道为常，以法为本"⑨，并为《老子》书写出《解老》《喻老》篇。但明确讲"道"与"法"关系的，还有1973年在长沙马王堆三号汉墓出土的《黄老帛书》。开宗明义就提出"道生法"的命题："法者，引得失以绳而明曲直者也。故执道者，生法而弗敢犯也，法立而弗敢为也。夫能自引以绳，然后见知天下而不惑矣。"⑩ 这里以"道"为体，以"法"为用，法要遵循道的原则，但立法后就不要随便改动废弃。这是先秦道法两家思想的结合，汉初曹参等人执政时推行清静无为与民休息的政策，就是道法结合思想的具体运用。为这个问题曹参与汉惠帝有一次对话，惠帝初怀疑曹参当相国"不治事"，他回答说："高帝与萧何定天下，法令既明，今陛下垂拱，参等守职，遵而勿失，不亦可乎？"⑪ 儒家讲尧舜这样理想的君主，才是垂拱而治，亦就是道家的无为，汉初黄老学派的曹参就是推行这一套治术，并深受百姓欢迎，为之歌

---

① 《论语·季氏》。
② 《论语·尧曰》。
③ 《墨子·尚贤下》。
④ 《墨子·节用中》。
⑤ 《韩非子·解老》。
⑥ 《荀子·劝学》。
⑦ 《汉书·元帝纪》。
⑧ 《管子·心术上》。
⑨ 《韩非子·饰邪》。
⑩ 《经法·道法》。
⑪ 《史记·曹相国世家》。

曰："萧何为法，讲若画一；曹参代之，守而勿失。载其清净，民以宁一。"①

从汉初黄老之治的道法结合到董仲舒儒表法里的儒法互补，中国学术思想正是沿着矛盾融合的路子向前发展。佛教是外来宗教，汉代传入中国，东汉末年开始出现道教，奉道家老子为教主。佛家、道家加上儒家，世俗上称为"三教"，从各家教义来看，当然有矛盾，但发展的趋向，仍然是趋于融合。

牟子《理惑论》相传成书于东汉末年，是我国早期一部宣讲佛学的著作，书中采取问答形式，设问者为儒家，牟子用佛理为回答，但书中一方面是以道家思想去理解佛教，同时对"沙门弃妻子""不合孝子之道"的问难做了辩解。认为"尧舜周孔，修世事也；佛与老子，无为志也。仲尼栖栖，七十余国；许由闻禅，洗耳于渊。君子之道，或出或处，或默或语，不溢其情，不淫其性，故其道为贵，在乎所用，何弃之有乎"。这是说，古代的圣贤君子有不同的志向与追求，只要是"不溢其情，不淫其性"，就可以说"其道为贵"。据此"修世事"的尧舜周孔与"无为志"的佛老就能够融合而不应该互相排斥。

汉末到三国吴国的康僧会，他编译有《六度集经》，宣扬"度世"思想。但众生如何才能得救？康僧会寄希望于王者能行"仁道"，他反复强调"王治以仁，化民以恕"②，"为天牧民，当以仁道"③。儒家的"仁道"成为用以救世的良药，而救世又是实现自我解脱修成正果的前提，因此他将仁道引入佛教教义中，说"诸佛以仁为三界上宝，吾宁殒躯命，不去仁道也"④，这样通过行仁道将儒佛教义融为一体。

魏晋时期出现代替两汉经学的玄学思潮，玄学家们"祖述老庄立论"，用来注释《论语》《周易》等儒家经典。他们把《老子》《庄子》《周易》并称"三玄"，综合儒道两家的思想资料，用以构成自己的理论体系。作为玄学主流派，由王弼"贵无"论的"名教本于自然"，到裴頠"崇有"论的"自然不离名教"，再到郭象的"独化"论终于论证了"名教即是自然"。其中心议题是通过"有无""本末""体用""动静""一多"等关系的思辨推理，来论证自然和名教的统一，即道家和儒家思想的融合，"儒道兼综"成为玄学的基本特征。

东晋时期葛洪作为神仙道教理论的奠基人，他所著《抱朴子》，其中《内篇》言神仙方药、鬼怪变化、养生延年及攘邪却祸之事，属道家。《外篇》言人间得失、世事臧否，属儒家。对两者关系，他说"道者，儒之本也；儒者，道之末也"⑤，这里所讲本末，大概也是体用关系。葛洪认为要治理当今纷乱不已的

---

① 《史记·曹相国世家》。
② 《六度集经·戒道无极章》。
③ 《六度集经·明度无极章》。
④ 《六度集经·戒道无极章》。
⑤ 《抱朴子·内篇·明本》。

社会,"必当竞尚儒术"①。他说:"乾坤定位,上下以形,远取诸物,则天尊地卑,以著人伦之体;近取诸身,则元首股肱,以表君臣之序。"② 由于有受命自天的圣人出现,"备物致用,去害兴利,百姓欣戴,奉而尊之,君臣之道,于是乎生"③。这里把等级秩序和君臣之道看成是宇宙和社会进化的必然产物,统治者是受命于天的圣人,这是用儒家观点讲治世之道。但葛洪虽自称是"尚儒术",却认为单靠"仁之为仁"是不够的,还要"齐之以威,纠之以刑",说明"明主不能舍刑德以致治"④,同时表现出儒法兼综思想。

儒、佛、道思想的矛盾融合亦非没有波折,特别佛是外来宗教,出家弃俗就没有君臣父子的关系,从东晋到唐初,发生过"沙门不敬王者""沙门不应拜俗"的争辩。佛教徒不拜君亲,违反儒家忠君孝亲之道,是封建统治者所不能容忍的。如唐高祖李渊曾向僧徒提出:"弃父母之须发,去君臣之章服,利在何门之中,益在何情之外?"⑤ 反佛的傅奕也认为"礼本于事亲,终于奉上,此则忠孝之理著,臣子之行成。而佛踰城出家,逃背其父,以匹夫而抗天子,以继体而悖所亲",所以斥之为"无父之教"。⑥

为要缓和与封建统治者的矛盾,同时亦为适应世俗的需要,佛教就明显向儒家所谓周、孔之教靠拢。如华严宗的宗密,宣称"佛且类世五常之教、令持五戒"⑦,将佛教的"五戒"与"五常"相比附,表示佛教徒是拥护儒家"五常"等道德观念。当时佛教徒为表示忠于封建国家,有的把皇帝看成为活佛、活菩萨,还有的为封建王朝的国运祈祷,他们又宣扬《孝子报恩经》《父母恩重经》,鼓吹"孝道"是"儒释皆宗之"⑧,自是佛教的世俗化也就趋向儒学化。

三

从先秦诸子的百家争鸣,到汉晋隋唐逐渐形成的三教并立,各家各派思想的矛盾互补,构成中国哲学、中国传统文化的主流。这里一方面有它的时代性,即随着历史的发展各个时期形成中国哲学和思想文化的时代特点;另一方面也有它的民族性,即逐步形成具有中华民族特色的传统思想文化,这是不同于西方,亦不同于印度的中国特有文明。

---

① 《抱朴子·外篇·崇教》。
② 《抱朴子·外篇·诘鲍》。
③ 《抱朴子·外篇·诘鲍》。
④ 《抱朴子·外篇·广譬》。
⑤ 《大正藏》卷五二。
⑥ 《旧唐书·傅奕传》。
⑦ 宗密:《原人论》。
⑧ 宗密:《盂兰盆经疏序》。

在各家各派思想的交互融合中，亦有个由浅入深的问题。从礼到法，道生法，儒表法里，道本儒末，所讲多是派生或互补的关系，且多就政治层面立论，未到哲学思想的深处。至于佛教儒学化，将五戒与五常简单比附，亦未能进入中国传统文化的深层。到宋明时期理学的兴起，对佛、道吸收其哲学思辨性的一面，使儒学走上哲理化的途径，这样才是真正将三教思想加以融合，在承传传统思想文化的基础上，做出某种程度的创新。

从儒佛关系看，惠能创立的南派禅宗，可以算得上佛教的中国化。因为它不是对儒家伦理的简单比附，而是对佛教教义自身做了新的解释。如原来佛教将佛、法、僧称为"三宝"，认为是外在于众生并从外部启迪众生使之得以觉悟，而惠能却称"佛者，觉也；法者，正也；僧者，净也"①，即解释为内在于众生的觉、正、净的本性。所谓求佛，只应向心中求；归依佛，就只归依自性，惠能常说："一念悟若平，即众生自佛。我心自有佛，自佛是真佛。自若无佛心，向何处求佛？"② 这就否认了心性之外佛、佛法、佛性的客观存在与本体意义，而直认个人心性为本性，并把体认本体的过程归结为心性的修养与觉悟，这正是孔孟儒学并为宋明心学所认同的观念，自是惠能改造过的佛教才真正成为中国传统哲学文化的组成部分。

融合佛、老思想使儒学走向哲理化的是宋明理学，在唐代，李翱已开其端。他写了《复性书》，自称是为了"开诚明之源"，提倡《中庸》的思想。其实他这种灭情而复性的观点，是受了禅宗"无念为宗"说的极大影响，他用佛学来解释《中庸》，将儒佛思想结合起来，实开宋明理学将儒学哲理化的先导。当时儒佛合流的情况，白居易曾指称："儒门释教虽名数则有异同，约义立宗，彼此亦无差别，所谓同出而异名，殊途而同归者也。"③

宋明理学与道佛思想的关系。作为宋代理学开山的周敦颐，他写的《太极图说》虽然标榜是对《周易》的阐发，但朱彝尊却在《太极图授受考》中说"自汉以来，诸儒言易，莫有及太极图者，惟道家者流，有上方大洞真元妙经，著太极三五之说"，后"衍有无极、太极诸图"，黄宗炎在《太极图说辩》中也认为太极图是来自陈抟的无极图，这些说法是有一定根据。陆九渊也是较早怀疑周说以无极加于太极之上，认为不合儒家宗旨。但朱熹却为之辩解，说："周子所谓无极而太极，非谓太极之上，别有无极也，但言太极非有物耳。""无极而太极，正所谓无此形状，而有此道理耳。"④ 其实朱熹这样解释并不能完全否认周敦颐思想有来自道教的一方，只能说把儒道思想的融合打扮得巧妙一些而已。

---

① 《坛经·二三》。
② 《坛经·五二》。
③ 《白氏长庆集》卷六七。
④ 《周子全书·太极图说·集说》。

作为宋明理学理论基础的"理一分殊"学说,这与佛教华严宗"一多相摄"的观点近似,这一点朱熹亦不否认。他说:"释氏云:'一月普现一切水,一切水月一月摄',这是那释氏也窥见得这些道理。"① 其实朱熹关于"理"的理论,也是沿袭华严宗的"理事"说,采取佛学的思辨形式,为儒家的伦理哲学做论证,这是儒佛思想深层次的融合。从儒学思想哲理化的过程来说,宋明理学对先秦儒学是在承传的基础上有所创新,即是为中国传统哲学提高到一个新的水平。

关于中国哲学的承传创新问题,近年来学术界不断进行争论。比如中国历史上有没有或何时出现有启蒙思想。最早的上推到十六七世纪之间,有的放在鸦片战争前后,也有放在康、梁的戊戌变法,还有下移到五四运动,这是关系到中国哲学和传统思想文化如何向近代转型和与实现现代化的关系问题。

梁启超所著《清代学术概论》,原是为蒋方震写的《欧洲文艺复兴时代史》作的序,后因篇幅过长而独立成书,书中提出"清代思潮"是"以复古为解放",并与欧洲文艺复兴相比。他将清代思想分为四期,启蒙期代表人物就有顾炎武、黄宗羲、王夫之、颜元等人。与侯外庐《中国早期启蒙思想史》收入人物相类似。梁氏特别称赞戴震的《孟子字义疏证》,谓"与欧洲文艺复兴时代之思潮之本质绝相类"。

中国早期启蒙思想能否与西方相比?西方作为启蒙运动前奏的早期意大利文艺复兴,正是打着复古的旗号开路的,从形式上看,欧洲文艺复兴是复希腊罗马之古,而实质上却是创资本主义之新。至于在中国的儒学能否创新?唐君毅等人1958年发表《中国文化与世界》这一长篇论文,宣称儒家在"道德上之天下为公、人格平等之思想,必然当发展至民主制度之肯定",即是说"从中国历史文化之重道德主体之树立,即必当发展为政治上之民主制度"②。这称为"返本开新"之论。这种观点其实是儒家从内圣开出外王思想的发挥。树立道德主体是"本",开出民主制度是"新",实质上是以道德文化决定论作为理论依据。这个问题后来曾导致林毓生与李明辉的辩难,看来仍可以继续讨论。

当前,我们正在为建设中国特色社会主义新文化而努力,那么,如何对待传统文化,这是不能回避的问题。关于如何对待传统思想文化,我们本来已提出了批判继承的方针,即剔除其封建性糟粕,吸取其民族性的精华,这就是古为今用,但这个方针如何贯彻,多年来并未很好地解决。

对传统文化如何区分其精华与糟粕问题上,我认为也并非没有可能,关键是要正确分析从思想矛盾的两重性中所带来的社会效应。比如说儒家是讲究亲亲和尊尊,在社会上就有不同效应。当处理人际关系时,如能做到尊老爱幼、和睦亲

---

① 《朱子语类》卷十八。
② 唐君毅:《中华人文与当今世界》。

朋邻里、守望相助、疾病相扶这类传统美德，就应加以继承，对领导被领导、上级与下级的关系，则要在民主集中制的基础上，这就有助于稳定社会秩序，维持安定团结的局面。但是，儒家那种为亲者讳、为尊者讳的思想作风，也将会滋长官僚主义和亲情关系网、特权思想、家长作风等带有封建性纲常名教思想的残余，这种现象最为群众所非议，就应该进行批判。儒家对道德人格高标准的要求，如讲究正己正人、以身作则、见利思义、先忧后乐等思想行为和立身处世之道，以至不欺暗室的慎独功夫，这是儒学中的民主性精华和优良传统，就应该加以发扬；但对过去称之为伪君子、假道学，今天也有这些言行不一的两面派，就要加以揭露和批判。

据此，我认为传统文化中的某些思想观点，其所包含的两重性对当前社会可以产生不同影响，关键是"古为今用"时这个"用"字。如上面所说的尊老爱幼，如何应用这个"爱"字就大有文章，有的人严格教育子女，培养下一代成为"四有"新人；而有些人则偏于溺爱，甚至以权谋私，利用自己的权势为子女营造安乐窝，这种现象在当前社会上是不少见的。又如"和为贵"，可以在工作中搞好人际关系，维护安定团结的局面；也可以在工作中不讲原则，随风倒，和稀泥，这种"乡原"式人物连孔、孟也是不赞成的。由于取向不同，"用"的效果就不一样。

总之，中国传统思想文化自身是包含有矛盾的两重性，对当前社会可以产生正面或负面的效应。如何认识和运用，似乎可以由人各取所需。我认为凡是能适应社会主义精神文明建设需要的，都是符合批判继承原则，也可以说是在承传的基础上有所创新，时代性与民族性从矛盾中得到统一，这就是历史的辩证法。

（原载《今日中国哲学》，广西人民出版社 1996 年版）

论中国古代 "奉天法古" 的传统思想

一

我国是在铁器还未使用,并在保持氏族公社组织形式的条件下,以血缘关系为纽带,通过治水发展农牧业生产的途径进入文明时代的。这是比较"早熟"的东方型奴隶社会,可以称之为"宗族奴隶制"或"宗法奴隶制"。这种特殊的社会结构,使国家中的政治、经济组织与宗法血缘关系紧密结合在一起,从而在意识形态方面也与此相适应,形成了我国古代思想文化的独特体系。

我国原始社会形成氏族及部落之后,出现图腾崇拜,并相应神化了某些英雄的祖先,如传说中燧人氏发明取火,有巢氏构木为巢,等等。这表现出原始人类在崇拜超自然力量的同时,通过对英雄祖先的崇拜,寄托了他们征服自然的幻想。值得注意的是,由于当时人与人之间还不存在剥削、压迫的关系,故只歌颂英雄祖先在生产劳动中的动人事迹,而并未塑造出作为统治者的威严形象。原始人认为万物有灵,但尚未形成至上神的观念,在他们的观念中,神与神之间并无隶属关系,人们也可以随意降神祈福,所谓"民神杂糅""家为巫史"①,正说明了这种原始的"自发的宗教",造成人们的思想既混乱又自由的情况。

随着社会的发展,氏族部落组成联盟,首领开始变成享有特权的氏族贵族。他们为了使天上的神灵与地上的统治关系相适应,下令"绝地天通",断绝氏族成员任意与天神交通的道路,结束了人人有权与神灵相通的局面,神权开始为特权贵族所垄断,原始宗教中的民主平等意识逐步消亡,"自发的宗教"向"人为的宗教"过渡,并开始为特权贵族服务。

中国社会跨入文明时代的门槛后,神权与王权都相应得到发展。在夏、殷奴隶制王朝的统治下,王权和神权逐步强化和统一,如夏禹在征伐三苗时,就声称"蠢兹有苗,用天之罚"②;商汤讨伐夏桀时,宣告"有夏多罪,天命殛之""予畏上帝,不敢不正"③。这种天神崇拜自是完全被利用来作为进行阶级统治的工

---

① 《国语·楚语下》。
② 《墨子·兼爱下》引《禹誓》。
③ 《尚书·汤誓》。

具；同时，奴隶主贵族生前可以独占"步于上帝"①"格于皇天"②的特权，死后则成为"克配上帝"的"先王先公"。于是，王权与神权相得益彰，"下帝"与"上帝"同声呼应，从而构成一个等级森严的统治系统。

从原始社会到奴隶社会的思想演变，始终围绕着天人关系这个问题。天人关系也就是自然和人的关系问题。

从万物有灵、图腾崇拜到天命神权论的产生，固然是属于思想认识的问题，但从其产生的根源来看，不能仅仅归结于人类的认识水平，更重要的还要联系到统治者的阶级利益。统治者之所以高高举起天命神权的旗帜，将王族的祖宗神配享上帝，为的是给王权神授说找寻理论根据。这里表面上是"上帝"支配"下帝"，神权超过王权，而实际上这个主宰人间的"上帝"，只不过是地上王国的专制君主在天上的投影。从这里可以看出，在中国传统思想中，受崇拜的是天，而起作用的是人。这个"天"既有自然属性，又有社会的属性。当人们的科学知识不能解释自然界的奥秘时，便对自然之天充满神秘感，并由此产生对天神的崇拜，这是完全可以理解的。但天作为可以干涉人间事务的社会政治的主宰，就带有人为的成分了。这种情况，到西周时表现得尤为明显。周人翦灭"受命于天"的殷商，一方面解释为"天命靡（无）常"③，另一方面将殷的灭亡说成是"惟不敬厥德，乃早坠厥命"④。所谓"皇天无亲，惟德是辅；民心无常，惟惠之怀"⑤。这样一来，天的神秘性减弱了，上帝变成了理性之神，监临着下方，君主只有敬德保民，才能享有天命，这就是周人"以德配天"的思想。从天人关系的角度来看，天的社会属性增加了，表面上是天意支配人事，而实际上人间政治的好坏成了天命转移的根据。周人提出"以德配天"以说明殷周易代的理由，这是符合周初统治者的利益的。但这一点后来成为我国封建社会传统的思想，历代思想家都把天人关系作为主要的研究课题。这是我国思想史的一大特点。

天人关系探索的是自然和人的关系，本来讲的是人如何认识自然的问题，哲学上属于自然观。但由于殷周以来，这个中国式的"天"带有自然和社会的双重属性，而不是一个反映纯粹自然本质的范畴，所以，在中国的传统思想中，没有出现那种希腊型的自然哲学，而是自然观和历史观交错在一起。如以天命转移来说明殷周易代，从天命论的本身来说，在自然观上是属于唯心主义的宗教神学；而认为天命是否转移取决于君主的德政，实际是承认人事上的努力可以左右

---

① 《尚书大传》。
② 《尚书·周书·君奭》。
③ 《诗经·大雅·文王》。
④ 《尚书·召诰》。
⑤ 《尚书·蔡仲之命》。

天神的意志。周人提出,"我不可不监(鉴)于有夏,亦不可不监(鉴)于有殷"①,从夏、殷王朝的兴亡中总结历史经验教训,探索其必然的因果关系,这对于发扬我国传统的史学思想曾经起过积极的作用。

二

春秋战国是我国历史上的百家争鸣的时代,从论争的内容来看,天人、古今关系,也正是各家研究的重点。西周后期,奴隶制出现了严重危机,反映到思想上就是天命神权论发生动摇。西周末到春秋初出现了一批"变风变雅"的诗歌,其中就反映出一股怨天、骂天的思潮。"如何昊天,辟言不信?"② "疾威上帝,其命多辟!"③ 人们指着天神的鼻子骂起来了。"下民之孽,匪降自天,噂沓背憎,职竞由人。"④ 天威的骗局给拆穿了,人们的苦难不是来自天上而是来自人间。这是对奴隶主贵族多年来苦心经营的天命神权论的大胆否定。

春秋时期还出现重民轻神思想,如季梁提出,"夫民,神之主也"⑤。史嚚则进一步认为:"国将兴,听于民;将亡,听于神。""神"则是"依人而行"⑥。西周初年的统治者讲敬德保民,为的是迎合天意;现在"民"却为"神"之主,神要依人行事,双方的关系颠倒过来了。执政者听于民还是听于神,成为国家兴亡所系,这说明在社会变革中,人的作用和地位大大提高了。

由于自称受命于天的周王室权势的衰落,天神的地位跟着动摇。某些有识之士也看出"天道"是自然属性,本来就不能干涉人事,如郑子产提出"天道远,人道迩,非所及也"⑦,这是带有天人相分的观点。天道与人道的关系如何,后来在思想史上曾展开长期的论争。

春秋战国时由于社会的急剧变革,各种矛盾纷至沓来,因而研究社会运动的辩证法思想大为发展。对某些自然运动的发展规律的认识有的就被用来说明社会历史的变化情况。如史墨评论季氏逐其君的事件,指出:"社稷无常奉,君臣无常位,自古以然。故诗曰'高岸为谷,深谷为陵',三后之姓,于今为庶。"⑧ 这里论证了从自然界到人类社会,对立面的矛盾都可以互相转化。这种论证的目的不在于探索自然,而是借助于自然来说明社会的矛盾运动。

---

① 《尚书·召诰》。
② 《诗经·小雅·雨无正》。
③ 《诗经·大雅·荡》。
④ 《诗经·小雅·十月之交》。
⑤ 《左传》桓公六年。
⑥ 《左传》庄公三十二年。
⑦ 《左传》昭公十八年。
⑧ 《左传》昭公三十二年。

以上的情况说明，我国古代思想文化形态是在特定的宗法传统的历史基础上形成的。现实斗争的需要，使我国古代思想家不像希腊的智者那样着重从探索自然的思辨上下功夫，也没有采取希腊哲学那种远离物质经济基础的悬浮于空中的思辨形式。他们面对现实，立足社会，借助自然，服务政治，这就成为我国古代的思想传统。春秋战国时期，尽管出现所谓诸子百家，但在这个激烈的社会变革中，各家各派无非都是想从理论上为本阶级、阶层或政治集团的利益进行辩护。他们展开了古今礼法之争与天人名实之辩，为的是要"明于治乱之道"①，"审于是非之实"②，表现出哲学斗争与政治斗争的紧密结合。

关于先秦各家的思想，司马谈在《论六家要旨》的开头就引《易大传》的话说："天下一致而有百虑，同归而殊途。"他接着说："夫阴阳、儒、墨、名、法、道德，此务为治者也。"各家治国之方可以不同，但"务为治"这一点却是殊途而同归。儒、法两家最初所要维护的阶级利益有不同，但后来到荀况时也已渐趋一致。只是从"为治"的手段和方法看，儒家是重德治，提倡礼乐教化；法家是讲法治，主张信赏必罚，但要维护君臣上下的等级秩序。儒、法两家总的目的是一致的。司马谈正是看到这一点，所以做出近似相同的概括。当然，儒、法两家也有其思想特点。儒家是比较保守，如孔、孟对传统的天命观还有保留，讲"法先王"而倾向于复古，"尊尊"与"亲亲"相结合，政治与道德伦理思想相结合，更能适应以血缘关系为纽带的宗法社会。法家则反映地主阶级夺取政权并开始巩固其统治时的激进思想。他们不相信天命鬼神，反对法先王、行仁义等一套，而是"不别亲疏，不殊贵贱，一断于法，则亲亲尊尊之恩绝矣"。由于这样做不符合中国社会的传统，加上后来秦王朝尊法的失败，所以司马谈认为这"可以行一时之计，而不可长用也"。到了汉代，武帝标榜尊儒，其实也吸取了法家的专制集权思想。这就是后来宣帝说的，"汉家自有制度，本以霸王道杂之"③。王霸杂用，儒法兼行，实际上后来成为中国封建社会的统治思想。

儒法之外，其余各家思想的论争也都是围绕"务为治"这个目的而展开的。如墨家讲"天志""明鬼"，无非想用天意来论证"兼爱""非攻"的政治主张，拿鬼神做赏贤罚暴的工具。道家不强调上帝鬼神的作用，提出"道法自然"，反对礼法和仁义，向往"小国寡民"的远古之世，这些都无非要论证"无为而治"的政治主张。至于阴阳家，本来探究的是自然现象，但中国的传统却把"三公"的职责归结为"论道经邦，燮理阴阳"④。战国末年的阴阳家邹衍就是在"深观阴阳消息"的基础上建立了"五德终始"的历史观，他企图用当时的天文学知

---

① 《管子·正世》。
② 《韩非子·奸劫弑臣》。
③ 《汉书·元帝纪》。
④ 《尚书·周书·周官》。

识来说明自然和社会的变化问题，目的是为地主阶级建立新的王朝找寻理论根据。名家惠施、公孙龙等人进行所谓坚白、同异之辩，表面上是远离实际，有点流于概念游戏，但实际情况不是这样。如公孙龙"疾名实之散乱"，试图"以正名实而化天下"①。他自己也宣称："至矣哉，古之明王！审其名实，慎其所谓。"② 正名实成为公孙龙歌颂古之明王的重要内容，那是从"化天下"的角度来立论的。所以，司马谈既批评名家"苛察缴绕，使人不得反其意"，但又认为"若夫控名责实，参伍不失，此不可不察也"。这还是从正名实的现实作用来加以肯定。

总的来说，先秦诸子的思想虽是各有其特点，但所以能成一家之言的，大体上都在究天人之际和通古今之变的问题上有所阐发。他们探究自然，通观历史，都是为解决当时社会中的现实问题。虽然这种解决，有成功也有失败，有进步也有反动，但正如荀况所说："善言古者必有节于今，善言天者必有征于人。"③ 这种思想传统是一致的。

三

秦汉以后，地主阶级为维护专制统治的集权和统一，在意识形态方面相应提出了"独尊"问题。秦王朝"专任刑罚"④的统治不能持久，汉初则改用黄老思想做指导。黄老思想在缓和阶级矛盾、恢复社会生产方面曾经起过作用，但无力维护集权统一。武帝时董仲舒提出"独尊儒术"，是在地主阶级为了加强统治，特别在意识形态领域内需要形成统一的维护封建专制主义的理论体系的社会条件下应时产生的。不过，董仲舒的思想并非纯之又纯，他标榜尊儒，只是着重鼓吹儒家重德治和对人性的教化作用。他要人们遵守封建伦理道德，服从封建的纲常秩序，这是儒家思想的核心。但董仲舒也主张要完善封建"法度"，并不排除德刑并用的两手政策，而"三纲"说也来自韩非。这说明董仲舒的思想路线，与"以霸王道杂之"的汉家制度不相违背。为了适应汉家统治的需要，他还继承和发展了先秦儒、墨所宣扬的"天命""天志"思想，并与阴阳家言论相结合，构造出一套以天人感应目的论为中心的王权神授学说。"王道之三纲，可求于天"⑤，"天不变，道亦不变"⑥。在天人、古今关系的问题上，董仲舒所宣扬的唯

---

① 《公孙龙子·迹府》。
② 《公孙龙子·名实论》。
③ 《荀子·性恶》。
④ 《汉书·刑法志》。
⑤ 《春秋繁露·基义》。
⑥ 《举贤良对策三》。

心主义和形而上学观点为后来的封建统治思想奠定了理论基础。

董仲舒以后,儒家思想逐渐居于统治地位。"奉天法古"的思想路线也深受历代封建统治者所赏识。当然并不是说,这个儒家的思想传统此后就没有受过任何干扰和冲击,因为即使在儒家内部也有思想斗争。但儒家思想有个特点,从孔子开始就是"圣之时者也",就是能够随着时势的发展来调节自己的思想。儒家从孟轲到荀况,思想上的变化已相当大,到董仲舒糅合各家,构成一套适合于封建集权统一国家需要的思想体系,并且随着时势的变化,后继者还加以调节和发展。

在中国学术思想史上,先秦以后的各个阶段,儒学占不占据重要地位呢?从比较而言,可以说曾经出现过一点马鞍形的情况,儒学思想似曾受过一些冲击,但看深一层,这种以名教纲常为核心的儒学思想,因与封建王权紧密结合,故虽曾经几番风雨,却根深叶茂地保存下来。

董仲舒建立的天人感应神学目的论,后来很快与流行的谶纬迷信相结合,把儒家的经典搞得乌烟瘴气。东汉王充对此表示不满,他继承和发展了先秦以来的"元气"论和"天道自然无为"的学说,形成"元气自然"的唯物主义宇宙观。王充公然宣称自己的思想是"依道家"立论,"虽违儒家之说,合黄老之义也"①。他还提出"汉高于周"的历史进化论,反对汉儒"信久远之伪,忽近今之实"②的复古论调,这都是对董仲舒奉天而法古的思想路线的冲击。但是由于时代和阶级的局限,王充批判了天人感应说,却陷入了自然命定论,承认"帝王治世,百代同道"③。实际上还是承认封建制度永恒不变。王充的批判并没有使儒学垮台,在天人之际和古今之变的问题上,他最终陷进了宿命论和导致唯心主义与形而上学的历史观。

儒家的名教思想在魏晋时期似曾受过一些干扰。当时玄学盛行,对两汉经学带来一些冲击。但玄学家们并非都不要名教,如何晏提出"老子与圣人同"④;王弼也说"圣人体无"⑤,将孔子装扮成贵无论者。他们这样做就是想调和儒、道,所以还宣称"名教"出于"自然",就是说明玄学并不违反儒家教义。当然也有人不满于儒家那套仁义道德的虚伪说教,如嵇康要"非汤武而薄周孔"⑥,"越名教而任自然"⑦,结果被司马氏所杀。因为非议名教就是蔑视王权,对此种非议,封建统治者是不容许的。

---

① 《论衡·自然》。
② 《论衡·须颂》。
③ 《论衡·齐世》。
④ 《世说新语·文学》注。
⑤ 《魏志·钟会传》注引《王弼传》。
⑥ 《与山巨源绝交书》。
⑦ 《释私论》。

两晋南北朝到隋唐时期流行的佛教，对儒学思想也曾发起过挑战。佛教是外来的宗教，与世俗的儒学是有矛盾的，二者矛盾的焦点在于能否遵守忠君孝亲的封建信条。唐初统治者大概也看到这种矛盾，所以在尊重和利用佛教的同时，用儒家的君父之义来加以约束。如唐高宗李治提出要"与夫周孔之教，异辙同归，弃礼悖德，朕所不取"①。李治对僧道拜君亲问题也明确宣示："朕禀天经以扬孝，赞地义以宣礼，奖以名教，被兹真俗。"② 强调封建名教要共同遵守。当时佛教徒大概也觉察到要入乡随俗，在中国教权与王权是不能平起平坐的，因而也就向周、孔之教靠拢。如华严宗的宗密，就表示"佛且类世五常之教，令持五戒"③，宣称佛教徒是拥护儒家"五常之教"的。他们还宣扬《孝子报恩经》《父母恩重经》，鼓吹孝道"儒释皆宗之"④。这些都无非要表明佛教与儒家忠君孝亲的思想并不矛盾。

除玄学、佛教等外来干扰之外，儒家内部有时也会出现思想波澜。如中唐时柳宗元宣扬天与人"不相预"的无神论，刘禹锡阐述了"天与人交相胜"的朴素辩证法，特别是柳宗元提出重"势"的历史发展观，这些都对奉天法古的儒家传统思想有所冲击。虽然柳、刘本人并不反对儒学的名教纲常，但在天人、古今关系的问题上，他们都表现了儒学的异端色彩。因此，当时作为儒家卫道士的韩愈，一方面拼命排斥佛、老，企图建立从尧、舜到孔、孟的儒家道统，在组织上确立儒家的正宗地位；另一方面鼓吹天能赏功罚祸，要人"顺乎在天"，并宣扬圣人创制立法的唯心史观，这是企图从思想上抵销柳、刘的影响。

无可讳言，韩愈无论是反对佛、老，还是宣扬天命思想，在理论上都显得苍白无力。当然，韩愈的思想也不是毫无新意的。他虽然讲天有意志，但又把"道"作为哲学的最高范畴，其内容就是抽象化了的封建伦理道德规范，这就从宗教异化的天命神权观点过渡到以道德法则为中心的客体精神，这种思想成为宋明理学的先导。韩愈的学生李翱看到简单排佛不能解决问题，便主张"以佛理证心"⑤，巧妙地接过佛教的方法来论证儒家的心性。李翱的复性学说，对宋明理学有直接影响。

四

唐朝中叶是中国封建社会前期向后期的过渡。从中国儒学思想发展史上看，

---

① 《唐会要》卷四七。
② 《大正藏》卷五二。
③ 《原人论》。
④ 《盂兰盆经疏序》。
⑤ 《与本使杨尚书题请停率修寺观钱状》。

封建前期是以董仲舒的神学为中心,韩愈、李翱处在承先启后的转折点;封建后期从宋元到明清,理学始终居于统治地位。理学的学派和代表人物比较多,在各派中程、朱理学较长时期处在官方哲学的地位。

值得注意的是,董仲舒把儒家的伦理道德学说和神学目的论联系起来,导致谶纬神学的泛滥,一度把儒学宗教化。但中国的封建统治者并不需要将儒学变成宗教,而要着重发挥其维护名教纲常的思想作用。经过魏晋南北朝到隋唐期间与佛、道思想的较量,儒家虽然在政治上可以压倒对方,但在理论上却显得贫乏,提高的任务就落在宋代理学家的身上。

从周敦颐、二程到朱熹,代表了宋代理学的正宗思想。他们对儒学改造和提高的途径就是使儒学趋向哲理化,其中一个内容是消化吸收佛道中带有哲学思辨性的东西。如朱熹把周敦颐渊源于道教思想的《太极图说》做了新的解释,将封建纲常之"理"升华为宇宙本体的最高范畴,从而取代了传统儒学中"天"的地位。朱熹还吸取华严宗"一多相摄"的观点,建立了"理一分殊"学说,把三纲五常、忠孝节义等封建政治伦理道德,说成至高无上的天理,人们只能按照自己的本分,依从天理行事。宋代以前,儒家传统的天命思想,把人们的穷通贵贱说成是"命"该如此。理学家虽然也讲命,但更强调的是"理"该如此和"分"该如此,目的是要人们自觉自愿地去遵守封建纲常,否则就被说成伤天害理,不守本分,而受到社会舆论的谴责。

宋代理学家在天人关系方面不再搞天人感应之类的迷信,而是加强"存天理,去人欲"的说教。在古今关系问题上,"遂谓三代专以天理行,汉唐专以人欲行",宣扬今不如昔的退化史观。所以,程朱理学实质上还是推行董仲舒"奉天法古"的思想路线,但形式和内容却做了很大的调整。天有意志不强调了,将封建名教纲常升华为天理,以天理来克制人欲,以道心来主宰人心。这种以思辨哲学为形式,以道德伦理为内容的程朱理学,把儒家思想发展到一个新阶段。

至于宋明理学中陆王心学一派,从唯心主义内部来说,他们与朱熹的理学之间是有严重分歧的。陆九渊与朱熹就曾当面进行过激烈争辩,但陆九渊同样是维护皇权的,他把"圣天子"说成"代天理物,承天从事"①。他还提出所谓存心、去欲的说教,鼓吹"欲去则心自存矣"②。由于朱、陆都要维护封建纲常,所以黄宗羲就曾说:"二先生同植纲常,同扶名教。"黄百家也说:"二先生之立教不同,然如诏入室者,虽东西异户,及至室中则一也。"③ 这里也看出其思想本质的一致性。

王守仁继承和发挥了陆九渊的观点。他反对朱熹的"外心以求理",而提出

---

① 《陆象山全集》卷二十三《荆门军上元设厅讲义》。
② 《陆象山全集》卷三十二《拾遗·养心莫善于寡欲》。
③ 《宋元学案》。

要"求理于吾心"①。他认为天理就是人心的良知,"只为私欲障碍",要将私欲"一齐去尽",恢复良知本体,则人心就是天理,不用外求。② 这种观点从认识论的角度看是不同于朱熹,但对"存天理,去人欲"这个问题,双方观点并无差别。他认为朱熹注的《大学章句》,是"尽乎天理之极,而无一毫人欲之私者"③。黄宗羲正是看到这一点,所以在夹注中说:"天理人欲四字,是朱、王印合处。"④ 这说明从为封建统治者根本利益服务这一点来说,两人的思想完全一致。

张载在论述宇宙生成的本原时,坚持了唯物主义气一元论,因而受到过二程的多次批驳。但当他在《西铭》即《乾称》篇中提出乾父、坤母和民胞、物与的论点时,杨时怀疑其近于墨家的"兼爱"说,程颐则立即用"理一分殊"的解释来为之辩护。程颐主要看到了它那种把帝王说成宗子,是代表天地父母来管理人民的观点。张载论证了封建等级关系的天然合理性,对广大群众宣传顺天安命思想,这是完全符合封建统治者的根本利益的。因此,程颐称赞《西铭》是"扩前圣所未发"。至于朱熹把它单独作为封建伦理教条来加以宣扬,也就不是偶然的了。正因为这样,所以在宋代的儒家道统中,一般都排列为周、张、程、朱或周、程、张、朱,可见张载在宋明理学家中的地位。

在宋明理学家中,对哲学基本问题的看法有分歧,但在维护正走下坡路的封建统治者的利益时,立场却基本一致,因此从总体上还是推行"奉天法古"的思想路线。虽然当时社会上仍会有些有识之士,为要变法图强,因而反对复古,承认历史是向前进化的。如王安石就直斥那些想开倒车,把社会"引而归之太古"的人是"非愚则诬"⑤。陈亮也明确反对朱熹的退化史观,不同意将天理与人欲相对立的观点。陈亮之所以形成这些观点,自谓是由于"穷天地造化之初,考古今沿革之变,以推极皇帝王伯之道,而得汉、魏、晋、唐长短之由,天人之际昭昭然可察而知也"⑥。从这里可以看出,朱陈之争仍然是围绕着"究天人之际,通古今之变"这一思想主题而展开的。当然,陈亮的思想只能作为"醇儒"的异端,而程朱理学则在封建社会后期的几百年间,虽也受到一些冲击,却基本上居于统治地位。

---

① 《答顾东桥书》。
② 《传习录》下。
③ 《传习录》上。
④ 《明儒学案》。
⑤ 《太古》。
⑥ 《上孝宗皇帝第一书》。

五

明朝中叶以后，在长江下游靠近沿海地区的某些城镇有少数手工业行业，开始在生产关系中绽发出带有资本主义雇佣性质的幼芽，封建社会进入末期。特别到了17世纪的明清之际，阶级斗争与民族斗争交错复杂，各种社会矛盾空前激化，在思想文化领域内，则表现为反映历史发展要求的早期启蒙思潮同维护封建腐朽统治的宋明理学之间的激烈斗争。

明朝后期，程朱理学仍然是官方的统治思想，但王阳明的心学却在社会上普遍流行。王学不同于程朱的，就是认为"吾心之良知，即所谓天理"①，把封建纲常说成是人心所固有的东西，并企图把"良知"作为销毁人民"邪思枉念"的灵丹圣药②，及为对付起义农民而作为"破心中贼"的武器。王学倡导良知就是天理，本意是要人们自觉地服从封建纲常；但它既承认人人都有良知，不得不在逻辑上承认人们的智能是天赋平等的，这就给周、程等理学家宣扬的"小大有定""差等有别"的封建等级理论打开了缺口，成为王学所孕育着的自我否定因素。王阳明的"良知"说受到历史辩证法的惩罚，"百姓日用即道""满街都是圣人"，从而否定"以孔子之是非为是非"，以致李贽等人终于把王学引向反面。

李贽的思想本是脱胎于王学，他的"童心"说就是来自"良知"。但他把"童心"说成"纯真"的赤子之心，不受天理的熏染；否则"失却童心，便失却真心；失却真心，便失却真人"③。宋明的理学家、心学家都鼓吹去人欲、存天理，李贽却提出"私者，人之心也。人必有私"④"穿衣吃饭，即是人伦物理"⑤等一类命题，还要求"各得其千万人之心""各遂其千万人之欲"，"既说以人治人，则条教禁约，皆不必用"⑥。这种公然以私欲为人心所固有，反对天理的"条教禁约"，自是对封建网罗的大胆冲击。

李贽还从"天下无一人不生知"⑦的观点出发，否定以孔夫子的教条作为"行罚赏"的"定本"。对王学的"良知"说，他是以子之矛攻子之盾，公然提出不以孔子之是非为是非，而以吾心之是非为是非。李贽的主观真理论成为反传统的思想武器。他还反对宋儒所谓汉、唐不如三代的历史退化论，以为不同时代要有不同的治国方法，因而肯定李斯提出的"五帝不相复，三代不相袭，各以

---

① 《答顾东桥书》。
② 《传习录》下。
③ 《童心说》。
④ 《藏书·德业儒臣后论》。
⑤ 《焚书》卷一《答邓石阳》。
⑥ 《李贽文集》第七卷《道古录》。
⑦ 《答周西岩书》。

治"的思想。① 总之,李贽否定了儒家正统的"奉天法古"的思想路线,在天人之际和古今之变的问题上,他想冲破天理的网罗,重视人的价值,寻求个性解放。这当然为封建统治者所不容,终于给他加上"敢倡乱道,惑世诬民"的罪名,迫害致死。

明清之际,黄宗羲、顾炎武、王夫之等一批著名思想家,虽然由于各人的出身教养以至具体的社会遭遇和所处的地域环境有所不同,思想上也各具特色,但是,他们共同的特点是从不同的角度继续批判"奉天法古"这一思想传统。

黄宗羲在明亡以后总结了历史和现实的教训,写出了《明夷待访录》,对君主专制制度给予猛烈的抨击。他公然宣称"为天下之大害者,君而已矣",并揭露专制君主"屠毒天下之肝脑""敲剥天下之骨髓"的罪行。② 对"君与臣",他认为只是"治天下"的共事关系。臣并非"君之仆妾"而应该为"君之师友"。他自称出仕是"为天下,非为君也;为万民,非为一姓也",故"吾无天下之责,则吾在君为路人"③。黄宗羲这些言论是对"君为臣纲"的大胆挑战,他否认了儒家正统派的所谓"君臣之义",就是对最高的"天命"和"天理"思想的蔑视,实质上也是对"奉天法古"的思想路线的具体否定。

与黄宗羲同时的顾炎武,他对《明夷待访录》中所阐扬的反对君主专制的思想表示赞同,并提出以"众治"代替"独治"的主张。王夫之也说:"以天下论者,必循天下之公,天下非一姓之私也。"④

对天理人欲问题,顾、王等人都反对宋儒"去欲存理"的说教。顾炎武主要从学风方面进行批判,认为"置四海之困穷不言,而终日讲危微精一之说"⑤,终会弄得"神州荡覆,宗社丘墟"⑥。这里所谓"危微精一",就是道学家讲的尧舜心传。顾氏认为要把"国家治乱之原,生民根本之计"⑦ 作为治学的当务之急,即提倡经世致用的学风,以取代空疏的理学。

对理欲关系,王夫之认为"欲即天之理"。"终不离人而别有天",也"终不离欲而别有理",因而"人欲之各得,即天理之大同"⑧。王夫之提出天理与人欲相统一的观点,在强调利欲方面虽不如李贽激进,但从天人关系的角度看,既然天理是寓于人欲之中,宋明道学家那种"离人而言天""绝欲以为理"的谬说也

---

① 《史记·秦始皇本纪》。
② 《原君》。
③ 《原臣》。
④ 《读通鉴论·叙论一》。
⑤ 《与友人论学书》。
⑥ 《日知录》卷七《夫子之言性与天道》。
⑦ 《明夷待访录·顾宁人书》。
⑧ 《读四书大全说》。

就不攻自破了。后来谭嗣同推崇王夫之是"五百年来,真通天人之故者"①,这种评价不是偶然的。

在通古今之变的问题上,王夫之更是做出杰出的贡献。他针对朱熹等人鼓吹的复古倒退论调,根据历史事实给予猛烈的抨击。他承认人类社会是变化发展的,所以提出"更新而趋时"的观点,并认为历史发展有它的必然趋势和客观规律,这就是"理势合一"论。王夫之对历史发展的动力问题,主张在顺应时势潮流的前提下,充分发挥人的主观能动作用,反对"信天命而废人事"。虽然从总的方面他持的是英雄史观,但也看到"王仙芝、黄巢一呼而天下鼎沸",多少觉察到劳动人民起来斗争时所能产生的历史作用。

从明末到清代,在中国学术思想史上还出现了一个新的特点,就是对封建理学进行批判时,往往披着"经言"的外衣,打着复古的旗号,或是用复古的形式来表达新的进步内容。如前面提到黄宗羲写的《明夷待访录》,就把"三代"描绘成为理想的盛世,并作为对比来抨击当时封建专制的弊政。这个三代盛世只能是他的托古,而其内容确是闪耀着民主启蒙思想的火花。稍后的颜元,把程朱理学和陆王心学都斥为"杀人"之学,还说:"误人才,败天下事者,宋人之学也。"②但颜元反对理学时,却说"必破一分程朱,始入一分孔孟"。他以周公、孔、孟之徒自居,将《周礼》中的六德、六行、六艺作为治学内容,从形式上看是复古,实际上"则兵、农、钱谷、水火、工虞、天文、地理,无不学也"③。故梁启超称其"以实学代虚学,以动学代静学,以活学代死学,与最近教育新思潮最相合"④,即从其六艺的古装中看到他思想的进步性。

颜元之后,18世纪出现了杰出思想家戴震。当时是清朝的全盛期,也可以说是封建末世的回光返照。由于清王朝厉行文化专制主义的统治,进步思想家只好搬出孔、孟的"经言"做护身符。如戴震就以疏证《孟子》为名,对封建理学进行猛烈的抨击,其中心思想就是指斥宋儒以理杀人,梁启超谓"其论尊卑顺逆一段,实以平等精神,作伦理学上一大革命"⑤。自是宋明道学家几百年来宣扬"存天理,灭人欲"的说教,由戴氏做出了总结性的批判。

颜元、戴震等人对理学的批判,招来当时封建卫道者的反扑。如张伯行就攻击颜元为"霸学",谓"自程、朱后,正学大明,中经二百年无异说"⑥。由于颜元批判程、朱,因此张伯行大骂"习斋之说,亦可以杀人",可见其对颜学深恶

---

① 《仁学》下。
② 《习斋年谱》卷下。
③ 《四书正误》。
④ 《清代学术概论》。
⑤ 《清代学术概论》。
⑥ 《论学》。

痛绝。后来曾国藩也骂颜元是许行。戴震在晚年也受到彭允初的攻击，彭指责戴氏"不知天，其何以知人？是故外天而言人，不可也"①，仍然想用传统的天人关系来压制戴学的异端思想。戴震立即给予回击，声称与彭氏"之道截然殊致"，"无毫发之同"。②由此可以看出，当时理学与反理学两条思想路线斗争的激烈。

到了近代，中国社会逐渐走上半封建半殖民地的道路，但封建顽固派仍然想把宋明理学作为官方的统治思想，并在社会上继续产生影响。后来随着形势的发展，洋务派又主张"中学为体，西学为用"，把宋明理学所要维护的封建专制政体和伦理纲常，作为国家的根本而不能改变。

对宋明理学的思想评价，至今国内外的学术界仍有分歧。从儒学向理性化方面发展，这同以天命思想为核心的封建前期思想相比，应该是有所进步。宋明理学对中国民族性格的形成，如注重气节、品德，讲求立志、修身，强调人生的精神价值和道德境界等，这些都构成我国比较优良的思想传统。

但是，从整体来看，宋明理学宣扬的不是理性主义而是蒙昧主义。所谓以理统情，并非真的容许人们用自己的理智来判断社会上的道德行为是非，而是要人们无条件服从代表封建纲常的所谓天理。正是在这种情况下，戴震才发出"后儒以理杀人"③的呼声。谭嗣同也揭露了封建名教思想，使人"敬若天命而不敢渝，畏若国宪而不敢议""不惟钳其口，使不敢昌言，乃并锢其心，使不敢涉想"④。试问，理学这样禁锢人们的思想，有何理性主义可言呢？中国在明末产生资本主义萌芽后，启蒙思想为什么那样难产？在近代传进了西方的思想后，"中学为体"的观念为什么还那样牢固？人们对现状即使有所不满，也往往"听天由命"，或者害怕人家"伤天害理"的指责而不敢打破世俗陈规；或者来个"托古改制"，要进行社会改革也得搬出儒家的祖师爷做靠山。这样死的拖住活的，使中国社会长期徘徊于坎坷的道路。恩格斯说："传统是一种巨大的阻力，是历史的惰性力，但是由于它只是消极的，所以一定要被摧毁。"⑤当然，我国历史上有不少优秀的文化遗产，但"奉天法古"这一儒家思想传统总的来说是属于"历史的惰性力"，是应该给予批判的。

[原载《朱子学刊》总第3辑（1991年第1辑），福建人民出版社1993年版]

---

① 《彭绍升与戴东原书》。
② 《答彭允初进士书》。
③ 《与某书》。
④ 《仁学》下。
⑤ 《马克思恩格斯选集》（第3卷）。

中国传统文化对知识分子人生道路选择的影响

关于中国传统文化的主体,一般都归结为儒家学说,或者以儒家为主,道家和外来传入的佛教思想作为补充。特别到宋、明时期,被称为三教(儒、释、道)思想矛盾融合,对知识分子层的思想影响比较大。在中国封建社会中,知识分子的出路主要是读书做官,即把出仕作为人生大事。但是,亦非所有的人都为的是追求名利,所以在出处、辞受之间还是有所选择的,这就牵涉到受传统思想文化的影响问题。这里谈点看法,并略举各个时期不同人物类型的例子,以供讨论。

一

中国知识分子对出处、辞受问题所抱的态度,首先是受到儒家孔、孟思想的影响。先秦儒家从孔子到孟子、荀子,都是主张积极用世的。他们周游列国,传食于诸侯,到处游说,为的是要找到一个合适的君主,以施展其治国、平天下的才能和抱负。但由于主客观条件的限制,孔、孟的政治主张并不为时君世主所赏识,即难为当世所用。在这种情况下,作为人生大事,就碰到出处、辞受如何选择的问题。

值得注意的是,先秦儒家对这个问题是抱着什么样的态度?我们知道,孔、孟、荀等人都是尊君的,也积极拥护区别君臣名分的等级制度。但他们并不主张臣子要无条件服从君主,而是把能否行"道"作为人生出处的重要依据。这个"道"就是政治主张、理想与抱负,孔子讲过"道不同,不相为谋"①。对出仕这个问题,主张"以道事君,不可则止"②,对不同道的君主,只能采取不合作态度。后来荀子就干脆提出"从道不从君"③ 的命题,将从"道"摆在从"君"之上。

以上说明,先秦儒家对臣子的进退出处,是以能否行"道"作为衡量的标准。所以孔子说"天下有道则见,无道则隐"④,"隐居以求其志,行义以达其

---

① 《论语·卫灵公》。
② 《论语·先进》。
③ 《荀子·臣道》。
④ 《论语·泰伯》。

道"①，又说"君子谋道不谋食""忧道不忧贫"②。这里孔子认为，行"道"不一定要做官和谋求衣食，也不必忧心贫穷，如天下无道，则可以隐居见志。后来孟子发挥了这种思想，提出要"居天下之广居，立天下之正位，行天下之大道：得志，与民由之；不得志，独行其道"③。又说："非其道，则一箪食不可受于人；如其道，则舜受尧之天下，不以为泰。"④他还提出"天下有道，以道殉身；天下无道，以身殉道；未闻以道殉乎人者也"⑤，即主张不能损害道去迎合别人。因此，他对那些"同乎流俗，合乎污世"的人，即使"众皆悦之"，也"不可与入尧舜之道"⑥。据此，孟子认为人不能以穷达易志，从而提出"穷则独善其身，达则兼善天下"⑦的名言。他说："古之人，得志，泽加于民；不得志，修身见于世。"⑧"君子之守，修其身而天下平。"⑨孔、孟这种思想观点成为先秦儒家选择出处、辞受问题的重要依据。

　　由于先秦儒家强调要"独行其道"，所以很重视个人操守和人格尊严。如孔子就说过："三军可夺帅也，匹夫不可夺志也。"⑩孟子也说："富贵不能淫，贫贱不能移，威武不能屈，此之谓大丈夫。"⑪正因为他们在出处、辞受之间，要保持自己的独立人格和操守，所以虽然一方面尊君，同时另一方面也出现君臣对等甚至承认可以上下易位的思想。如孔子就提出"君使臣以礼"，才"臣事君以忠"⑫，反对做唯唯诺诺的"具臣"⑬。孟子更明确说："君之视臣如手足，则臣视君如腹心；君之视臣如犬马，则臣视君如国人；君之视臣如土芥，则臣视君如寇仇。"⑭当齐宣王提出"汤放桀，武王伐纣"故事，问："臣弑其君可乎？"孟子回答说："贼仁者谓之贼，贼义者谓之残，残贼之人谓之一夫，闻诛一夫纣矣，未闻弑君也。"⑮荀子也说："桀纣者，民之怨贼也。""诛暴国之君若诛独夫！"⑯据此，他还发挥说："夺然后义，杀然后仁，上下易位然后贞，功参天地，泽被

---

① 《论语·季氏》。
② 《论语·卫灵公》。
③ 《孟子·滕文公下》。
④ 《孟子·滕文公下》。
⑤ 《孟子·尽心上》。
⑥ 《孟子·尽心下》。
⑦ 《孟子·尽心上》。
⑧ 《孟子·尽心上》。
⑨ 《孟子·尽心下》。
⑩ 《论语·子罕》。
⑪ 《孟子·滕文公下》。
⑫ 《论语·八佾》。
⑬ 《论语·先进》。
⑭ 《孟子·离娄下》。
⑮ 《孟子·梁惠王下》。
⑯ 《荀子·正论》。

生民，夫是之谓权险之平，汤、武是也。"① 孟、荀将暴君比之独夫民贼，称赞上下易位的汤武革命，这就带有重视人民力量的因素。如孟子就发出过民贵君轻的议论②；荀子将君、民比喻为舟与水的关系，水能"载舟"，也能"覆舟"③，承认人民有推翻统治者的力量。这样对无道昏君，当然用不着尽忠尽力了。

从以上所述，先秦儒家对臣子的出处、辞受问题，是主张有所选择的，所谓"良禽择木而栖，良臣择主而事"就是这方面的思想概括。到西汉初年贾谊仍然有这种看法。如他对屈原一方面称赞是楚之"贤臣"，对其"被谗放逐""逢时不祥"的遭遇表示同情；对当时"谗谀得志，贤圣逆曳"这一"方正倒植"即是非颠倒的社会表示愤慨。但另一方面，贾谊也批评屈原，说："般纷纷其离（罹）此尤兮，亦夫子之故（辜）也；历九州而相其君兮，何必怀此都也！"④ 这里是说，屈原之所以遭受谗言，亦有点咎由自取，当时九州列国的君主很多，良臣大可以择主而事，何必死抱着楚怀王这个昏君而依恋此都不去呢？现在有不少人称赞屈原为爱国诗人，但贾谊却依照儒家"以道事君，不可则止"的观点，对臣子的出处、辞受问题主张合则留，不合则去。

不过，先秦儒家讲良臣择主而事是有它的历史条件的。当时列国纷争，以臣事君，大可以朝秦暮楚，有相对选择的自由。但秦、汉统一以后定于一尊，就难有所选择了。如贾谊尽管批评屈原，他自己又何尝能择主而事？如果不愿意事奉时君世主，留下的路子只能是"天下有道则见，无道则隐"了。即是愿意仕于廊庙，还是归隐于山林，这是知识分子在进退、出处之间的选择。当然，从总体上看，儒家还是主张积极用世的，"独善其身"是不得已。所谓"身在江湖，心存廊庙"，后世有不少儒者会存在着这种思想矛盾。

二

魏晋南北朝时期，玄学的兴起与佛教的流传，到隋唐时更出现儒、释、道三教并列的情况，中国传统文化则是进入了矛盾融合的新阶段。从东汉末年诸侯并起到三国纷争，社会上又出现可供择主而事的条件，如诸葛亮又属一种类型。他早年隐居南阳，"苟存性命于乱世，不求闻达于诸侯"，但由于受刘玄德三顾知遇之恩，却终身辅助蜀汉，至"鞠躬尽瘁，死而后已"。所谓士为知己者死，可能就是属于这种类型。不过他的兄长诸葛瑾却事奉吴国，兄弟之间虽是各为其主，亦没有太大矛盾，吴蜀两家的关系亦时有变化，而他们兄弟却始终坚守自己

---

① 《荀子·臣道》。
② 《孟子·尽心下》。
③ 《荀子·王制》。
④ 引文见《吊屈原赋》。

国家的立场。

三国之后，西晋得到暂时统一，择主而事的条件又消失了。有的人不满当时的统治但又无法逃避。如嵇康在司马氏高压之下，既不愿低头屈膝，又无力聚众反抗，因而陷入进退失据的矛盾境地。他既表示要"遗物弃鄙累，逍遥游太和"，做一个不问世事的隐君子；但又说"虽逸亦以难，非余心所嘉"①，却似乎这样退隐亦并不甘心。他影射攻击司马氏："宰割天下，以奉其私。""骄盈肆志，阻兵擅权，矜威纵虐，祸蒙丘山。""昔为天下，今为一身，下疾其上，君猜其臣，丧乱弘多，国乃陨颠。"② 嵇康还非议儒家所推崇的圣人，"轻贱唐虞而笑大禹"③，"非汤武而薄周孔"④，这当然为以维护礼教相标榜的司马氏所不容，终于以"言论放荡，非毁典谟"⑤ 的罪名将他杀害。嵇康不是为知己者死，而是为嫉己者如钟会之流的有意陷害，从而遭受到悲剧的下场。

我们从嵇康对出处、辞受之间做出的选择，可以看出受过先秦道家思想的影响。他对此也不讳言，曾公开宣称"老子庄周，吾之师也"⑥。他在《幽愤诗》中也自供说："托好老庄，贱物贵身，志在守朴，养素全真。"我们知道，先秦道家是儒家的反对派。儒家主张积极入世，而道家却倾向于消极避世。老、庄都对当时现实不满，如说："大道废，有仁义。智慧出，有大伪。六亲不和，有孝慈。国家昏乱，有忠臣。"⑦"故失道而后德，失德而后仁，失仁而后义，失义而后礼。夫礼者，忠信之薄，而乱之首。"⑧ 老子不满儒家的仁义礼智，认为不能解决社会问题，相反只会造成混乱。他向往"小国寡民"的理想社会，"民至老死不相往来"⑨，其实要倒退回原始时代。庄子更是公开声明不与当道者合作，他幻想有超脱的人生，回到那种"同与禽兽居，族与万物并""同乎无知""同乎无欲"的所谓"至德之世"⑩。总之，老、庄的入世态度是消极的，但又有强烈的批判现实精神。嵇康似乎继承了这一点，他向往的也是"鸿荒之世，大朴未亏"，当时"君无文于上，民无竞于下"，"饱则安寝，饥则求食，怡然鼓腹，不知为至德之世也"。⑪ 这仍然是老、庄所描述的理想社会。但他又强烈地批判现实，不惜招来杀身之祸。嵇康这种出世与入世思想的矛盾，在中国正直知识分子

---

① 《嵇中散集》卷一《答二郭三首》。
② 《嵇中散集》卷十《太师箴》。
③ 《嵇中散集》卷三《卜疑集一首》。
④ 《嵇中散集》卷二《与山巨源绝交书》。
⑤ 《晋书·嵇康传》。
⑥ 《嵇中散集》卷二《与山巨源绝交书》。
⑦ 《老子》第十八章。
⑧ 《老子》第三十八章。
⑨ 《老子》第八十章。
⑩ 《庄子·马蹄》。
⑪ 《嵇中散集》卷七《难自然好学论》。

层中也是存在的。这种思想虽来自道家，但与儒家那种重操守、不与世俗同流合污的精神，也有其相通之处。

在先秦老、庄思想中还有另一面，他们虽不满现实，却有一套善于保存自己的处世哲学。对这一点孙登曾劝告过嵇康，但"康不能用"。① 与嵇康境遇相近，而处世方法不同的则有阮籍。他不像嵇康那样锋芒毕露，而是借纵酒来避祸。其实阮籍自身不是没有牢骚，王忱就说他有"胸中垒块，故须酒浇之"②，无非是借酒浇愁而已。我们看他写的《咏怀》诗，既说"春秋非有托，富贵焉常保""布衣可终身，宠禄岂足赖"，又说"一身不自保，何况恋妻子""千秋万岁后，荣名安所之"。这似乎看破了功名富贵，但何尝不表现出忧心忡忡，"一为黄雀哀，涕下谁能禁"，从全诗结句中也可以看到他的心情，他能从进退出处之间保存性命，可以说也不容易了。

在魏晋时期与玄学和道家有关的思想家中，嵇康、阮籍是一种类型，他们反对名教，出处比较艰难。但另外有些人却想方设法调和名教与自然，用道家思想来论证当时封建统治的合理性。如何晏、王弼、郭象等玄学大师，都扮演过这方面的角色。还有东晋时作为金丹道教的代表人物葛洪，他是鼓吹长生不死的神仙理论，同时还提出要把神仙养生和儒家的纲常名教结合起来，所谓"道术儒修无二致，神仙忠孝有完人"，这种儒道兼综的思想，为的是更好地为封建统治服务。而葛洪无论入世或出世，在进退出处之间，都是比较顺利的。

既不恃才傲物，与统治者针锋相对；又不愿同流合污，在宦海中随俗浮沉，对进退出处问题，采取洁身自好的态度，东晋时的陶渊明可以说是这种类型的代表。陶氏曾为彭泽县令，因为不肯为五斗米折腰，才归隐田园，成为中国历史上有名的诗人、隐士。他也有受儒道思想影响的一面，就是独善其身和归化自然。他在辞官归里时写过一篇《归去来兮辞》，其中有句说："悟以往之不谏，知来者之可追，实迷途其未远，觉今是而昨非。"这是他在出处、辞受之间，表明最终做出辞官归里的选择。当然陶氏归隐也不完全心情舒畅，他曾叹息说"羡万物之得时，感吾生之行休"。他只是在"富贵非吾愿，帝乡不可期"的思想支配下，只好随遇而安，"寓形宇内复几时，曷不委心任去留"，这里就流露出一点无可奈何的心境。"聊乘化以归尽，乐夫天命复奚疑"，他就是在乐天知命中度过一生。在中国知识分子中，虽然不尽是诗人隐士，但陶渊明式人生道路还是会产生一定的影响。

---

① 《世说新语·栖逸》注引《文士传》。
② 《世说新语·任诞》。

三

佛教思想在中国流行以后，在与儒道思想的矛盾交融中，对知识分子也有相当的思想影响。宋代的苏轼就是一个兼综儒道佛的人物。他少年时就"奋厉有当世志"①，并具有"丈夫重出处，不退要当前"② 的坚毅气质；但他又是"自笑浮名情薄"③，从而羡慕"且赴僧窗半日闲"④ 的生活。正是这种矛盾使苏轼一生从政，却又淡于功名；他为官屡遭贬谪，却又坚韧不拔。伤老忧时，虽追忆着人生梦幻；仁民爱物，仍忘不了家国情怀。正因为在苏轼的人生观中，既讲究儒家的积极入世，又仰慕道家的顺应自然，兼了解佛教的破除执着；所以在他的思想中虽充满着矛盾，却能通过自我调节、消解而取得平衡，从而引到适时应物、随遇而安的境地上去。"弹指三生断后缘"⑤，"乐天知命我无忧"⑥，从佛教的因缘和合，最后还是走向乐天知命归结。苏轼最仰慕陶渊明，两人对进退出处的态度虽不相同，而思想却归趋一致。

同是受佛教思想的影响，明代后期的李贽又不同于苏轼。李贽傲世颇似嵇康，但他入仕途的时间比较长，所以到处与人抵触。据他自述："为县博士，即与县令、提学触；为太学博士，即与祭酒、司业触；……为司礼曹务，即与高尚书、殷尚书、王侍郎、万侍郎尽触也。……最后为郡守，即与巡抚王触，与守道骆触。"⑦ 所以会出现这种情况，他自称"缘我平生不爱属人管"，"唯以不受管束之故，受尽磨难，一生坎坷，将大地为墨，难尽写也"⑧。按照他这种性格，最终只有辞官，但他不像陶渊明、苏轼那样乐天知命、随遇而安。后来虽被迫出家，却依然愤世嫉俗，得罪了不少当道有权势之人，终于为封建统治者迫害入狱致死。李贽的思想是出入儒佛之间，他服膺王阳明的"良知"说和禅宗的佛性理论，宣扬人人可以作圣成佛的观点，这对促进个性解放，承认众生地位平等，在当时反对封建专制的斗争中客观上起到思想启蒙的作用。李贽个人的进退出处，虽然以悲剧收场，但他对假道学、伪君子的深刻批判，在当时是有现实意义的。

比李贽稍后的有明末黄宗羲，他的思想渊源也是来自王学，但他对大臣的进

---

① 苏辙：《东坡先生墓志铭》。
② 《和子由苦寒见寄》。
③ 《谒金门·秋兴》。
④ 《同曾元恕游龙山吕穆仲不至》。
⑤ 《悼朝云诗》。
⑥ 《次韵答邦直子由》。
⑦ 《焚书》卷四《豫约·感慨平生》。
⑧ 《焚书》卷四《豫约·感慨平生》。

退出处问题却做了大胆的阐发。他发挥了先秦孟子等人君臣对等和合作共事关系的思想,提出大臣出仕,自是"为天下,非为君也;为万民,非为一姓也"的观点,认为臣与君是共负"为天下"之责,所以说"吾无天下之责,则吾在君为路人","以天下为事,则君之师友"①。黄宗羲能从职、权、责的角度来批判封建君权,并提出一些有关政治体制改革的意见,对近代君主立宪运动是应当有所启迪,因此到晚清时收到梁启超等人的强烈反响。

明亡以后,继起的清朝虽有所谓康乾盛世,这只是回光返照,而封建社会的没落已经是难以挽回了。生活在鸦片战争前夕的龚自珍,他通过了解当时的"世情民隐",已看出清王朝到了日落西山、气息奄奄的"衰世",并感到"乱亦竟不远矣"②。

龚自珍面对当时的朝政腐败和权奸当道,比之为"虎豹沈沈卧九阍"③,对现实是不满的,一方面像黄宗羲那样,产生"一姓不再产圣"④的思想,即不能专由一姓当皇帝。但由于他出身于官僚地主家庭,在天恩祖德的思想熏陶下,不可能真正成为封建王朝的叛逆,"落红不是无情物,化作春泥更护花",他的基本立场仍然是补天而不是翻天,为了挽救封建社会的危机,才提出变法的主张。他说:"一祖之法无不敝,千夫之议无不靡,与其赠来者以劲改革,孰若自改革?抑思我祖所以兴,岂非革前代之败耶?前代所以兴,又非革前代之败耶?"⑤ 这种力求改革的思想应该是可取的,但腐朽的清王朝却难以做到,因此可以说他是有心救世,却无力回天。从他回忆少年的诗篇中可以看出他非常自负,确是怀有安时救世之志,但终于无法施展改革政治的才能,"布衣三十上书回,挥手东华事可哀"⑥,"恐万言书,千金剑,一身难"⑦。他上书言事,为统治者出谋献策,却落得"可哀"的下场和"一身难"的隐痛,从而使他不得不发出"一箫一剑平生意,负尽狂名十五年"⑧,"寥落吾徒可奈何,青山青史两蹉跎"⑨ 的悲叹。他在仕途失意,受到排挤的情况下,终于辞官南归,思想上也走向消极颓败。《己亥杂诗》最后一首说:"吟罢江山气不灵,万千种话一灯青。忽然搁笔无言说,重礼天台七卷经。"向佛逃禅,这是他人生最后的无言归结。

从以上事例,我认为中国传统文化对封建时代知识分子的出处、辞受问题有

---

① 《明夷待访录·原臣》。
② 《乙丙之际箸议第九》。
③ 《己亥杂诗》之三。
④ 《古史钩沉论四》。
⑤ 《乙丙之际箸议第七》。
⑥ 《送南归者》。
⑦ 《道中书怀与汪宜伯》。
⑧ 《漫感》。
⑨ 《寥落》。

相当大的影响。由于各人出身、教养和接受传统文化的方式、程度不尽相同,所以表现出是正面还是负面起的作用也不一样。我们今天也不能完全摆传统文化的影响,对如何选择人生道路,从历史反思中也应有所启迪。这里也有对传统思想文化如何批判、吸收、借鉴和扬弃的问题,值得我们进一步研究。

[原载《南京化工大学学报》(哲学社会科学版)2000年第1期]

论我国传统人生的安身立命之道

安身立命一般是指人生的最后归宿，各种宗教则表示对人生的终极关怀，哲学上可以称为人生观，人们生活的目的是什么？各有自己的人生价值取向，作为安身立命之地。在我国传统文化中，对人的一生如何安身立命，对后世又产生什么样的影响，是一个值得研究的课题，对推进现代化的精神文明建设亦有它的现实意义。

一

我国传统文化，发展到春秋战国时代的百家争鸣，对人生如何安身立命，各家已有不同的主张和见解，现将要点分述如下。

儒家是主张积极入世的，推行所谓内圣外王之道。内圣指的是每个人自身的修养，外王则是运用到政治方面。《大学》里讲的三纲八目，三纲即"明明德""亲民""止于至善"。八目是实现三纲的具体步骤，即格物、致知、诚意、正心、修身、齐家、治国、平天下。这里前五目是内圣功夫，后三目则是应用到外王的成效。儒家是讲学而优则仕，要担当的是做帝王师，所谓上可以致君为尧舜，下可以配德于孔颜，这就成为儒者的最高理想，也是人生的安身立命之所在。

但是要达到这个人生鹄的，需要具备主客观条件。儒家是讲要替天地之化育，即要效法天地之所为，《易·乾卦》中说："天行健，君子以自强不息。"《坤卦》中则说："地势坤，君子以厚德载物。"做君子的既要刚健有为，又能宽厚得体，就能承担治国、平天下的大业，实现人生安身立命的理想。但是在客观条件方面，又要看有无行道的机会，儒家的孔、孟并不是无条件忠君的。孔子就说："天下有道则见，无道则隐。"① 又说："以道事君，不可则止。"② 孟子也说："居天下之广居，立天下之正位，行天下之大道：得志，与民由之；不得志，独行其道。"③ 荀子更是提出"从道不从君"④，即把行道作为人生的鹄的，这个"道"就是理想的王道政治，如果遇到昏君庸主，就只能是其道不行了。

---

① 《论语·泰伯》。
② 《论语·先进》。
③ 《孟子·滕文公下》。
④ 《荀子·臣道》。

由于儒家的孔、孟都有天命思想,所以孔子行道虽有"知其不可而为之"的精神,但也无法改变客观条件,他只好感叹说:"道之将行也与,命也;道之将废也与,命也。"① 所谓尽人事以待天命。尽人事是指人们内部的主观努力,待天命则带有承认外界客观条件制约的意思。不过儒家也有对待天命的不同态度,就像荀子说的要"制天命而用之"②,这种"戡天"思想,可以说是发挥人们主观能动性的极致,但不一定能够成功。孔子讲"行义以达其道"③,"道不行,乘桴浮于海"④,这是一种选择。另一种就是要"守死善道"⑤。孔子讲"志士仁人,无求生以害仁,有杀身以成仁"⑥。孟子也说:"生亦我所欲也,义亦我所欲也;二者不可得兼,舍生而取义者也。"⑦ 拿生命与道义相比,道义是高于生命,所以才有杀身成仁和舍生取义的行动,这也是人生的一种归宿。总之,"行天下之大道",是先秦儒家安身立命的大事,当然行道也要具备主客观条件,在其道不行时也可以有多种办法应付,可以无道则隐,甚至乘桴浮于海;也可以知其不可而为之,导致顺天安命;最后就像孟子说的,"天下有道,以道殉身;天下无道,以身殉道;未闻以道殉乎人者也"⑧。成仁取义就是"以身殉道",但绝不能损害道去迎合别人。这是儒家安身立命的最终大节所在。

　　与儒家比较,先秦道家是消极避世的,为的是保存自己,但方式方法却不尽相同。按照孟子的说法,当时杨朱的思想很流行,他对此攻击说:"杨子取为我,拔一毛而利天下,不为也。"⑨《吕氏春秋·不二篇》也说:"杨生贵己。"《淮南子·氾论训》则说:"全性保真,不以物累形,杨子之所立也,而孟子非之。"孟子攻击杨朱为我,似乎物欲上是个极端利己的人。《淮南子》的思想偏于道家,认为杨朱只是想保存自己纯真的本性,使形体上不受外物的干扰,这是不同于贪恋物质享受的利己主义者。鄙弃物质文明,要人们返璞归真,以寻求精神上的解脱,这是先秦道家对人生终极关怀的共识。

　　为要做到全性保真,老子提出要恢复"小国寡民"的原始社会,"使人复结绳而用之",而"民至老死不相往来"。⑩ 这样"常使民无知无欲"⑪,天下就能返璞归真。庄子沿着这条思路,更想倒退到人畜不分的混沌世界。他提出

---

① 《论语·宪问》。
② 《荀子·天论》。
③ 《论语·季氏》。
④ 《论语·公冶长》。
⑤ 《论语·泰伯》。
⑥ 《论语·卫灵公》。
⑦ 《孟子·告子上》。
⑧ 《孟子·尽心上》。
⑨ 《孟子·尽心上》。
⑩ 《老子》第八十章。
⑪ 《老子》第三章。

理想的所谓"至德之世",是"同与禽兽居,族与万物并",没有君子、小人之分,"同乎无知,其德不离;同乎无欲,是谓素朴,素朴而民性得矣"①。

但是要使人们都无知无欲,即使有这样的理想社会,各人都老死不相往来,也只能做到有利于保存自己的一面;可是要赢得精神上的解脱,只想复古是不够的,而且这时代已经一去不复返了。因此,庄子又幻想超脱现实,导求绝对的精神自由。他要"独与天地精神往来,而不敖倪于万物","上与造物者游,而下与外死生无终始者为友"。②他认为人生所以有各种苦恼,原因在于"有待"和"有己",而真正的自由是"无待"的,即不依赖任何条件。但怎样才能达到"无待"的境界?他认为最根本的办法是做到"无己"。如他称颂的"真人",就是"不知说(悦)生,不知恶死""倏然而往,倏然而来"。既然看破了生死关,一切顺应自然,"是之谓不以心捐道,不以人助天,是之谓真人"③。这就是从顺应自然中来寻求安身立命之道。

道家既主张顺应自然,认为一切都非人力所能改变,所以对人的"死生、存亡、穷达、贫富、贤与不肖、毁誉"等,都说成"是事之变,命之行也"④,即都是由命运所支配。道家从消极避世和超现实的幻想中来保存自己,最终不能摆脱"知其不可奈何而安之若命"⑤的人生归宿。

儒家既信命而又不大定于命,道家顺应自然的听天由命,与此相对照则有墨家讲的"非命"。墨子认为"命"是由"昔者暴王作之,穷人述之,此皆疑众迟朴"⑥。也就是说,命定论是由过去残暴的统治者编造出来,穷人跟着附和,这些都是用来欺骗老实人的,所以说这是"天下之厚害"⑦。墨子认为决定人生际遇的不是"命"而是"力"。如做到"饥者得食,寒者得衣,劳者得息,乱者得治",依靠的是"以其为力也"⑧,并由此归结到人之所以异于禽兽,在于"赖其力则生,不赖其力则不生"⑨。

墨家主张强力而为,与法家韩非所讲"当今争于气力"⑩的思想是接近的。不过墨家虽主张"非命",但也讲"天志""明鬼",即在人力背后还想借助于鬼神,这是思想软弱的表现,同时还构成自身的矛盾。但墨子们"以绳墨自矫而备

---

① 《庄子·马蹄》。
② 《庄子·天下》。
③ 《庄子·大宗师》。
④ 《庄子·德充符》。
⑤ 《庄子·人间世》。
⑥ 《墨子·非命下》。
⑦ 《墨子·非命上》。
⑧ 《墨子·非命下》。
⑨ 《墨子·非乐上》。
⑩ 《韩非子·五蠹》。

世之急",并"日夜不休,以自苦为极"。① 这种严格要求自己而服务于社会,具有"摩顶放踵利天下,为之"② 的献身精神,作为人生的鹄的,这是应该肯定的。至于法家,则比较着重个人建功立业的追求,他们在秦王朝统一的过程中,曾经做出过积极的贡献,可以说是时代的胜利者;但他们自身,却往往陷入悲剧的下场。这种人生际遇,作为安身立命的一途,亦属颇堪玩味。

二

先秦诸子的百家争鸣,对传统人生的安身立命,可以说是提出五花八门的主张,从而构成人海的万花筒,各人将按照不同的价值取向来缔造自己的人生哲学,从而走出多元的人生道路。但是,我国传统文化虽非铁板一块,却亦非散沙一盘,如先秦诸子思想到战国晚年,从彼此的矛盾交错中,已出现相互融合的趋向,这也可以称之为互补。如从战国后期到汉初形成的黄老学派,就是道家与法家思想的结合;儒家的经典《易传》,就吸收有道家思想;汉代的董仲舒虽说是独尊儒术,但一般认为他有儒表法里的迹象,并且用阴阳五行作为思想框架;到魏晋玄学何晏、王弼等人,又是调和儒道的名教与自然;后来随着佛道思想的流行,宋、明时期还出现儒释道三教合一的思想倾向,这都表明中国传统文化所具有的包容性和适应性。

在中国传统文化中,作为人生的价值取向,所谓立德、立功、立言三不朽,可以算得上安身立命的高层次理想。如作为思想来源的综合,则可以说不主一家。儒家最重立德,其次立言,为的是正义与明道,一般功利看得比较轻。但儒家也讲治国平天下,那是最大的功德,可是其目的如黄宗羲所说,应"不以一己之利为利,而使天下受其利"③,这是为公不为私,或是先公后私的问题。范仲淹提出"先天下之忧而忧,后天下之乐而乐"④,这种功利思想应该是可取的。墨家以"利"释"义",以利天下为己任。法家通过奖罚手段以达到个人功利的目的,能调动群众的积极性,做到富国强兵,取得高度的社会成效。以上这些作为人生的安身立命,反映出积极入世的一面。

上面讲述过,先秦道家是儒家的反对派,儒家主张积极入世,而道家却倾向于消极避世,但又有强烈的批判现实精神,如魏晋之际的嵇康就继承了这一点。他向往的也是"鸿荒之世,大朴未亏",各人相安无事,"饱则安寝,饥则求食,

---

① 《庄子·天下》。
② 《孟子·尽心上》。
③ 《明夷待访录·原君》。
④ 《岳阳楼记》。

怡然鼓腹，不知为至德之世也"①。这仍然是老庄所描述的理想社会。他自己也曾表示要"遗物弃鄙累，逍遥游太和"，做一个不问世事的隐君子；但又说"虽逸亦以难，非余心所嘉"②，却对退隐并不甘心。于是他攻击当政的司马氏"宰割天下，以奉其私"，"骄盈肆志，阻兵擅权，矜威纵虐，祸蒙丘山"③。嵇康还非议儒家所推崇的圣人，"轻贱唐虞而笑大禹"④，"非汤武而薄周孔"⑤，这当然为以维护礼教相标榜的司马氏所不容，终于以"言论放荡，非毁典谟"⑥的罪名将他杀害。嵇康不甘避世转而骂世，不惜招来杀身之祸。他不是成仁取义而是非毁仁义，可以说是道家中的激进派。

与嵇康境遇相近，而处世方法不同的则有阮籍。他不像嵇康那样锋芒毕露，而是借纵酒来避祸。其实他并非没有牢骚，王忱就说他有"胸中垒块，故须酒浇之"⑦，不过是借酒浇愁而已。我们看他写的《咏怀》诗，既说"春秋非有托，富贵焉常保""布衣可终身，宠禄不足赖"，又说"一身不自保，何况恋妻子""千秋万岁后，荣名安所之"。这表明他虽然看破了功名富贵，但还感到自身难保，"一为黄雀哀，涕下谁能禁"？由此可见他的心情和保存性命之不易了。

与嵇、阮反名教思想相反，企图用道家思想来论证当时封建统治的合理性的，除前面讲到何晏、王弼加上郭象等玄学大师外，较典型的还有东晋时作为金丹道教的代表人物葛洪。他是鼓吹长生不死的神仙理论，同时还提出要把神仙养生和儒家的纲常名教结合起来。所谓"道术儒修无二致，神仙忠孝有完人"，这种儒道兼综的思想，无论入世或出世，都会相当顺利，这可以说是道家中的用世派。至于与他对立的鲍敬言，则是道家中的无君派，这种人要想安身立命，只能采取隐居避世的一途了。

既不惊世骇俗，又不同流合污，不为五斗米折腰的东晋田园诗人陶渊明，他是又一种类型的代表人物。他也有受儒道思想影响的一面，就是独善其身和归化自然。他写过一篇《归去来兮辞》，其中有句说："悟以往之不谏，知来者之可追，实迷途其未远，觉今是而昨非。"表明最终做出辞官归里的选择。不过陶氏归隐也非心情舒畅，他曾叹息"羡万物之得时，感吾生之行休"。只是在"富贵非吾愿，帝乡不可期"的思想支配下，唯有随遇而安，"寓形宇内复几时，曷不委心任去留"，这里就流露了有点无可奈何的心境。"聊乘化以归尽，乐夫天命复奚疑"，他就是在乐天知命中度过一生。在中国封建社会的知识分子中，虽然

---

① 《嵇中散集》卷七《难自然好学论》。
② 《嵇中散集》卷一《答二郭三首》。
③ 《嵇中散集》卷十《太师箴》。
④ 《嵇中散集》卷三《卜疑集一首》。
⑤ 《嵇中散集》卷二《与山巨源绝交书》。
⑥ 《晋书·嵇康传》。
⑦ 《世说新语·任诞》。

不尽是诗人隐士，但陶渊明式的人生道路是会吸引一些人以此作为安身立命之地。

佛教思想在中国流行后，在与儒道思想的矛盾交融中，对知识分子也有相当影响。宋代的苏轼，就是一个兼综儒佛道的人物。他少年时就"奋厉有当世志"①，并具有"丈夫重出处，不退要当前"②的坚毅气质；但他又是"自笑浮名情薄"③，从而羡慕"且赴僧窗半日闲"④的生活。正因为在苏轼的人生观中，既不忘儒家的积极入世，又仰慕道家的顺应自然，兼学会佛教的破除执着；所以在他的思想中虽然充满矛盾，却能通过自我调节、消解而取得平衡，从而引导到适时应物、随遇而安的境地上去。"乐天知命我无忧"⑤。从佛教的因缘和合，最后还是走向乐天知命的归结。苏轼最仰慕陶渊明，两人用世态度虽不同，思想上却有其归趋一致之处，如在和陶诗中就表现出这种情趣。

同是受佛教思想的影响，明代后期的李贽又不同于苏轼。李贽傲世颇似嵇康，他入仕途的时间较长，由于他"平生不爱属人管"⑥，所以到处与人抵触，最终只有辞官。但他不像陶渊明、苏轼那样，乐天知命，随遇而安，后来虽被迫出家，却依然愤世嫉俗，得罪了不少当道的世人，终于为封建统治者迫害入狱致死。

他服膺王阳明的"良知"说和禅宗的佛性理论，宣扬人人可以作圣成佛，承认众生地位平等，但他在惊世骇俗的斗争中却有不怕死的精神。他说："若要我求庇于人，虽死不为也，历观从古大丈夫好汉尽是如此。"由此可以知道他是"不畏死""不怕人""不靠势"，因为"人生总只有一个死，无两个死也"⑦。他最后在监牢中写了八首诗，而最后两句"我今不死更何待，原早一命归黄泉"⑧。他既未能作圣成佛，亦不愿意乐天安命，而以激愤自杀作为人生的归宿，也可以说为世间做完一场功德。

不过都有不怕死精神作为人生的归宿，并不等于为着相同的目标。中国有句古话，即"死有重于泰山，或轻于鸿毛"，但衡量的标准可能各有不同。如李贽称赞何心隐是"英雄莫比"，他被权臣迫害而死，有千百群众为之鸣不平，所以他的死比泰山还重。但也有些人是为忠君报国而死的，如文天祥声称"人生自古谁无死，留取丹心照汗青"。他牺牲性命去成仁取义，得到了青史留名。与李贽

---

① 苏辙：《东坡先生墓志铭》。
② 《和子由苦寒见寄》。
③ 《谒金门·秋兴》。
④ 《同曾元恕游龙山吕穆仲不至》。
⑤ 《次韵答邦直子由》。
⑥ 《焚书》卷四《豫约·感慨平生》。
⑦ 《续焚书·与耿克念》。
⑧ 《不是好汉》。

同时的海瑞,他是一个"不怕死,不要钱"的"铮铮一汉子"①。但他把"文死谏"作为人生的安身立命之地,得到"直声震天下"的美誉。但这种忠于一人一姓的忠君思想,却受到明末一些进步思想家所非议。如黄宗羲就指斥那些"规规焉以君臣之义无所逃于天地之间"的人为"小儒"②,认为"以君之一身一姓起见","从而死之亡之",只是"私昵者之事";而出仕的大臣,则是"为天下,非为君也;为万民,非为一姓也"③。黄宗羲这种带有民主启蒙萌芽的思想也可以说是先秦儒家公天下思想的发挥,但对传统人生的价值取向,如以建功立业作为安身立命的鹄的,则随着时代的推移,也会出现一些变化。

  对中国传统人生的安身立命之道,在纵向上既要通观其历史渊源及发展路向,在横向上则要考察同时代的各阶层、学派以至有关代表人物之间的思想比较,这当然是一个非常复杂的问题,也不容易做出综合的概括。不过,总的来说,中国传统的人生道路,倾向于积极入世的比消极避世的多,能洁身自好的比阿世取容的多,待人存心宽厚比立意偏激的多。至于对人生的终极关怀,在我国传统上则多是采取实用理性的态度,而不大寄托到来生或是进入天堂造福,固然在民间亦有求神拜佛和相信因果报应的,但在现实生活中还是尽力于人事。至于对各家学派一些争辩的问题,如在处理天人、义利、理欲等关系问题时,后世的人们多是采取中庸即调和的态度给予回应,这也许是我国民族性的一种表现。但自强不息、厚德载物、天下兴亡匹夫有责的忧国爱民思想,仍然是中华民族多数人生得以安身立命的主流,我们应该弘扬传统文化中优秀的一面,并扬弃其糟粕,这对建设现代化精神文明仍有其借鉴作用。

(原载《安身立命与东西文化》,香港法住出版社 1992 年版)

---

① 何良俊:《四友斋丛说》。
② 《明夷待访录·原君》。
③ 《明夷待访录·原臣》。

论我国传统人生的价值取向及其社会效应

人们生存和生活的目的是什么？各人都会有自己的人生价值取向，哲学上可以称为人生观问题。在我们传统文化中，从先秦各家开始，对此已有着不同的主张和见解，并对后世带来了影响。从汉、唐到宋、明，义利关系，理欲关系，入世与出世以至个人的出处、辞受到最后寻求人生归宿，都会成为哲学与宗教所需要研究的问题。但是，各种思想观点传播到世俗人生时，由于各人的选择和理解不同，可以产生各种不同的社会效应。我们研究这些问题，对当前建设社会主义精神文明将有所借鉴和启迪。

一

中国传统人生的价值取向，立德、立功、立言被称为三不朽。在先秦各家中，儒家对此是比较重视的。儒家是主张积极入世的，推行所谓内圣外王之道。内圣指的是每个人自身修养，外王则是推广到政治上的运用。《大学》中列有八目，即格物、致知、诚意、正心、修身、齐家、治国、平天下。这里前五目是内圣功夫，也就是立德，后三目则是运用到外王所取得的成效，应算是立功。儒家重视教育，孔子虽是述而不作，但弟子所记的《论语》，就是最有价值的立言。当然这三者也是统一的，可以归结为"行道"。

儒家讲行道，很重视信义仁德的践履。孔子讲"自古皆有死，民无信不立"①，他主张要"行义以达其道"②，甚至不惜"杀身以成仁"③。孟子也说"舍身而取义"④，认为道义是高于生命。儒家要推行仁政和德治就是内圣外王之道的结晶。

儒家重道义，是否就不要功利？孔子是"罕言利"⑤，又说，"小人喻于利"⑥，表示对利的轻视。所以一般说儒家是重义轻利的，大体上也不错。但用辩证的观点全面看问题，儒家对义利的看法并不是完全对立的。孔子说"见利思

---

① 《论语·颜渊》。
② 《论语·季氏》。
③ 《论语·卫灵公》。
④ 《孟子·告子上》。
⑤ 《论语·子罕》。
⑥ 《论语·里仁》。

义""义然后取"①，又说："不义而富且贵，于我如浮云。"② 可见孔子并非不要利，只是不发不义之财。他对一己的私利主张克制，做到"欲而不贪"，而"因民之所利而利之"。③ 我认为孔子的义利观和对待利欲的态度，在人生的价值取向上不能说是消极的，至于后人对此如何理解，确是会产生不同的社会效应，我后面将会谈到。

墨家的义利观。墨子提出"万事莫贵于义"，认为"义贵于其身"。④ 他反对"亏人自利"，认为"亏人愈多，其不仁兹甚"，"当此天下之君子皆知而非之，谓之不义"⑤。不过墨子只是反对损人利己，才谓之不义；而他却主张加利人民，说："诸加费不加利于民者，圣王弗为。"⑥ 这是从另一个角度提出利民，所以他的义利观和儒家是基本一致的。墨子讲"兼相爱交相利"⑦，虽然"兼爱"为孟子所反对，但孟子不得不承认墨子是"摩顶放踵利天下，为之"⑧。墨子常说要"兴天下之利，除天下之害"⑨，要"中国家百姓之利"⑩。这种利国利民的行为是符合义的，所以《墨经》中明确做出"义，利也"的界定，那是墨家的义利统一观。

与儒、墨两家相比，法家则比较看重个人建功立业的追求。商鞅、韩非等人都反对仁政，强调法治，但他们并非只讲个人私利，而无视国家百姓的利益。如商鞅在秦变法，"行之十年，秦民大说（悦）"，并出现"家给人足""乡邑大治"的情况。⑪ 韩非虽然没有执政的机会，但他在用人问题上主张君主要"任官当能"，对能够做到"便国利民"者就"从而举之"。⑫ 他还提出推行法治，施行"利民萌、便众庶之道也"，为的是方便人民群众得到利益。因此，他主张不要害怕个人遭受"患祸"甚至"死亡之害"，凡是能"齐民萌之资利者"，就是"仁智之行"；相反"不见民萌之资夫科身者"，则属"贪鄙之为"。"仁智"还是"贪鄙"，是个人的立德问题；而能否使"民萌"得到"资利"，则是立功的标志。⑬ 这里是韩非对义利观所做的特殊表述。

① 《论语·宪问》。
② 《论语·述而》。
③ 《论语·尧曰》。
④ 《墨子·贵义》。
⑤ 《墨子·非攻上》。
⑥ 《墨子·节用中》。
⑦ 《墨子·兼爱中》。
⑧ 《孟子·尽心上》。
⑨ 《墨子·兼爱下》。
⑩ 《墨子·尚贤下》。
⑪ 《史记·商君列传》。
⑫ 《韩非子·说疑》。
⑬ 《韩非子·问田》。

与以上各家比较，先秦道家是消极避世的。为的是要保存自己，但方式方法却不尽相同。按照孟子的说法，当时杨朱的思想很流行，他对此攻击说："杨子取为我，拔一毛而利天下，不为也。"① 《吕氏春秋·不二篇》也说："杨生贵己。"而《淮南子·氾论训》则说："全性保真，不以物累形，杨子之所立也，而孟非之。"孟子攻击杨朱为我，讲成在物欲上似是个极端利己的人。《淮南子》的理解与此不同，认为杨朱只是想保存自己纯真的本性，使形体上不受外物的干扰，这是不同于贪恋物质享受的利己主义者。鄙弃物质文明，要人们返璞归真，以寻求精神上的解脱，这成为先秦道家在人生价值观上的共识。

　　为能做到全性保真，老子对社会人生，主张要"见素抱朴，少私寡欲"②。他也并非完全不关心国家和人民，所以也说："爱民治国，能无知乎？"③ 他反对统治者横征暴敛，指出"民之饥，以其上食税之多，是以饥"④。批评人之道是"损不足以奉有余"，并称"能以有余奉天下，唯有道者"⑤。他治国的办法是无为，"我无事而民自富，我无欲而民自朴"⑥，这样社会就相安无事。如能进而做到庄子提倡的"同乎无知，其德不离；同乎无欲，是谓素朴"，那就达到更加理想的"至德之世"了。⑦

　　对人为的建功立业，道家也不以为然。老子既说"功遂身退，天之道"⑧，又说"功成事遂，百姓皆谓我自然"⑨。这是指即使建有功业的人，也应急流勇退，以符合天道自然之理。至于庄子更是薄将相而不为，而寻求绝对的精神自由。庄子式的人生观，对后来也有相当影响。

二

　　秦汉的统一，结束了诸侯异政、百家异说的战国纷争局面，但政治上的统一，在思想上就会带来定于一尊的要求，以便与专制集权封建帝国的统治相适应。秦始皇的统一用的是法家思想。韩非认为"事智者众则法败"，"故明主之国，无书简之文，以法为教；无先王之语，以吏为师"⑩。于是始皇就焚书坑儒，

---

① 《孟子·尽心上》。
② 《老子》第十九章。
③ 《老子》第十章。
④ 《老子》第七十五章。
⑤ 《老子》第七十七章。
⑥ 《老子》第五十七章。
⑦ 《庄子·马蹄》。
⑧ 《老子》第九章。
⑨ 《老子》第十七章。
⑩ 《韩非子·五蠹》。

企图用高压统一思想。至于对广大人民,韩非主张:"明主用其力不听其言,赏其功必禁无用,故民尽死力以从其上。"① 即是要人民埋头出死力从事耕战,以求得富贵,这是法家所宣扬的人生价值取向。

可是秦王朝不但用高压政策来扼制思想,而且还用严刑峻法残酷地压迫剥削劳动人民,于是出死力从事耕战得富贵的人并不多,而出现"赭衣塞路,囹圄成市",由此走向死亡之路的人却不少。结果是"天下愁怨,溃而叛之"②,秦王朝很快灭亡。法家那种急功近利以求富贵的人生价值取向,没有得到强烈的社会效应。

汉朝立国后接受亡秦的教训,同时由于战乱造成经济上的残破,对人民不能不推行休养生息政策。史称:"当孝惠、高后时,百姓新免毒蠚,人欲长幼养老。萧、曹为相,填(镇)以无为,从民之欲而不扰乱,是以衣食滋殖,刑罚用稀。"③ 这里用的是黄老道家治国思想。从对曹参的个人评价来说,惠帝曾怪他是个"不治事"的相国,并无建立不世之功。但萧规曹随,执政期间,"载其清静,民以宁一"④。以老子主张无为而治的标准来衡量,他是实现了道家入世一面的人生价值取向的。如用儒家孔孟的义利观来衡量,我认为也没有违背道义与功利的一致性。

汉初经过无为而治的一段休养生息后,到武帝时由于解决了异姓与同姓的封国问题,政治上真正实现了大一统,经济上也得到了发展和繁荣,思想上的统一也随之提上了日程。董仲舒正是看到这一点,才在《对策》中提出"诸不在六艺之科,孔子之术者,皆绝其道,勿使并进"的建议。这在历史上被称为"罢黜百家,独尊儒术"。自是以后,儒家思想在官方表面上取得独尊地位,虽然在具体情况下还会有所反复。

董仲舒在继承和发挥儒家思想中,在义利观方面他提出了一个重要问题。据《汉书·董仲舒传》记载他对江都王问时说:"正其谊不谋其利,明其道不计其功。"另在《春秋繁露·对胶西王越大夫不得为仁》中,亦有类似说法:"仁人者,正其道不谋其利,修其理不急其功。"两处的基本意思是一样的,就是将道义或道理与功利对立起来。从人生价值取向来说,立德与立功似难以调和。

针对义利关系问题,董仲舒承认人生都需要义与利。"利以养其体,义以养其心。心不得义不能乐,体不得利不能安。"但他又以"体莫贵于心"为理由,推断出"养莫重于义",并说:"夫人有义者,虽贫能自乐也;而大无义者,虽富莫能自存。"他还指出,"忘义而殉利,去理而走邪"的人,终会导致"贼其

---

① 《韩非子·五蠹》。
② 《汉书·刑法志》。
③ 《汉书·刑法志》。
④ 《史记·曹相国世家》。

身而祸其家"。① 他可能根据这种论证，从而得了只要道义、不求功利的命题。

董仲舒将道义与功利相对立的观点，对后世儒学产生了相当深远的影响。如宋、明时期的理学家，无论程、朱或陆、王，他们都主张"存天理，去人欲"。这种存理去欲论证是从董仲舒的义利观演变而来，并且推向极致。自是抬高义理，贬斥功利，成为正统儒家倡导的人生价值取向，在社会上产生不少流毒和影响。

其实董仲舒的义理观只是对先秦儒学的片面理解。孔子只是反对"不义而富且贵"，主张"见利思义"，对"义然后取"认为还是可以的。即义与利不是完全对立的，而是能够互相调和的。董仲舒既承认利以养体，没有物质生活则身体不能安康，怎能长期保持心之乐呢？忘义殉利的人是不会有好下场，但义利双行为什么就不可以呢？

至于宋明理学家讲的"存天理，去人欲"，虽被视为儒学正宗思想，但同时持反对意见的亦不乏人。如与朱熹同时的陈亮、叶适就被称为事功学派。陈亮对朱熹书信中反复辩论义利王霸的问题。他还对事功进行辩护，提出"功到成时，便是有德；事到济处，便是有理"。他用历史事实进行反问："禹无功，何以成六府？乾无利，何以具四德？"② 据此进而认为"但有救时之志，除乱之动，则其所为虽不尽合义理，亦不自妨为一世英雄"③。这更是把事功放在义理之上了。叶适也是主张功利，他批评董仲舒"所谓仁人正谊不谋利，明道不计功"的观点说："既无功利，则道义者乃无用之虚语尔！"④ 即认为不讲功利，做事没有成果，所谓道义，只能成为装饰门面的漂亮话。叶适还批评理学家"以天理人欲为圣狂之分"，拿天理、人欲作为分别圣人和狂人的界线，是"择义未精"⑤，在道理上是说不过去的。

对宋明理学家去人欲、存天理的说教，发起强烈挑战的是李贽。他认为人是不能无欲的，"穿衣吃饭，即是人伦物理，除却穿衣吃饭，无伦物矣"⑥。物质生活是人们生存的基础，否则人会冻饿而死，当然谈不上什么人伦道德了。据此他进一步提出"人必有私""虽圣人不能无势利之心"的命题。他认为人努力种田，是为"私有秋之获"；努力读书是为"私进取之获"⑦，总之是为私人利益。虽孔子也说过"富与贵是人之所欲"，故"谓圣人不欲富贵，未之有也"⑧。这就

---

① 《春秋繁露·身之养莫重于义》。
② 《宋元学案·龙川学案》。
③ 朱熹《答陈同甫书》中所引。
④ 《习学记言》卷二十三。
⑤ 《习学记言》卷二。
⑥ 《焚书·答邓石阳》。
⑦ 《藏书·德业儒臣后论》。
⑧ 《明灯道古录》。

揭穿了宋明理学家只讲义理、不谈功利的虚伪说教。

用理欲调和反对去欲存理说的还有王夫之。他说"饮食男女之欲，人之大共也"①，是人们共有的自然要求，故"终不离欲而别有理"。据此他进一步论证说："圣人有欲，其欲即天之理。天无欲，其理即人之欲。""于此可见，人欲之各得，即天理之大同；天理之大同，无人欲之或异。"② 这是理欲合一的观点。

颜元和戴震在我国古代哲学的殿军中是很有特色的思想家，他们在义利、理欲论方面成为董仲舒、朱熹等人的反对派。

颜元明确地提出："以义为利，圣贤平正道理也。"他举出"尧、舜'利用'，《尚书》明与'正德''厚生'并为三事"，而"《易》之言利更多"，故说"其实义中之利，君子所贵也"。因此他认为"后儒（指董仲舒）乃云'正其谊不谋其利'，过矣"。那是错误的了。而"宋人喜道之，以文其空疏无用之学。予矫其偏，改云：正其谊以谋其利，明其道而计其功"③。颜元的矫偏虽是一字之改，却与董仲舒的原意针锋相对。

戴震对宋儒去欲存理说的批判，直斥其"以理杀人"④，其激烈程度为前所未有。对理欲关系，他认为："凡事为皆有于欲，无欲则无为矣；有欲而后有为，有为而归于至当不可易之谓理，无欲无为，又焉有理！""古之言理也，就人之情欲求之，使之无疵之为理；今之言理也，离人之情欲求之，使之忍而不顾之为理。此理欲之辨，适以穷天下之人尽转移为欺伪之人，为祸何可胜言也哉！"⑤这是戴震对宋儒理欲论的批判与重构，为儒学的人生价值取向匡正了航道。

以上陈亮、叶适、李贽、王夫之、颜元、戴震等人，对事功和利欲都有所肯定，但他们还不是纵欲派和享乐主义者，反而与此近似的是《列子》中所描述的杨朱。《列子·杨朱》篇学术界一般认为是魏晋时人所作，其中杨朱的形象确是不大像全性保真、见素抱朴的先秦道家。这个杨朱高唱着："人之生也，奚为哉？奚乐哉？为美厚尔，为声色尔。"他要人排除各种顾虑，如"惜身意之是非，徒失当年之至乐，不能自肆于一时"，这样失掉了自己任意及时行乐的机会，那就与"重囚累梏，何以异哉"？和囚犯没有什么两样了。

正因为这个杨朱自认为已看破了贤愚、生死关，"十年亦死，百年亦死，仁圣亦死，凶愚亦死"，无论是尧舜还是桀纣，死后一样成为"腐骨"，谁能做出区别呢？因此更应该生前及时行乐，"且趣（促）当生，奚遑死后"。这种思想在古代文学作品中也有不少反映："为乐当及时，何能待来兹？愚者爱惜费，徒

---

① 《诗广传·陈风》。
② 《读四书大全说》卷四。
③ 《四书正误·大学》。
④ 《戴东原集》卷九《与某书》。
⑤ 《孟子字义疏证·权》。

为后世嗤。"(《古诗十九首》)这里描写的就是这样的心态。作为人生价值取向，对后世亦产生相当影响。

三

在我国传统文化中，引导人生价值取向的思想也是多种多样的，但最核心并容易引起争议的还是道义与利欲的关系问题。这不仅是理论文章的探讨，而是在现实生活上各行各业的人对此都不能回避，并且都会在行动上做出回答，从而产生出不同的社会效应。

由于我国的传统文化不但在国内产生影响，而且较早地传播到邻近的东方国家，儒家思想对日本古代文化的发展起到过重要作用。作为人生价值取向，如何处理好义与利的关系，从而取得更高的社会效益，那个被称为"日本企业之父"的涩泽荣一提出"道德与经济合一"(即《论语》和算盘一致)的思想。这对正确理解和继承孔子的义利观问题，对我们今天各行各业的人，都应该有所启迪。

上面我们讲过，先秦儒家孔子对义利关系并不是完全对立，但到了董仲舒、朱熹等人那里，却主张只讲道义，不谈功利，甚至将利欲看成恶行。这种思想也传到日本，认为孔子是鄙视货殖富贵，要想富贵和谈货殖的人，最终不能进入圣贤之道。因而有志于仁义道德就要甘于贫贱，与富贵有关者，则不能称作仁义之士。涩泽首先批评这种思想，即空谈修身养性，不讲物质欲求和经济利益的求"义"观，认为这是对孔子思想的误解。与此同时，他对西方近代商业和企业活动中出现的尔虞我诈、不讲道德的求"利"观也表示不满，因而提倡义利一致的观点。

涩泽为了使人正确理解孔子的义利观而写有《论语讲义》，并对一些原文做出诠释。如孔子说："富与贵是人之所欲也，不以其道得之，不处也；贫与贱是人之所恶也，不以其道得之，不去也。"①涩泽指出：一般人认为此语有轻视富贵之义，其实这里孔子是不以道德得富贵，宁可贫穷；如符合道义得到富贵，则无妨碍。所以，对此句要得出正确解释，关键是要注意"不以其道得之"。

涩泽还讲到为什么爱读《论语》，他认为这部书讲了很多修身养性之道，特别是讲了许多关于如何处理义、利关系的道理，这些道理通俗易懂，很适合经商办企业。因为商人本来是争利的，很容易为争利而失道。如无仁义道德、正义道理之富，其富便不能持久。他认为学问是人生处世的准则，但要用于实际。他自称只不过是将《论语》的思想实施在今日的处世实际之中。他除了以实业与《论语》一致思想指导企业活动外，还注意培养孔子伦理思想与企业管理相结合

---

① 《论语·里仁》。

的人才,而"一致"论构成其企业文化的核心。涩泽一生创立了500多家近代企业,而《论语》中的孔子思想却成为他奋斗成功的精神支柱。这说明先秦儒家思想所指导的人生价值取向,对发展日本近代工业文明,仍然会起到相当重要的作用。

反观我国,在近现代社会中,似尚未有像涩泽那样所产生的社会效应。如道德与经济一致的观点,虽从表面上人们也许不反对,但实际往往把两者割裂开来。前些年来,我们提倡学习白求恩、张思德,学习雷锋,只讲奉献,不计报酬;毫不利己,专门利人,甚至可以牺牲自己的性命,那才是道德高尚的人。但近来强调经济效益,又变得一切向钱看。现在各种假冒伪劣商品充斥市场,甚至制造假药、假酒,谋财害命,什么职业道德、商业道德都抛到九霄云外去了。

我国是个具有悠久历史文化的文明礼仪之邦,现在需要建设的又是社会主义现代化国家,物质文明与精神文明更是应该同步发展。作为我国公民的人生价值取向,如以古代立德、立功、立言作为人生的奋斗目标,那么道德、经济、理论也应该是统一的。可是我们当前的社会风气,有不少人不讲公德,大发不义之财,巧取豪夺,贪污受贿,权钱交易,不一而足。而某些带有广告式的宣传导向,实际上提倡高消费,甚至大浪费。人们为了钱,明抢暗偷、赌博、卖淫之风蔓延。有人认为出现经济上升与道德下降的巨大反差现象,是否如此,还有待于广泛的社会调查取证;但两者并不那么一致,却是明摆着的。人们虽然不一定读过《列子》,但杨朱式的为美厚声色而及时行乐,以此作为人生价值取向的人恐亦不少,为什么会产生这种社会效应,值得深思。

(原载《中国哲学史》1992年创刊号)

关于中国传统文化研究前途的展望

关于中国传统文化，近年来研究的人颇多，看法也有分歧。现即将进入世纪交替的时代，其研究前景如何，颇引起人们的关注，下面谈点个人意见。

第一，近年对中国传统文化的研究，既非发思古之幽情，也非为学术而学术，大家都想探索在建设现代化的过程中，传统文化能起到什么作用。要解决传统文化与现代化的关系问题，将是一项长期的研究任务。

第二，对我国建设的前景，今后的十年，是实现我国社会主义现代化总体战略目标的关键阶段。我们要巩固和发展安定团结的政治局面，认真搞好治理整顿和深化改革，实现20世纪末国民生产总值再翻一番，这就是物质文明建设方面的任务。

第三，物质文明建设的成功是精神文明建设的基础，但两者又是相辅而行。如要实现中国特色社会主义的宏伟蓝图，坚定不移走自己的路，就必须要重视精神文明的建设，否则这个现代化是否走上社会主义的道路就难以保证。"四个坚持"是社会主义精神文明建设的核心，因为搞资产阶级自由化的人也是标榜要实现现代化，但并不符合中国的国情，我们要将马克思主义与中国传统文化相结合，才能建设中国特色社会主义。

第四，因此研究中国传统文化的长期任务，就是如何使能适应社会主义现代化建设的需要，学术界流行的说法是批判继承，但糟粕与精华的划分如何界定？是二分法、三分法还是正负面共存在统一体中？现代新儒家则提出返本开新的路向，还有曾经被批评过的抽象继承法，这些似乎都在企图解决传统文化如何适应现代化需要的问题。

第五，对中国传统文化的研究，方法论问题固然很重要，在"双百"方针的指引下还可以继续探讨。但随着两个文明建设的轨迹，通过社会实践的检验，似更能对传统文化的社会成效做出符合实际的界定。这也是一种理论联系实际的方法，并会随着时间的推移和空间的扩展而不断深化。即使到了21世纪，我们已经进入小康社会，并初步建成中国特色社会主义，这样随着国情的变化，如何界定传统文化的社会效用，仍然不断会出现新的课题，解决了已有的矛盾，还将会有新的矛盾，从而对传统文化的研究，可以不停顿地深入下去。

（1989年的一次发言）

为学与做人

——中国传统文化漫议

中国传统文化有个特点，就是将为学与做人统一起来。也可以说，人生是需要学习的，但学习的目的，不是单纯为提高文化知识，也不是为写出好文章，更重要的是要养成高尚的品德。中国传统讲人生三不朽，是立德、立功、立言，立德摆在首位。而称赞某个人的道德文章，道德也是摆在前面，否则有文无行是为世人所轻视的。

《大学》在宋代以后被奉为重要的儒家经典，内容是为学，但落实到为人。可以说，《大学》是教人如何做人的。"大学之道，在明明德，在新（亲）民，在止于至善。"这里既讲的是为学，也是对做人所提出的要求。从格、至、诚、正到修、齐、治、平，既是讲为学之序，也是讲为人之道，即是要在理论上认识怎样在社会上做人。"明德"既是讲个人修养，从天子到庶人，都要"以修身为本"。但人是离不开社会的，从明德到亲民，就是如何处理好社会上的人际关系问题。儒家讲正己正人，推己及人，己所不欲，勿施于人，墨家讲兼相爱、交相利，这都成为中国传统文化中讲做人的美德。刘少奇同志在《论共产党员的修养》一书中也讲到待人要能够"将心比心"，要设身处地为人家着想，体贴人家。当然，他这里所指的是同志、革命者和劳动人民，而不是"人类的蟊贼"。不过在不同的历史条件下，谁是朋友或是敌人，也是有变化的，从自身来说，应该诚信待人，以德化人，止于至善，则是达到为人的最高境界。

正己正人，成己成物，从我做起，以身作则。作为当政者或是从事教育的人来说，更要言传身教；而对于接受教化或教育的人来说，要想提高自身的思想意识和文化素质，那就需要学了。人们要能树立正确的世界和人生观，才能落实到行动上。这里可以说，知与行是统一的，为学与做人是互相促进的辩证关系。

在中国传统文化中，儒家是讲"修身为本"，可以说是"为己之学"。《大学》中有段话："所谓诚其意者，毋自欺也。如恶恶臭，如好好色，此之谓自谦，故君子必慎其独也。"这里的要点是"无自欺"与"慎其独"，并归结到一个"诚"字。但要做人诚实不欺，为学上需要有自省功夫。孔子的学生曾子，他每日"三省吾身"，一日间就多次反省，虽然没有人在旁，却说"十目所视，十手所指，其严乎"！在反省时好像有十只眼睛看着，十只手指着自己，这就是慎独功夫。我们的革命前辈，对此也做了肯定，如刘少奇同志讲共产党员的修养，就说"即使在他个人独立工作，无人监督，有做各种坏事可能的时候，他能够'慎独',不做任何坏事"。可见慎独功夫也是今天人们所需要的。

为学与做人的统一,这种优良的文化传统值得我们继承和发扬。现在培养人也要德育和智育并重,即要培养德才兼备、品学兼优的人才,这是前人给我们的一点启示。

(原载《中华文化论坛》1994年第3期)

李退溪的人生哲学及其对建设现代精神文明的现实意义

中国儒学源远流长，并且曾在东方世界广为传播。如封建时代的朝鲜和日本等地，就深受儒家思想的影响，可以纳入儒学文化圈之内。退溪李滉（1501—1570年）是16世纪朝鲜理学大师。他为学服膺朱子。安鼎福在《李子粹语》后记中说："朱子殁三百有二载，而退溪李子生于东方，以斯道为己任。""平日著述之富，门弟子记录之多，自有东方以来所未有也。"[①] 可见他的著述和言行对后世社会有相当影响。他所阐述的人生哲学与道德伦理观念，应该给予什么样的历史评价？对建设现代化社会精神文明，可以得到什么样的启示？这些是值得研究的课题。本文谈点个人意见，以供讨论。

一

李退溪的人生哲学主题是围绕着要做个什么样的人，它突出表现在以下几方面。

第一，洁身自好，严于律己。退溪虽出仕，却"常谓仕所以行道，非以干禄"，为的不是功名利禄。他居官40年，经历四朝，而"出处进退，一徇乎义，义有未安，则必奉身而退"，"如是前后凡七度"[②]。他虽多次进入仕途，到解职"归家之日"，却是"行囊萧然，唯书籍数驮而已"[③]。他给儿子写的家书，认为"身在冷官，若不以恬静苦淡为心，必有为所不当为之事"，这就"更须戒之"。如有人送东西，"小小食物"，似乎"无害"。但恐"习惯如此，后日难收拾也"。他还说："近见门荫之人，至为守令，无知妄作，专利一己，不顾其他，令人懑闷，人心至危，真可戒也。"[④] 他认为做官的人，受人钱物是从少到多，如不防微杜渐，养成贪墨习惯后就难以收拾。他认为那些地方守令只知谋个人私利而不顾其他，有这种危险心境的人更是需要警戒了。

退溪虽多次出仕，但都为时不长，且在贪墨的官场中坚持洁身自好，因此日常生活非常俭约。据称"先生雅尚俭素，盥用陶器，坐以蒲席，布衣条带，葛履竹

---

① 《增补退溪全书》（五），第483页。
② 《增补退溪全书》（四），第69页。
③ 《增补退溪全书》（四），第69页。
④ 《增补退溪全书》（四），第80页。

杖，泊如也"。他所住居室，为"人所不堪，而处之裕如"。郡守许时来访，大惊曰："隘陋如此，何以堪之。"先生徐曰："习之已久，不觉也。"① 可见他这种俭约生活已成为习惯。他平日在家，"农桑细务，未尝失时，量入为出，以备不虞。而家本清寒，箪瓢屡空，环堵萧然，不蔽风雨，人所难堪，而处之裕如"②。他主张"士君子当以风素文雅，恬淡寡欲自处"③，并在给儿子的信中说："贫穷士之常事，亦何介意，汝父平生以此被笑于人多矣，但当坚忍而顺处。"④ 由此可见，退溪严于律己的精神是始终不渝的。

据此，退溪一生中非常注意操守，平时"苟非义，一介不以取与于人"⑤，"家至屡空，而未尝求诸人，君有所赐，则必以分诸邻"⑥。虽然他"家无担石之储"，但"邻家粟子落于庭中"，却"拾而还之"⑦。从这些小事也可以见到退溪的操守和品德。但是"薄于自奉而厚于恤穷，简于治产而密于持己"⑧。正因为这样，所以在乙巳之乱中，退溪已被诬入罪籍，李芑却不得不为之缓解。"盖先生修行端洁，无有疵类，小人虽欲捃撼而不可得。"⑨ 这正是身正不怕影斜，虽有人想对他罗织罪名，终于无法得逞。

第二，以身作则，平等待人。如上所述，退溪一生严于律己，并非为着沽名钓誉，哗众取宠，而是以身作则，以自己的实际行动来教化、影响他人。退溪无论对"为学"还是"做人"，都要求自己做出榜样。他说："为己之学，以道理为吾人之所当知，德行为吾人之所当行。""期在心得而躬行者是也。为人之学，则不务心得躬行，而饰虚徇外，以求名取誉者是也。"⑩ 退溪是讲"天人合一"和"心统性情"，就是要把天道流行于日用之间，通过人心的诚敬存省，再落实到行动上，所谓"原于心性，而要在勉日用，崇敬畏"⑪。这也是退溪所发挥的"体用一原"思想。

据此，退溪为学，特别强调践履，这类似我们今天说的实践。他说："学也者，习其事而真践履之谓也。盖圣门之学，不求诸心则昏然无得，故必思以通其微；不习其事则危而不安，故必学以践其实。思与学交相发而互相益也。"⑫ 在

---

① 《增补退溪全书》（四），第49页。
② 《增补退溪全书》（四），第49页。
③ 《增补退溪全书》（四），第50页。
④ 《增补退溪全书》（四），第51页。
⑤ 《增补退溪全书》（五），第352页。
⑥ 《增补退溪全书》（四），第340页。
⑦ 《增补退溪全书》（四），第341页。
⑧ 《增补退溪全书》（四），第10页。
⑨ 《增补退溪全书》（四），第61页。
⑩ 《增补退溪全书》（五），第226页。
⑪ 《增补退溪全书》（一），第211页。
⑫ 《增补退溪全书》（一），第197页。

学思并重的基础上，则特别强调践履。如说："讲究践履，久久渐熟……凡读书玩理，随时随处，皆可以用功矣。"又说："人病不求耳，求则无不知之理；人病不践耳，践则皆可行之道。"① 退溪的"行"就是"践履"，即要实实在在去做。他强烈反对有言无行的人，认为"染俗而坏志，得少而自足，则虽圣贤格言，日陈左右，亦空言也"②。退溪对圣贤的教导，真正做到身体力行，对后学则言传身教。所以金诚一称其为学，"深造于真知实得之境，用功于日用语默之常，致察于几微毫忽之间，以平易明白为道"③。退溪的学问并不故作高深，而是平易明白，故容易为人所接受。不过，退溪的言传身教并不是要强加于人，而是在平等待人中起到潜移默化的作用。

他说："君子之学为己而已，所谓为己者，即张敬夫所谓无为而言也。如深山茂林之中有一兰草，终日薰香而不自知其为香，正合于君子为己之义，宜深体之。"④ 退溪这种形象的比喻，正说明他从以身作则中所起到的教化作用。退溪平日从不媚上凌下，待人"虽贵客至，亦不盛馔，卑幼亦不忽焉"，"待门弟子如待朋友"。即使对下人，"未尝见其诟詈婢仆。如有失误，亦必教之曰此事当如是，未尝变其辞气"。⑤ 他在家中训诲子孙，也是"有过不为峻责"，而是"警诲谆复，俾自感悟"。所以他的家庭气氛是"恰愉肃穆，无所作为而万事自理"⑥。这就收到很好的教化效果。

第三，学行并重，表里如一。退溪是继承和发扬朱子学的理学大师，其为人学行并重，表里如一，故为世人所敬仰。据称当时"乡党服其化，远人慕其德，贤者乐其道，不贤者畏其义"，而"请学之士，日以益众"。退溪对问学者，"无不随其深浅，从容启迪"，"一以开明心术，变化气质为先。其言则圣贤之训，而其理则得之于心，其用则散于万事，而其体则具于一身。故终日所论，不过乎孔、孟、曾、思、濂、洛、关、闽之书……不离乎穷理、致知、反躬、践实为己谨独之事，而扩而充之，则虽举而措之国与天下可也"⑦。这里说明退溪学行在社会上的影响。他聚德于一身，而致用于万事，从致知穷理扩充到治国平天下，从践履上推行儒家内圣外王之道，由是"远方之士，闻风兴起"，"达官贵人，亦皆倾心向慕，多以讲学饬己为事"⑧。

退溪之所以得到众多人士的向慕，是与他正己正人、平等对人、言行一致和

---

① 《增补退溪全书》（五），第230页。
② 《增补退溪全书》（五），第237页。
③ 《增补退溪全书》（五），第239页。
④ 《增补退溪全书》（四），第32页。
⑤ 《增补退溪全书》（五），第338、354～355页。
⑥ 《增补退溪全书》（四），第49页。
⑦ 《增补退溪全书》（四），第10页。
⑧ 《增补退溪全书》（四），第10页。

表里如一的作风分不开的。宋明理学后来之所以走下坡，其中有个原因，就是受那些假道学、伪君子之累。这些人装成道貌岸然，实际上却是两面派。与退溪同时代的李贽，就曾批评这些儒者："阳为道学，阴为富贵，被服儒雅，行若狗彘然也。"① 这些人表面装得正派，而所作所为却有如禽兽，当然会被人所鄙视了。而退溪为人，"持己则以正，而不苟为崖岸之行，议礼则援古，而不遗乎时王之制。急于修己而不言人过，勇于从人而不掩己短。接人以和而人自敬，持下以宽而下自肃，不以一节一善成名，而所学所守之正，求之东方未有与也"②。退溪志行高洁，一生重义轻利，恬淡寡欲，安贫乐道，不求闻达。他这套人生哲学，是符合传统儒家的道德标准的。至于在现代社会的精神文明建设中，对此应如何评价，仍还可以进一步研究。

二

退溪的人生哲学与道德伦理观念，当具体应用到处理各种人际关系时，他的个人表现，就要从处理各种伦常关系谈起。

君臣、父子、兄弟、夫妇、朋友，过去称为"五伦"，也是当时人们必然遇到从家庭到社会的各种人际关系，而事父事君在五伦中更为重要。

退溪对事父事君，当然不能摆脱封建时代作为臣子的本分。退溪一生在野的时间多于在朝，但时人却谓其"忧君忧国之心，不以进退而有间。闻一政令之善，喜不能寐，或举措失宜，忧形于色，常以辅养君德，扶护士林为先务"③。不过退溪虽有爱君忧国之心，却不轻进仕途担任要职，认为"官尊则任大，岂宜轻进"。"若不顾出处之义，而徒以君宠为重，则是君使臣，臣事君，不以礼义而以爵禄也，其可乎？"④ 如果当官不能"辅养君德"，而只求"爵禄"，他是不肯干的。

那么，退溪怎样"辅养君德"呢？他在《戊辰六条疏》中提出要"敦圣学以立治本"，认为"帝王之学，心法之要"，渊源于"人心惟危，道心惟微"这由大舜命禹的心传，所以必须"明道术以正人心"。"人心得正，而治化易洽。""人心不正，治之而不治，化之而难化也。"但是，正人心还要先正君心，"本乎人君躬行心得之余，而行乎民生日用彝伦之教者本也"。当时有人说"帝王之学不与经生学子同"，退溪即加以驳斥说："如敬以为本，而穷理以致知，反躬以践实，此乃妙心法而传道学之要，帝王之与恒人岂有异哉！"从退溪看来，帝王

---

① 《续焚书》卷二《三教归儒说》。
② 《增补退溪全书》（四），第178页。
③ 《增补退溪全书》（四），第208页。
④ 《增补退溪全书》（四），第206页。

与臣民，在加强道德修养方面，对两者的要求并没有什么不同，他认为做帝王的，"心术隐微之间，疵病山积，不可以不净尽"①。做君主的，这些毛病如不清除干净，要想做臣民的表率，那是不可能的。

据此退溪对君主提出相当高的要求。他说："私者一心之蟊贼，而万恶之根本也。自古国家治日常少，乱日常多，驯致于灭身亡国者，尽是人君不能去一私字故也。"②他又提出："治世之忠，每生于逸欲。"所以"古人云：忧治世而危明主，盖明主有绝人之资，治世无可忧之防"。这样一来，"人主必生骄侈之心，此诚可虑也"③。他举唐玄宗为例，认为是"明达之主，非不知以官爵赏功之非"，但由于"以升平奢侈，不节用，府库虚竭，计无所出，不得已为之"。他提出"方今府库虚竭，请节约用度"的建议。④ 同时主张做君主的要关心人民。他说："古人之君，视民如伤，若保赤子。父母爱子之心，无所不至，如遇其疾病饥寒，则哀伤恻怛，不啻在己。""要有为民父母，而行政于其疾病之极，饥寒之迫，则若不闻知，既绝其口食，又废其药物……驱催蹙迫，以纳于水火之中。"⑤ 退溪认为君主对臣民应像父母待子女一样，关怀备至。如果将人民驱迫于水火之中，那就不是君父所应为，而结果却招来人民的反抗。他指出"国家乱亡之祸，率由于民嚚，云合土崩之势，恒起于民流"⑥。退溪提出的警告并非无的放矢，而是对君主的当头棒喝。

退溪对君臣、父子的关系，还提出类似对等的观念。他说："君当仁，臣当敬；父当慈，子当孝，此理也。君而不仁，臣而不敬，父而不慈，子而不孝，则非其理也。"⑦ 君仁臣敬，父慈子孝，这是符合封建道德要求的，应该是在"理"。但与此相反，君不仁，臣就不敬，父不慈，子就不孝，那就不合理了。值得注意的是，君父仁慈，臣子才孝敬，这就表现出君臣对等的思想。

退溪在家庭中对长辈十分尊敬。如见母亲时，"怡声下气，婉容愉色，无或小失"，对"枕席之设，衣衾之敛，必身亲为之，未尝委诸侍儿"⑧。可见他平日侍奉母亲十分周到。至于"见兄嫂"，则"虽一日累见，必拜致敬"⑨。他主张"居家父子兄弟间，逐日行礼"，认为"夫妇虽至亲至密，而亦至正至谨之地"。

---

① 《增补退溪全书》（一），第181～193页。
② 《增补退溪全书》（五），第375页。
③ 《增补退溪全书》（五），第376页。
④ 《增补退溪全书》（五），第383页。
⑤ 《增补退溪全书》（五），第382～383页。
⑥ 《增补退溪全书》（五），第382～383页。
⑦ 《增补退溪全书》（五），第188页。
⑧ 《增补退溪全书》（五），第326页。
⑨ 《增补退溪全书》（五），第331页。

"世人都忘礼敬,遽相狎昵,遂致侮谩凌蔑,无所不至者,皆生于不相宾敬之故。"① 退溪 21 岁时,"聘夫人许氏,相敬如宾"②。可见其家庭的融洽生活。

退溪对兄弟、夫妻之间的关系之所以处理得比较好,关键在于以"诚"相见和平等待人。比如对"兄弟有过"的问题,他主张"当致吾诚意,使之感悟,然后始得无害于戒"。如果没有"诚意"待兄弟,只是用"言语"责骂,结果不弄到感情疏远的就很少了。他引孔子的话:"兄弟怡怡,良以此也。"③ 对家庭"琴瑟不调",即是夫妇不和,其原因退溪认为有的是由于"其妇性恶难化",也有的是由于"其夫狂纵无行"。但他觉得做丈夫的责任较大,所以主张要"反躬自厚,黾勉善处"。他特别提到妇女的处境,"今之妇人,率皆从一而终,何可以情义不适之故,而或待若路人,或视如雠仇"④。退溪这里的精神还是要严于律己,平等待人。在夫为妻纲、以男性为中心的封建时代,退溪这种思想应是值得称道的。他还指斥"世俗有薄待正妻者",认为"伉俪之谊,岂宜如此。须处之有道,勿失夫妇之礼可也"⑤。

对于后辈,退溪也是以平等待人的态度加以教诲,他"待门弟子如待朋友,虽少者亦未尝斥名"⑥。"训诲后学,不厌不倦,待之如朋友,不以师道自处。士子远来质疑请益,则随其深浅而告诏之","谆谆诱掖,启发乃已"⑦。退溪这样待人,并没有摆出"师道"架子,故"人无不诚服而心悦"。他在一封家书中讲到闻说"乳婢"弃下自己的儿子上京,他表示极力反对,认为此事是"杀人子以活己子,甚不可"。他主张宁可让乳婢携带自己的儿子一同上京,这样"兼饲两儿犹可也"。如"直令弃去,仁人所不忍,至为未安"⑧。当时做乳婢的只能跟随主人,哺育其子女,而弃自己的儿女于不顾,退溪则坚决反对"杀人子以活己子",从而提出两全之策,可见他对婢仆也是坚持人道主义精神。

总之,退溪在处理家庭和社会各种人际关系时是比较得当的,赵穆在所撰《言行总录》中,称其"接物处事,则教子弟慈而义,御家众严而惠,事长则不以贵老自怠,奉祭则不以筋力自惰,处宗族必敦穆娴、待宾友一以和敬,亲疏贵贱,咸得其宜,吉凶庆吊,各称其情……威仪容止之间,事物应接之际,无不各得其理"⑨。这种评价看来还是比较恰当的。

---

① 《增补退溪全书》(五),第 331~333 页。
② 《增补退溪全书》(五),第 335 页。
③ 《增补退溪全书》(五),第 329~330 页。
④ 《增补退溪全书》(五),第 333~334 页。
⑤ 《增补退溪全书》(四),第 190 页。
⑥ 《增补退溪全书》(四),第 199 页。
⑦ 《增补退溪全书》(四),第 178 页。
⑧ 《增补退溪全书》(四),第 194 页。
⑨ 《增补退溪全书》(四),第 10 页。

三

上面两个部分，对退溪的为人及其处世接物之道都有所论述。那么，我们对他这一套道德伦理观念应该如何看待？对我们今天的现实生活，还会起到什么样的作用和影响？从中能得到什么启迪？这些是很有意义的问题，值得进一步研究讨论。

退溪的人生哲学及其所具有的道德伦理观念，无疑地会带有封建时代的痕迹。从现代化的民主国家的要求来看，确是有不相适应的地方。如对人生价值观念就发生了很大的变化。像退溪所表现出的重义轻利、安贫乐道、不求闻达、安分俟命的人生哲学，在现代社会生活中，是没有多少人愿意效法的。即使有人能步其后尘，恐怕在这个讲究经济效益和立足于竞争的时代，在社会上也是难以生存的，所以从总体上看，退溪的思想与现代化不相适应。

但退溪整套的思想言行是否都已成为历史陈迹，对今天已一无是处呢？看来亦非如此。因为一个民族的文化总有可以继承的地方，历史是不能割断的，特别是在思想上有巨大影响的人物如退溪更是这样。虽然由于时代不同了，对古人思想不能原封不动地照搬，但经过扬弃并吸取其中的合理因素，在当前的社会生活中，仍可以供人以启迪。

对退溪一生中做到洁身自好、严于律己的问题，这种思想作风，我认为到今天仍有其现实意义。如我国正在进行四个现代化的建设，随着商品经济的发展、价值观念的改变，政府中有些公务人员就出现贪污受贿现象。虽然中央领导曾经提出"经济要繁荣，党政机关要廉洁"的号召，广东省对公务人员也提出要"保持廉洁，防止腐败"的要求，这说明廉洁问题已普遍为人所关注。但从近来报刊上揭露大量贪污受贿的事例来看，廉政问题并未达到要求。香港地区设有廉政公署，专门督察公务人员是否廉洁奉公，但也出现电影《廉政风暴》中的描述。虽然这是艺术形象，但在现实生活中不能说完全没有根据。事实上在经济发达的国家中，如日本和美国，就有首相和总统因涉嫌受贿问题而下台。至于像菲律宾的马科斯、韩国的全斗焕家族，那更不是一般的贪污受贿问题了。贪污腐败，固然是触犯法纪，但也是个人道德品格问题。贪官污吏，从来都为人所责难，但也确有些寡廉鲜耻之徒，笑骂由他笑骂，而贪官我自为之。拿这些人和退溪相比，相距何止天壤。因此，我认为宣传退溪洁身自好、一介不取的精神，不能说已经过时，相反对针砭时弊、建立为政清廉的社会风气是有重大的现实意义。

对退溪提倡以身作则和平等待人的精神，在当前社会上也是非常必要的。现在有的人，讲的是一套，实际上做的又是另一套，是言行不一的两面派。与退溪同时代的李贽，就曾批评耿定向，说"所讲者未必公之所行，所行者又公之所不讲"①，所以斥之为"被服儒雅，行若狗彘"的假道学。当然现在不会有人再装成道貌岸然的伪君子，但可以装成为人民服务的公仆。可是这些人实际上是损公肥私，以权谋私。因为在我们的现实社会中，有些人因有了权力就骑在人民头上作威作福，不以平等待人，同时借此以谋私利。这里所说的"私"不完全是指掌权者个人，更多着眼于子女、儿孙以至有关亲属。现在我们国内有些青年，就以炫耀家庭权势为荣，并已成为一种社会风气。甚至有的人为非作歹，也可以受到父母关系网的庇护。正是由于居上位的人不能以身作则、秉公办事，或者口惠而实不至，这当然会为人所诟病。现在有些领导人之所以在群众中没有威信，说话没有人愿意听，其中一个主要原因就在这里。对比之下，退溪是言行一致，表里如一。这种思想作风现在就应该大力提倡。如举出退溪的事例作为榜样，并加强这方面的宣传影响，那么对改善不良的社会风气会起到一定作用。

至于各种伦常关系，由于退溪生活在君主专制时代，当然有许多地方不适应现代民主政治的要求。如对君父之道，现代就起了很大变化。目前世界各国，保留君主的不多了，有的虽有保留，也多已成为立宪国家。不过有的国家虽也废除了君主，但民主政治透明度不够，残留的专制政治影响还没有消除，这种情况是有的。但不管怎样，总要比君主专制时代进步。在退溪生活的年代，正是专制君权强化的时期，当然不可避免地有尊君重道思想。但他并不做唯唯诺诺的"具臣"。他既有君臣对等观念，而且在正君心方面，对君主的道德人格还提出较高的要求，给人以一个刚正不阿的谏臣形象。对比之下，现在有些从政人员，对主管上司，吹拍逢迎唯恐不及，周身尽是奴颜媚骨，不管人民有什么呼声，只要求得上官宠信，就可以长保富贵。这些人与退溪相比，不应该感到惭愧吗？

对于家庭伦理，退溪主张尊老爱幼，夫妇、兄弟之间平等相待，我认为这种精神在现代社会中还是应该提倡的。现在有的青年经济独立以后，家庭观念很淡薄，对父母也没有什么感情，老年人感到孤独和寂寞，更甚者还有不孝儿女虐待老人的事例发生，家庭中当然更谈不上享有天伦之乐了。至于夫妇之间，也有以金钱利害关系为转移，婚姻家庭破裂后，有的连儿女也不管，而任其流浪。所有这些都成为现代社会的弊病。因此，退溪所宣扬的家庭伦理，凡是有利于创造和谐的生活环境和社会秩序，能用群体道德来调节好人际关系的，所有这些思想因素到今天都应该有选择地吸取。建设现代的精神文明也需要有更多的和睦家庭，如尊敬父母、教育子女、和睦邻里、守望相助、疾病相扶之类的传统美德，还是需要提倡的。从修身、齐家到治国，退溪服膺儒家的这套修养程序，并不是没有道理的。

---

① 《焚书·答耿司寇》。

至于退溪对待"乳婢"一类的下人，他所坚持的人道主义精神更应该说是难能可贵的。据各地报载，现在还有一些富裕的文明国家在不同程度上仍存在着变相的奴婢买卖。在亚、非、拉美等一些贫困落后的国家和地区，不少妇女被骗卖到国外，有的沦为娼妓或被迫作为家庭女佣。她们遭受着残酷的虐待，鞭抽火烙，甚至被活活打死。这种现象，对所谓文明世界的道德精神，可以说是无情的嘲弄。退溪生活在专制时代，等级森严，像婢仆一类下贱之人，却待之犹有同情之心；而现在号称民主时代，同类之间却相残迫害，对比之下，不值得人们深思吗？

总之，退溪的人生哲学及其道德伦理观念，虽然受到时代的局限，有其不符合现代价值取向之处，但剔除其中封建性糟粕之后，可供吸取的其中确有很多是带有民主性的精华，在当前的社会生活中还可以发挥其应有的教化作用。因此，我们对退溪学的研究，不能只看成一种历史遗产，而应在现实生活中，经过扬弃和吸收后，对其有积极意义的部分加以宣传，使其能够为群众所理解和接受。这样对建设现代精神文明，可以继续发挥其应有的作用。

（原载《浙江学刊》1991年第1期）

中国传统价值观的现代思考

当前在我国社会主义市场经济正在启动的情况下,职业道德与金钱效益的关系如何处理,又成为社会上的热门话题。这个问题本来不是今天才有的,早在2000多年前已在争论了。争论的范围和性质,并不限于商贸方面,而是提到理论高度,关涉到人生的价值取向即人生哲学问题,由于传统价值观纷纭复杂,各种观点对后世仍在产生影响。我们今天研究这个问题,不但有学术上的理论价值,同时对当前社会问题的启迪亦有一定的现实意义。下面只是申述点个人意见,以供讨论。

一

中华民族,源远流长,从古以来就很重视人的价值,"天地之性人为贵""人为万物之灵",在宇宙以至自然界万物中,公认人是居于主宰地位。究其原因,荀子为之论证说:"水火有气而无生,草木有生而无知,禽兽有知而无义,人有气、有生、有知,亦且有义,故最为天下贵也。"① 与有气质而无生命的水火,有生命而无知觉的草木,有知觉而无道义的禽兽相比较,只有人类才是气质、生命、知觉、道义四者具备,所以在世界上最为尊贵。荀子还论证了人类是过着有社会组织的群居生活,有礼义来维护社会秩序,所以能役使力气、奔跑超过自己的牛马,这是进一步从社会角度说明人"最为天下贵"的原因。

以此看来,人的价值不但要和草木禽兽相比较而指出其优胜之处,更重要的是要看到人在社会上的价值。在一个国家或地区里面要看到他是造福还是祸害人民群众的作用,这是关系到人生的价值取向问题。

中国传统的人生价值取向,在历史上曾反复出现过义利之辨、德力之辨、理欲之辨、公私之辨、群己之辨等问题,而义利关系则成为争论的焦点。

在先秦各家中,在思想领域后来儒家逐渐居于统治地位,因而价值观特别是义利关系对社会上的影响也最大。儒家是推行所谓内圣外王之道。正心、诚意、修身是指个人自身修养的内圣功夫,外王则指治国、平天下时需要推行王道政治。由于儒家总体上重视信义仁德的践履,故在义利观上,有称之为"重义轻利"或"崇义非利"派,所选择的是"以义为上"的价值取向。以仁政、德治

---

① 《荀子·王制》。

作为治国的指导思想。

后世对儒家价值观之所以形成这种看法，并非毫无根据。孔子就曾说过："君子喻于义，小人喻于利。"① 通过君子与小人人格的对立来界定义利的区别。后来孟子更将义利等同于善恶。如说："鸡鸣而起，孳孳为善者，舜之徒也；鸡鸣而起，孳孳为利者，跖之徒也。欲知舜与跖之分，无他，利与善之间也。"② 义利之别即是善恶之分，为善的就像大舜那样的圣人君子，好利的就是盗跖那种恶棍小人。将义与利不同价值取向直接与道德人格挂钩，在传统儒学中产生深远影响，如到王夫之仍严称义利之辨。他将"君子、小人之辨""中国、夷狄之别""人、禽之异""智、愚之分"全都归结到"义、利而已矣"。③ 他将道德、人格、智慧甚至人与禽兽的差别，都说成好义和好利的不同罢了！

义利对立的价值取向，应用到如何治理国家社会时，孟子在梁惠王问及能否"利吾国"，他就说："王何必曰利？亦有仁义而已矣！"这是崇义非利的明确表态。据此他进一步认为："君臣父子兄弟，去利，怀仁义以相接也，然而不王者，未之有也。"相反如"终去仁义，怀利以相接，然而不亡者，未之有也"。④ 要仁义还是要利被说成关系到国家兴亡的关键。自是"去利怀义"成为孟子价值观的重要导向。

孟子义利对立的观点，到汉代时有所反映。董仲舒本来并不否定义利的价值，即分别起到"养心"和"养体"的作用。但他又说："凡人之性，莫不善义；然而不能义者，利败之也。"⑤ 仍将义利对立起来。后来班固在《汉书·董仲舒传》中概括成："正其谊（义）不谋其利，明其道不计其功。"汉以后，这被奉为儒家的正统观点。

宋明理学被称为新儒学，价值观仍在走义利对立的路子，并与公私、理欲相联系。如程颐说："义与利，只是个公与私也。"⑥ 朱熹则谓义即"天理之所宜"，利即"人欲之私"。为此他主张"学者须是革尽人欲，复尽天理"⑦，还说："克得那一分人欲去，便复得这一分天理来；克得那二分已去，便复得这二分礼来。"⑧ 理与欲，此长彼消，势难两立。自是"存天理，去人欲"成为理学家的共识。如陆九渊心学一派与朱熹在哲学本体论上虽有分歧，但价值观却甚为合拍，如陆氏在白鹿洞书院宣讲"君子喻于义，小人喻于利"这一命题时，朱熹

---

① 《论语·里仁》。
② 《孟子·尽心上》。
③ 《尚书引义》。
④ 《孟子·告子下》。
⑤ 《春秋繁露·玉英》。
⑥ 《遗书》卷十七。
⑦ 《朱子语类》卷十三。
⑧ 《朱子语类》卷四十一。

大加赞赏说:"义利分明,是说得好。"①

宋明时期流行的心性义理之学,在价值观上讲崇义非利、存理去欲,虽被视为儒家正宗思想,但当时并非无人反对。如陈亮与朱熹曾反复进行王霸、义利之辨。陈亮认为义利并非对立而是可以双行,"功到成时,便是有德;事到济处,便是有理"②。"王霸可以杂用,则天理人欲可以并行矣。"③ 这就是陈亮坚持的"义利双行,王霸并用"论。

与陈亮同属提倡功利的叶适,他明确批评那种空谈道义的学风和崇义非利的片面观点。他说:"后世儒者,行仲舒之论,即无功利,则道义者乃无用之虚语尔。"④ 正因为宋明理学家多是空谈心性,特别是一些末流,更无匡时济世之功,因而受到顾炎武、黄宗羲等人的严厉抨击。顾氏批评那些"今之君子",聚集大批宾客门人,"而一皆与之言心言性,舍多学而识,以求一贯之方,置四海之穷困不言,而终日讲危微精一之说"⑤,当然无补于国计民生。有的人虽有所谓忠君骨气,但"平常袖手谈心性,临危一死报君王""愧无济世匡时策,得有微躯报主恩"。像这样无能之人,即使能为君死节,对挽救国家的危亡,亦有何补益?因此,明末清初,在儒学中又掀起一股经世致用的实学思潮,这是对空谈义理而耻言功利的学风给予实际回击。

沿着陈亮、叶适的路子,主张道义与功利统一的价值观,颜元为此做出论证和界定。他认为计功谋利是人类社会活动不可缺少的,并举例发问说:"世有耕种而不谋收获者乎?世有荷网持钩而不计得鱼者乎?抑将恭而不望其不侮,宽而不计其得众乎?"⑥ 道理其实很简单,无论种田、打鱼或是处理人际关系,有谁不希望有收获和得到实际效益呢?这种近似常识的问题,颜元之前,李贽也曾说过:"自朝至暮,自有知识以至今日,均之耕田而求食,买地而求种,架屋而求安,读书而求科第,居官而求尊显,博求风水以求福荫子孙。"以上各行各业所从事的活动,目的都是"为自己身家计虑"⑦,即为自身福利着想。由于李贽非常强调个人私利,也引起一些人不满,但他揭露那些装作清高的假道学、伪君子,阐明人生不能离开功利,这种价值观还是可取的。颜元也揭出这些例子,表明义利是不可偏废的。他说:"以义为利,圣贤平正道理也。""义中之利,君子

---

① 《陆九渊年谱》。
② 《宋元学案·龙川学案》。
③ 《又丙午秋书》。
④ 《习学记言》卷二十三。
⑤ 《与友人论学书》。
⑥ 《习斋言行录》。
⑦ 《焚书·答耿司寇》。

所贵也。"① 他指责那些声称"全不谋利计功"的人是"腐儒"②。因而对董仲舒所说"正其谊不谋其利",斥之为"过矣";并批评"宋人喜道之","以文其空疏无用之学"。为此他改成"正其谊以谋其利,明其道而计其功"。③ 一字之改与董说针锋相对。其后戴震对宋儒去欲存理说的批判,直斥其"以理杀人",并使人走向"欺伪"的途径。颜元、戴震对董仲舒义理观和宋儒理欲论的批评,为儒学的人生价值取向匡正了航道。

在我国传统的价值观中也有享乐主义的一派,可以《列子·杨朱》篇为代表。《杨朱》篇的主题,反复论证人生的价值在及时行乐,所追求的是"美厚""声色"。他认为一个人即使长命百岁,除去小孩、老人阶段,还要晚上中午睡觉,加上病痛和心情不好等,这样七除八扣,真正能行乐的时间并不多。如果还有各种顾虑,如"惜身意之是非,徒失当时之至乐,不能自肆于一时",因而失掉了任意行乐的机会,就和"重囚累梏"的囚犯没有什么两样了。这个"杨朱"还认为人总是会死的,无论尧舜还是纣桀,死后一样成为"腐骨"。所以他人生的价值取向是"且趣当生,奚遑死后"。生前赶快行乐,何必想到身后的虚名。这种思想在古代诗文中也有所反映:"行乐当及时,何能待来兹。愚者爱惜费,但为后世嗤。"④ 作为人生价值取向,在社会上会起到负面影响。

二

我国传统的价值观,既然存在着各种分歧,对照这些年来的社会现状,是很值得人们思考的。义利、理欲、群己、公私等关系,一个人无论是自觉还是不自觉,在一生中就很难对此完全回避。从20世纪50年代到"文革"前,社会道德风气一般还是比较好的,干部基本保持廉洁,社会治安、道德风气有很大好转,偷盗、抢劫,特别是杀人的恶性刑事案件是少见的。人际关系的"人人为我,我为人人""守望相助,疾病相扶持"的传统美德,在社会上仍有所体现。

也许有人会说,当时大家都穷,高消费的吃喝玩乐,以致嫖、赌、吸毒等,没有钱就无从参加,贪污受贿也难有市场;加上多年来以阶级斗争为纲,没有谁敢乱说乱动,所谓好的社会风气是压出来的。这样提出问题当然也有点道理。但在"文革"期间,我国经济几乎走到崩溃的边沿,而造反派的专政,打、砸、抢和武斗,并不能使社会风气变得纯洁,反对温良恭俭让的暴力革命,使人与人之间的文明礼貌都荡然无存。经受"文革"的摧残,整整一代人的文化素质下

---

① 《四书正误》。
② 《习斋言行录》。
③ 《四书正误》。
④ 《古诗十九首》。

降了,"文化大革命"的结果是革了文化的命。"文革"最大的"成果"就是造就出一批大大小小的两面派。他们拉帮结派,争权夺利。从人生价值取向来看,20世纪50年代大体上重义轻利的情况多一些,而"文革"时期那些野心家、阴谋家,如林彪与"四人帮"之流,他们奉行的信条是"有权不用,过时作废",因而不择手段来打倒别人,抬高自己,是极端的利己主义者。

重义轻利与见利忘义在传统价值观中都是有偏差的,会给后世带来不良影响。因为人们容易在纠正这一偏差后,却走向另一偏差。如中华人民共和国成立后我们多年来是搞阶级斗争为纲,"文革"期间达到顶点。打倒"四人帮"后拨乱反正,逐步转到以经济建设为中心,这种纠偏本来是对的,但从原来的政治挂帅转变成金钱挂帅。近几年随着市场经济的发展,人们愈来愈认同金钱至上的价值观念。"前途前途,有钱就图;理想理想,有利就想",这种拜金主义的狂潮涌现。

价值观上的拜金主义,很容易在生活上产生享乐主义思想。在我国当前表现的情况是有些一夜暴富的所谓大款、大腕,以奢侈挥霍来比阔气。据报载:

在杭州有两个"大款"为了斗富,竟在众目睽睽之下,比赛烧人民币,每人烧掉2000多元而面不改色。

春节时,一个青年富豪仰望着纷纷落下的爆竹纸屑兴奋地流下热泪,因为他刚刚点燃的4个爆竹是用2000元人民币卷成的。一位北京"大款"用两万元一桌的宴席招待广东"大款"竟遭到奚落,随后广东"大款"用6万元一桌回请,而北京这位"大款"竟"啪"地打开密码箱,甩出35万元说,今天这桌就照这个数。

以上事例,使人想起古时石崇、王恺斗富的故事。石崇打碎王恺的珊瑚树,为的是显示出自己有更多珊瑚树可供赔偿。但他们还不至于将金银扔在水里来比赛,以烧钞票来比较,只能说是斗富争侈今胜昔了。至于今天的暴发户为什么这样做?一方面是为着享受,不但是"美厚""声色"在感官上的满足,同时另一方面也是这号人空虚心灵的精神享受。这是社会上形成一种扭曲的价值观,据说奢侈挥霍之风正越来越刮向社会时,"在许多人那里,斗富、显阔、纵欲被称为'潇洒人生';大款、大亨、大腕被当作崇拜的偶像;金钱、别墅、宠物被看成辉煌人生的象征"。

社会上出现这种被扭曲的价值观,认为人生价值不是为国家、社会以至人类多做奉献,而是纯粹以金钱来衡量自己的价值。有的文章指出:"在我们这里,有人比赛烧人民币。其实,他们是想以此试图来向别人显示,他能毁掉的钞票比对方多,就证明他的价值比对方大。""这一切表明,在拜金主义腐蚀下,有些人丧失了一切崇高的价值理想。而一个大多数人丧失理想的社会,必然要走向毁灭。"

前文谈到传统的价值观，"崇义非利"的观点是有偏差，但要人"见利思义"还是对的。即使以赚钱为目的的商贸活动，也要有起码的职业道德，这一点连资本主义国家也相当重视。据香港《明报》1992年7月8日报道，谓西方大企业注重商业道德已蔚为时尚。

日本松下集团1970年创办的松下电器商学院的教育方针，是熔中国儒家哲学与现行企业管理于一炉。研修的目标是中国古典《大学》中的"明德"——竭尽全力身体力行实践商业道德，"亲民"——至诚无欺保持良好的人际关系，"至善"——为实现尽善尽美的目标而努力。开设的商业道德课，通过学习《大学》《论语》《孟子》和《孝经》，确立"经商之道在于德"的思想。

被称为"日本企业之父"的涩泽荣一提出"道德与经济合一"（即《论语》和算盘一致）的思想。他认为孔子说的"富与贵，是人之所欲也；不以其道得之，不处也"[①]，很适合经商办企业。因为商人本来是争利的，但容易为争利而失道，"不以其道得之"，没有信义道德而致富，其富绝不能持久。因此他注意培养孔子伦理思想与企业管理相结合的人才，而"一致"论构成企业文化的核心，涩泽一生创立了500多家近代企业，并取得成功。松下集团培养员工，也是承传这种精神的。

其实涩泽所讲的"道德与经济一致"，亦非他个人独创，我们传统价值观所讲的"义利双行"也就是这种精神。见利思义而不能见利忘义本来也是我国的传统美德，可是近几年由于拜金主义思想的抬头，败坏了社会风气，有不少人不讲公德，大发不义之财，巧取豪夺，贪污受贿，权钱交易，不一而足，经济犯罪、社会治安问题都相当严峻，从而出现经济上升与道德堕落的反差现象。

面对当前的现实应该如何思考？国家要走向现代化，要发展社会主义市场经济，这是历史的必然趋向，既不能回避，亦不能走回头路。但怎样考虑问题，近来报上颇有些议论。有的人认为，在市场经济条件下拜金主义的存在是具有一定的必然性，不能任其肆意横行，要有某种社会机制从伦理上、法制上对之加以适当调节；也有人明确指出，社会主义市场经济是法制经济，只要法制健全了，拜金主义行为就很难找到市场；亦有人认为加强道德建设是反对拜金主义的有效途径之一。我国是社会主义国家，发展精神文明是我们的优势，对这个问题，有人强调必须重视优秀传统道德的继承，认为在大众的社会心理层面上，我们民族的道德传统仍富有生命力。如"不做伤天害理的事"这一民众的道德信念，就是对宋明理学一贯提倡的"天理良心"在民众心理上的久远回响。可见，这种道德传统和道德信念，对于社会主义市场经济的正常运行具有非常积极的作用。

上面各种议论，无非是硬软两手，前者指法制，后者是道德。但是想用"天

---

① 《论语·里仁》。

理良心"来制约那些为财害命的人,看来也不大顶用了。至于法制也要靠人来执行,现在不是说在处理问题时往往是有法不依吗?还有以权压法、以情代法以致徇私枉法,这种丑恶现象也时有发生。因此,我们在操作方面可以硬软兼施,即要实现市场经济所需要的社会公正和理想时,确实要有健全的法律、完善的道德支持,但所有这些最终离不开人的参与,这就关系到我们人民的政治、文化素质的高低问题,特别是参与管理的领导层有没有正确的价值观、道德观、人生观,能不能处理好义利、理欲、群己、公私、长远利益与暂时利益,对传统的批判、继承与创新等关系问题。本文论述传统的价值观只是作为参照系,如何理解是会产生不同的社会效应的,这就需要我们现代人认真思考!

(原载《开放时代》专号《现代与传统》1993年第7期)

民族文化能与现代社会接轨吗？

——传统文化与现代化问题的一点思考

中国传统文化是封建社会农业文明的产物，想与现代社会接轨是有个时代差问题；中国传统文化又是中华民族精神文明的产物，是具有自身民族文化的特色。怎样看文化民族性与时代性的关系，当前是一个有分歧而需要讨论的问题。

有人认为，讲文化多元主义以至东方主义，有阻碍中国现代化的危险。某些青年也说东方主义等话题与民族情结有密切关系，可能会重演以民族化压现代化的悲剧。这里所谓东方主义是指东方国家的民族文化，认为对现代化只能起"阻碍"和"压"的作用，得到的效果既属"危险"又是"悲剧"，可谓一无是处。

也有认为讲中国本位文化论的人，是表露有民族主义情绪之嫌，是维护文化专制主义，用以反对外来先进文化，从而阻碍中国文化的自我更新。

持上述观点的人不承认东方民族文化包括中华民族的传统文化是可以自行进入现代化，出路就得承认西方描绘的图式，承认自己的前现代性，从而自己融入世界的现代化进程。

这种把东方文化的民族性与时代性对立起来的观点，我是不同意的，这是用凝固的偏见来看问题，即认为东方文化只能停留在"前现代性"，只能被排除在全球的"主流文化"（市场经济、民主、法制）之外，出路只能抛弃自身文化的民族性而投入西方文化的怀抱，即中国传统文化要与现代社会接轨只能全盘西化。

我之所以说这种观点有偏颇，是因为现代化的西方国家，各国文化都有它的民族性，如德国和法国的文化都保留有不同的民族特色，为什么东方文化的民族性却会阻碍现代化呢？要说主流文化的内涵是市场经济、民主和法制，这也非西方文化的专利品，某些西方国家可以先走一步，但东方国家也可以通过改革开放而与现代社会接轨。如我们的目标是要建成中国特色社会主义现代化国家，这里就有我们民族文化的特色。如果说只有东方国家的民族文化不能进入现代化，这只能是一种偏见。

提出中国本位文化，是否就必然反对外来先进文化？我看未必。因为每个国家的民族文化都有定位，无论是中国还是日本、朝鲜，都有它的文化定位。在中国，以"严华夷之辨"为借口抗拒接受外来先进文化的人是有的，如思想上的顽固派和国粹主义者。但1935年正式提出中国本位文化的十位教授，亦不能说他们都是反对外来先进文化，其实没有本位文化的只有殖民地，因为宗主国要推行文化殖民主义，但是收效并不大。如日本对台湾实行殖民统治多年，除培养出少量像李登辉那样具有"皇民情结"的人外，大多数台湾民众并不为日本文化所同化。

我认为文化具有民族性，与承认有中国本位文化，对吸取外来先进文化并不矛盾。本位文化是根，吸取外来先进文化是增加营养，不过这也有个选择问题，如西方的民主和人权观念，由于国情不同，民族文化的背景不同，有的东方国家就表示不能接受西方的观念，不能说这是和全球的所谓主流文化唱反调。

中国传统怎样和现代社会接轨，过去的提法有古为今用；批判继承；弃其糟粕，取其精华；等等。但都说得比较抽象，如何操作可能理解不同。我认为关键是个"用"字，通过实践检验其效果。如中国传统价值观讲义利关系，孔子讲"见利思义"，墨子讲"交相利"，董仲舒却说"正其谊不谋其利"，还有陈亮讲的"义利双行"。总的来说，陈亮的观点是可以和现代社会接轨，因为有成功的经验可以作证。如被称为"日本企业之父"的涩泽荣一提出"道德与经济合一"（即《论语》和算盘一致）的思想，以此构成其企业文化的核心。他一生创立了500多家近代企业，并取得成功。涩泽所讲的"道德与经济合一"，其实就是吸取我国传统价值观"义利双行"的精神，这是说明我国民族文化能够与现代社会接轨的例证，亦是说明东方文化同样可以走向现代化。

关于现代工业文明的道德建设问题，与古代农业文明比较，科学技术方面当然有明显进步，但道德的承传却比较容易接轨。如过去一个小商店，能够做到"货真价实，童叟无欺"，而"诚招天下客"亦为人所共识。但现代一些大的经营方针能够取得成效似乎仍在继承这个传统。如曾宪梓说勤、俭、诚、信四个字，是他办金利来的指导思想。杨钊也说，他事业成功的经验是"信、勤、智慧"，他还认为要解决精神问题，还是靠东方的智慧，而中华优秀传统文化就是东方智慧的结晶。他还热切地期待我们的国家、我们的民族，将向世界贡献出一种涵盖东方文化神韵的物质与精神相一致的中国现代化。杨钊在香港是个青年企业家，他主张把东方智慧和西方先进技术有机地结合起来，从事现代企业的管理，并且获得成功。这对研究中国传统文化与现代社会接轨问题，我认为应该可以得到启示。

（原载《粤台港澳文化交流研讨会论文集》1995年版）

正确对待传统文化道德遗产和建设社会主义精神文明的关系

中国传统文化与现代化的关系,是大家普遍关心的问题。当此新旧体制变革的转折关头,在精神文化方面如何对待传统,以适应建设中国特色社会主义精神文明的需要,这是一个有现实意义的课题,值得认真研究。本文只是谈点探索意见,以供讨论。

一

我国传统思想文化的内涵是什么?一般多认为是以道德伦理为核心的儒家思想。当然,作为道德伦理观念,并非有了儒家才产生的,在我们这个文明古国中,可以说是源远流长。如早在原始社会中,当时还没有阶级剥削和压迫,所以道德的起源是在全体民族成员共同劳动中逐步形成的。原始道德是用以维护氏族和部落的共同利益,并依靠习惯和传统的力量,使之成为全体成员共同遵循的准则。关于我国原始社会的道德风貌,在先秦典籍中有一些追述。如《礼记·礼运》篇对"大同"世界的描绘,其中说到的公有观念和平等、互助观念,可以作为原始社会道德的基本特征。

从原始社会进入文明社会以后,由于社会分裂为对立的阶级,道德也就带上了阶级的性质。随着人类文明的发展,为各种不同阶级的道德做说明和辩护的伦理学说也就产生了。在阶级社会中,劳动人民由于被剥夺了学习文化知识的权利,所以不能把自己的道德观念加以系统化、理论化,形成完整的伦理学说。但是,从《墨子》和《太平经》等著作中还可以部分反映出当时劳动者的道德风貌。这些人包括奴隶、农民和下层小生产者,他们较多地继承原始社会的道德观念,以公有观念和平等观念来反对剥削与压迫,以互助观念团结自身力量与统治者做斗争。热爱劳动和勤劳俭朴更是我国历史上劳动人民的传统美德。我们今天讨论传统文化中的道德遗产问题,这一点应该给予足够的注意。

不过,在阶级社会中占统治地位的仍然是剥削阶级的道德观念和伦理思想。如在我国的殷、周奴隶社会里,奴隶主阶级的道德观念已经形成,但还没有完全从宗教、政治中分离出来,形成独立的伦理思想体系。在殷商的卜辞中已出现"德""礼""孝"等字,但还没有作为道德规范来使用。由于商人"尚鬼""尊神",故商代的道德观念还是从属于宗教意识。到了西周,虽然周人还未能摆脱传统的天神崇拜和祖宗神崇拜,但已重视人的作用。如周初已出现"以德配天"的思想,甚至提出"皇天无亲,惟德是辅;民心无常,惟惠之怀"①。只有敬德保民,才能配天受命,自是把"有孝有德"作为"君子"必备的品格。而"君令臣共"的"德"和"父慈子孝"的"孝",却又用以维护分别上下尊卑的"礼",因而"礼"也具备了道德属性。由此可见,德、孝、礼作为道德规范使用,到周代已相当明确了。

春秋战国是我国古代社会大变动时期,基本上实现了由奴隶制向封建制的转变,学术思想上则出现"百家争鸣"的局面。孔子创立的儒家是一个建立以"人"学为中心的学派。他把"仁"作为处理人与人关系的基本准则,又是个人修身立命的根本。他阐发了仁、义、礼、智、孝、悌、忠、信等许多道德规范,从而建立起一个以"仁"为中心的伦理思想体系。儒家"序君臣父子之礼,列夫妇长幼之别"②,并提倡仁政、德治和礼教等一套,将道德规范与政治措施结合起来,形成儒家特有的政治伦理哲学。中国传统文化在很大程度上就是由儒家这套伦理哲学产生了作用。

孔子之后,经过孟子、荀子、董仲舒到东汉初年成书的《白虎通义》,儒家的道德伦理观念越来越为稳定封建王朝的秩序服务。如突出"君为臣纲,父为子纲,夫为妻纲",称之为"王道之三纲"③,从而把"忠""孝"作为社会伦理的基本规范,所谓"忠孝大节"就成为封建社会衡量人们道德的主要标准。董仲舒还依据孔、孟,把仁、义、礼、智、信列为"五常之道",以此作为处理人际关系的基本道德准则。自是"三纲五常"便成为封建道德的核心,而所谓"纲常名教"在我国长期的封建社会中就成为占统治地位的伦理形态。

儒家的道德伦理观念到宋、明时发展得更加完备。宋儒创造了"天理"论,将封建纲常上升到宇宙观的高度,完成了道德伦理观念的哲理化。宋、明时期,无论是程、朱学派还是陆、王学派,都把"存天理,灭人欲"作为共同纲领。他们提倡要做所谓忠臣、孝子、节妇、义夫,凡是违反封建纲常的就被骂为伤天害理,在社会上为人所不齿。至于"灭人欲",虽然一方面要求居上位的不要有过分纵欲行为,但更重要的一方面却是反对劳动者要求改善生活的物质欲望。另外,地主阶级内部要求变法改革的主张,或是不满封建束缚而有点个性解放的思想,都被理学家们视为私欲而加以排斥。

宋明理学家虽然给封建纲常戴上了"天理"的神圣光环,但并不容许人们做理性思考。由于名教纲常的核心是维护封建等级制度,所以在"天理"面前也不是人人平等的。如朱熹公然主张在审理诉讼时先讲名分的上下尊卑,然后再

---

① 《尚书·蔡仲之命》。
② 司马谈:《论六家要旨》。
③ 《春秋繁露·基义》。

管事理的是非曲直。所以实际上只有尊者、长者、贵者才有理，而卑者、幼者、贱者则无理可诉，清代戴震正是深刻揭露了这种不平等现象，从而发出"后儒以理杀人"①的慨叹。这是把对封建道德的批判提到一个新的高度。后来谭嗣同也指出"数千年来，三纲五伦之惨祸烈毒，由是酷焉矣"②，即认为封建名教为祸是非常酷烈的。鲁迅则干脆揭开仁义道德的画皮，斥其本质就是"吃人"，这是对封建旧礼教做出的最深刻的批判。

二

上面列举了中国传统文化中道德伦理观念的发展过程及其在历史上发挥过的主要功能。由此我们不难看出，五四运动时提出"打倒孔家店"的口号就不是偶然的了。但传统的道德是否就一无是处呢？看来也非如此。如孔子的"仁"学，固然有维护君臣父子等级制度的一面；但从处理人际关系而言，他提出要正己正人。所谓"修己以安人""修己以安百姓"③，"其身正，不令而行；其身不正，虽令不从"④，这就是先要以身作则，才能带动他人。这种思想成为儒家政治伦理哲学的重要组成部分，到今天仍有它的积极意义。

根据上述原则，孔子提出"夫仁者，己欲立而立人，己欲达而达人"⑤，"己所不欲，勿施于人"⑥。处理人我关系时，则要"躬自厚而薄责于人"⑦，这些都体现平等待人的思想。孔子对人格的完善、道德的修养，在要求上是人人平等的，即如正己正人、立己立人、达己达人，这是对任何人都适用的普遍命题，并没有高低贵贱之分。儒家讲自天子以至庶人，都要以修身为本，这样要求应该是合理的。

孟子、荀子继承和发挥孔子这方面的思想。孟子在修身问题上，提出"行有不得者，皆反求诸己，其身正而天下归之"⑧。他对士的要求："得志，泽加于民；不得志，修身见于世。穷则独善其身，达则兼善天下。"⑨ 他与齐宣王对话，主张"老吾老，以及人之老；幼吾幼，以及人之幼"，能做到这一点，就"天下

---

① 《与某书》。
② 《谭嗣同全集》。
③ 《论语·宪问》。
④ 《论语·子路》。
⑤ 《论语·雍也》。
⑥ 《论语·卫灵公》。
⑦ 《论语·卫灵公》。
⑧ 《孟子·离娄上》。
⑨ 《孟子·尽心上》。

可运于掌"①。这里仍然是发挥正己正人、推己及人的思想，同时并推广到政治上的运用。

荀子也强调"正己"和"修身"，但特别要求居上位者以身作则，因为"主者，民之唱也；上者，下之仪也"，"上公正则下易直矣"②。这是从上行下效的角度着眼，否则上梁不正就会下梁歪。荀子还提出"庶人安政，然后君子安位"的论点，并引《传》曰："君者舟也；庶人者，水也。水则载舟，水则覆舟。"③这是说，为君的能作民表率，人民安定了，君主才能坐稳自己的位置，否则就会有"覆舟"之祸。这是从正反两方面说明正己正人的重要性。

上面儒家所讲的正己正人、推己及人，固然有为统治者打算的味道，但也可以从反面看出一点，做臣民的不单纯是君主的奴才。如为君不正，臣下也可以采取行动。像桀纣一类就不被承认是君主。孟子说："闻诛一夫纣矣，未闻弑君也。"④ 荀子也说："桀纣者，民之怨贼也。""诛暴国之君若诛独夫。"⑤ 据此还发挥说："夺然后义，杀然后仁，上下易位然后贞……汤武是也。"⑥ 孟、荀将暴君比之独夫民贼，称赞汤武革命的上下易位。这里虽然没有反对君主制度，但儒家主张天下者非一人之天下也，唯有德者居之。这种思想也应该是可取的。

儒家称赞汤武革命，那是比较特殊的例子，但在一般情况下，他们还是有君臣对等思想和主张进退出处有相对自由。如孔子提出要"君使臣以礼"，才"臣事君以忠"⑦。孟子则说得更清楚，"君之视臣如手足，则臣视君如腹心""君之视臣如土芥，则臣视君如寇仇"⑧。这样君臣关系虽然不是平等，但臣子对君主，却是可以采取投桃报李或者以牙还牙的态度，也可以消极地不予合作。如孔子就讲"以道事君，不可则止"⑨。又说："天下有道则见，无道则隐。"⑩ 孟子对齐、梁的国君，也是合则留，不合则去。看来儒家对以臣事君，从言论到行动上都有相对自由。其后荀子提出"从道不从君"⑪，对无道之君不予侍奉。甚至到宋代程颐也说："大人当否，则以道自处，岂肯枉己屈道，承顺于上。"⑫ 明末黄宗羲则明确提出大臣出仕，是"为天下，非为君也；为万民，非为一姓也"。他把君

---

① 《孟子·梁惠王上》。
② 《荀子·正论》。
③ 《荀子·王制》。
④ 《孟子·梁惠王下》。
⑤ 《荀子·正论》。
⑥ 《荀子·臣道》。
⑦ 《论语·八佾》。
⑧ 《孟子·离娄下》。
⑨ 《论语·先进》。
⑩ 《论语·泰伯》。
⑪ 《荀子·臣道》。
⑫ 《二程集·伊川易传》。

臣共治天下，比喻为共同拉木头的人，是合作共事的关系，而不是做君主的"仆妾"。所以他说："吾无天下之责，则吾在君为路人。""以天下为事，则君之师友也。"① 这里就是发挥了先秦儒家君臣对等和从道不从君的思想。

这里有一个问题：儒家的道德伦理能不能培养出有独立人格精神的人？当前有一种观点，认为儒家所倡导的伦理道德，由三纲五常构成一个完整的关系网，其中没有个人的独立价值和地位，即每个人只是当作一个从属物而存在，这样将人变成道德的工具，使人不成其为人。所以儒家无论主张性善还是性恶，其归宿都是要实现社会群体对个人的约束，强调的只是个人义务而不是个人价值。据此有人认为从人格角度看，只能形成"自我萎缩型人格"，个人的价值和人格的独立尊严无法得到实现。

我认为在君主专制政体和封建等级制度的历史条件下，要讲个人独立人格只能从相对的意义上来理解。其实儒家并非完全不讲个人的独立意志。如孔子就说过："三军可夺帅也，匹夫不可夺志也。"② 孟子则更加以发挥，说："居天下之广居，立天下之正位，行天下之大道。得志与民由之，不得志，独行其道。富贵不能淫，贫贱不能移，威武不能屈，此之谓大丈夫。"③ 孔、孟还讲可以不惜牺牲性命以成仁取义。我认为这里所强调的就是独立人格精神。当然，所谓仁义也是以封建道德为标准，如文天祥的成仁就义就摆不脱忠君思想。不过，一个人在生死荣辱之间、出处辞受之际，在选择时完全没有个人独立意志在起作用，也是说不过去的。

三

从上面两部分的论述中，对传统文化的儒家道德遗产，我们应当如何评价？对建设现代化的社会主义精神文明，又能得到什么样的启示？这是值得深入研究的问题。

40年来，我国的社会主义建设不能说没有成绩，但也确实有失误。从精神文明的建设来说，过去有时提出的口号是脱离实际的，有的则徒具形式走过场，因而收效不大。

近几年来随着改革开放和商品经济的发展，人们的价值观念改变了。现在各行各业都在讲究经济效益，连学校与研究所也要搞有偿劳动和创收。既然对社会做出贡献，获取报酬当然是应该的。过去儒家讲重义轻利，这种价值观念确实不能适应商品经济的发展，而应该加以改变，但是也不能走向极端。据报载，有的人见小孩子溺水，得不到要求的钱时就见死不救。这类思想和行为，难道能说是

---

① 《明夷待访录·原臣》。
② 《论语·子罕》。
③ 《孟子·滕文公下》。

符合等价交换这一商品经济的价值观念吗？

所以从义利的关系来看，"重义轻利"的儒家传统固然不对，但也不能"见利忘义"，甚至为个人私利而"多行不义"。经商固然要赚钱，但也不能不讲职业道德。否则只知唯利是图，一切向钱看，对社会主义精神文明建设就会起消极作用。因而义利之辨，不能各走一端，义利双行，才是持平之论。

目前社会上还有一种突出的现象就是以权谋私。这与传统的思想文化以至道德伦理有没有关系呢？我认为与儒家传统的尊尊、亲亲观念有关。在封建等级制度下，权力是按官位的高低分配的，官与民的关系是"牧民"，像管理牛羊一样，说好听一点是为民做主，但这个"主"却是官而不是民。虽然古代也有人将县令称为父母官，知府称为公祖，而民是子民，官民比喻为一家人，但在中国古代家国同构的政治体制中，君父一样是统治者。推翻清王朝以后，换上了"民国"招牌，做官的有称为"公仆"，但实际上主仆的地位是颠倒的。中华人民共和国成立以后，我们确立各级人民代表大会为中央到地方的权力机关，并规定各级人民政府的干部都要做人民的勤务员。当然真正为人民服务的干部是有的，但不同程度以权谋私的人也不少，关键还是由于做官的才有权。据报载，洛阳市某区委书记横行霸道，被称为"小国之君"；而有的群众却称我们的领导人为"青天"，希望能为民做主。可见这里"尊尊"的观念并没有彻底改变，原因是我们做官的不论是好是坏，手中都有权，而权力正是一些人谋私的资本。

说到谋私，在通常情况下，好像说的"私"是个人。但在我们的社会中，"亲亲"的观念不容忽视。因为这些以权谋私的人不是只为他个人，而多是着眼于子女、儿孙以至有关亲属。在现代西方国家，青年喜欢独立奋斗，以依靠父母为耻，并已形成社会风气；而我们的青年，却多以炫耀家庭权势为荣，而社会上流传的"学会数理化，不如有个好爸爸"，似乎成为社会的通则。这也可以说是亲亲观念带来的流毒。

要克服以权谋私的痼疾，当然可以用加强民主与法制的办法来整治。但从道德伦理的角度来考虑，我们绝不能损公肥私和损人利己，这是各行各业都应该有的职业道德。身居官位的，也不能要别人廉洁奉公，而自己却以权谋私，否则就会为人们所鄙弃。现在有些领导之所以没有威信，言行不一是一个重要原因。治理的方法可以回到好传统的一面，就是要做到正己正人，以身作则。范仲淹还提出，要"先天下之忧而忧，后天下之乐而乐"，这在道德精神上达到更高一层境界。现在我们常说，共产党员要吃苦在前，享乐在后，要起先锋模范作用。我认为这种要求与正己正人的传统道德精神是一致的。另外，儒家还主张要"慎独"和"不欺暗室"，即在无人监督的情况下也不做坏事，这种自觉的道德修养，在任何情况下做到诚信无欺，这种精神到今天也应该吸取。

对亲亲观念，我前面对其消极方面的影响曾给予批评。但作为传统的从家庭到社会的道德伦理，经过扬弃和补充新的内容，到今天还是可以适用的。如封建时代提出的父慈子孝、兄友弟恭、夫义妇顺等要求，我们当然不能照搬，但从家庭里父子中长幼的关系来看，尊老爱幼，在现代社会中还是应该提倡的。作为兄弟，彼此间也应友好相处。至于夫妇，当然反对夫为妻纲和要妇女片面守贞的封建道德；但双方也要互助互让，做到爱情专一，不要受什么性解放之类的腐朽生活方式的影响，也不要做破坏别人家庭幸福的第三者，这是缺乏社会公德的行为。我认为对传统儒学中，凡是有利于稳定家庭和社会秩序，有利于创造和谐的生活环境，能用群体道德来调节好人际关系的，所有这些思想因素，在剔除其中的封建糟粕后，还是可以发扬的。我们建设社会主义精神文明也需要有更多的和睦家庭，如尊敬父母、教育子女、和睦邻里、守望相助、疾病相扶之类的传统美德，还是应该提倡的。当然对那些一心为子女营造安乐窝，甚至扩大到亲朋好友，还有什么老上级、老同事、老战友、同乡、同学等，你来我往，互相包庇掩护，这种不正之风就应该坚决反对，并要划清"邪"与"正"两种社会道德风气的界线。

还有关于气节问题，封建性的成仁取义应当扬弃，但爱国的民族气节应当保存。现在提倡对外开放，引进国外的先进设备当然是必要的，但有些人认为什么东西都是外国的好。如蛇口有位青年说：深圳的特色就是外国的特色！它的建筑，它的街道，它的城市构造，它的企业经营方式，完全和外国一样。对报上宣传说什么深圳走的是中国特色社会主义道路，表示非常反感。也有人认为在目前开放的主题下，没有一点外国的东西是落后的表现。当然，作为特区的小青年，有点"崇洋"思想并不奇怪，但颇令人奇怪的是，我们有些由国家经营的宾馆和友谊商店，却不许中国人进入，这与中华人民共和国成立以前租界内挂着"华人与狗不得进入"的招牌的公园，又有什么区别呢？香港企业家霍英东在广州筹办白天鹅宾馆，就主张大开方便之门，他的观点是"先有人气，后有财气"。如果在中国的土地上办企业，却将中国人拒之门外，怎么能发财呢？"先有人气，后有财气"，这种思想才是符合商品经济的价值观念，而我们某些官商的决策者，对商品经济是真的不懂，还是媚外的洋奴思想在作怪，才干出这种有损国格、人格的蠢事，那只有他们自己才知道。

总之，为了促进我国社会主义精神文明的建设，需要正确对待传统思想文化中的道德遗产，要分析其中矛盾的两重性。如义利关系、公私关系、群体与个体关系、理想与现实关系等，都要进行正确处理。既要适应商品经济发展的需要，但也要提倡社会主义公德和献身精神。中国科学技术协会这几年来倡导了"献身、创新、求实、协作"的科学精神和职业道德，并开展了"讲理想、比贡献"的竞赛活动，认为这对整个社会的精神文明建设发生了良好的影响。我觉得这对提高全民族的道德水平也应该有所帮助。

[原载《中山大学学报》（哲学社会科学版）1990 年第 1 期]

中国传统道德能合理继承吗?
——兼论传统道德民族性与时代性的关系

当前,为了搞好社会主义精神文明建设,对中国传统道德观念如何加以扬弃继承,以适应新时期的需要,这是一个值得研究的课题。我认为如何正确理解传统道德观念中的民族性与时代性的关系,是对这个课题研究的一个重要方面。

所谓民族性是指传统道德观念在不同民族之间具有不同特点,这不但在中国,如日本、朝鲜、印度等东方民族,以至西方英、法、德等国的传统道德观念,都有其自身的民族特点,这是各种道德在空间的分布问题。但是不同民族自身的道德并非固定不变,随着社会的发展也有所变化,这就是民族性与时代性的关系。有人断言中国传统文化不能走向现代化,理由是中国民族文化是属于前现代性,是传统的封建文化,所以要走向现代化只有投靠西方,走全盘西化之路,或者变个提法,称为全球性文化,或称多元一体化。实质上是用凝固的观点来看中国传统文化的民族性,而否认民族文化可以随着时代而发展,这种带有殖民地文化烙印的观点,我是不能同意的。

中国传统道德观念当然有它的民族性。中国是个礼仪之邦,中华民族有它的传统美德,这是为世人所公认的,当然其中也有不少封建糟粕,应当加以扬弃。对这个问题我认为要处理好四方面的关系,即义与利、理与欲、公与私、人与我,这是民族性与时代性的关系。只有弃其糟粕,取其精华,才能使传统的道德观念经过扬弃而适应时代的需要。下面试从我提出的四方面关系略做分析。

一、义与利的关系

义利关系是我国传统道德也是价值观的核心问题。一般认为儒家是重义轻利的。如孔子讲"君子喻于义,小人喻于利"①。"不义而富且贵,于我如浮云。"②又说:"君子义以为上。君子有勇而无义为乱,小人有勇而无义为盗。"③"放于利而行,多怨。"④ 所谓"子罕言利与命与仁"⑤,也就是说明孔子日常的表态。

---

① 《论语·里仁》。
② 《论语·述而》。
③ 《论语·阳货》。
④ 《论语·里仁》。
⑤ 《论语·子罕》。

孟子也说:"行一不义、杀一不辜而得天下,皆不为也。"① "非其义也,非其道也,禄之以天下,弗顾也。"② 他见梁惠王开口就说:"王何必曰利,亦有仁义而已矣。"③ 还说:"君臣、父子、兄弟终去仁义,怀利以相接,然而不亡者,未之有也。"相反"去利"而"怀仁义","然而不生者,未之有也"。④ 这都是义利对立的思想。到董仲舒更概括出"正其谊不谋其利,明其道不计其功"⑤ 的命题,这是正统儒家义利观的明确表述,也是后人提出批评的主要根据。

不过孔孟也非完全不讲利。孔子就说:"因民之所利而利之。"⑥ 孟子对梁惠王,只是主张不要与民争利,但他提出要"王与百姓同乐"⑦。就有因民之所利而利之的意思。还有孔子主张"见利思义"⑧,就是不能取不义之财,即使在推行市场经济的今天,这种观点对人也应有所启迪。

先秦儒家虽是重义轻利,但别的家派也有将两者摆平的,如后期墨家做出"义,利也"的明确界说⑨。孟子虽然骂墨家,但不能不承认墨子是"摩顶放踵利天下,为之"⑩。至于法家提倡耕战,讲究富国强兵,当然以功利为上了。

即使是儒家本身,后来对义利观也是有争议的。如宋明理学家虽多数"皆谈性命而辟功利",但也受到批评。如陈亮提出"功到成时,便是有德;事到济处,便是有理"⑪,称为实事实功之学,而反对空谈道德性命之说。叶适则认为不讲功利,道义就成为"无用之虚语"⑫。到了清初的颜元,则把董仲舒的义利命题改为"正其谊以谋其利,明其道而计其功"⑬。一字之改将义利对立扬弃而成为义利双行的观点。实践证明在市场经济条件下,义利双行是可以取得成效的。

我之所以说义利双行的观点实践证明是卓有成效的,是因为国外就有成功的范例。如被称为"日本企业之父"的涩泽荣一提出"道德与经济合一"(即《论语》与算盘一致)的思想。他认为孔子说的"富与贵,是人之所欲也;不以其

① 《孟子·公孙丑上》。
② 《孟子·万章上》。
③ 《孟子·梁惠王上》。
④ 《孟子·告子下》。
⑤ 《汉书·董仲舒传》。
⑥ 《论语·尧曰》。
⑦ 《孟子·梁惠王下》。
⑧ 《论语·宪问》。
⑨ 《墨子·经上》。
⑩ 《孟子·尽心上》。
⑪ 《宋元学案·龙川学案》。
⑫ 《习学记言》。
⑬ 《四书正误·大学》。

道得之，不处也"① 这句话，很适合经商办企业。因为商人本来是争利的，但容易为争利而失道，"不以其道得之"，没有信义道德而致富，其富绝不能持久，因此他注意培养孔子伦理思想与企业管理相结合的人才，而"一致"论构成其企业文化的核心。涩泽一生创立了 500 多家近代企业，并取得成功。松下集团培养员工，也确立"经商之道在于德"的思想，就是承传这种精神。

商贸活动本以赚钱为目的，这是无可非议的，但也要有起码的职业道德，这一点连资本主义国家也相当重视。据香港《明报》1992 年 7 月 8 日报道，谓西方大企业注重商业道德已蔚为时尚。而香港那些比较成功的企业家，也认为经商要讲诚和信，这是从长远利益看问题。我国传统的道德价值观，讲"崇义非利"是不对的，但也不能见利忘义。"义利兼行"是我们民族的传统美德，对资本主义现代企业尚且能接受并产生良好效应，就说明这可以适应时代性的发展，我们社会主义国家的市场经济，对这份优秀的精神遗产，不是更应该发扬光大吗？

二、理与欲的关系

对理欲关系的问题，这是从义利之辨引申出来的，义与理相关联，利与欲相搭配，义理与利欲似乎是矛盾的。儒家讲心性修养，并不重视人的物质欲望。如孟子就讲"养心莫善于寡欲"②。到宋儒周敦颐更进一步说："予谓养心不止于寡而存耳，盖寡焉以至于无，无则诚立明通。"③ 这就要求"无欲"了。由此"存天理，去人欲"成为宋明理学家的共同命题。

前面说过，宋儒在义利之辨中，陈亮、叶适是主张功利的，同样在理欲之辨中，反对将天理与人欲截然对立的观点。如陈亮对近世诸儒"遂谓三代专以天理行，汉唐专以人欲行"④ 的提法提出批评，叶适也指斥"以天理人欲为圣狂之分者，其择义未精也"⑤。

对天理与人欲关系给予正确解释的，可以推明清之际的王夫之。他说："圣人有欲，其欲即天之理。天无欲，其理即人之欲。学者有理有欲，理尽则合人之欲，欲推即合天理。于此可见，人欲之各得，即天理之大同；天理之大同，无人欲之或异。"⑥ 这是认为理与欲不是对立而是统一的，天理不外人欲，不能灭人欲而求天理，这是对存理去欲说做理论上的批判。

---

① 《论语·里仁》。
② 《孟子·尽心下》。
③ 《养心亭说》。
④ 《甲辰答朱元晦书》。
⑤ 《习学记言》。
⑥ 《读四书大全说》卷四。

王夫之之后,对存理去欲命题做全面分析批判并做出正确理解的是清中叶的戴震。他严厉批评区别尊卑贵贱等级的封建理学,提出"以理杀人"的强烈控诉。他认为天理不外乎人情,"无欲无为,又焉有理"?他说:"文王之视民如伤,何一非为民谋其人欲之事!"还说圣人是在"体民之情,遂民之欲",并认为"民之饥寒愁怨,饮食男女"等人欲,都具有不可排拒的合理性。① 戴震对理欲之辨做出的诠释,承认人们都可以享有合理的物质欲望,反对道学家提出存理去欲的禁欲主张,这种既承认人的情欲但又不要过分纵欲的思想在今天市场经济条件下要建立新时期的社会道德,还是可取的。

三、公与私的关系

在中国传统道德观念中,往往是主张公谊重于私情,公益重于私利。从《礼运·大同》篇提了"大道之行也,天下为公",到孙中山还接下这个口号,作为理想社会的标志。对这种思想的评价,有人认为是接近将来共产主义社会的理想,也有认为是原始社会思想的孑遗,是小农经济平均主义思想的产物,并认为这种只讲群体而不重视个体的思想观念会妨碍中国社会向现代化发展。因为西方发达国家走过的路子,是从重视个体经济和个人利益,从而走向现代社会的,在中国似乎也不应例外。

其实,中国传统思想对公私问题,对公利和私利是有区别的,同时对不同人有不同要求。如孟子对梁惠王说"王何必曰利"这是反对统治者化公利为私利。对这个问题后来黄宗羲有进一步的论证。他认为古之人君,是"不以一己之利为利,而使天下受其利";而后之为人君者则不然,却"以天下之利尽归于己""以我之大私为天下之大公""视天下为莫大之产业,传之子孙,受享无穷"②。实质上就是化公利为私利,因而表示强烈反对。

至于对老百姓的个人私产,如孟子还是比较重视的。他提出要"制民之产",有"恒产"才有"恒心"。对一般农家,认为要做到"五亩之宅,树之以桑,五十者可以衣帛矣;鸡豚狗彘之畜,无失其时,七十者可以食肉矣;百亩之田,勿夺其时,数口之家可以无饥矣"。孟子认为要做到"黎民不饥不寒""使民养生丧死无憾",这才是实现"王道"政治的基础。③

孟子要求统治者行天下之大公,以成就人民群众的小私,这种公私观,我认为是可取的。不过他这里所说的是指一个家庭或家族的恒产,并不强调个人,这里仍带有宗法社会小农经济平均思想的痕迹,没有为个人私产而进行竞争以增加

---

① 《孟子字义疏证·权》。
② 《明夷待访录·原君》。
③ 《孟子·梁惠王上》。

财富的思想表现。到了明中叶以后，由于商品经济的发展和资本主义萌芽的出现，强调个人私有的观念也就凸显出来。如李贽提出"人必有私"的命题，并说"夫私者人之心也。人必有私而后其心乃见，若无私则无心矣"。他是把私利作为促进人们一切行为的动力。还举例说："如服田者，私有秋之获，而后治田必力；居家者，私积仓之获，而后治家必力；为学者，私进取之获，而后举业之治者必力。故官人而不私以禄，则虽召之，必不来矣；苟无高爵，则虽劝之，必不至矣，虽有孔子之圣，苟无司寇之任，相事之摄，必不能一日安其身于鲁也决矣。此自然之理，必至之符，非可以架空而臆说也。"① 他认为孔子也要爵禄，所以说"虽圣人不能无势利之心""势利之心亦吾人禀赋之自然"②。黄宗羲也说："有生之初，人各自私也，人各自利也。"③ 把自私自利说成人类的自然本性，是否正确尚可研究，但肯定私利在社会人生中的作用，确是随着商品经济历史的发展而逐渐受到重视；这也说明我国传统道德观念的民族性并非总是属于前现代性，而是随着时代发展的步伐也会有所变化。

中华人民共和国成立以后，对公私有过一些提法，如说大公无私，这应是属于共产主义道德，现在提出有点超前。中华人民共和国成立初期多种经济并存时，亦有提出要公私兼顾，劳资两利。后来经过"大跃进"和公社化的折腾，刮共产风和否定个人私利，反而导致社会倒退。目前我国只是进入社会主义初级阶段，除公有经济为主体外，还允许外资和国内的私有经济并存。从利益分配来看，就有国家、集体、个人几个层次，在私有经济中允许一部分人先富起来，但在整体上还是要防止两极分化，最终要达到共同富裕的目的，这是与资本主义发达国家不同的地方。从利益分配的公私关系来说，我国传统的道德观念还是先公后私，公利重于私利，不能损公肥私。在社会主义市场经济条件下，这种随着时代发展而经过调整的传统道德观念还是应该适用的。

四、人与我的关系

传统儒学的道德观念很重视对人际关系的处理，特别是对人与己的关系有所论述。如孔子说："己欲立而立人，己欲达而达人。"④ 又说："我不欲人之加诸我也，吾亦欲无加诸人。"⑤ "己所不欲，勿施于人。"⑥ 这是从正反两面来说明人

---

① 《藏书·德业儒臣后论》。
② 《道古录》卷上。
③ 《明夷待访录·原君》。
④ 《论语·雍也》。
⑤ 《论语·公冶长》。
⑥ 《论语·颜渊》。

己关系。孔子还提倡要正己正人。如答复季康子问政时说："政者，正也。子帅以正，孰敢不正？"① 又说："其身正，不令而行；其身不正，虽令不从。""苟正其身矣，于从政乎何有？不能正其身，如正人何？"② 这里虽是针对执政者来说的，但同时也是处理人际关系的一条重要道德原则。还有在无人监管的情况下，不做任何坏事，称为"慎独"③。这是从另一个角度讲做人的道德修养问题。所有这些，如剔除其中带有封建性的道德标准和内容，到今天还是可以适用的。

这些年来，对人与我的关系也有过一些提法。如说："毫不利己，专门利人。""人人为我，我为人人。"不过也有说"人不为己，天诛地灭"的。这里第一种提法是类似"大公无私"的共产主义道德，这种超前意识大概只有极少数人才能做到。看来第二种提法比较实际一些。一个人总会在各行各业中工作，都是在为他人服务；但同时其他行业的人，也是为自己服务。又如在商贸活动中的买卖双方，一个企业或商场是为众多顾客服务的；但同时也可以得到众多顾客对己方的支持和回报，这都是我为人人而人人为我的例子。今天在市场经济的条件下讲究公平竞争，只有这种我与人之间的互相回报，这才是一种良性的互动关系。当然这里也要正己正人，如果己方用假冒伪劣商品来骗人，要人家给予善意的回报，那是不可能的。同样己方也要"慎独"，不能认为没有人知道或欺负人家不识货而坑骗顾客，即使一时得逞也是不能持久的。

至于说人不为己，天诛地灭，那是绝对错误的，那是极端个人主义者的内心自白。遗憾的是，我国的市场经济由于不够规范，确实使有些人钻了空子，成为暴发户。这一方面使遵纪守法的人感到心理不平衡，影响了社会的安定；另一方面又助长了社会拜金主义和享乐主义的歪风邪气，效果极为有害。

总的来说，在当前社会主义市场经济的条件下的道德建设问题，是不能割断历史的。传统的道德观念，无论是好是坏，对今人无论在习俗和心理上都会产生影响。我认为，对传统道德观念时人的理解是有不够全面的，如总是抓住崇义非利、存理去欲、重视群体而不讲个体等现象，认为与市场经济不相适应。其实从我上面对义利、理欲、公私、人我几方面关系的分析，说明我们民族文化的传统道德观念是随着时代发展而有所变化的，民族性并不等于前现代性。历史是不能中断的，我们民族文化中的传统道德观念不能全盘否定，要在扬弃后加以继承。但在理论上如何正确理解民族性与时代性的关系问题，值得我们继续探索和讨论。

（原载《东方论坛》1998年第1期）

---

① 《论语·颜渊》。
② 《论语·子路》。
③ 《礼记·中庸》。

中国传统价值观能否适应现代企业的管理？

中国传统文化是属于封建社会小农经济农业文明的产物，要想与世界市场经济的现代工业文明接轨，是有时代差问题。但传统的价值观能否对现代企业管理产业有所影响？可以进行研究，下面谈点个人意见，以供讨论。

一、中国传统义利观的派衍与纷争

义利观是中国传统价值观的核心，从先秦儒、墨、道、法各家到汉、唐、宋、明时期，所谓义利之辨形成各种派衍与纷争。当前有不少人认为中国传统义利观是崇义非利或是重义轻利的，可能看到孔子说"君子喻于义，小人喻于利"，还有与梁惠王对话的孟子却说"王何必曰利"。其实孔孟并非不言利，孔子说要"因民之所利而利之"，孟子讲"制民之产"是要使黎民过上"不饥不寒"的生活。他们是主张君子和统治者上层不要过于谋利，要廉政待民，但要关心下层民众的利益，统治才能巩固。

从义利关系看，孔子提出要"见利思义""义而后取"，不发不义之财，作为人生价值的普遍原则。墨子反对"亏人自利"，把损人利己的行为"谓之不义"，他要的是符合"国家百姓之利"。先秦儒墨两家义利观基本上是一致的。

汉代董仲舒片面理解孔孟的义理观，提出"正其谊不谋其利，明其道不计其功"。宋明理学家强调"存天理，去人欲"，将义理与功利对立起来，由是"义利之辨"成为传统价值观中论争的热点。

二、"义利双行"是中国传统价值观的正确导向

义利之辨宋明以来出现针锋相对的情况，如陈亮、叶适与朱熹同时，陈亮与朱熹辩论时提出："功到成时，便是有德，事到济处，便是有理。"叶适则批评董仲舒"所谓仁人正谊不谋利，明道不计功"的观点说："既无功利，则道义者乃无用之虚语尔！"对理学家"以天理人欲为圣狂之分"，指为"择义未精"。

在义理观方面，陈亮正面提出要"义利双行"。后来颜元也明确说："以义为利，圣贤平正道理也。""其实义中之利，君子所贵也。"他将董仲舒两句话改为"正其谊以谋其利，明其道而计其功"，从而恢复传统价值观的正确导向。

三、《论语》和算盘一致思想对日本近代企业的促进作用

由于中国社会向近代转型的难产,"义利双行"的观点反而在日本企业家中先得到认同,并且从理论应用到实践方面有取得成功的例证。如日本明治维新时曾任天皇教席的三岛中洲就注意研究孔子的义利观,主张要"据《论语》把算盘",提出"道德经济合一"说。稍后企业家涩泽荣一于1883年也提出"道德与经济合一",称作"《论语》与算盘一致"的观点。涩泽一生创办500多个企业并得到成功,在日本被称为近代企业之父。他所写的《论语讲义》《论语与算盘》被列为企业界的常读书。评论家山西七平写的《论语读法》也是畅销书之一,读《论语》热到20世纪80年代仍有影响。

四、道德与法制是促进市场规范化的必要条件

市场经济要不要讲道德,从一些报道所反映,看来多是肯定。据香港《明报》1992年7月8日载,谓西方大企业注重商业道德已蔚为时尚。韩国高丽大学校长洪一植撰文,称"立足于道德性树立企业文化,是成为世界一流企业的首要条件"。《光明日报》1994年8月19日报道在北京召开的"商业企业经营管理体制改革与职业道德重整研讨会"中的发言,大都主张市场经济要讲诚信,从经营管理入手,把职业道德纳入法制化、制度化的轨道。不过也有不同的声音,如有人说要警惕道德评价对经济的"越位"干扰。还有些人提出要为投机倒把、买空卖空以至皮包公司等"正名",认为这些活动能引导消费和促进经济发展,是社会进步的表现。作为消费者,我不同意这种观点。目前国内市场假冒伪劣产品充斥,坑蒙拐骗"宰"客行为屡有发生,没有道德和法制,市场经济不规范,除那些暴发户受益外,于国于民都是不利的。

五、提高人的文化素质是管理好现代企业的基本保证

从事市场经济和现代企业管理工作的是人,因此无论是对职业道德的操守,还是对规范市场经济的法律建设,都要由相关的人去进行。而作为现代企业的决策者和主持人,除要精通本行业的经营管理知识外,自身的思想品质即精神文化素质的高低,往往成为能否管理好企业的关键。因此,培养德才兼备的人才仍然是管理好现代企业的基本保证。

(原载《改革开放与市场经济文选》,西南财经大学出版社1998年版)

传统思想文化与现代精神文明

我国传统思想文化的内涵是什么,一般多认为是以道德伦理为核心的儒家思想。儒家思想在我国文化史上占什么地位,在社会上起到什么样的作用和影响,特别是当前我国在实现四个现代化的过程中,如何对待这个思想文化传统,确是一个值得研究的问题。

五四时期发起的新文化运动,提出"打倒孔家店"的口号,提倡民主与科学。这场运动也经过了一番周折,如出现有保存封建传统的国粹派,也有主张全盘西化的崇洋派。马克思主义传入中国以后,与中国的实际情况相结合,才对我国的传统思想文化采取正确的批判继承方针,即剔除封建性糟粕,吸收民主性精华。但中华人民共和国成立以来对贯彻这个方针,往往左右摇摆不定。同时对什么是精华,什么是糟粕,也感到界限不清。"文革"中提出所谓扫除"四旧",表面上对旧传统做最彻底的决裂,但实际上如"三忠于、四无限"这一类提倡个人迷信、鼓吹专制特权的封建糟粕,却得以借尸还魂。"评法批儒"实际上为"四人帮"建立封建法西斯专政制造舆论,使我们这个年轻的社会主义国家经受"文革"的摧残。

打倒"四人帮"以后,大家都同声谴责这场毁灭文化的所谓"文化大革命",对"评法批儒"运动也重新进行反思,其中对儒学的评价仍有较大分歧。近几年来,儒家伦理与现代化关系的研讨在亚洲地区还受到学术界的关注。如最近新加坡《联合早报》1月5日报道:"探讨儒家伦理与现代文明的关系,将是多位国际著名学者后十年的大型国际研究计划。"从1月5日至9日,由新加坡东亚哲学研究所主办的"儒家伦理与工业东亚的现代化"国际研讨会,便是实现这个计划的开端。在我们国内亦有一些中外知名学者讲演过有关传统文化特别是儒学方面的课题,受到学术界的关注。

我认为儒家从孔子开始思想上有个特点,就是着意研究和解决人际关系问题。把人看成是群体分子,以伦理政治为轴心,处理和调整人与人之间的关系。这可以说是以儒家为主体的中国传统文化的特色。而"仁"学则是孔子伦理学说的核心,所以孔子的"仁"也可以说是一种人际关系学。

由于孔子对"仁"所悬的标准很高,对道德人格的修养要求很严,对处理人际关系上要做到正己正人、立己立人、达己达人,即把维护着群体利益作为最高的道德要求。正是由于群体道德在人际关系上的广泛影响,从而形成了对家庭、社会以至民族、国家内部的凝聚力。过去封建社会中所谓"治世",就是标榜所谓行"仁政",也无非是为人民提供一个比较安定的环境,使人们能够在相对和谐的家庭、社会中生活，从而有助于生产的恢复和发展。这可说是儒家群体道德所能起到的积极历史作用。

但是这种以伦理道德学说作为维系社会秩序的精神支柱的传统儒学，却有它自身的严重缺陷。因为等级制度是封建社会最本质的属性，而这种群体道德所要求处理好的人际关系，就是要维护封建等级秩序。如忠、孝、节、义、忍耐、谦让、节制、顺从等，在封建社会中被称为美德，虽然有助于形成一个比较和谐的家庭、社会生活环境，但个体的创造性和自由发展却受到抑压，也不利于社会和时代的变革。

因此，我们对儒家为处理好人际关系而提倡的群体道德，应该从两重性来把握其价值取向。海外有些华裔学者可能看优点方面比较多，如泰国郑午楼先生在郑彝元近著《儒家思想导论》的"序言"中说"现在世界上有不少学者已经注意亚洲一些国家和地区经济现代化的新经验"，认为从日本、韩国、新加坡的经验表明："保持儒家传统作为一种安定社会的力量，这对于维系整个社会的敬业乐群精神，对于创造一个稳定的投资环境以促进社会经济的发展，会有着极大的重要性。"这里对儒家传统促进现代化社会的作用做出很高估价。但是作为当事国的新加坡，第二副总理王鼎昌在一次会议中却说："新加坡共和国成立以来，在经济、科技建设等方面，我们都取得可喜的成就，这是向西方学习的结果。"同时他又指出西方文明中存在的问题，是"道德伦理的破坏，人际关系的实用主义化，这都是西方世界存在着可怕的现象"。由此可见，新加坡当局推行儒家思想教育，是在西方利己主义价值观严重泛滥的情况下，作为挽救资本主义社会道德危机的治世良方。从他们的国情来说，这样做是可以理解的。

我国正在进行四个现代化的建设，为了集中力量发展社会生产力，实行全面改革，实行对外开放、对内搞活的经济政策，那是非常必要的。但我们不能走西方资本主义国家现代化的路子，也不同于那些所谓"工业东亚"的国家和地区。实践证明，全盘西化在我国历史上是行不通的，在当前社会主义制度下更无可能，宣扬资产阶级自由化，在广大群众中间也不会有多少市场。所以，我们不会在西方思想泛滥成灾后，再来提倡儒学加以补救。我们对传统儒学中，凡是有利于稳定家庭和社会秩序，有利于创造和谐的生活环境，能用群体道德来调节好人际关系的，所有这些思想因素，看来还是应该发扬的。我们建设社会主义精神文明也需要有更多的五好家庭，如尊敬父母、教育子女、和睦邻里、守望相助、疾病相扶之类的传统美德，还是应该提倡的。不过儒家亲亲、尊尊那一套也有弊病。我们的父母往往过于庇护子女，甚至扩大到亲戚朋友。为亲者讳，为尊者讳，互相包庇掩护，搞不正之风。什么老上级、老同事、老战友、同乡、同学等，你来我往，拉拉扯扯，这种封建遗风就不能不成为开放、改革的阻力了。

（原载《广州日报》1987年2月6日《探索与争鸣专刊》）

要正确分析我国传统文化中的道德遗产

我国是个文明古国,道德伦理观念在中华民族的传统文化中占据重要地位,也可以说是源远流长。道德一般起源于原始社会,当时还没有阶级剥削和压迫,所以道德是在全体成员共同劳动中逐步形成的,是维护氏族和部落的共同利益,并依靠习惯和传统的力量,使之成为全体成员共同遵循的准则的。关于我国原始社会的道德风貌,在先秦典籍中有一些追述,如《礼记·礼运》篇对"大同"世界的描绘,可以作为原始社会道德的基本特征。

从原始社会进入文明社会以后,由于社会分裂为对立的阶级,道德也就带上了阶级的性质。随着人类文明的发展,为各种不同阶级的道德做说明和辩护的伦理学说也就产生了。在阶级社会中,劳动人民由于被夺了拥有文化知识的权利,所以不能把自己的道德观念加以系统化、理论化,形成完整的伦理学说。但是,从《墨子》和《太平经》等著作中还可以部分反映出当时劳动者的道德风貌。这些人包括奴隶、农民和下层小生产者,他们较多地继承原始社会的道德观念,以公有观念和平等观念来反对剥削与压迫,以互助观念团结自身的力量与统治者做斗争。热爱劳动和勤劳俭朴,更是我国历史上劳动人民的传统美德。

不过,在阶级社会中占统治地位的仍然是剥削阶级的道德观念和伦理思想。如在我国的殷、周奴隶社会里,奴隶主阶级的道德观念已经形成,但还没有完全从宗教、政治中分离出来,形成独立的伦理思想体系。在殷商的卜辞中已出现"德""礼""孝"等字,但还没有作为道德规范来使用。由于商人"尚鬼""尊神",故商代的道德观念还是从属于宗教意识。到了西周,虽然周人还未能摆脱传统的天神崇拜和祖宗崇拜,但已看到人的作用。如周初已出现"以德配天"的思想,甚至提出"皇天无亲,惟德是辅",并把"有孝有德"作为"君子"必备的品格,只有这种"岂弟君子",才可以成为"四方"效法的准则。而"君令臣共"的"德"和"父慈子孝"的"孝",又是用以维护分别上下尊卑的"礼",因而"礼"也具备了道德属性。从上面可以看出,到了周代,德、礼、孝作为道德规范使用,比殷商时明确了。

春秋战国是我国古代社会大变动时期,基本上实现了由奴隶制到封建制的转变,学术思想上则出现了"百家争鸣"的局面。孔子创立的儒家是我国历史上第一个学派。他把"仁"作为处理人与人关系的基本准则,又是个人修身立命的根本。他阐发了仁、义、礼、智、孝、悌、忠、信等许多道德规范,从而建立起一个以"仁"为中心的伦理思想体系。儒家"序君臣父子之礼,列夫妇长幼之别",并提倡仁政、德治和礼教等一套,将道德规范与政治措施结合起来,形成儒家特有的政治伦理哲学。

儒家经过孔子、孟子、荀子到西汉中期的董仲舒,还有东汉初年成书的《白虎通义》,道德伦理观念越来越为稳定封建王朝的秩序服务。如突出"君为臣纲,父为子纲,夫为妻纲",把它称为"王道之三纲",从而把"忠"与"孝"作为社会伦理的基本规范,所谓"忠孝大节"就成为封建社会衡量人们道德的主要标准。董仲舒还依据孔、孟,把仁、义、礼、智、信列为"五常之道",以此作为处理人际关系的基本道德准则。自是"三纲五常"便成为封建道德的核心,而所谓"纲常名教"在我国长期的封建社会中也就成为占统治地位的伦理形态。

儒家的道德伦理观念到宋、明时期发展得更加成熟和完备。宋儒创造了"天理"论,这个"天理",内容既包括"仁、义、礼、智",但又是宇宙的本体和自然、社会所必须遵循的根本法则。宋儒的"天理"论将封建纲常上升到宇宙论的高度,完成了道德伦理观念的哲理化,标志着儒家的伦理思想发展到一个新阶段。宋、明时期,无论是程、朱学派还是陆、王学派,都把"存天理,灭人欲"作为共同纲领。他们提倡要做所谓忠臣、孝子、节妇、义夫,凡是违反封建纲常的就被骂为伤天害理,在社会上为人所鄙弃。至于"灭人欲",虽然一方面要求统治者内部不要有超出等级名分的纵欲行为,但更重要的一方面是反对劳动者要求改善非人生活的物质欲望。另外,地主阶级内部要求变法改革的主张,或是不满封建束缚而有点个性解放的思想,都被理学家们视为私欲而加以排斥。

宋明理学家虽然给封建纲常戴上了"天理"的神圣光环,但并不容许人们做理性思考。由于名教纲常的核心是维护封建等级制度,所以在"天理"面前也不会有什么人人平等。如朱熹公然主张在审理诉讼时先讲名分的上下尊卑,然后再管事理的是非曲直。所以实际上只有尊者、长者、贵者才有理,而卑者、幼者、贱者则无理可诉,清代戴震正是深刻揭露了这种不平等现象,从而发出"后儒以理杀人"的慨叹。戴震把对封建道德的批判提到一个新的高度。后来谭嗣同也指出"数千年来,三纲五伦之惨祸烈毒,由是酷焉矣",即认为封建名教为祸是非常酷烈的。鲁迅则干脆揭开仁义道德的画皮,称其本质就是"吃人",这是对封建旧礼教做出的最深刻的批判。

但是,传统的封建伦理道德在历史上也非完全只起到反动作用。如孟子提出的"富贵不能淫,贫贱不能移,威武不能屈,此之谓大丈夫"。他还主张在社会上担当"大任"的人,"必先苦其心志,劳其筋骨"。做人要有坚定气节,成才必经艰苦锻炼,孟子的名言激励着后世多少仁人志士,而能否做到这一点,也是关系到人们道德品质的修养问题,如文天祥不畏强暴,宁肯成仁取义,而不愿寡廉鲜耻地苟活偷安。范仲淹则提出"先天下之忧而忧,后天下之乐而乐"。这些凛然正气和博大襟怀,没有高尚道德情操的人也是办不到的。另外,儒家的道德还很重视操守,主张要"慎独"和"不欺暗室",即在无人监督的情况下也不做坏事。以上这些简略的举例,都可以视为我国民族的传统美德,在历史上是曾经起过积极作用的。

  总的来说,在我国历史上既有劳动人民的道德,也有剥削阶级的道德。后者特别是封建的道德观念和伦理思想,不仅支配着地主阶级,同时对整个民族的心理、习惯、性格都有着不可忽视的影响。由于道德的特点,是通过人逐渐形成一定的信念、习惯、传统意识而发生作用的,所以和其他意识形态相比较,存留的时间要长得多,改变的方式也不能只靠行政命令,而要因势利导。要使人们逐步认识到,在传统的道德伦理观念中有哪些精华和糟粕,从而自觉地抛弃那些过时、腐朽的东西,对一些积极的带有人民性的因素则要加以发扬,使其能逐渐和新的社会制度、先进阶级的利益结合起来,把我们古老的民族文化传统引向建设社会主义精神文明的轨道,这是一项非常艰巨而又有重大现实意义的工作。

  在我国儒家传统的道德伦理观念中有一个明显的特点,就是注意协调和解决人与人之间的关系。现在虽然时代不同,但旧道德经过扬弃和补充新的内容,到今天还是可以适用的。如封建社会中提出父慈子孝、兄友弟恭、夫义妇顺的要求,我们今天当然不能照搬,但作为父子或长幼的关系来说,尊老爱幼在现代社会中不是应该提倡吗?作为兄弟,也应该友好相处。至于夫妇,我们当然反对夫为妻纲和要妇女片面守贞的封建道德,但双方也要互助互让,做到爱情专一,不要受到什么性解放之类的腐朽生活方式的影响,也不要做破坏别人家庭幸福的第三者,这是缺乏社会公德的行为。总之,在继承古代劳动人民平等、互助观念这一传统美德的前提下,对如何搞好家庭、社会的人际关系,从而实现安定团结的局面,应该是大有帮助的。

  关于民族气节,这是我国的传统美德。现在有些人崇洋媚外,甚至做出有失国格、人格的事情,这是不应该的。还有些国家工作人员,见利忘义,以权谋私,甚至欺上瞒下,耍两面派,这都是不符合忠诚正直的传统美德的。我们要吸收道德遗产中有价值的东西,正确把握批判继承的思想界限,从而培植民族文化传统的自豪感。只有这样,才能更好地为发展社会主义精神文明的建设服务。

(原载《哲学刊授》1986年第7期)

中国古代"孝"文化的两重性

"孝"作为华夏民族固有的道德观念和传统美德,是几千年来伦理道德的精华,但由于传统孝道有其时代性的陈旧观念,夹杂封建性糟粕,因而就有个批判继承问题。不过,孝文化所以产生正面和负面的社会效应,并不是我们今天分析得来的,根源在中国古代孝文化已具有两重性。

一

"孝"的含义是什么?我们今天一般认为就是孝顺父母,这和《尔雅·释训》的解释"善事父母为孝"的含义是一致的。当然,如果古往今来,"孝"文化就那么简单,就不会有精华与糟粕的问题。正因为孝文化有它复杂的发展过程,下面做点剖析。

先秦儒家很重视"孝"的问题。《论语》中有几条孔子对学生的答问。当宰我问到子女为父母守孝三年太长,是否一年就够了。孔子问他这样做是否心安,"今女(汝)安,则为之"。宰我出去后,孔子批评说:"予(即宰我)之不仁也!子生三年,然后免于父母之怀。夫三年之丧,天下之通丧也。予也有三年之爱于其父母乎?"①

这段对话表明孔子认为子女所以要为父母守孝三年,因为小孩要到三岁才能脱离父母的怀抱,守孝三年只是血缘亲情对父母的追思。但这是自愿的,并没有强制,所以对宰予背后虽有批评,但当面还是说你觉得心安就按你的意见去做吧!

不过,孔子对尽孝问题亦不是完全放任的,他也希望有点规范。当孟懿子问孝时,他回答说"无违"。樊迟问是什么意思,他回答说孝就是不要违背《周礼》,而要对父母"生,事之以礼;死,葬之以礼,祭之以礼"②。孔子主张"复礼",也就是作为儿女尽孝的规范。

对"孝"与"忠"的关系。季康子问:"使民敬、忠以劝,如之何?"孔子回答说:"临之以庄,则敬;孝慈,则忠。"③ 这是季康子问怎样使得人民对他尊敬和尽忠。孔子回答说你(指季康子)对父母孝顺,对儿女慈爱,人民就会对

---

① 《论语·阳货》。
② 《论语·为政》。
③ 《论语·为政》。

你尽忠。这里"孝慈"是对统治者的要求,并没有要人民移孝作忠的意思。

《论语》中有段话值得注意。有子曰:"其为人也孝弟(悌),而好犯上者,鲜矣;不好犯上,而好作乱者,未之有也。君子务本,本立而道生。孝弟也者,其为仁之本与!"① 这里孝悌不但成为仁的根本,而且延伸到政治方面,抑制住人们犯上作乱的动机。那么,"孝"就成为一把双刃剑,正面效应是有利于家庭和谐和社会安定,而负面则消除人们对暴虐统治者的反抗。原来孔子、孟子只是尊崇尧舜那样的仁德之君,对桀纣等暴君是肯定汤武革命的。如绝对不许犯上作乱,反而有利于暴君的专制统治了。

孟子主张先验性善论,他认为人性是善的,所以天生就有亲亲之情。如说:"孩提之童,无不知爱其亲者;及其长也,无不知敬其兄也。亲亲,仁也;敬长,义也。无他,达之天下也。"② 孟子既认为亲亲是仁,所以仁德之君是讲孝道的。他反复宣扬舜的大孝,并概括说:"尧舜之道,孝弟而已矣。"③ 孟子的原意是用仁德之君的孝道来感化人民大众,要求人们"入则孝,出则悌,守先王之道"④,从而做到"人人亲其亲,长其长,而天下平"⑤。

孟子以孝治天下的思想,使得道德伦理进一步向政治伸延,在托名孔子所述作的《孝经》中,就体现出孝亲与忠君的结合,明确提出以孝事君和移孝作忠的论调,如说:"以孝事君则忠,以敬事长则顺,忠顺不失,以事其上,然后能保其禄位,而守其祭祀,盖士之孝也。"⑥ 又说:"君子之事亲孝,故忠可移于君;事兄悌,故顺可移于长;居家理,故治可移于官。是以行成于内,而立名于后世矣。"⑦ 由是将原属于伦理的孝道向政治转化。原来孔子认为宰我不孝只是做出批评,如是否守孝三年仍由他自愿选择。而在《孝经》中却说:"五刑之属三千,而罪莫大于不孝,要君者无上,非圣人者无法,非孝者无亲,此大乱之道也。"⑧ 不孝成为犯刑事的大罪了。这样一来"孝"文化的演变,伦理既向政治伸延,而政治又返回对伦理加以强制。

在《孝经》中还规范行孝的序列:"夫孝,始于事亲,中于事君,终于立身。"人们先在家中生活,在家能孝,学成出仕,就要移孝作忠,自是忠臣出于孝子之门。忠孝传家,成为"孝"文化的完美结合。至于立身是贯穿着人的一生的。《孝经》中说:"身体发肤,受之父母,不敢毁伤,孝之始也;立身行道,

---

① 《论语·学而》。
② 《孟子·尽心上》。
③ 《孟子·告子下》。
④ 《孟子·滕文公下》。
⑤ 《孟子·离娄上》。
⑥ 《孝经·士章第五》。
⑦ 《孝经·广扬名章第十四》。
⑧ 《孝经·五刑章第十一》。

扬名于后世，以显父母，孝之终也。"① 在封建社会中，从接受启蒙教育起就奠定人生的努力方向。

二

伦理政治化，政治伦理化，似乎是中国传统文化中的一个特点，"孝"文化的发展也离不开这条途径。但为什么说这会形成古代"孝"文化的两重性，可以从儒家对人际关系的矛盾两重性思想中得到启示。如孔子对人格的完善、道德的修养，在要求上是人人平等的，如正己正人、立己立人、达己达人，他要求所有的人都这样做，并无等级之分。但是，在现实的社会政治生活中，人们的地位却是不平等的。就以正己正人而论，即使国君或居上位的能"正其身"，带头走正路，下面的臣民"孰敢不正"？这就要做到各守其分、各安其位，更不能犯上作乱。这里双方并无什么平等的意味。自是，孔子对人们在人格道德上的平等要求和要维护君臣父子在社会政治上的等级秩序，形成了在人际关系上的两重性思想矛盾。

孟、荀沿着孔子的思路，对人们在道德完善和人格尊严方面，也认为可以做平等的比较，如孟子肯定"人皆可以为尧舜"②，荀子也认为"涂之人可以为禹"③，这是指在道德人格上庶人和天子可以取得平等地位。至于孟子所以称赞舜为大孝，就说："舜尽事亲之道而瞽瞍厎豫，瞽瞍厎豫而天下化，瞽瞍厎豫而天下之为父子者定，此之谓大孝。"④ 这是说舜事亲之道能使得父亲瞽瞍高兴，这就为人树立"孝"的榜样，并使天下人受到感化。这里舜的大孝是作为儿子的个人道德行为，没有受政治压力的因素。这是正面的例子，还有负面的例子，就是前面提到宰予不守三年之丧，亦是个人道德行为，孔子虽批评他违反孝道，但是没有强制。

进入秦汉时期，由于政治的参与，伦理也就成为政治统治的工具，如对父母是否尽孝就不是个人自愿的道德行为，而是国家在政治上行赏罚的根据。秦朝推行严刑峻法，秦律定不孝为重罪。在《云梦睡虎地秦简》中记载：如父母告儿子不孝，官府就"亟执勿失"，立即抓起来治罪。还有个案例，有个不孝子被处以极刑。至于殴打祖父母长辈者，都要"黥为城旦舂"，从重判处。

秦朝晚期还发生一件大事，就是赵高和李斯合谋矫诏杀害扶苏和蒙恬，理由是"扶苏为人子不孝，其赐剑以自裁；将军与扶苏居外，不匡正，宜知其谋。为

---

① 《孝经·开宗明义章第一》。
② 《孟子·告子下》。
③ 《荀子·性恶》。
④ 《孟子·离娄上》。

人臣不忠,其赐死"①。什么不忠不孝,全是莫须有的罪名,那不是伦理成为政治统治的工具吗?

汉朝标榜"以孝治天下",治国的指导思想与有关政策都是围绕"孝"这一道德伦理做文章,可以说已经完全走向政治化和制度化了。首先,汉朝除开国皇帝刘邦、刘秀外,所有皇帝都加上"孝"的谥号。颜师古说"孝子善述父之志"②,大概是要求皇帝更好地继承父亲的遗志及其统治政策。

汉朝以"孝"治国的政策,一方面表现在用人和管治制度的创立。武帝时"初令郡国举孝廉各一人"③,以后成为制度,即以"孝"作为任用官吏的标准。在基层乡官则设立"孝悌""力田"。"孝悌"是管道德教化,"力田"管物质生产,两者互相配合管治好基层工作。另一方面,为落实孝治政策,国家还建立奖惩制度。据《汉书》《后汉书》记载,自西汉惠帝至东汉顺帝,全国性对孝悌褒奖、赐爵达到32次,而地方性的褒奖可能更多。至于地方官推行道德有显著成绩的,官民双方都受到奖励。如西汉黄霸治理颍川,朝廷下诏称他"宣布诏令,百姓乡化,孝子、弟(悌)弟、贞妇、顺孙日以众多,田者让畔,道不拾遗,养视鳏寡,赡助贫穷,狱或八年亡(无)重罪囚,吏民乡(向)于教化,兴于行谊"④。由于治理成绩显著,黄霸被"赐爵关内侯,黄金百斤,秩中二千石"。同时"颍川孝弟(悌),有行义民、三老、力田,皆以差赐爵及帛"⑤。这里官民都得奖,可谓皆大欢喜。其实,家庭和谐、社会安定,对朝廷的统治也是有利的。应该说,基本上是取得正面的社会效应。

汉代朝廷除集体褒奖孝悌外,还重视奖励个人。如谏议大夫江革,母老,自挽车,乡里称之曰"江巨孝"。他以病告归后,"国家每惟志士,未尝不及革。县以见谷千斛赐'巨孝',常以八月长吏存问,致羊酒,以终厥身。如有不幸,祠以中牢"⑥。汉廷对这位所谓"巨孝",称得上是生荣死哀,关怀备至。

至于"孝"的本义,即子女对父母的关系,到汉代对子女一辈更是不公平。先秦儒家对父子关系,还有对等的思想,如说:"为人子,止于孝;为人父,止于慈。"(《礼记·大学》)这是从亲情伦理的角度提出要求,父慈才能子孝,应该说还能体现出儒家道德人格平等的思想。到汉代将"君为臣纲,父为子纲"联系起来,将原属血缘亲情的父子与政治遇合的君臣关系等同,使君父与臣子处于明显不平等地位。如父母告子女不孝,严重的要"斩首枭之",即处以死刑;

---

① 《史记·李斯列传》。
② 《汉书·惠帝纪》。
③ 《汉书·武帝纪》。
④ 《汉书·循吏传》。
⑤ 《汉书·循吏传》。
⑥ 《后汉书·江革传》。

可是衡山王太子坐告父不孝，弃市。① 至于在家族中，还可以有各种族规家法，对认为不孝的子孙处以各种刑罚。这种现象在20世纪30年代时还存在，如有位孝女写的自述："妈妈的家规是'大人讲话伢子听''天下无不是的父母'，因之在她面前只许点头称是，从不许稍加违背。""妈妈经常的家法是棒打、跪香、饿饭，弄得我在她面前百依百顺。她那些严酷的家法我真有点受不了，她一打就是不顾死活。""我从懂事开始，没有与她亲过一回，她更不许我与旁人亲近，认为我一定会告她的状，马上拖出来又是一顿打。"在这种家庭中当孝女确是太苦了。

汉朝举孝廉、奖孝悌的政策有个副作用，就是免不了有人弄虚作假。如东汉时的赵宣，别人守墓服丧3年，他20多年还在守墓不除孝服，因此"乡邑称孝，州郡数礼请之"，并向陈蕃推荐，但当问到他妻子时，5个儿子都在服丧期间出生。这违反礼制，骗神弄鬼，欺世盗名，陈蕃不但不推荐当官，反而将他治罪。

像赵宣那样的假孝子，当时大概不是个别的，不过他的做法过于笨拙；有机巧可能骗过人走上仕途，所以有"举秀才，不知书；察孝廉，父别居"②的民谣，表明汉代孝治用人的虚伪性。

其实汉代提倡孝治，只是想人民不要犯上作乱，对"孝悌"也不真正重视。如贡禹谈到武帝时由于"用度不足"，"使犯法者赎罪，入谷者补吏，是以天下奢侈"。故社会上有俗谚说："何以孝悌为，财多而光荣。"③ 有钱买官就不用讲孝悌了。

汉代的孝治政策，是用以造就一批父慈子孝、兄友弟恭的孝悌家庭，进而安定社会，增强中华民族凝聚力，是有一定的正面作用。虽然有的假孝子，沽名钓誉，贻害社会，但一般迟早还会被人揭露。但有一种真孝子，可以说尽孝过了头，走向孝道的反面，或者称之为愚孝，对社会的不良影响极大。这就形成子女行孝的又一个两重性。

三

"孝"的本义是子女孝顺父母及其长辈，而父母则要爱护和教育子女，父慈子孝、尊老爱幼是彼此双方应负的义务，但在实行时也有个"度"的问题。如子女孝顺父母，需要精神上的承欢和生活上的供应，但也不能有求必应。如姜诗"母好饮江水，水去舍六七里，妻常泝流而汲。后值风，不时得还，母渴，诗责而遣之"。姜诗的母亲喜欢饮江水，由他妻子远赴六七里外的江中汲水，这本已

---

① 《汉书·衡山王传》。
② 《抱朴子·审举》。
③ 《汉书·贡禹传》。

相当危险，有一次因遇风没有汲到水，他就将妻休弃了。后来其子因"远汲溺死"①。姜诗为了孝顺母亲饮江水的嗜好，结果弄到妻离子死，这个孝子也做得太过了。还有被称为孝女的曹娥，其"父盱……于江中……溺死，不得尸骸。娥年十四，乃沿江号哭，昼夜不绝声，旬有七日，遂投江而死"②。

在家庭关系中，子孙对父祖长辈的侍奉和供养是必要，但不能有求必应，如冬天吃鲜笋和冰河捕鱼，那是办不到的，而二十四孝中却有"孟宗哭笋""王祥卧冰"的故事，可以孝感动天来满足其孝心。但这种天人感应式的误导，却长期在民间流存。其实解衣卧在冰上，哪会冰破得鱼，恐怕时间长点还会有性命之忧。至于更不合情理的孝道，还有"郭巨埋儿"，为了留点粮食赡养母亲却想把小儿子埋了。这不但违反人性，简直是犯罪了。

更为荒唐的是，自陈藏器《本草拾遗》说人肉能治病以后，民间就兴起割股肉为父母治病之风，而民间这种愚昧行为却受到朝廷的鼓励。如宋朝"上以孝取人，则勇者割股，怯者庐墓"③。自太祖、太宗以来，"刲股割肝，咸见褒赏"④。元朝以游牧民族入主中原，没有汉人的孝道习惯，因而下令"诸为子行孝，辄以割肝、刲股、埋儿之属为孝者，并禁止之"⑤。

明朝建国，朱元璋仍提倡忠君孝亲，这是封建专制统治的命根子。不过他还比较清醒，了解到"卧冰、割股，上古未闻"，"皆由愚昧之徒，尚诡异，骇愚俗，希旌表，规避里谣。割股不已，至于割肝，割肝不已，至于杀子。违道伤生，莫此为甚"。由于这些愚昧的行为，弄到伤生害命，这就不利于封建统治了。因而在制谕中规定，"至今父母有疾，疗治罔功，不得已而卧冰割股，亦听其所为，不在旌表之例"⑥。

朱元璋的诏谕，虽称卧冰、割股是愚昧行为，但认为这为的是想求旌表和避徭役，就说这种行为不在旌表之例。其实在明、清两代都不断有这种所谓孝行，还是受到朝廷的旌表。

中国古代"孝"文化的两重性，越到后来负面的影响越大，故五四时期陈独秀、胡适、吴虞、鲁迅等人掀起一场对孝道的批判。但被称为现代新儒家的梁漱溟、马一浮、冯友兰，到后来在港、台及国外活动的唐君毅、谢幼伟、杜维明、成中英等人，都对孝道做不同程度的肯定，大体上是重视古代孝道两重性中的正面作用。

① 《后汉书·列女传》。
② 《后汉书·列女传》。
③ 《宋史·选举志》。
④ 《宋史·孝义传序》。
⑤ 《元史·刑法志四》。
⑥ 《明史·孝义传》。

不过，像卧冰、割股、埋儿这些愚孝行为，不但今人不能接受，而且也违反古代孔孟儒家的孝道。《孝经》中明确说："身体发肤，受之父母，不敢毁伤，孝之始也。"而这种自残肢体以致丧失性命来所谓尽孝，不是走向孝道的反面吗？至于埋儿更加错误。因为孝道是双向的，父慈子孝，尊老爱幼，以伤残儿女的性命来对父母尽孝，当然是错误的。在古代所谓二十四孝中，有的其实是违反孝道的，今天如不加批判地予以宣扬，对社会会带来消极影响。

（原载《孔子研究》2004年第4期）

对传统道德别开生面的批评

——对宋恕"酷刑迫娼"论的联想与现代思考

宋儒程、朱等人倡导的封建理学,被戴震批评是"以理杀人"。蔡尚思在《中国传统思想总批判》一书中,对程朱派思想也指斥为《吃人的讲理》。其中引用了宋恕对道学家的批评,以"酷刑迫娼"作为"救惨"的主题,颇有点别开生面的味道。娼妓在封建社会被视为淫贱之人,为道貌岸然的正人君子所不耻。宋恕揭露造成这种社会悲剧的根源,将道学家们推到被告席上,可以说是诛心之论。本文拟对"酷刑迫娼"的古今事例举作剖析,以此证明宋恕的批评主题并非无的放矢,而是有理有据。

一

蔡尚思书中对理学的批评,摘录宋恕的言论,有下面几段。

儒术之亡,极于宋元之际,神州之祸,极于宋元之际。苟宋元阳儒阴法之说,一日尚炽,则孔孟忠恕仁义之教,一日尚阻。(《六斋卑议·自叙》)

洛闽祸世,不在谈理,而在谈理之大远乎公;不在讲学,而在讲学之大远乎实。(《六斋卑议·贤隐篇·汉学章第八》)

莠民盗人妇女,卖入娼寮,开寮莠民,酷刑迫娼,不从者死;复有莠民父及后母伯叔兄弟及夫,刑迫其女、其侄、其姊妹、其媳、其妻妾卖娼,不从者死;民之无告,于斯为极。而文人乃以宿娼为雅事,道学则斥难妇为淫贼。夫人沉苦海,见而不恤,则亦已矣,何忍乐人之苦,目为胜境?宿娼为雅,何事非雅?且既以为雅,己之妻女,何不许作雅人?故宿娼未为丧心,文人之丧心在以为雅事也。若夫斥为淫贼,则道学之丧心也。夫彼身坠莠手,不从则有炮烙寸磔之刑,假使正叔,仲晦作妇女身,同彼遭遇,宁死不从,吾未敢必,乃责世间妇女以必尽能为睢阳、常山耶?不设身处地,而动加丑诋,洛闽之责人,鞅、斯之定律也。夫彼文人既阴德诸莠男女,彼道学又阴护诸莠男女。(阴护二字,实非刻枉,每见舅姑本夫迫娼致死之狱,道学家论断,恒曲恕非人之舅姑本夫,而不肯为守节之烈妇雪恨,故非人之舅姑本夫,有恃无恐,迫娼比比,非阴护而何?噫!吾不解洛闽之所谓道者何道也?)于是盗卖迫娼诸莠男女之势,遂横绝海内,而诸弱妇女之苦,永无

顾问者矣!(《六斋卑议·救惨章第三十四》)

这里宋恕认为宋元洛闽之学是导致"儒术之亡",所推行的是"阳儒阴法之说",而非"孔孟忠恕仁义之教"。这种说法其实并不完全准确,因为法家之法,是"不别亲疏,不殊贵贱,一断于法"。而洛闽谈理却是"大远乎公",而讲学则是"大远乎实"。从"酷刑迫娼"的事例看,开寮莠民以至那些非人之舅姑本夫,是迫害妇女的凶手,而"身坠莠手"的难妇,却是受尽酷刑的被害者。可是道学家却"恒曲恕"这些坏人,相反却"斥难妇为淫贼",从而使到"诸弱妇女之苦,永无顾问"。这种作为是非颠倒,既不公平又是远离事实,所以说道学家"阴护诸莠男女",实非刻柱之论。

二

娼妓是个世界性的问题,在中国也是源远流长,在某些历史文献特别是明清以来的小说中也有记载和描述。对宋恕控诉酷刑迫娼这个主题,不少文本中也有涉及,现举数例如下。

> 诸金花一见翠凤,噙着一泡眼泪,颤巍巍的叫声"阿姐",说道:"我前几日天,就要来望望阿姐,一径走勿动,今朝是定规要来哉,阿姐阿好救救我?"说着呜咽要哭。翠凤摸不着头脑,问道:"啥嗄?"金花自己撩起裤脚管给翠凤看,两只腿膀,一条青,一条紫,尽是皮鞭痕迹,并有一点一点鲜红血印,参差错落,似满天星斗一般,此系用烟扦烧红戳伤的。翠凤不禁惨然道:"我交代耐,做生意末巴结点,耐勿听我闲话,打到实概样式。"(《海上花列传》第37回)

《海上花列传》是晚清写上海妓女的一部小说,书中人物对话是用吴语,叙事还是用普通话。诸金花与翠凤说的就是吴语对白,她是遭逢不幸,受了酷刑,拟向翠凤求救,谁知给泼了冷水,虽然同情诸金花,但又说:"耐怕痛末,该应做官人家去做奶奶、小姐个呀!阿好做倌人。"这就好像说,做妓女要有受酷刑不怕痛的本事了。她还说,诸金花的继母三姐还是"比倪无姆好得野哚,就不过打仔两顿,要是倪无姆个讨人,定归要死勿死,要活勿活,教俚试试看末,晓得哉"。由此可见,诸金花在诸三姐家,不过挨几顿打;如在翠凤家做讨人,那就会求生不得,求死不能,那就不知要受什么酷刑了。

对妓院中的老鸨,《上海之公娼》书中有一段概述:

老鸨者，世间兽性人类之一也。所作所为无不与天良人道冲突，而以吾国之老鸨为尤甚。上海一埠，素为全国冶游中心点。老鸨之种种残酷行为，其对待妓女之道，责罚讨人（卖身到妓院的妓女称为讨人）有焦桃片（以鸦片烟扦烤红，乱刺讨人股腿，伤痕斑斑，绝似茶食店中之焦桃片）、山楂糕（铁钳煨红后，以之炮烙腿部，伤处红如山楂糕）、针线板（执针乱刺，频频刑责，讨人身躯，几如针线板，为利针之归宿地）等毒刑，笞扑则必脱衣，讨人裸身受鞭每至百数，有受责二三百鞭者，鞭痕重叠，体无完肤，甚至皮开肉绽，鲜血溅流，可谓人间惨事。

鞭打是妓院中对妓女最常见的刑罚，刑具普通用的是皮鞭和藤鞭，可就是这些鞭子，对可怜的妓女却演了一幕幕的惨剧。下面可以多看几个例子。

苗秃说：后来金姐回家，知你上东京去了。便立志坚守。郑三到省城勾了两个年少有钱的嫖客，要金姐接待，金姐誓死不从，那嫖客羞愤而去。好金姐呀！这日咬定牙关，挨了三百皮鞭，一身粉嫩雪白的肌肤，只打得血流满地，道路也为之酸鼻。后只调养了半月，郑三夫妇又着她接客，金姐不从，又打了三百皮鞭。

肖麻子说着咬着牙根，竖起大拇指道："就得金姐好挨手，像这样指头大的皮鞭，金姐光着身子一次要挨三百下，不只一身皮肉打得稀烂，真是打得骨头里出血，才挨出个命来。"

肖麻子领郑三于各处寻找有姿色的妇女，获得良家女子小凤儿，日夜鞭责、迫令为娼。

州官道，叫小凤来，小凤跪在面前。州官道："你到郑三家几月了，可接过几次客？"小凤道："才一个半月，也接过十多个客。"州客道："你可愿意接客么？"小凤道："起初我不肯，郑婆娘两次打了我三百多鞭子，我受刑不过，才接了客。"（以上均摘自《绿野仙踪》）

却说这杏花馆的妓女李春玉，……好像记得自己小时是一官家之女，因父母双亡，被人贩卖，到这老鸨之手。所以曾有好几次，要想逃跑，却是均被老鸨捉着，均被打得要死。后首又有一次，简慢了客人，曾被老鸨将她上下衣服一律脱尽，关于房内捆绑起来，浑身上下，用皮鞭乱打，因她会叫会哭，又用棉花塞在她口中，使她不能作声，打得她浑身血迹模糊，红一处，紫一处，如同花蛇一般，她的面上，却是一点未曾伤损。打过之后，老鸨又和了一碗盐水，在她浑身一浇，可怜那春玉手足既被捆绑，口中又有棉花，疼得只是在地乱滚，哭也哭不出，叫也叫不出，就是那在旁的女佣也落下泪来。原来老鸨用这盐水浇在春玉身上，一来可以使她痛上加痛，二来打破的地方，也不得溃烂，可以易于收口，这乃是老鸨惯用的手段。可怜这春玉经此痛打之后，老鸨又恐怕她自己寻死，所以又暗暗吩咐女佣，时时看守。（《五更钟》第6回《李春玉备受酷刑》）

秀妈吩咐锅边秀，将翠翘衣服尽剥了，连裹脚也去个干净。将绳子绕胸盘住，穿到两边臂膊，单缚住两个大指头，吊在梁上。离地三寸，止容脚尖落地。翠翘无寸丝遮盖，赤身露体，羞得没处躲藏。到此地位，生死由人，一身无主，只得闭着眼睛，随他怎的。……秀妈骂道："你这样贱货，不打你那里怕！"提起皮鞭，一气就打二三十。可怜翠翘，几曾受过恁般刑法。手是吊住的，脚下只得二大指沾地，打一鞭转一转，滴溜溜转个不歇。正是人情似铁而非铁，刑法如炉却似炉。翠翘欲死不能，求生无术，哀告道："娘，打不得了，待我死了吧。"秀妈道："咦，你倒想着死哩，我且打你个要死。"又一气打了二三十鞭。翠翘心胆俱碎，道："娘，真打不得了，听你卖了我吧！"秀妈道："我正打你个要卖。"又是二三十鞭。这番翠翘气都接不下来了……头打两三个旋，脚一连几搓。只见那双丢丢脚儿上十指，鲜血直喷，头发尽散，口中白沫吐出，眼睛之中血涵。众粉头看他恁的光景，一齐跪下替他讨饶。秀妈看见那个模样，也怕弄杀了，便应道："饶便依众人说，饶了你却要招过，今后违我法令，打多少鞭？"翠翘道："若再违妈规矩，愿打一百。"秀妈道："自今日以后，逢人要出来相叫，客至要唤点茶，献笑丢情，逢迎佐饮，却都是不可违拗的。违拗也要打一百皮鞭。"翠翘连连道："也是这等。"（摘自《双合欢》）

婴茵忽然听到亭子间里悲泣的声音，忙问道："妈妈，谁在哭泣啦！怪伤心的。"阿陈姐回过身来回答："是今天才买来的一个少妇，说话很倔强，我给她关于亭子间里，抽了一顿皮鞭，也好叫她明白我的手段。"婴茵听这少妇是挨过一顿打，心里很表示同情，在走到亭子间门口的时候，一面想，一面推门进去。只见那张木床上的栏杆旁缚着一个少妇，全身精赤，雪白的皮肤上，印有一条一条皮鞭的痕迹。婴茵听到玻璃窗外的朔风凛冽，使她想到那少妇的身上精赤，这样岂不是要把她冻死了吗？（摘自《百劫玫瑰》）

阿珍因讨人好好做恩客，叫阿金替我着实打，儆儆她的下次，并问她夏尔梅那张钞票是怎样给的，恐怕不只一张。阿金连称真是该打，便伸手去剥她衣服。好好慌做一团，哀求饶恕。阿金哪里听她，叫黄家姆相帮，把身上衣衫脱个尽绝，下身那条绉纱裤子也剥掉了，只剩一条洋布衬裤，叫她跪在地板上面。阿金寻了一个鸡毛掸帚拿在手中。那帚柄是藤条的，遂把它当作刑具，从上身抽至下身，不知抽了几十藤条，只打得好好浑身青一条红一条的鞭痕。好好疼痛难禁，口中连呼饶命不绝。阿珍怪她哭喊，令黄家姆把口掩住再打，接连又是二三十下，好好此时，声息都无，只在地上乱滚。阿金觉得手痛了，方才住手，把藤条在她肩上一按，迫问下次可还再敢胡乱做恩客，好好泣称再也不敢。阿金又问钞票究竟几张，好好道："钞票实只一张，打死再没有第二张。"阿金听罢，哼了一声道："你既和夏尔梅取过洋钱，别的客人，不见得没有取过，这钱都到哪里去了。"说毕，拿起藤条又将打将下来。好好慌道："别人实是没有取过，这回乃是第一遭儿，阿姨可怜我再打不起，饶了我吧！"阿金心中，尚还不肯恕她，因究是阿珍的讨人，问她可要再打？

　　阿金立起身来，关好房门，加好了闩，把好好捉鸡也似的，捉上床去，好好不知她怎样恶打，只急得面无人色，阿金一手把好好衣服剥开，一手在烟盘内抢了一支钢钎，照着好好的粉嫩肩窝，一扦刺去，足有三四分深，好好狂叫一声，疼得在床中乱滚。阿金说她装腔，索性叫黄家姆揿住身子，掩住了口，自己跨上床去，骑在她的腰内，把钢钎随手乱刺，亏她好一副狠毒手段，一连刺了十数下儿，尚没罢手。好好口中只喊饶命两字，却又被黄家姆将口掩住，出不得声，这一下真痛得死去活来，可怜那有人来救她。（摘自《海上繁华梦后集》）

　　王婆脸色往下一沉，鼻子哼了一声道："贱丫头，还不住了你的哭，你到了我们家里，由不得你撒娇撒疯。"说着狠狠地操了三尺长的一条皮鞭子，走到瑶琴身边，一起一落，接连不断的抽着，也记不清打了多少。这一顿打，打得辛小姐雪白的皮肤上，青一条，红一条，疼痛难忍，倒在地上乱滚，口中哀告道："妈妈饶了我的命吧！"王婆手内擎鞭，睁大两只眼珠说道："瑶琴，你这丫头，从今以后，一切事情，要听我的教训。天天要你迎新送旧，如果违拗了我的话，一百下皮鞭，打在你的嫩皮肤上，你怕不怕。"瑶琴跪在尘埃，口中不住地哀求，说道："妈妈的话，奴都依了。"王婆见小姐哀告，冷笑道："既然如此，暂时饶你，再有过犯，活活把你打死。"（摘自《卖油郎》）

　　那老婆子不由分说，将婉贞扯到大船上，只见舱里面迎出来四五个油头粉面的妇人，同声说道："来了来了。"那老婆子也不理会，走到中舱，当中坐下，便叫拿皮鞭来，先打三十下入门鞭，只见一个粉头，递过一根皮鞭，老婆子提在手里，喝叫婉贞跪下，提起皮鞭，没头没脸地打了一下。说道："这贱丫头，好没规矩，老娘化了雪白的银子，买了你来？"说着又是一鞭。婉贞大怒道："是谁卖了我来，你带我到叔叔那里讲去。"老婆子也怒道："到了这里，这由得你回去，若不给点手段你看看，你不知老娘的利害。"说着举起皮鞭打来。婉贞大怒，夺过皮鞭，也没头没脸地打下去，吓得一众粉头，齐声发喊，后稍走出两个男子，将皮鞭夺过，老婆子十分大怒，喝叫绑了。两个男子上前，把婉贞掀翻在地，剥光衣服，反绑了手，老婆子狠狠地打了四五十鞭。婉贞闭着眼睛，并没有半句求饶，如槁木死灰，只求速死，所以虽是打得皮开肉绽，也不哭泣。（摘自《劫后缘》）

那客人推说小解，溜到后舱去。只听得一阵阵娇声啼哭，他跟着哭声寻去，只见后舱一个娇弱女孩儿，被鸨母浑身上下剥得精赤的，打倒在地。那鸨母手中的藤捍儿，还不住地向那女孩儿嫩皮肉上抽去，顿时露出一条条血痕来。那客人看了，说一声：可怜，急抢步过去，拦鸨母手中的藤条，一面把那女孩儿抢在怀里，问她名字。那女孩儿呜咽着说，名叫小燕，自从被父母卖到珠江边这花艇子里来，早晚吃老鸨皮鞭抽打，说她脾气冷僻，接不到客时，就要脱光衣服，挨一顿鞭打。今天用藤捍子打算是轻的了。（《清宫十三朝演义》）

人瑞道，我也正为她们的事情，要同你商议呢？站起来，把翠环的袖子抹上去，露出臂膊来，指给老残看说："你瞧这些伤痕，教人惨不可惨呢！"老残看时，有一条一条青的，有一点一点紫的。人瑞又道："这是膀子上如此，我想身上更可怜了。翠环，你就把身上解开来看看。"翠花道："你当真的教她回去，跑不了一顿饱打，总说她是得罪了客。"老残此刻心里想着，这都是人家好儿女，卖到这门户人家，被鸨儿残酷，有不可以言语形容的境界。因此，触动自己的生平所见所闻，各处鸨儿的刻毒，真如一个师父传授，总是一样的手段。

老残又问翠花道："你才说她，到了明年，只怕要过今年这个日子，也没有了，这话是个什么缘故？"翠花道：俺妈共总亏空四百多吊，打算把环妹卖给刘二秃子家。这刘二秃子，出名的利害，一天没有客，就要拿火筷子烙人。这一卖，翠环可就让她难受了。（《老残游记》第13、14章）

文素臣妾刘璇姑的嫂子石氏，她被骗卖去扬州当妓女，在入门时"大骂无休，痛哭不止"，被老鸨"吩咐剥脱衣裙，拿过马鞭，一上手抽有一二百马鞭"。后经百般哄劝不从，"再行拷迫，拷过复劝，劝过复拷，约莫拷打了数十回，下半身已是寸节寸伤，石氏安心就死，终无一言"。老鸨再令众粉头百般哀劝，却誓死不从，"又打了几顿毒棒，石氏甘心受苦不回心"。（《野叟曝言》第33回）

上面所举12个例子，所有妓女都受到酷刑的迫害。正如老残所说："被鸨儿残酷……各处鸨儿的刻毒，真如一个师父传授，总是一样的手段。"但卖身妓女之所以受刑，亦有下面几种情况。

良家妇女被卖入娼门，不论出于什么原因，一般多是不愿意的。如婴茵到了蕊香院，"这才明白自己已被芝仙卖到妓院里来了，一时悲痛已极，忍不住哇的一声呜呜咽咽地哭起来。阿陈姐知道初来院的姑娘，终要吃一顿皮鞭，才肯心死的"。又如蝶影被卖到堂子里,一时悲伤已极,不禁失声哭泣。这就惹怒了王三妈,伸手啪的一记耳光,冷笑道:"你这姑娘别想不明白,你还哭呢,你若强一强,我这里的傢生,可不少,有皮鞭,有钢钎,你喜欢受那一样,我就给你尝尝滋味。"皮鞭与钢钎,大概是妓院的常备傢生了。

婴茵是被她大奶奶骗卖的,但是蔡芝仙卖了婴茵后,过了一年多,她又被相好的小白脸卖去婴茵所在的堂子里。"她忘记了自己现在的环境,竟向阿陈姐大骂起来。你想,阿陈姐是个吃人脑髓的人,那还当了得,一声吆喝,早已来了三四个江北娘姨,把芝仙簇拥到亭子间里,衣服剥去,用带子反缚,光着身子挨这一顿皮鞭的抽打,真是自落娘胎以来,也没有吃过这样的苦楚了。"芝仙尝过这番滋味,再不敢嘴硬。当阿陈姐猛可又把她从床上拖起来,芝仙是已经打怕了,以为阿陈姐还要痛打,急得跪倒地上,哭叫道:"我的亲娘,你饶了我吧!"

像芝仙那样,被卖后挨过一次或几次痛打后,只好对鸨母屈从,这是大多数妓女的遭遇。上面说的瑶琴,以至开头对抗的婉贞,最后还是降服。只有石氏是硬软不吃,虽挨受拷打数十回下半身已是寸节寸伤,后又打了几顿毒棒,却誓死不从,甘心受苦不回心。这是最符合宋儒称为贞妇的标准。但在宋恕看来,这是正叔、仲晦也难以保证做到的事情,对落难的妇女,就未免有点苛求了。

三

上面所讲的例子,如果说多是小说中的记载,未必全是真人真事,这里再引述一些研究性的著作,是根据实地调查或报章报道,应该是较可靠的材料,可与上述例子互相印证。

"中国娼妓问题历史与现状的考察"是国家哲学社会科学"七五"规划重点项目"改革开放中的价值观念变化和社会问题"中的重要课题之一,单光鼐著《中国娼妓——过去和现在》是该课题的研究成果。该书在"近、现代中国娼妓业概况"中,谈到"妓女的生活境遇"中所受到"酷刑",下面摘录两段。

> 鞭笞毒打。据陈雨门在"古汴娼妓血泪录"一文中揭露:对一个新买来的或经抚养长大即将成人的妓女,必须"祭鞭"。妓院里的这种鞭系用皮条编织而成,比马鞭稍粗,内插钢针百余枚,针芒露二分左右长。祭时陈设于五大仙牌位之前(五大仙系妓院所敬的神,即刺猬、老鳖、黄鼠狼、老鼠、蛇)。夜深人静时,令妓女焚香跪于桌旁,由老板(鳖头)说明妓院的本色(称为"亮底"),晓以"大义",再继之以恐吓,如敢违抗或想逃跑,必"试鞭",即将妓女脱去下衣,背绑悬之梁间,用鞭抽打,抽至百鞭,遍体鳞伤,气息奄奄而后可。翌日还得含笑接客,不得露出半分痕迹,若与嫖

客稍露口风，即再鞭打。有时在鞭打时还叫所有的妓女在窗外旁听，意在杀一儆百。(《河南文史资料》第一辑，第215～216页)"妓女如有接待客人不周到的地方或待客人太好或那天卖买不好，就难免不受责打，打时用棍用铁条都不定。"(王书奴：《中国娼妓史》，第352页) 令人发指的酷刑还有：用烧红的通条来打；或用烧红的铁条烙妓女的下身；或施用"笋敲肉"的酷刑。据民国八年重印的《上海黑幕汇编》中"野鸡之黑幕"揭露，酷刑"笋敲肉"即用既阔且长的竹板打被剥光衣裤捆绑在床榻上的妓女，毒打"数十下而红，百下而肿，二百下而紫且黑，三百下而血流，四百下而皮卷，五百下而肉随杖飞。"打得两股刑伤相等，才松绑准予站起来。(钱生可编：《上海黑幕汇编》甲编卷二，"娼妓之黑幕第八"，第10～11页，时事报社出版，民国八年重印)"升平里"妓院的乐户多数都设有暗室，时常关押妓女，有的被关多达8天之久。该院一乐户的妓女岳楼，因一天没接着客，即被班主江宝玉用剪刀刺伤大腿。"宝兴里"妓院一名14岁的雏妓因为不愿接客，被班主孙李氏用开水和熨斗烫伤，伤痕达120多处。(兰波：《青岛市取缔妓院纪实》，见马维纲编《禁娼禁毒》，警官教育出版社1993年版，第154页)

"打猫不打人"的毒刑。民国以后，各地妓院对那些不畏威逼利诱的妓女往往采用这种毒刑，以图治服。具体方法是：将不愿接客的妇女捆绑在床上，然后将一只活蹦乱跳的猫放到她的裤裆里，迅速将裤腰裤脚口扎紧使猫不能逃出，龟爪或打手随即鞭打那只在裤裆里的猫。猫被打得在裤子内挣扎、乱窜、乱蹦、乱抓，妓女阴部往往被猫的利爪抓得血肉模糊，鲜血淋漓，惨痛欲绝。越是打猫，猫越乱抓，妓女就越痛。反复抽打猫，直至妓女屈服表示愿意接客为止。

"酷刑迫娼"使受刑的妓女不但肉体上受尽折磨，同时精神上也深受创伤。主要是世人受传统封建道德的流毒，认为当妓女的是天生贱种、淫妇，不但不同情，反而加以斥责。正如宋恕所说，"道学则斥难妇为淫贼"，这种思想可以说到现代社会仍有影响，无怪一些受难的妇女对此深感委屈，下面我举现代社会的两个例子。

1949年6月28日，香港《星岛日报》读者版刊登了受害妓女潘七妹的三封信。第一函开头一段：

亲爱的编辑先生：

敬启者：妹寄上的信，请你把它在读者版刊出，因为这社会的人，个个都嘲笑我们出卖灵肉的女子，说我是甘愿下流。我想世界的妓女，并非甘愿做妓女的，我就是千万中的一个吧！想向法律控告，可是鸨母又用特殊的力来恐吓，我想逃走，她又一样用这办法来制止我。同时没有人替我掉泪，社会还鄙视我，怎么办呢？只有等着机会，死了一切都干净了。

妹　潘七妹字　本月十二晚书

据报上登载潘七妹信中的自述：她9岁时父母去世，跟姨母生活，但读到初二时姨母不幸也死了。她当时16岁，给一个做水客的同乡人骗到香港卖给现在的鸨母，晚上就给一个嫖客强暴了。信中还诉说当妓女后6年来的情况。

现在我们生活仍旧受着（她）束缚，我像坐在一个牢笼里，（她）不停威迫我要接近异性，平均每晚迫我接上十四五个不同的顾客，有时达不到这个数字，我就会被（她）虐待及敲打，甚至打破我的皮肉，鞭答的创痕留在我的身体，这是多残酷啊！在六年喘息中，我已没有丝毫美丽，灵魂里似乎已没有一些热力，面色徐徐地收敛起来，变了青白，实在不可弥补的损失啊！

唉！有的青春已被（她）毁灭了，世界不平等，上帝不正直，无辜地把我陷害，无辜地把我污浊。天呀！他们为什么不能宽恕我？要向一个可怜的弱女攻击呢？我只有静静地饮泣，我想我再没有生还的希望了，让我写下几句遗书，我并非一个坏人，就是坏人把我陷害，我这渺小的生命，生着何欢，死去何憾！但我死去还有一颗纯洁的灵魂，大家再不用嘲笑我，鄙视我，让我静静地等死，现在我要和大家诀别了。

这两段自白书可以说是血泪的控诉。一个刚到16岁、青春美丽的少女在鸨母的威迫下，平均每晚要接上十四五个嫖客，达不到这个数字时就要受到残酷的鞭打，打到皮开肉烂，身上满是鞭答的创痕，这样"一个可怜的弱女"还备受"攻击"。怪不得她呼喊说："世界不平等，上帝不正直……我并非一个坏人，就是坏人把我陷害……我死去还有一颗纯洁的灵魂。"这里义正词严，是一个弱女子对世俗无理嘲笑的悲愤回应。

最后，她在第三函中还对报社编辑提出质询和要求："先生，请你想想，像我这样的女子，值得掉泪吗？唉，但可惜还有人常常说我自甘下流，而又说我没有灵魂的女子，骂我的人我其实真不知他们的理由何在？编辑先生：倘若你是同情我的遭遇，请你应该替我们的弱女子呼声。我写了前后的三函，都是偷偷地写的。我并非为了我私人的呼求，请你为一群弱女呼声而捏捏笔，我虽死无遗憾矣。"第三函最后署名是："病重在床妹七妹泣启。六月十七日。"

《星岛日报》刊出这些信是6月28日，前面有段按语："下刊的三封信，是在这个人间地狱的黑暗社会下一个被牺牲的可怜女子的自白。当接到她信时，更希望从地狱中把她拖出来，终达不到目的。现在只有将这三封信刊出来，使人们知道人间世中也有着这黑暗的地狱。"

该报登出信后，7月下旬又登出一封广州一妓女的来信：

> 看到贵报读者版上登出潘七妹的三封信，我也把它剪下来私自保存着，我背人看这信时，我摸着自己腿上的鞭痕哭了。先生：我和潘阿妹是一样的人啊！现在，我决定写这封信给你，因为你还同情我，一般人都说我们是淫妇，是狐狸精，但我们是被迫的呀！大家不信，且听我说（下面是信中的自白）。
>
> 我是前年秋给骗卖到现在鸨母手里的，她最初叫我接客时，我哪里肯，我那时是一个十八岁的处女啊！并且我又哭着骂她，她大怒之下，叫几个姨娘捉着我，把我的衣服剥光绑在床柱上，她拿着一条粗大的皮鞭，猛力在我的两腿上抽打，那鞭子打在裸体的肉上，痛得我不知怎样好，直到我两腿的皮肉裂开，鲜血流到脚面上，她才开恩不打。从此我见了她比鬼还怕，她再叫我接客时我不敢不从了。可怜最初几个晚上，我不但下体痛苦不堪，周身骨头又好像散了一样，但我每晚还得赔着笑脸逢迎客人呢，因为这里的规矩，那晚没有客人，便要挨一顿打，因此不能不挣命啊！我初到时生意好，一些年纪较大的姊妹更可怜，许多人都玩厌了，她们有时几晚没有客，便天天挨鞭子，昨天的伤痕没有好，今天又要打了。我每见她们裸着布满青紫鞭痕的大腿，给那鞭子又抽出无数新鞭痕时，我真不知道这鸨母的心肝是不是肉做的，但是这种情况我后来又挨到了，我的腿上长日留着或隐或现的鞭痕，因为时间一长那能每晚有客呢！没有客只好等打了。
>
> 我这里还有一次更可怕的事，说起来恐怕只有地狱里才有。在今年春天，这鸨母又买到一个姊妹，样子很漂亮，身材也很丰满，她来也和我一样硬颈，结果也是挨了一顿鞭子。事后鸨母叫我去安慰她，我见她那双嫩白的大腿，给鞭子抽打得裂开无数的血口子，想起我初来时的情况，我忍不住陪着她哭了。但她的难还未受完呢，她经过这顿打，便很服从的接客了，她成为我们一班中最红的人，那时鸨母不但不打她，而且对她很好，监视也放松，不料她便乘机走出来，但又给包庇的恶徒捉回来了。那鸨母只冷笑一声，和初来时一样把她剥光衣服绑起来，我以为她这一顿打是挨定了，怎知这次更可怕，这鸨母却拿着一把烧红的线香火，竟把那香头向这妹子的大腿上烙下去，拿起这把香时那腿上雪白的皮肤便留着几十点焦的烙痕了。我这时看得周身起了鸡皮，但这鸨母却毫无感觉，她吹红了香头火又烙在别一块皮肉上了。还一边骂着，你这臭货，那里待你不好，有得吃，有得穿，还不

知足,还要走路,你想叫人捉我去坐监吗?不叫你吃点苦不知我利害,一边骂一边烧灼着,那时我再不敢看了。

那妹子受了这一番毒刑,在床上睡了几日,伤痕好了些又要挨着接客了。从此鸨母对我们的监视更严紧,我们没有法子走出囚笼,只有等着受罪。先生:我找了几次机会,费了许多时间详细写出我们受苦的经过。希望你把这信登出报上,使一般人看了知道我们不是天生的淫妇,那就很感激了。这封信写得很坏,并分几次写成,请你先生见谅。

发表这封信,编者没有加按语,但用的标题是:"人间地狱里的呻吟者,文明都市里的黑暗面,看她们的血和泪几时才流完。"

从上面资料看,1949年的香港和广州,被骗卖身的妓女,似遭遇相同的命运,肉体上既受折磨,精神上又被创伤。对狠毒的鸨母,既无力反抗,在酷刑摧残下,又不能宁死不从,只好忍辱偷生;但却遭到世人的歧视,按照传统道德的要求,将她们视为淫贱之人。在无奈之下,她们为了求得世人的理解,只能发出微弱的呼喊:我们不是天生的淫妇,我死去还有一颗纯洁的灵魂。这也是对社会不公平的抗议。

从清中叶到近代,批判程朱理学和封建道德礼教的风气有所发展,但像宋恕那样关注到社会底层的娼妓,却是不多见的。不错,娼妓中有些人是自甘堕落的,不过多数最初还是被迫的,后来就慢慢习惯这些糜烂的生活了。至于宋恕提出酷刑迫娼的问题,过去卖身的妓女大体都要经过这一关,正如鸨母阿陈姐说初来院的姑娘,终要吃一顿皮鞭才肯心死的。以后即使顺从,但接不到客或达不到要求,就仍不免受刑罚。

改革开放这些年来,国内虽然没有妓院和鸨母、卖身妓女,但犯罪团伙拐骗妇女卖淫也就是逼良为娼的事例,在《中国娼妓——过去和现在》一书中就揭露很多。如说到"1993年7月,广东省司法机关依法判处了6个组织,强迫他人卖淫和绑架妇女团伙,共有成员近50人。这些……挟持、诱骗和操纵几十名妇女卖淫的庞大犯罪团伙,非法牟利100多万元。这些罪犯逼良为娼,手段残忍,令人发指"。所用刑罚,先将受害人"衣服剥光",有"用塑料铁丝衣架,拧成鞭子,猛抽其背部",也有"被剥光衣服,用铁丝抽打"或是"任其用塑料管抽打,直到塑料管被打断"。此外还有"采用开水烫、烟头烫"等刑罚。"这些受害的女青年不仅受到团伙的非人折磨,而且还得将卖淫所得全部交给他们,如果发现私收小费或隐匿钱财便会遭到毒打。""有的团伙还强迫受害女青年完成接客指标,每天要求交款800至1000元,不完成不准休息。"以上是广东省各地公安机关经过调查取证的材料,完全是真实的记录。

近几年迫娼卖淫的事例,可以说禁而不止。如《羊城晚报》2000年4月有篇报道:"广东省公安厅近日侦破一起特大组织强迫妇女卖淫团伙,受害少女、幼女达105名。"其中有个13岁的小女孩控诉,说她们"一共13人,最大的14岁,最小的12岁。被限制了自由,封闭起来强迫卖淫,从早到晚接客;最少一天3人,如有不从,就被王邦英毒打。有的女孩在被豺狼糟蹋时当场休克昏死过去"。这些十二三岁的未成年小女孩一天最少接客3人,否则便挨毒打,以致有的被糟蹋时当场昏死过去,可见所受痛苦之深,这种残酷的场面比过去妓院恐怕也不多见。虽然后来得救了,也是留下一辈子创伤。

至于在这种情况下,会不会有的人宁死不从呢?报上也报道有被迫跳楼致残的事例。事后社会上的议论,有对此表示称赞,认为保存了妇女的贞节;也有对此表示质疑,认为人的生命最宝贵,可以屈辱一时,再找求救或逃脱的机会。如果对照宋恕的批评,我们怎样看这个问题,似乎还值得再做思考。

(原载《李锦全自选三集》,中国文联出版社2001年版)

提高民族文化素质的反思与对策

如何增强中华民族凝聚力,是广东近几年着意研究的一个重要课题。在研讨中有一点得到共识,认为提高民族文化素质,是增强民族凝聚力必不可少的条件,同时对实现社会主义现代化也有密切关系。

一个人文化素质的高低并不等同于所具备的科学文化知识和受教育的程度,而思想道德品质却占有相当大的比重,有时甚至两者并不协调一致。文化素质大体包括才与德两个方面,德才兼备的人是有的,但有才无德的人也不少见。特别是现在我国从计划经济向市场经济转型的情况下,对人们思想道德品质的培养,比科学文化知识的灌输,难度似乎更大一些。因此如何提高全民族的文化素质,有不少问题值得我们反思,并且需要寻求对策。下面谈点个人意见,以供讨论。

一

改革开放以来,对当前社会上的道德状况如何估计,据说学术界有"滑坡论"与"爬坡论"两大派。前者认为时下腐败现象严重,拜金主义、享乐主义、极端个人主义盛行。官场上权钱交易,以权谋私;市场上伪劣商品充斥,打假变成假打;社会治安问题严峻,而"六害""七害"却屡禁不止。《中国教育报》有篇文章,说到社会上有这样一种现象,只有很少的人愿意为某种崇高的理想价值而无私奉献。因为真正讲道德者往往吃亏,被视为"傻瓜";而一些毫无道德观念者却总是得到好处,甚至被人当作成功者、强者。这种倒错现象使许多人产生了某种道德疏离感,患上了"道德冷漠综合征",从而使社会道德教育和劝诫效能直线下降,并产生对道德的强烈怀疑和否定倾向。① 这是滑坡派所提供的论据。

至于后者即爬坡派却另有看法。如说:改革开放、社会转型的现实向那些不适应社会发展的价值观念、道德规范发起了猛烈冲击,随着社会主义市场经济的到来,一个全新的价值体系和道德观念正在兴起、发展,并将主导社会生活,因此从本质上看,道德在"爬坡"。也有说:我们社会总体的道德状况是在向前发展的,相对于以往是前进了一大步。现在的情况确实很艰难,但是不能因此而怀旧,不能认为回到20世纪50年代才好!其实在僵化的模式被人们抛弃的时候,

---

① 参见《中国教育报》1994年4月6日,郑晓江的文章。

新的理想信念又会萌芽、壮大的。还说目前的道德变化并非全是消极的。有人做出这样的概括：人们的道德心理和行为正在发生由假向真，由虚向实，由懒向勤，由封闭向开放，由单一向多元的变化，这其中有新的道德文明在萌发兴起。①

上述两派观点，前者列举的多是现实存在的问题，而后者则近似推理。一如所谓随着市场经济的到来，会有什么样的全新价值体系和道德观念兴起？如果说20世纪50年代的道德规范是僵化的模式，与社会变革相适应的新的思想理念又是什么？所谓由假向真、由虚向实又有什么具体例证，要说社会总体的道德状况比以往是前进了一大步，这种论断似乎缺少说服力。

为了适应社会主义市场经济的要求，在正常情况下是会强化某些价值观念的。如实现个人奋斗的人生价值、时间观念和效率观念、经济效益观念、自由竞争观念、公平守法观念，等等，这些对提高人们的文化素质、更新价值观念、适应时代变革和社会发展应该说是有进步意义的。但问题是我们想要建立的社会主义市场经济刚起步，既不完善甚至遭到扭曲。这对提高民族文化素质，增强民族凝聚力，会起到相反的作用，这种情况很值得我们反思。

《羊城晚报》曾报道青年经济学家范恒山的一席谈，他认为虚假的不规范的"市场经济"可能比僵化的计划经济更糟糕。他指出当前有些人在思想和行为上对市场经济还存在着10个方面的误区。我这里选择会影响职业与道德与社会公德的几条，列出来供做思考。

第一，认为市场经济就是投机经济，就是钻空子、吃差价、巧取豪夺。而存在大量漏洞的现行体制使一些人瞬间成为百万富翁的事实，更强化了人们这种认识。

第二，认为搞市场经济就是搞欺、蒙、拐、骗，捞一回是一回。于是一些人不择手段进行欺诈活动。在生产活动中制造假冒伪劣产品，在经济交往中不守信用。

第三，认为搞市场经济必然要出现两极分化。"使一部分人先富起来"就是要拉大贫富差距。于是一些人致力于建"贵族区"，办富人娱乐中心，兴"贵族学校"。

第四，认为搞市场经济可以不讲社会公德和礼仪风尚。于是出现落水者垂死呼救，岸上的人却在为酬金讨价还价的怪象。

第五，认为搞市场经济可以不要管理，不守规则，"想怎么干就怎么干"。于是个体户漫天要价还美其名曰"市场定价"，造假贩假屡禁不止，甚嚣尘上。②

上面引述人们对市场经济认识上的"误区"，对当前道德滑坡和社会风气的

---

① 参见《光明日报》1994年6月22日报道《首都部分学者、理论家研讨社会转型期的文学与道德问题》。

② 参见《羊城晚报》1993年10月18日报道《青年经济学家范恒山一席谈》。

败坏,所起到的负面作用可以说是非常明显的。市场经济不规范和现行体制上的漏洞,是造成这种弊端的客观条件,但从人们的主体意识去反思,形而上学的思维方式,非此即彼,一种倾向掩盖另一种倾向,从一个极端走向另一个极端,却成为当前人们容易走入思想道德误区的一个重要原因。

如何处理"义"与"利"的关系,在中国传统的人生价值中是一个带有根本性的问题。由于一般人认为,在历史上的儒家思想是主张重义轻利的,如孔子讲"君子喻于义,小人喻于利"①,孟子讲"王何必曰利,亦有仁义而已矣"②。因此,为了批判传统,有的人就反其道而行之。同时,为了发展社会主义市场经济,自然要重视经济效益。如提出"时间就是金钱,效率就是生命"。意思无非是说时间宝贵和做事提高效率的重要。其实过去也流行有两句话:"一寸光阴一寸金,寸金难买寸光阴。"这也是要人珍惜时间之意。但有的人见到珍惜时间、提高效率,就可以多获利,却歪曲了这种价值观的原意,认为只要能获利,就可以不择手段,变成唯利是图,所谓"前途前途,有钱就图;理想理想,见利就想"。在这种思想支配下,变成见利忘义,而"金钱至上""金钱万能"、金钱就是一切的拜金主义就产生了。为了金钱,可以用权力做交易,可以不要人格、国格,可以出卖肉体和灵魂。搞改革开放,要实现社会主义现代化,金钱是不可少的,发展社会主义市场经济,更是需要赚钱。但问题是我们怎样获得和使用这些金钱。从义利关系来说,大家都去发不义之财,将职业道德和社会公德都抛到九霄云外,是重义的传统走向唯利是图的另一个极端。这个金钱万能可以变成金钱万恶,拜金主义成为社会出现欺诈、腐败以致动乱的思想根源。这种状况很值得我们反思。

人生的价值在于奉献还是享受,对此如何选择也是一个重要问题。在中国传统文化中,一般讲成为"理"与"欲"的关系。儒家孟子提出"养心莫善于寡欲"③。他认为要保存先天的善良之心,最好不要有过多的欲望。贪图享受就是"多欲",是丧失善心的根源。到宋儒周敦颐,讲"君子乾乾不息于诚,然必惩忿窒欲,迁善改过而后至",还把圣学之要说成是"无欲",认为"无欲则静虚动直。静虚则明,明则通;动直则公,公则溥。明通公溥。庶矣乎"④。从寡欲、窒欲到无欲,逐步走向极端,从而"存天理,灭人欲"成为宋明理学家倡导的普遍命题。如王守仁与朱熹在哲学本体论上是有分歧的,但对《大学章句》朱注,所谓"尽乎天理之极,而无一毫人欲之私者"这句话深表同意。后来黄宗

---

① 《论语·里仁》。
② 《孟子·梁惠王上》。
③ 《孟子·尽心下》。
④ 周敦颐:《通书》。

羲在这句的夹注中说："天理人欲四字,是朱、王印合处。"① 即成为两派的共识。

中华人民共和国成立以后,我们讲授宋明理学,总是把"存理去欲"论作为批判的重点,认为封建统治者所宣扬的禁欲主张,目的是从思想上扼杀人民的物质欲望,而甘心忍受过贫困的生活。这种批判我认为是有合理的一面的,但是不能因此而走向另一极端,即是从禁欲走向纵欲,变成今天所说的享乐主义。不过,人生为的是享乐,这种思想不是今天才有的,《列子·杨朱》篇中就说:"人之生也奚为哉奚乐哉?为美厚尔,为声色尔。"还有古诗中也说:"行乐当及时,何能待来兹。"这些论调不是说人生为的是吃喝玩乐吗?现在社会上也有人说什么"青春不乐,人生白过"。"不在乎天长地久,只在乎曾经拥有。"这个"拥有"不外乎金钱、肉欲的享受。当前有不少犯罪分子为此而付出了生命的代价,成为"不在乎天长地久"的享乐派的归宿,这种现象不值得我们反思吗?

拜金主义、享乐主义,最终会归结到极端个人主义的思想误区,这也是关系到能否提高民族文化素质,主要是思想道德素质的关键问题。在我国传统文化中,封建主义思想占据统治地位,其特征是扼杀人的主体性,把人不当作人看待,从而产生依附、顺从、等级、愚忠等属于封建时代的价值观念,对此我们当然要加以批判;并随着发展社会主义市场经济的需要,凸显出人的主体价值,对个人自主、自立、自强、自信意识的增强,也是完全必要的。但是,正如上面所指出的,不能走向另一极端。如果和拜金主义、享乐主义联系在一起,走上以利己主义为价值导向的"自我中心"误区,则危害更大。在现实生活中,有人为着个人一己私利,不惜坑蒙拐骗、暗偷明抢,甚至干出谋财害命的勾当。也有人为了满足个人私欲而贪赃枉法、权钱交易、行贿受贿,终于落得个犯罪的下场。利己主义和极端个人主义何以成为腐败分子的思想基础?批判封建意识,实现个人的主体价值何以会走向反面?物极必反,过犹不及,在思维方式上不能走向极端,在当前人们思想道德走向滑坡的教训中,是值得认真思考的。

二

拜金主义、享乐主义和极端个人主义造成人们思想道德的滑坡,从而影响民族文化素质的提高,这是有目共睹的事实。至于何以形成这种社会风气,当然会有多方面的原因,上面我是从思维方式的片面性和容易走向极端来进行思考,按照这条思路,应该可以求得合理的对策。

正确处理经济与道德的关系,反对将两者完全对立起来的形而上学观点。有

---

① 《明儒学案·姚江学案》。

人写文章,说要警惕道德评价的越位干扰。① 文中认为应该严格界定经济活动自身的基本评价标准,如"以最小的投入获得最大的产出""在经济活动的评价上就是可行的,合理的"。对此如加以道德评价,就是"越位"干扰。按照这种观点,从事经济活动只要能赚钱,可以制造假冒伪劣商品,经营上则采取坑蒙拐骗的手法,这样投入最小而获利最大。但这些"宰"客、"斩"客,损害消费者利益的行为,甚至用假药、假酒来谋害人命,难道不应该受到道德的谴责和法律的制裁吗?如果批判这些人不讲职业道德、商业道德也算"越位"干扰,那么市场上的"打假"也是错误的了。据报载:党中央号召进行反腐败斗争,也有人表示"忧虑",认为"反腐败斗争会冲击以市场为取向的经济体制改革,干扰经济建设这个中心"②。这种将反腐败与经济建设对立起来的观点,在舆论上只能起误导作用。

  道德与经济的关系,实质上仍然是古老的义利关系。上面已经讲过,传统的重义轻利与当前有些人的见利忘义,形成错误的两个极端,反思的对策就应该义利兼行。其实成功的资本主义市场经济走的也是这条路子。如被称为"日本企业之父"的涩泽荣一就反对义利对立,提出所谓《论语》加算盘,即道德与经济一致的观点,在一生中创办500多个企业,从实践中走上成功之路。最近曾宪梓先生在接受中山大学名誉博士学位时就谈到"勤、俭、诚、信"是金利来创业者的座右铭。要"见利思义""诚招天下客",这正是我国传统的优秀道德文化遗产,即使在市场经济的条件下,义利兼行仍然是正确的人生价值取向。要培育企业家的思想道德品质,甚至提高全民族的文化素质,这应该是一条不可取代的途径。

  正确处理国家、集体与个人的利益关系,这是正确处理义利关系后如何看待利益分配的问题。由于我们是社会主义国家,要建设的是社会主义市场经济,因此它的道德规范除了要适应一般市场经济要求外,还要适应社会主义的要求。比如集体主义、奉献精神、先公后私等,仍然为我国国情所需要,并且要成为建设社会主义新道德的重要参照系。我们不能排斥正当的个人利益追求,但同时不能损害集体特别是关涉到国家民族的整个利益,只有将两方面很好地结合起来,才是我们今天所需要的新型道德规范。

  当前,要提高人们的思想道德素质,以至全民族的文化素质,关键是要树立正确的人生价值观。人是社会的动物,是不可能一辈子离群独居的,在不同程度上总要与他人发生关系,与集体与社会发生关系,也可以称为公私关系,但人要生活,总是需要一定的物质条件,如衣、食、住、行等方面,都要求有一定程度

---

① 参见《羊城晚报》1993年10月6日,欧阳敬孝文。
② 秦剑:《反腐败斗争与发展社会主义市场经济》,载《光明日报》1993年10月7日。

的满足，这就牵涉到人与人之间的利益关系，并且不可避免地出现各种矛盾。如何处理这种关系和矛盾，有的主张要做到"毫不利己，专门利人"，但也有说是"人不为己，天诛地灭"。对待利益是"点滴归公"还是"私字当头"，人生的价值在于奉献还是享受？所有这些提法如讲得过于绝对就给人的印象是走向极端，如前者被认为是唱高调的道德说教，并没有多少人能够做到；对后者则可能适应多数人的口味而形成道德滑坡的社会风气，如前面说到的拜金主义、享乐主义和极端个人主义。这也会为人所诟病。总之，不走极端，提倡兼顾，似乎是当前较易为人接受的对策。如对人生价值观来说，既主张努力奉献，又承认合理取得；既爱利他人，又尊重自己；树立既强调人的社会价值观，又重视个人价值的人生价值观。先秦墨家讲"兼相爱，交相利"①，现在我们也讲"人人为我，我为人人"，作为人生价值取向，应该说这是适用于我们当前实际的。

  在中国传统文化中，还有重视平均的思想。如孔子讲"有国有家者，不患寡而患不均，不患贫而患不安。盖均无贫，和无寡，安无倾"②。老子认为"天之道损有余而补不足，人之道则不然，损不足以奉有余。孰能有余以奉天下？唯有道者"③，表明道家向往自然界取得生态平衡而主张社会均平的思想。墨子既从正面讲"欲人之有力相营，有道相教，有财相分也"④，又在反面说："至有余力不能以相劳，腐朽余财不以相分，隐匿良道不以相教，天下之乱，若禽兽然。"⑤孔、墨都认为只有均平，才能保持社会的和谐安定，否则就会造成动乱。而历史上的农民起义，也是以"均贫富""均田"为号召，可见已相当深入人心。但是平均主义只是小农经济的产物，并不能从根本上消灭贫穷。近几年由计划经济逐步转型为市场经济，但由于机制不完善，社会上又出现分配不公的问题。由均贫富变成贫富悬殊的两极分化，是走向又一极端。这种现象如任其发展下去，会造成多数人心理上的不平衡，并进而影响社会上安定团结的局面，解决的办法当然不是恢复平均主义，但是需要公平。这一方面就是要健全法制，如认真执行包括反暴利法、反不正当竞争法等各种经济法律，依法开展打击经济犯罪的斗争；另一方面则要对当事者加强职业道德和社会公德的教育，使能做到勤劳、节俭、诚实、守信、遵纪、守法，从提高人们的道德品质和文化素质方面来实现社会的公平。

  《中共中央关于建立社会主义市场经济体制若干问题的决定》中说："社会主义市场经济体制的建立和现代化的实现，最终取决于国民素质的提高和人才的

---

① 《墨子·兼爱中》。
② 《论语·季氏》。
③ 《老子》七十七章。
④ 《墨子·天志中》。
⑤ 《墨子·尚同上》。

培养。"又说:"加强以培养有理想、有道德、有文化、有纪律的新人为目标的社会主义精神文明建设。""积极倡导在社会主义市场经济条件下坚持正确的人生观和文明健康的生活方式,加强社会公德和职业道德的建设,反对拜金主义、极端个人主义和腐朽的生活方式。坚持不懈地进行'扫黄'和扫除各种丑恶现象的斗争。"以上这些指导性意见当然是对的,但国人素质如何提高?"四有"新人怎样培养?社会上何以会出现这些腐败丑恶现象?对此,我们需要反思和寻求对策。本文只是从思维方式的片面性,即认识上的误区来进行探索,这些对策未必有可行的操作性,只是提供会议讨论,不妥之处,尚望多加指正。

(原载《学习》1995年第3期,后收入《民族文化素质与现代化:增强中华民族凝聚力第四次学术讨论会论文集》,华夏出版社1995年版)

两个十年的文化反思

两个十年,前一个指的是1966年5月至1976年10月的"文化大革命"的十年;后一个是1978年12月中共召开十一届三中全会以后,到现在改革开放的十年。这两个十年表面看来好像南辕北辙,是对立的两极,但从文化的角度进行反思,两者之间有无联系?有没有值得总结的经验教训?这是本文要探讨的问题。

一、"文革"十年的反思

"文化大革命"据为运动定性的"五一六通知"所表述,说这是在"无产阶级专政下继续革命的理论"指导下,发动对党内走资派的斗争,实质上是一个阶级推翻一个阶级的政治大革命。

1. "文化大革命"是革文化的命

既然是一场政治大革命,何以却称之为"文化大革命"呢?一方面说明在中国,政治与文化是密不可分的。政治思想上的革命,可以归入文化范畴。另一方面,这次运动确是着重在思想意识和文化问题上开刀。如所谓扫"四旧",破除"封、资、修"文化,批判"反动学术权威",以致发动"批林批孔""评法批儒"运动,要人们在"灵魂深处爆发革命",等等,确是要在思想文化的深层结构中,来发动一场政治革命。

那么,在这场所谓史无前例的"文化大革命"中,是否真能建立社会主义的新文化呢?事实并非如此。当时在"左"倾思想的指导下,形成知识愈多愈反动的观念,实际上是消灭文化,是革文化的命,是鼓吹盲从、愚昧和落后。

2. "文化大革命"的实质是要愚民

"文化大革命"的错误在于本身就违反马克思、列宁主义。如列宁就曾明确指出:"马克思的学说是人类在十九世纪所创造的优秀成果——德国的哲学、英国的政治经济学和法国的社会主义的当然继承者。"[①] 又说马克思主义"并没有抛弃资产阶级时代最宝贵的成就,相反地却吸收和改造了两千多年来人类思想和文化发展中一切有价值的东西","例如,当我们谈到无产阶级文化的时候,应当明确地认识到,只有确切地了解到人类全部发展过程所创造的文化,只有对这种文化加以改造,才能建设无产阶级的文化。……无产阶级文化应该是人类在资

---

① 《列宁全集》。

本主义社会、地主社会和官僚社会压迫下创造出来的全部知识发展的必然结果"。"只有用人类创造的全部知识财富来丰富自己的头脑，才能成为共产主义者。"①

从列宁的论述中可以看出，马列主义奠基人还是重视历代文化知识的积累的，并反对用怀疑一切、打倒一切来建设无产阶级新文化。中国的"文化大革命"只能说是一种"左"倾幼稚病。广大群众不会思考，这就为对领袖的个人崇拜大开了方便之门。甚至"三忠于""四无限""朝请示""晚汇报""万寿无疆""永远健康"，这一系列盲目活动，将领袖完全神化。这与五四新文化运动提倡民主与科学有什么共同之点呢？

3. 赤裸裸地消灭文化

因此，"文化大革命"期间出现一种怪现象。一方面，似乎什么都是群众说了算。"大鸣""大放""大字报"，即所谓"大民主"，并美其名为群众专政；另一方面，这些群众都是盲从于所谓中央文化革命小组的指挥棒。故名为群众运动，实则运动群众。所谓"最高指示"，比过去封建帝王的圣旨还要厉害，哪有什么民主可言？"文革"期间，同时还推行文化专制主义。宣传上的舆论千篇一律，八亿人民八个样板戏，此外都属"封、资、修"；连太阳也不许说有黑点，画面上的红旗也只能东风飘荡，否则就是现行反革命。当时还发动学生斗老师，批判所谓"师道尊严"，宣扬交白卷的大学生。"文化大革命"是赤裸裸地消灭文化。在此期间，大量的青少年造成知识上的断层，甚至参加武斗，不少群众文化素质下降，精神文明严重滑坡。

二、十年开放的文化反思

1976年10月打倒"四人帮"，到1978年12月召开中共十一届三中全会，这是历史上的伟大转折，对"文化大革命"来说是拨乱反正。会上着重提出健全社会主义民主和加强社会主义法制的任务，做出了把工作重点转移到社会主义现代化建设上的战略决策，自是进入了改革开放的十年。

1. 理论与实际的背离

对中国开放十年，在文化上应如何反思和估计？我先引1981年6月在中共十一届六中全会上通过的《关于建国以来党的若干历史问题的决议》（以下简称《决议》）中的一段话："社会主义必须有高度的精神文明。要坚决扫除长期间存在而在'文化大革命'期间登峰造极的那种轻视教育科学文化和歧视知识分子的完全错误的观念，努力提高教育科学文化在现代化建设中的地位和作用，明确肯定知识分子同工人、农民一样是社会主义事业的依靠力量，没有文化和知识分

---

① 《列宁全集》。

子是不可能建设社会主义的。要在全党大大加强对马克思主义理论的研究……用马克思主义世界观和共产主义道德教育人民和青年，坚持德智体全面发展、又红又专、知识分子与工人农民相结合、脑力劳动与体力劳动相结合的教育方针，抵制腐朽的资产阶级思想和封建残余思想的影响，克服小资产阶级思想的影响，发扬祖国利益高于一切的爱国主义精神和为现代化建设贡献一切的艰苦创业精神。"

这段话可以说是中国开放十年的文化建设纲领和指导方针，是社会主义两个文明建设中重要的一环。从理论原则来看这个指导方针是对的，问题在于贯彻执行得怎么样。下面顺手拈来报上几则公开的事例。

2．教育危机处处现

广州市近十年来商品经济大有发展，但教育却甚为落后。最近市政协20多位教育界委员视察了荔湾区兴仁西、华林街、汇源南三所小学，"发现非但没有一间标准课室，而且多为危房，其中不少是五十年甚至上百年的旧庙堂、民房，又潮又闷，雨天漏水，学生上课要打雨伞。全荔湾区符合部颁标准的学校只占百分之十一点二"①。这则报道使人有点不敢相信，如属边远山区有这种情况却也罢了，可是荔湾是广州市内经济发达地区，到处楼堂馆所，灯红酒绿，一掷千金的大有人在，何以教育事业却弄到如此田地，未免使人费解。对培养师资的师范教育，在东北沿海一个经济发达的都市大连，却有这样一则报道，标题是"生源日渐枯竭，男女比例失调，大连师范教育江河日下"。据说招进来的多半是成绩欠佳的女生，如大连师范学校在校女生占总数的87%。但问题还不在女生多，而是成绩差的才入师范。至于高师招生也不理想，如在广州的华南师范大学，据说填报第一志愿的还不到招生的人数，自是报上发出师范门庭冷落，救救师范迫在眉睫的呼吁。②

国内不但基础教育师资素质下降，高等教育也同样出现危机。资深教授多已老化，有的无人接班只好坚持工作；中年的因负担过重而工作劳累，有的英年早逝；青年则往往不安于位而跳槽改行。"为老年教师开庆祝会，为中年教师开追悼会，为青年教师开欢送会"，成为20世纪80年代末大学校园里广为流传的一句话。③ 有的学科可能会后继无人，看来并非危言耸听。

中国既称人才缺乏，但培养成才的人却找不到出路，这又是一大矛盾。如今年安徽省农业院校毕业生1300多人，省内上报的需求仅200人。而安庆地区写报告，一名农科生也不要。一位种子遗传专业的研究生，因无接收单位而被迫改行。是人才过剩吗？安徽每万个农业人口中仅有三个半农业技术人员，平均每个乡镇仅有一名，但农科大学生却分不出去。我们经常强调农业是国民经济的基础，而专业人才却不受重视。应用学科尚且如此，其他更可想而知了。

---

① 《光明日报》1989年4月2日。
② 《羊城晚报》1989年4月17日。
③ 《光明日报》1989年4月15日。

至于教师的地位低、待遇低、工作繁重且不说，有些地方，特别是一些基层地方的教师，连人身安全也没有保障。如《光明日报》于今年5月9日在第一版用大标题"文明摇篮的耻辱"，报道了河南省百起殴打教师事件。据1988年1月到1989年4月不完全统计，全省共发生殴打、伤害教师事件156宗之多。其中造成严重后果的37宗：重伤13人，致残26人，致死3人。本是中原文化摇篮的河南，到今天却野蛮落后到如此程度，真令人感叹万分。

3. 媚俗文化泛滥成灾

开放十年中教育科学所受到的待遇，当然会影响全民族的文化素质。广州老作家黄秋耘日前接受记者采访时，对中国文化的前景深怀忧虑。他说不久前到过封开、梧州等地，看到充斥书店的尽是些"惨案""艳史"，总之是色情加暴力。严肃的文学、学术著作被推到降价门市部以三折、五折的售价处理，还是卖不出去。……社会青年要么不读书，要么净读些格调低下的东西，这很值得忧虑。他特别指出：文化不可能一枝独秀，文化跟社会风气、党风相关，一切向钱看，全民经商，强调"能赚会花（用）"，文化就很难发展。无论开多少夜市、舞厅，都不能代表一个国家文化发展的水平。他还批评广东的文学作品趋向于"媚俗"，取悦于一般小市民。

其实不仅是文学，美术和音乐同样也可以说是出于"媚俗"的需要。如近来全国裸体书展大行其道，出版这类画册、影集有如雨后春笋。据新华书店发行部门的初步统计，从去年4月到今年年初，收到全国各地出版人体图画共50多种。"其品种之多，数量之大，出版速度之快，都是罕见的。"如今，"五花八门的裸体艳照书，公开地陈列于一个个摊档上，招徕着读者"。还有人"近日漫步广州街头，偶在众多的书报摊前驻足，看到十之四五的书刊都是有关性的读物"。当然，人体艺术和性知识的书刊并非都不能出版，但泛滥成灾，却未免过于"媚俗"了。①

至于音乐，高水平的没有人听。据说不久前澳洲一家高水平的乐团到中央音乐学院进行交流演奏，只有三十几位听众，终场时只剩下几个人。前院长赵沨为高等音乐学府学风败落到如此地步慨叹万分，并引咎打了自己一记耳光，此事引起音乐界的震动。许多教授说，在拜金浪潮冲击下，音乐学院的教育滑坡，一些学生忙于"走穴"、经商，甚至倒卖外汇。交响音乐没人听，"家花不如野花香，三十不浪四十浪"之类的庸词滥调反倒大肆风行。② 不是吗？报载南京某歌星两年多"走穴"收入达27万元，恐怕音乐学院教授一辈子工资也没有这个数。在这样的社会气氛中，高等音乐学府的学风哪能不败落呢？

---

① 《羊城晚报》1989年5月19日。
② 《深圳特区报》1989年4月18日。

至于思想道德上的"滑坡",这十年来也不容乐观。如青少年犯罪率上升,社会上文明礼貌沦丧,像《决议》所说"用马克思主义世界观和共产主义道德教育人民和青年",看来并无多大效果。现在有的人制假药、假酒,等于谋财害命;还有冒牌货大行其道,且屡禁不止,连起码的职业道德都不讲,何论其他。至于见死不救,下水救人也要先讲价钱,这与毫不利己、专门利人的共产主义人生观,更是南辕北辙了。

至于《决议》说要"抵制腐朽的资产阶级思想和封建残余思想的影响",要"发扬祖国利益高于一切的爱国主义精神和为现代化建设贡献一切的艰苦创业精神",这种愿望是好的,但事实上有不少人对前者"抵制"不了,对后者也难以"发扬"。开放十年,说是排污不排外,实际上乌七八糟的东西像瘟疫一样在国内蔓延。外国的好东西没有学到,坏风气倒学得不少,且大有青出于蓝之势。说到爱国,不少当权者能不损公肥私就不错了,以权谋私、假公济私以致奢侈浪费的事例,比比皆是,"艰苦创业"云云,在某些人看来恐怕早已过时了。

总之,用《决议》精神来衡量,十年来精神文明的建设存在的问题不少,我觉得到了需要认真反思的时候了。

三、反思带来的启示

上面讲到"文化大革命"的十年与改革开放的十年,两相对比,从文化的角度进行反思,是可以得到一些启示的。

1. 知识"无价"?

"文革"十年与开放十年在对待知识问题上,表面看来是很不相同。前者公然认为知识愈多愈反动,并残害知识分子;后者口头上是尊重知识,但实际上是知识愈多愈贬值,就像千家驹说的是斯文扫地,甚至可以说斯文不如扫地。所以,近来读书无用论又见抬头,厌学、流失生不断增加。"文革"期间主要怕读书危险,特别是读文科危险;现在则认为读书无用的症结在于读书无钱。据报载浙江一位大学生刊登征婚广告,受到一位不相识的姑娘来信辱骂和奚落,说"握着笔杆的不如讨饭""文化当不了饭吃,理想当不了钱花,现在的姑娘都吃人民币,像你这种有笔杆没有人民币的,只有娶个五十岁的老太婆"。此信刊出后引起社会的强烈反响。一位大学毕业生说:"我们这些人满脑子技术,却只能在市场上一分青菜、二分萝卜地与小贩讨价还价。大学生之所以遭姑娘白眼,被社会上某些人看轻,不就是因为读书无钱吗?"也有人认为"姑娘的看法是有根据的,脑体倒挂导致了读书无用论的泛起","以至造成知识贬值,价值失范,小知识赚大钱,大知识赚小钱,高知识不赚钱"。[①] 这种社会现实对人们心态的冲

---

① 《光明日报》1989年2月20日。

击，要想短期内扭转读书无用论的观念，看来是难以奏效的。

与此相联系，知识贬值，教育危机，造成全民族文化素质的下降，这就更加不利于建设社会主义精神文明。如上面讲到殴打教师之风，据统计以河南南阳地区为最盛，出事地点多在边远落后山区，犯罪分子多属文化水平很低，并对法律无知的青年农民、工人。这样就形成恶性循环，愈是轻视知识、鄙薄教育的地方，人的文化素质愈低，反过来更加看不到教育、科学、文化的作用。这不但精神文明建立不起来，同时从事工农业生产的，如果缺乏新的技术知识，也是不可能实现现代化的。比如连一个农科院校毕业生也不要的地区，要说实现农业现代化，看来也是不可能的。

2．新版《官场现形记》

开放十年来，出现人才使用不当、劳动报酬分配不公、知识贬值、读书无用等现象，看来似是教育上的失误，但看深一层，根子却是政治体制上的"官本位"问题。当官的不论大小，在管辖的范围内都可以有滥用的特权。如报载唐山市北区商业局回收公司经理王某，他将女儿养的一条狗藏在公司半年，以逃避市区不许养狗的检查，还要会计将狗起名为"王春生"，每月领取40元劳务费作为临时工入账。① 另据报载，国内机关、企业的公务车也趋向"多功能"化了。用之于婚丧嫁娶自不必说了，接送儿孙上学也习以为常，此外还有用公车探监的奇闻。今年3月8日，据有人统计北京少年犯管理所门前，几小时内"探监"的公车有90多辆，其中小轿车34辆。而北京其他监狱的情况与此类似，甚至规模更大。②

以上这些奇闻，如续写入《官场现形记》或《二十年目睹之怪现状》，当不比原书逊色，不过每月领几十元狗工资，或用公车接送儿孙上学或探监，亦不算什么大事，比之贪污受贿成千上万，或因渎职而浪费国家资财以亿万计的人，似是小巫见大巫。但从这些顺手拈来的事例，可见我们的"公仆"损公肥私已到无孔不入的程度。肥私当然为的是钱，但之所以能够弄到钱，是由于有权，有些没有权的人，像武汉那位"倒爷"说的，可以用钱买权，再用权弄钱。这样循环往复，自是贪污受贿、投机倒卖的现象就难以消除了。

反思开放十年与"文革"相比，价值观念也颇有相通之处。林彪有句名言："有权不用，过时作废。"近年来不少官场中人对此是奉为金科玉律。早在明朝时李贽已揭露过一些人："阳为道学，阴为富贵，被服儒雅，行若狗彘。"如要套用现在某些人，可以说是"阳为人民，阴为自己，被服马列，行若贪狼"。虽然有的人做得比较隐蔽，但伪装总是不能持久的。如《光明日报》今年5月13日有一篇《我的信仰危机》短文。作者讲他对顶头上司原来印象极好，后来逐

---

① 参见《羊城晚报》1989年5月4日。
② 参见《羊城晚报》1989年4月18日。

渐发现其言行不一。如讲不能伸手要官，背后却为自己升迁而上下拉拢；对下属讲不能用工作之便谋私利，自己却走"后门"送子女出国；教导下属要为政清廉，而自己带老婆孩子外出旅游，将全部车船票、公园门票和吃住费用都向公家报销。由是他对上司产生了"信仰危机"。我看官场中表里不一的人并非个别。

3. 传统文化不可全盘否定

开放十年来精神文明没有建设好，有些人认为是受传统思想文化的影响。如说权力、特权和经济利益是同官员的级别紧密相连，这是中国政治的传统，也是贪污腐败的温床。说这番话当然也有一点根据，但中国传统中也有勤政爱民的一面。"先天下之忧而忧，后天下之乐而乐"，正是反映出有崇高抱负的儒者襟怀。当然，这并不是靠口头表态，而是要实际做到，以身作则，正己正人，这也是儒家文化的优秀传统。现在有些领导之所以没有威信，就是因为言行不一。目前老是说有令不行，有禁不止，有法不依，这首先要检查各级领导自己做得怎么样。例如保持廉洁问题，中央曾说要用法律的、行政的、制度的、纪律的、教育的手段，五管齐下，但廉政问题仍没有好转迹象，可见只靠发指示、做官样文章是无济于事的。

"文革"十年，在"左"的思潮影响下，全民族特别是青少年的文化素质大大下降，在破除"封、资、修"的狂热中，连文明社会起码的道德准则也不讲了，造就了一批盲从、愚昧、狂妄自大的新人。大破大立，旧的文化精神和人生哲学虽被宣布破除，但新的民族文化精神和时代哲学并未得到建构。改革开放的十年，虽说向西方敞开大门，但正如有些学者所指出：首先涌入的是彩电、冰箱、可乐以及各种流行歌曲和时装，这并不是真正的现代化。西方物质文明后面有其深厚的哲学基础和人生哲理，然而到了中国人这里，只剩下五颜六色的时髦商品和灯红酒绿的舞会，这种浅层次的开放引进哪能有助于建立现代化的社会主义精神文明呢？

因此，当前的急务在继续进行政治经济体制改革的前提下，着力建构国民的现代价值意识，即要实现文化整体性的变革和再造。可以把传统中优秀的东西转移到新的民族文化精神中，原来带有封闭性的文化价值体系则要转换为现代的、充满科学和理性精神的、开放型的文化价值体系。从上到下都要养成尊重科学的理性风气，推行科学决策，反对个人专断。要尊重公民权利和宪法中规定的平等自由，要把民主和民权落实，使人民的参政、监督、罢免权得到真正的实现。只有这样，才能打破以首长权力为核心的"官本位"体制，尊重知识、尊重人才，才能造就出有理想、有道德、有文化、有纪律的人民。这是从两个十年的反思中得到的一点启示！

（原载香港《法言》1989年7月号）

公平、公正、双赢是建构和谐社会的基本保证

——从"致中和""仇必和而解"两个命题谈起

"和谐"本来并非一个带有哲理性的概念或范畴，只是世俗之间人际相处时关系良好的状态。比如说，我们家庭中是否和谐，有没有相处和谐的朋友，进而到一个部门、一个地区以至一个国家，再扩大到全世界，社会上人际关系的和谐情况怎样，人类与自然界的生态万物能否和谐共生和发展，万物生育能否适应自然环境而和谐发展？从小到大，从近到远，从绵延的时间到广阔的空间，似都需要解决和谐的问题。我认为"致中和""仇必和而解"这两个命题，对各种类型与层次和谐问题的解决，在学理上可以起到举一反三的启示作用。

一

"致中和，天地位焉，万物育焉。"① 朱熹注："致，推而极之也。""位者，安其所也，育者，遂其生也。"天地万物可以说是宇宙空间的最大值，天地要定位，各居其所；万物要发育，得以顺利生存，这样就可以构成一个公正、公平的和谐世界。为什么说天地定位，万物生育，就可以赢得宇宙空间和谐的最大值呢？何以这是公正、公平的体现呢？关于天地定位问题，《易·系辞》开头就说："天尊地卑，乾坤定矣，卑高以陈，贵贱位矣。"既然天地定位会导致尊卑贵贱，何来公正、公平呢？其实自然界的天地是无所谓尊卑贵贱的，这只是在封建专制社会中，统治者附会到人事方面，为社会等级制度找寻理论根据。因为只有把"天"奉为至尊，人世间的"天子"才可以登上至尊无上的高位。但对自然界的天地对举，儒家经典仍然有公平的论述。

《中庸》中将天地对举说："博厚，所以载物也，高明，所以覆物也，悠久，所以成物也。博厚配地，高明配天，悠久无疆。"又说："今夫天，斯昭昭之多，及其无穷也，日月星辰系焉，万物覆焉。今夫地，一撮土之多，及其广厚，载华岳而不重，振河海而不泄，万物载焉。今夫山，一卷石之多，及其广大，草木生之，禽兽居之，宝藏兴焉。今夫水，一勺之多，及其不测，鼋鼍蛟龙鱼鳖生焉，货财殖焉。"从这段叙述来看，作者将自然界的天、地、山、水对举，用朴素唯物的观点，对其自然属性的功能进行定位。比如说"天"与"地"对举，古代

---

① 《中庸》第一章。

人由于天文知识的局限，以肉眼所见，地表是广厚的平面，山川万物都由地来承载。而天却是高起成拱形的穹苍，日月星辰分布在天空中，天覆盖着大地万物。所以对天地的定位，有天上地下、天圆地方、天高地厚、天覆地载等，这都是从方位和功能对等的角度，以自然属性的上下、高低来定位的，并非社会属性的尊卑贵贱的意思。

在《易·系辞》中，虽说过"天尊地卑，乾坤定矣"，但具体谈到乾、坤二卦时，还是从对等的功能加以比较。如《易·象》曰："大哉乾元，万物资始，乃统天。""乾道变化，各正性命，保合大和，乃利贞，首出庶物，万国咸宁。"这是对乾卦而言，对坤卦则说："至哉坤元，万物资生，乃顺承天，坤厚载物，德合无疆，含弘光大，品物咸亨。"这里乾坤对比，"乃统天"与"乃顺承天"，仍是以天覆地载来定位，这种对等的位置，古人认为是自然界的客观存在，并无社会属性的尊卑之分。至于"万物资始"与"万物资生"，古人认为天地具有不同的功能，天能创化万物，是不断变化发展的；地要生养万物，使万物得以壮大生存，这种功能是互相配合的。天地是以其自然定位发挥各自的功能，而万物的生育也就得到和谐顺利成长。我认为这是古人所认识到的自然生态的运行规律，即认为天地与万物的关系是公平、公正的，是互相协调和谐发展的。"辟如天地之无不持载，无不覆帱，辟如四时之错行，如日月之代明，万物并育而不相害，道并行而不相悖，小德川流，大德敦化，此天地之所以为大也。"① 这段话，我认为可以作为"致中和，天地位焉，万物育焉"这个命题的解释和回应。

自然界天地运行的功能是公平、公正的，使到万物并育而不相害，可以说能进入"致中和"的境界。那么，人类与天地万物的关系又是怎样的？能不能协调和谐相处呢？《易·系辞》说："天地之大德曰生。"自然界生育万物，用拟人的话来说，那是天地的最高美德。人类如能效法天地的好生之德，就应该敬重生命，友爱万物，使人类与自然界保持公平、公正和谐可持续发展的关系。我国古代文献中亦有这方面的记载，可提供有益的启示。

据《书经·舜典》记载，舜继尧即位后，任命伯益为虞官以掌管"上下草木禽兽"。《周礼·地官》记载：设"山虞掌山林之政令，物为之厉，而为之守禁""林衡掌巡林麓之禁令，而平其守，以时计林麓而赏罚之""川衡掌巡川泽之禁令，而平其守，以时舍其守，犯禁者执而诛罚之""泽虞掌国泽之政令，为之厉禁，使其地之人，守其财物"。可见，对山、林、川、泽等公共资源，我国古代就设官分职进行管理，并订有政令条例进行赏罚，从而有效地保护自然资源。

值得注意的是，重视保护自然生态平衡，不但对一般群众设禁令，就是统治

---

① 《中庸》第三十章。

者上层也要遵守。如《礼记·王制》记载："天子不合围，诸侯不掩群。"古代王侯围猎时，有"网开一面"的"三驱"之制，不能将合围的猎物全部杀绝。另外，还规定砍伐和渔猎都有一定的时限，如不伐未成材的林木，不捕杀怀胎母兽和幼兽，不毁坏鸟巢和捕捉孵卵之鸟，这些保护动植物繁殖的措施被纳入"礼"的规范中，要求贵族、平民一体遵守。《国语·鲁语上》记载一个事例：鲁宣公夏天到泗渊捕鱼，太史里革"断其罟而弃之"，理由是古人在"大寒降，土蛰发"时才开始捕鱼，而在"鸟兽孕，水虫成"的春季禁止猎兽，到"鸟兽成，水虫孕"的夏天则禁止捕鱼。太史里革认为，"今鱼方别孕，不教鱼长，又行网罟，贪无艺也"。这是说在鱼儿繁殖的季节而滥用网罟捕鱼，就违背古圣先王的遗训了。正因为保护生态平衡成为当时的共识，所以鲁宣公夏天捕鱼违背古训，自知理亏，只好接受批评了。

依此看来，古人对自然界的天地定位，万物生育，以至人类要重视自然生态的平衡，大都认识到需要公平、公正地和谐发展，也就是进入"致中和"的境界。

二

人类与自然生态的关系，古代有识之士多是主张要公平、公正地和谐发展，这只是问题的一个方面；另一方面，由于人类的生活资料多是来自自然生态的资源，人类向自然的索取，从某种意义上来说，双方也是处于矛盾的敌对状态中。宋代理学家张载提出"仇必和而解"的命题，能否适用于解释人与自然生态的关系？看来保护自然生态的平衡是必要的，关键是要"双赢"的效应。孟子和荀子都是先秦儒学大师，两人对天人关系的观点不同，但对环境保护意识和重视生态平衡，两人的主张完全一致。如孟子认为"不违农时，谷不可胜食也；数罟不入洿池，鱼鳖不可胜食也；斧斤以时入山林，材木不可胜用也"①。荀子也说："圣王之制也，草木荣华滋硕之时，则斧斤不入山林，不夭其生，不绝其长也；鼋鼍、鱼鳖、鳅鳣孕别之时，罔罟毒药不入泽，不夭其生，不绝其长也；春耕、夏耘、秋收、冬藏四者不失时，故五谷不绝而百姓有余食也；汙池、渊沼、川泽谨其时禁，故鱼鳖优多而百姓有余用也；斩伐养长不失其时，故山林不童而百姓有余材也。"②

这里孟、荀两人的论述虽然详略不同，但内容基本一样，即不仅要防止对自然资源的破坏而加以保护，更加要做到对农、林、渔、牧等自然资源的增产和繁

---

① 《孟子·梁惠王上》。
② 《荀子·王制》。

殖，那么人类对自然资源的索取，就像贾谊说的，应"取之有时，用之有节，则物蕃多"①。也就是说，可以做到供过于求，"不可胜食""不可胜用"，做到"有余食""有余用""有余材"。这样一来，自然资源不断丰富，人们的生活水平也可以日益提高。人向自然索取，曾经是敌对关系，现在经过公平、公正地互相促进和谐发展，可以"和而解"，也就是取得"双赢"的效果。

自然界生育万物，经过生物的进化产生人类，再经过男女两性的生殖形成各种社会伦理和政治关系。《易·序卦》说："有天地，然后有万物；有万物，然后有男女；有男女，然后有夫妇；有夫妇，然后有父子；有父子，然后有君臣；有君臣，然后有上下；有上下，然后礼义有所错。"从这段话可见古人是懂得生物进化和人类社会发展的程序的，但是有了君臣上下，就会进入阶级社会，社会上的不同等级和阶层就会形成占有不同利益的集团和群体，矛盾对立斗争就不可避免了，如何构建和谐社会就成为一个难题。

先秦儒家孔、孟、荀等人，对社会上君臣上下的关系，主张按照自然界天地之间的对等关系来定位。如孔子认为做大臣的要"以道事君"，反对做唯唯诺诺的"具臣"②。要"君使臣以礼"，才"臣事君以忠"③；否则"天下有道则见，无道则隐"④，对当局可以不予合作。孔子周游列国，因找不到有道明君而不再出仕，回来做私家办学的老师了。

孟、荀继承和发挥了孔子的思想。如孟子说："居天下之广居，立天下之正位，行天下之大道。得志与民由之，不得志独行其道。富贵不能淫，贫贱不能移，威武不能屈。此之谓大丈夫。"⑤ 这里强调个人的独立人格，从而产生了君臣对等和民重君轻的思想。如说："君之视臣如手足，则臣视君如腹心；君之视臣如犬马，则臣视君如国人；君之视臣如土芥，则臣视君如寇仇。"⑥ 当齐宣王提出"汤放桀，武王伐纣"故事，问到"臣弑其君可乎"？孟子回答说："贼仁者谓之贼，贼义者谓之残，残贼之人谓之一夫。闻诛一夫纣矣，未闻弑君也。"⑦ 由于桀纣是残害臣民的独夫民贼，有道明君应该是爱民的，桀和纣已经失去了为君的资格，所以说"闻诛一夫纣矣，未闻弑君也"。

荀子在孔、孟之后，仍然继承这一优良思想传统，他明确提出"从道不从

---

① 《新书·礼》。
② 《论语·先进》。
③ 《论语·八佾》。
④ 《论语·泰伯》。
⑤ 《孟子·滕文公下》。
⑥ 《孟子·离娄下》。
⑦ 《孟子·梁惠王下》。

君"①的命题,并指斥称"桀、纣者,民之怨贼也""诛暴国之君若诛独夫"②。据此他还发挥说:"夺然后义,杀然后仁,上下易位然后贞。功参天地,泽被生民,夫是之谓权险之平,汤、武是也。"③荀子将暴君称为独夫民贼,称赞汤、武革命的上下易位。他还看到人民的力量,将君、民比喻为舟与水的关系,水能"载舟",也能"覆舟"④,承认人民有推翻统治者的力量。后世头脑清醒的君主,还是能从其中得到一点启示的。

孔、孟、荀等人提出君臣、君民对等的理念,并不是要求双方的地位完全平等,但确是要求公平、公正地处理双方的关系。世俗间常说的"以德报德""以牙还牙",在人际关系中虽然不是必然反应,但多数人恐怕都会有此心理。"民为邦本,本固邦宁",古人大都懂得这个道理,居上位的如不能善待人民,就像上面说的桀、纣那样的君主,残害臣民成了独夫民贼,不要说不得安宁,恐怕只能得到身死国亡的下场。这个道理法家的韩非也说得很清楚,他认为"有道之君",是"外无怨仇于邻敌,而内有德泽于人民",是"外希用甲兵而内禁淫奢"。而"人君无道""则内暴虐其民而侵欺其邻国"。他还指出:"众人多而圣人寡,寡之不胜众,数也。今举动而与天下为仇,非全身长生之道也,是以行轨节而举之也。"⑤这里韩非警告那些与天下为仇的孤家寡人,不能公平、公正地善待臣民,自身也是难得善终。

那么,要做到国家稳定、社会和谐,居上位的当权者需要什么呢?韩非说:"人主者,天下一力以共载之,故安;众同心以共立之,故尊。人臣守所长,尽所能,故忠。以尊主御忠臣,则长乐生而功名成。名实相持而成,形影相应而立,故臣主同欲而异使。人主之患在莫之应,故曰'一手独拍,虽疾无声'。"他认为"至治之国,君若桴,臣若鼓,技若车,事若马","故古之能致功名者,众人助之以力,近者结之以成,远者誉之以名,尊者载之以势,如此,故太山之功长立于国家,而日月之名久著于天地,此尧之所以南面而守名,舜之所以北面而效功也"⑥。韩非这里论述君臣关系,人主的权势,要有群众的拥护和人臣的效忠,这样才能有力量,只有君臣合作,和谐相处,才可以取得"双赢"的效果。

先秦儒家主张仁德治国,大都关注人民的物质生活,如孔子说:"丘也闻有国有家者,不患寡而患不均,不患贫而患不安。盖均无贫,和无寡,安无倾。夫

---

① 《荀子·臣道》。
② 《荀子·正论》。
③ 《荀子·臣道》。
④ 《荀子·王制》。
⑤ 《韩非子·解老》。
⑥ 《韩非子·功名》。

如是，故远人不服，则修文德以来之。既来之，则安之。"①

孟子对齐宣王问，提出："明君制民之产，必使仰足以事父母，俯足以畜妻子，乐岁终身饱，凶年免于死亡。然后驱而之善，故民之从之也轻。今也制民之产，仰不足以事父母，俯不足以畜妻子，乐岁终身苦，凶年不免于死亡。此惟救死而恐不赡，奚暇治礼义哉？""王欲行之，则盍反其本矣。五亩之宅，树之以桑，五十者可以衣帛矣；鸡豚狗彘之畜，无失其时，七十者可以食肉矣；百亩之田，勿夺其时，八口之家可以无饥矣；谨庠序之教，申之以孝悌之义，颁白者不负戴于道路矣。老者衣帛食肉，黎民不饥不寒，然而不王者，未之有也。"②

荀子提出："足国之道，节用裕民，而善臧其余。节用以礼，裕民以政。彼裕民故多余，裕民则民富；民富则田肥以易；田肥以易则出实百倍。……故知节用裕民，则必有仁义圣良之名，而且有富厚丘山之积矣。此无它故焉，生于节用裕民也。不知节用裕民则民贫，民贫则田瘠以秽，田瘠以秽则出实不半；上虽好取侵夺，犹将寡获也。而或以无礼节用之，则必有贪利纠谞之名，而且有空虚穷乏之实矣。此无他故焉，不知节用裕民也。""轻田野之税，平关市之征，省商贾之数，罕兴力役，无夺农时，如是则国富矣。夫是之谓以政裕民。"③ "庶人骇政，则莫若惠之。选贤良，举笃敬，兴孝弟，收孤寡，补贫穷；如是，则庶人安政矣。庶人安政，然后君子安位。传曰：'君者，舟也；庶人者，水也。水则载舟，水则覆舟。'此之谓也。"④

以上是先秦孔、孟、荀等儒家在治国之道中提出的如何关注人民物质生活的主张，认为这会有助于社会政治的和谐稳定。但这是就当时的农业社会来说的，在当今社会主义市场经济条件下，对构建和谐社会能否有所启示，下面再进行研究。

三

2005年4月20日，《羊城晚报》"时评"版转载《人民日报》一篇短文《从构建和谐社会看法治》，文中开头说："我们所要建设的社会主义和谐社会，应该是民主法治、公平正义、诚信友爱、充满活力、安定有序，人与自然和谐的社会。把民主法治作为构建和谐社会基本特征和重要要求，意义十分重大。"我文章的主题，讲公平、公正、双赢是构建和谐社会的基本保证，但时至今日，要实现公平、正义，确是需要民主法治做新的保证，不过现在似乎还不完备。从当

---

① 《论语·季氏》。
② 《孟子·梁惠王上》。
③ 《荀子·富国》。
④ 《荀子·王制》。

前情况看来，是高速度发展经济与破坏自然资源的矛盾，也可以说是发展经济与保护环境的矛盾。就以 4 月 20 日《羊城晚报》的报道来看，一方面说"2729 亿元！广州建设继续大手笔"，另一方面却说广东省政府举行新闻发布会，公布 2004 年全省环境质量，指称"大气水源广州双未达标"。对广东多个城市的大气污染有加剧趋势问题，省环保局副局长陈光荣回答中外记者提问时说："2004 年，广东国内生产总值比上年增长 14.2%，工业增长 20%，创 9 年新高，相当部分经济增长是靠高投入、高消耗、高排放和高污染来支撑，企业在增产的同时也增加了排污；供电紧缺，电厂全天候运行，去年发电同比增长 12.6%，加上很难购进低硫煤，造成广东去年 114.8 万吨二氧化硫排放量中，有七成来自燃煤燃油电厂。此外，各地机动车迅速增加，广东目前机动车拥有量达到 1300 万辆，并以每年 12% 以上的幅度递增，这在一定程度上加剧大气中的氮氧化物污染，而对排放尾气监督乏力，气候异常也是一个重要原因，去年广东遭受了 40 年来最严重的干旱，降低了城市空气的自净能力。"

发展经济与消耗能源的矛盾，造成环境污染破坏人与自然的和谐可持续发展。据 2005 年 4 月 11 日美国《商业周刊》的文章指出，中国能源浪费代价高昂，是世界级的浪费大户。据加拿大阿尔伯塔大学政治经济学家姜文然（音）推算，每创造 1 美元的国内生产总值，中国消耗能源量为世界平均水平的 3 倍，是日本消耗水平的 7 倍，它的能源利用效率远比巴西和印度尼西亚等国低。我们国内的地方官员，总是以生产总值增加多少作为衡量他们政绩的标准，但这是靠高投入、高消耗、高排放和高污染来支撑以求得经济增长。如以此作为衡量标准，有的经济发达地区，用高昂代价打造的政绩工程是否值得赞扬就使人有点怀疑了。

浪费的对立面是节约，有点常识的人都知道，身处国家建设第一线的工程技术人员，对这方面感受更加迫切。今年 3 月 3 日，《光明日报》以《建设节约型社会刻不容缓》的通栏大标题，用两整版篇幅报道中国工程院院士座谈会发言摘登。编者在按语中说："随着经济的快速发展，我国承载了越来越重的资源、能源压力。要在 2020 年实现国内生产总值翻两番，可持续发展能力不断增强，全面建设小康社会的目标，就必须大力降低资源消耗，提高利用效率，建设节约型社会。2 月 27 日，中国工程院召开建设节约型社会座谈会，33 位院士从不同角度、不同行业，列举了大量数据和实例，并提出相应的解决方法，振聋发聩，引人深思。"报上登的虽是发言摘要，但列举的数据和实例，以及提出的解决方法，确是使人深省。不过要说振聋发聩，对那些盲目迷信政绩工程的人，是否真能引起震动，还是值得深思。

人类对自然资源的过分索取，这是一种不公平。古人讲天覆地载，天生地养，天地位焉，万物育焉，万物并育而不相害，是进入"致中和"的和谐境界。

现在却是有点天乱地陷。天乱就是自然气象的紊乱，大气污染损害人类健康，还有所谓温室效应，有人担心地球温度变暖，引起冰雪融化后海洋水位升高，低地受浸，影响部分人类生存。虽然这种情况还属预测，但近年来世界气候反常，出现水旱风灾等自然灾害，这可以说是大自然对人类破坏和谐环境的报复。

中国经济发展正面临严重水荒的威胁，目前 600 多个城市中大约有一半缺水，据说每年因缺水造成约 2000 亿元人民币的经济损失。由于技术不过关，生产中水资源浪费严重，据香港报刊载文，2003 年，中国国内生产总值每增加 1 万美元，需消耗水 3860 立方米，是世界平均水平的 4 倍。与美国等发达国家的企业相比，中国公司要多消耗 5 至 10 倍水资源才能创造出同样的产值。由于缺水，有的城市过量抽取地下水，以致地表下沉。当然也有别的原因，如上海因盲目建造超高楼房过多，以致地表难以负重而下沉。还有农村中小煤窑之类，不规范作业，甚至把农民住房地下掏空，房子说不定有陷下去的危险。以上情况表明，天覆地载变成天乱地陷，原来自然与人的和谐相处，现在变得三分天灾，七分人祸，不是"双赢"，而是两败俱伤。

当今世界，不但人与自然难以和谐相处，社会上人与人之间也是矛盾多多。产生不和谐的原因，大家谈得较多的是贫富分化。2004 年 10 月 14 日，联合国举行国际消除贫困日活动。据联合国的统计数据显示，每天有 25000 人死于饥饿，这意味着，约每 4 秒钟就有 1 人饿死。另据西班牙《起义报》2004 年 10 月 12 日报道，标题是《美国挥霍与饥饿并存》。文中说：官方数字显示，美国每年生产约 1600 亿千克各种食品，其中 450 亿千克被中间商、餐馆和消费者浪费了，被扔掉的食物中不乏新鲜的蔬菜、水果、牛奶和面包等。一个名为"要食物不要炸弹"的非政府组织统计，美国仍有大量贫困人口在忍饥挨饿，只需要 18 亿千克食物就可以满足他们每年的需求，这只占被浪费食物的 1/25。由此可见，饿死人并非完全由于食品缺乏，据一些维护穷人食品权的组织指出，美国和世界其他国家食品生产的增长已经超过了人口增长。由于一些大型农牧产品加工企业只为追求利润，世界上饥饿者数目会继续增加。这就是说，世界食品并非供不应求，而是供求关系不合理、不公平，世界贫富悬殊，彼此间当然很难构成和谐关系。

那么，贫富分化和对立的情况在中国又是怎样的呢？唐昊在《羊城晚报》撰文指出：我国目前拥有 1 亿多老人，5000 多万残疾人，30 多万孤儿，15 万流浪儿童，贫困人口数千万，且每年都有因自然灾害而产生的众多灾民。而与此同时，中国的富豪阶层却过着穷奢极欲的生活，摆阔方式更是推陈出新。高档轿车公司把中国作为他们倾销商品最重要的市场，这已是众所周知的事实。2004 年北京国际汽车展上，一位年轻人以 92 万美元的高价买走世界顶级赛车迈巴赫 62，这一价钱相当于一名普通工人 1200 年的工资总额。在这种强烈对比下，社会心理会走向失衡，而由此引发的社会矛盾、社会冲突将使富豪本身的利益最终也难以得到保障。目前越来越恶化的社会治安形势就已经给出了这样的警告，在整个2004年，拥有最多高级轿车的北京地区连接发生高级轿车被砸或者车主被绑事件。我们应该记住一位西方政治家的说法，"如果一个社会不能帮助那些贫穷的大多数人，它也就不能挽救那些富裕的少数人"。该文还说贫富分化之所以导致那么多人的不满，在很大程度上不是因为贫富差距本身，而是一些"先富裕起来的人"攫取财富的手段极不正当，而取得财富后又骄横跋扈，挑战普通人的心理极限所致。"为富"并不是一种错误，但"为富不仁"，蔑视社会责任的担负，就接近于自杀性的行动了。

这些富人攫取财富的不正当手段，其中主要一条就是非法剥削农民工，而一些政府部门对此却往往不作为，实际上是助长了对农民工的歧视。香港《信报》今年3月25日报道，标题是《北京专家为农民工鸣不平》。文中谈到不少农民工说："只要能拿到钱，什么苦我们都能吃！"但有些农民工从未拿足过工钱，有时候连一分钱也拿不到。许多农民工找政府部门维护权益，这些公家人总是抱怨农民工不签劳动合同。其实，即使签了劳动合同，农民工的权益也得不到保障。宁夏总工会最近在调查中发现，即使签有劳动合同的农民工，也仍有69%的人每天工作超过8小时，有23%的人每月没有休息日，有35.7%的人被拖欠过工资，甚至还有9.1%的人月收入低于当地最低工资标准。再说，目前在社会暂时对农民工身份界定不清、保障不力的情况下，不少用工单位刻意将农民工视作"二等公民"。即使某些国有企业，也不让农民工享受正式职工的待遇。

据有关专家计算，平均每个农民工每年在城里创造的价值是人民币2.5万元，而农民工年平均工资只有6000至8000元。他们不仅没有得到应有的尊重，在全国各地，反而有为数众多的农民工饱尝遭受歧视的委屈和被拖欠工资的无奈。

由此可见，我国改革开放后，无论外资还是本土的企业家雇主，获取利润或是发财致富多是靠剥削雇工得来，歧视甚至虐待雇工的现象时有发生，如超时加班和拖欠工资，这本来是违反国家劳动法的，但我们一些政府的有关部门却往往不作为，不支持有困难的群众一方，这就显得不公平了。试问在这种情况下，雇工与雇主之间，穷人与富人之间，怎么能和谐相处呢？我前面引到《从构建和谐社会看法治》的文章中说，我们所要建设的社会主义和谐社会，应该是民主法治、公平正义的，等等，可是我们某些地方、某些部门，民主法治却不作为，并不维护社会的公平、正义，要想造就一个诚信友爱、充满活力、安定有序的人际和谐社会，当然就无从谈起。

不过，解铃还须系铃人，就是不算政府的公正作用，劳资双方也不是自己不能解决问题。如前不久报载，深圳有一家民营电子厂，老板不但遵守劳动法，而且在工作和生活条件方面都给雇工多方照顾。前段时间珠江三角洲出现所谓"民工荒",有的工厂、企业春节前回乡民工几十人,回来的却没有几个,而这家电子厂却丝毫不受影响,劳资双方和谐相处,凝聚力更增强了,生产也日益发展,老板赢利,工人福利也提高。由于双方能公平、公正地和谐相处,不像那些无良雇主那样劳资敌对,而是"仇必和而解",由劳资两利而实现双赢。

公平、公正、双赢是构建和谐社会的基本保证,以古证今,可以说是古今同理。自然和人,社会上人与人的关系,要想实现和谐,在当今社会,还要加上各种立法的保证,但要落到实处,不能无所作为或是口惠而实不至。

(原载《学术研究》2005年第6期)

和谐思想

——中华文化的优秀传统

中国传统文化比较重视人与自然、人与人之间的和谐与统一，中国这个文明古国几千年来之所以得到持续发展，和谐思想起到了很大的促进、协调作用。下面将对其分别进行论述。

一

在中国传统文化中，对自然界自身和万物之间的和谐相处，《中庸》里有一段经典性的叙述：

致中和，天地位焉，万物育焉。①

朱熹在注中说："无所偏倚，故谓之中。""无所乖戾，故谓之和。""致，推而极之也。位者，安其所也。育者，遂其生也。"天地万物是宇宙空间的最大值，天地要定位，各占有宇宙间适当的位置；万物在宇宙空间发育，得以顺利生存，这就构成一个不偏不倚、中正、公平的和谐世界。

关于天地在宇宙空间如何定位，《中庸》中给予解释说：

博厚，所以载物也；高明，所以覆物也；悠久，所以成物也。博厚配地，高明配天，悠久无疆。

今夫天，斯昭昭之多，及其无穷也，日月星辰系焉，万物覆焉。今夫地，一撮土之多，及其广厚，载华岳而不重，振河海而不洩，万物载焉。今夫山，一卷石之多，及其广大，草木生之，禽兽居之，宝藏兴焉。今夫水，一勺之多，及其不测，鼋鼍、蛟龙、鱼鳖生焉，货财殖焉。②

从这段叙述来看，将自然界的天、地、山、水对举，用朴素唯物的观点，对其自然属性的功能进行定位。如将天与地对举，古人由于天文知识的局限，以肉

---

① 《中庸》第一章。
② 《中庸》第二十六章。

眼所见，地表是广厚的平面，山川万物都由地来承载；而天却是高起成拱形的穹苍，日月星辰分布在天空中，天覆着大地万物。所以对天地的定位，有天上地下、天圆地方、天高地厚、天覆地载等，这都是从方位和功能对等的角度，以自然属性之上下高低来定位，并无社会属性尊卑、贵贱的意思。

至于《易·系辞》中所说"天尊地卑，乾坤定矣"，那是在封建专制社会中，统治者附会到人事方面，为社会等级制度寻找根据。因为只有把"天"奉为至尊，人世间的"天子"才可以登上至高无上的高位。至于对自然界来说，《易·彖》中对乾坤二卦，仍然是对等地来加以论述的。

> 大哉乾元，万物资始，乃统天。……乾道变化，各正性命，保合太和，乃利贞。首出庶物，万国咸宁。
> 至哉坤元，万物资生，乃顺承天。坤厚载物，德合无疆，含弘光大，品物咸亨。

这里乾坤对比，"乃统天"与"乃顺承天"，仍是以天覆地载来定位，这种对等的位置，古人认为是自然界的客观存在，并无社会属性的尊卑贵贱之分。至于讲"万物资始"与"万物资生"，古人认为天地具有不同的功能，天能创化万物，不断变化、发展；地要生养万物，使万物得以壮大生存，这种功能是互相配合的。天地以其自然定位发挥各自的功能，而万物的生育也就得到和谐顺利成长，这是古人所认识到的自然生态的运行规律。《中庸》里有一段话说：

> 辟如天地之无不持载，无不覆帱，辟如四时之错行，如日月之代明。万物并育而不相害，道并行而不相悖，小德川流，大德敦化，此天地之所以为大也。①

这是说在天覆地载的空间中，各种自然现象，如春、夏、秋、冬四时的运行，白天太阳与晚上月亮的交替出现，以至万物的繁殖生息，彼此没有妨碍，和谐共处。这种宏观大自然的气象，正好作为"致中和，天地位焉，万物育焉"这个命题的注脚。

值得注意的是，宋代张载把《易·彖辞》中的"太和"上升到哲学本体论的高度，就是认为在矛盾的同一性和斗争性中，同一性更为根本，而对立与差别却是包含在统一与和谐之中，"仇必和而解"。下面看《正蒙·太和》篇中的两段话：

---

① 《中庸》第三十章。

> 太和所谓道，中涵浮沉升降动静相感之性，是生纲缊相荡胜负屈伸之始……散殊而可象为气，清通而不可象为神。
>
> 气本之虚则湛本无形，感而生则聚而有象。有象斯有对，对必反其为；有反斯有仇，仇必和而解。

"道"是中国传统哲学的最高范畴，张载将"太和"说成"道"，也就是宇宙的本体。在宋代理学家中，张载是主张气本论的，"太和"成为气的总称，是创化天地万物的动力和根源。但太和之气本身是虚而无形，要经过阴阳相感才聚而成象，在创化万物的发展过程中会出现对立和斗争，从相反到相成，也就是到更高层次的和而解，那是符合矛盾对立统一规律的。而和气这个概念，也就走入了民间生活，过去常见贴大门的对联："厚德载福，和气致祥。"而"和气生财"也成为社会上的流行语。过去有本启蒙读物《幼学琼林》，里面有两句话："阴阳和然后雨泽降，夫妇和然后家道成。"这是从对自然界的认识，以至对家庭社会的关照，可见和谐思想在传统文化中已经深入人心。

二

前面说到在传统文化中，古人认为自然界有天生地养的功能，使"万物并育而不相害"，从而和谐地持续发展。但人类出现以后，需要索取自然界的资源从事生产和维持生活，那么，人与天地万物如何相处呢？《易·系辞》中说："天地之大德曰生。"自然界生育万物，用拟人的话来说，那是天地的最高美德，人类如能效法天地的好生之德，就应该敬重生命，友爱万物，使人类与自然界保持可持续发展的和谐关系。在儒家经典中，以天道与人道的良性互动，尽人类诚善的本性，就可以主动参赞天地化育的功能，取得与天、地并立为三的地位。下面是《中庸》中的表述：

> 诚者，天之道也；诚之者，人之道也。诚者不勉而中，不思而得，从容中道，圣人也。诚之者，择善而固执之者也。①
>
> 唯天下至诚，为能尽其性；能尽其性，则能尽人之性；能尽人之性，则能尽物之性；能尽物之性，则可以赞天地之化育；可以赞天地之化育，则可以与天地参矣。②

---

① 《中庸》第二十章。
② 《中庸》第二十二章。

阴阳至理原无一，天地生人总是三。人性既有与天地并立为三的功能，就要主动承担保护生态环境、协调自然界资源得到和谐持续发展的义务，也就是要做好管理和节用这个课题。对这方面的规定，我们的古人可以说相当重视。

据《书经·舜典》记载，舜继尧即位后，任命伯益为虞官，掌管"上下草木禽兽"。而在《周礼·地官》中，则有更明确的分工：

> 山虞掌山林之政令，物为之厉而为之守禁。
> 林衡掌巡林麓之禁令而平其守，以时计林麓而赏罚之。
> 川衡掌巡川泽之禁令而平其守，以时舍其守，犯禁者执而诛罚之。
> 泽虞掌国泽之政令，为之厉禁，使其地之人，守其财物。

由上可见，对山林川泽等公共物产，我国古代就设官分职进行管理，并订有政令条例进行赏罚，从而能有效地保护自然资源。

在我国古代，重视保护自然生态平衡，进行人性管理，不但对一般群众设有禁令，而且统治者上层也要遵守。如《礼记·王制》记载："天子不合围，诸侯不掩群。"古代王侯围猎时，有"网开一面"的"三驱"之制，不能将合围的猎物全部杀绝。另外，还规定砍伐山林和渔猎都有一定的时限和范围，如不能伐取未成材的林木，不要捕杀怀胎母兽和幼兽，不毁坏鸟巢和捕捉孵卵之鸟，这些保护动植物繁殖的措施，被纳入"礼"的规范中，要求贵族、平民一体遵守。

我们现在有休渔季节的规定，其实在古代也同样有所限制，如在《国语·鲁语》中记载了一个事例：鲁宣公夏天到泗渊捕鱼，太史里革"断其罟而弃之"，将其捕鱼工具毁坏丢弃。里革为什么这样敢作敢为呢？根据礼制规定，要在"大寒降，土蛰发"时才开始捕鱼，至于在"水虫孕"的夏天则要加以禁止。太史里革指责说："今鱼方别孕，不教鱼长，又行网罟，贪无艺也。"这是说在鱼儿繁殖的季节，而滥用网罟捕鱼，就是违背古圣先王的遗训了。正因为保护生态平衡成为当时贵族、平民共同遵守的惯例，所以鲁宣公夏天捕鱼违背了古训礼制的规定，自知理亏，只好接受批评了。

中国传统文化重视保护生态平衡，固然一方面使"万物并育而不相害"，万物彼此之间得以和谐共生；而另一方面对人类本身来说，只有保护好自然资源，人们的日常物质生活才能得到保障，人类的生存与万物之间才能得以和谐共处。先秦儒家孟子和荀子两位大师对此都有深切的感受，下面引两段论述：

> 不违农时，谷不可胜食也；数罟不入洿池，鱼鳖不可胜食也；斧斤以时入山林，材木不可胜用也。谷与鱼鳖不可胜食，材木不可胜用，是使民养生

丧死无憾也。①

圣王之制也，草木荣华滋硕之时，则斧斤不入山林，不夭其生，不绝其长也；鼋鼍、鱼鳖、鳅鳣孕别之时，罔罟毒药不入泽，不夭其生，不绝其长也；春耕、夏耘、秋收、冬藏四者不失时，故五谷不绝而百姓有余食也；污池、渊沼、川泽谨其时禁，故鱼鳖优多而百姓有余用也；斩伐养长不失其时，故山林不童而百姓有余材也。②

上引孟、荀两人的论述虽然详略不同，但内容基本一样，即在防止对自然资源的破坏而要加以保护的前提下，更加要做到对农、林、渔、牧等自然资源的增产和繁殖，这样人类对自然资源的索取，就像贾谊说的，要"取之有时，用之有节，则物蓄多"。也就是说，对于物资的生产和消费的关系来说，可以做到供过于求，"不可胜食""不可胜用"，做到"有余食""有余用""用余材"。这样一来，自然资源不断丰富，人们日常的生活水平也可以日益提高，人与自然的关系才能做到和谐共生、共养、共长，共同构成一个物阜民生的和谐世界。

三

在中华文化的优秀传统中，和谐思想还渗透至人际关系的方方面面。儒家经典中所谈到的，从修身、齐家到治国、平天下，都是以"和为贵"作为处理各种人际关系的指导思想，而在处理和协调各种矛盾时，"和而不同"又是各方能够接受的原则、方法。几千年来中华民族文化的发展，逐渐形成由56个民族组成的统一的大家庭，但各民族的文化习俗仍然保持自身的特色，这也是和而不同思想的体现。

《中庸》讲"尽人之性""则可以与天地参矣"。《幼学琼林》中说，"天地与人，谓之三才"。但人们常论天时、地利、人和，从人的本性推演到各种人际关系，倡导和谐正是中华文化中儒家思想的传统，下面引《尚书·尧典》中的一段话：

曰若稽古：帝尧曰放勋。钦明文思安安。允恭克让，光被四表，格于上下。克明俊德，以亲九族，九族既睦；平章百姓，百姓昭明；协和万邦，黎民于变时雍。

---

① 《孟子·梁惠王上》。
② 《荀子·王制》。

王充在《论衡》中说："《尚书》者，以为上古帝王之书。"《艺文类聚》引《春秋纬·说题辞》称："《尚书》者，二帝之迹，三王之义，明天下情，帝王之功。"这是说《尚书》是记载和追述上古二帝（尧、舜）、三王（夏、商、周三代帝王，以禹、汤、文王为代表）的德行和功业。而《尧典》是《尚书》的第一篇，是对远古帝尧德业的全面追述。帝尧是传说中的古圣先王，但其实当时还属于氏族社会时代，文字还未出现，更不可能写出《尧典》那样的政论文章，即使有点口头传说的原始资料，也不会构成这个完整的圣君德业，如上面那段引文，宋儒蔡沈在注中总结说："此言尧推其德，自身而家、而国、而天下，所谓放勋者也。"从修身、齐家到治国、平天下，正是儒家德治的思想理路，值得注意的是，"协和万邦"却是管治思想的核心，而《尧典》中的帝尧形象，蔡沈在注中引孔子曰："唯天为大，惟尧则之。"故《尚书》叙帝王之德，莫盛于尧，而其赞尧之德，莫备于此。由上可见，这个帝尧被后世儒家塑造成为用和谐理念管治国家的先驱。从当时二帝、三王的华夏族，只是据有中原地区，经过几千年来的发展，成为今天拥有广土众民，既保有多个民族，又融合成中华民族的大一统国家，因此从这个角度看，中华民族得以长期可持续发展，正是由"协和万邦"这一和谐管治思想带来的效果。

"表正万邦，慎厥身修思永；宏敷五典，无轻民事为艰。"我看到故宫大殿里的一副对联，虽不知作者是谁，但内容讲的却是儒家和谐治国的理念，提示做皇帝的要以修身为本，为协和万邦做出表率。但是，社会国家的基本构成是人民，《尚书》中说："民为邦本，本固邦宁。"人民生活必须得到保障，"无轻民事为艰"，就是提醒执政者不能无视老百姓生活的艰难。孔子说："百姓足，君孰与不足？"[①] 百姓富足了，国君怎么会不富足呢？只有民富，才能国强，百姓安乐，社会和谐，才能造就协和万邦的君主，在皇宫大殿中留下这副对联，是可以做国君的座右铭，但历代君王能够实行的又有多少呢？

这里也说明一点，中国传统文化倡导的和谐思想，固然重视精神道德方面的提升，如儒家提倡"和为贵""仁者爱人"，墨家讲"兼爱"精神。还有"和而不同"以至"求同存异"的和睦相处原则，社会政治方面推行仁德治国的王道政治，以至文明礼让的人际往来，这都可以体现出和谐思想的作用。但是，人们的和谐思想不是天生的，也不是只靠道德教化就能培养的，要构建和谐社会，就要化解人与人之间的各种矛盾。比如国家与人民的关系，承认"民为邦本"是对的，但如何固本培元，不能口惠而实不至，必须实实在在为人民谋利益，孔子提出"因民之所利而利之"[②]。这里说得比较简单，后来孟子与齐宣王对话，提出要实现和谐的王道政治，就要有具体的利民措施。

---

① 《论语·颜渊》。
② 《论语·尧曰》。

> 明君制民之产，必使仰足以事父母，俯足以畜妻子，乐岁终身饱，凶年免于死亡。然后驱而之善，故民之从之也轻。
>
> 王欲行之，则盍反其本矣。五亩之宅，树之以桑，五十者可以衣帛矣；鸡豚狗彘之畜，无失其时，七十者可以食肉矣；百亩之田，勿夺其时，八口之家可以无饥矣；谨庠序之教，申之以孝悌之义，颁白者不负戴于道路矣。老者衣帛食肉，黎民不饥不寒，然而不王者，未之有也。①

孟子的要求很具体，认为要让人民群众过上"不饥不寒"的温饱生活，就可以导之向"善"，使和谐思想得以产生并发挥作用，才能构建和谐社会。因此，实现王道政治，解决百姓的民生问题，自是重中之重，并且要逐条落实，不能口惠而实不至。

荀子提出"足国之道，节用裕民而善藏其余"的施政方针，认为"裕民则民富"，"则必有仁义圣良之名，而且有富厚丘山之积矣"②。这就是精神、物质双丰收。至于具体措施和收到的成效，下面还有论述：

> 轻田野之税，平关市之征，省商贾之数，罕兴力役，无夺农时，如是，则国富矣。夫是之谓以政裕民。③
>
> 庶人骇政则莫若惠之。选贤良，举笃敬，兴孝弟，收孤寡、补贫穷，如是，则庶人安政矣。庶人安政，然后君子安位。传曰："君者，舟也；庶人者，水也。水则载舟，水则覆舟。"此之谓也。④

荀子提到"庶人骇政"，当老百姓怕政府时就要推行裕民、惠民政策。人民得到利益，就由"骇政"变成"安政"，然后执政的君子就可以"安位"，而社会政治也就收到了和谐安定的效果。

总的来说，和谐思想是中华文化的优良传统，我们要发扬这种传统，在人与自然方面，要重视环境保护和协调自然生态平衡；在人类社会方面，当今世界，和平与发展是时代的主题，我国采取和平崛起的外交战略；在国内，坚持"以人为本"的利民富民政策，抑制贫富分化，合理调整各阶层各群体的利益，化解矛盾，走共同富裕和谐发展的道路。和谐思想是中华文化的优良传统，我们今天应该发扬并在实践中体现出来。

（原载《中华文化与和谐社会建设》，暨南大学出版社2011年版）

---

① 《孟子·梁惠王上》。
② 《荀子·富国》。
③ 《荀子·富国》。
④ 《荀子·王制》。

世纪之交对中华文化前景的探索

今年是 1998 年,很快就会进入 21 世纪。在这世纪之交,中华文化的前景如何,颇引起人们的关注。中华文化要实现现代化和走向世界,这是为学术界所共识和全国人民的企望,但对于如何实现,以及中华文化进入世界占有什么地位这些问题,却有很大的分歧,并且很难得到解决。本文只是提点个人意见,以供讨论。

一

当前,对中华文化(亦涉及东方文化)的世界走向,学术界有两种相反的观点,可以说是针锋相对。

一种观点认为:自有人类起到哥伦布发现新大陆为止的历史看成是一体多元的历史,而把以后的历史看成是多元一体化的历史。对目前世界上流行的多元文化主义看成是一种民族主义情绪的表现,虽然它的出现是不可避免的,然而历史的进程却肯定向一体化前进。因此,参加文化多元主义以至东方主义的大合唱,对全人类的(也就是全球的)主流文化(市场经济、民主、法制)故意唱反调,因而有阻碍中国现代化的危险。①

类似的观点,有些反对"东方主义"提法的青年们认为:东方主义或文化殖民主义等话题与民族情绪有密切关系。其反动性远大于其进步性,或者说其落后作用远大于其文明作用,原因就在于它可能会重演民族化压现代化的悲剧。因此,东方国家乃至所有非西方国家要想发展自己,走向世界,首先就得承认西方描绘的图式,承认自己的前现代性,从而开始自己融入世界的现代化进程。②

亦有学者说:回顾近 150 年的中国史,像中国这样有古老文化传统的国家要接受时代精神的洗礼,确立与全球化时代相适应的观念是异常艰难的。障碍来自狭隘民族主义,主要是狭隘的文化民族主义。20 世纪中国出现的是两种至今仍颇带迷惑性的理论,一曰中国本位文化,一曰东方文化救世论。③

以上可以说是一派的观点,即认为世界文化已进入一体化时代。只有西方主流文化才可以实现现代化,而讲文化多元则被看成民族主义情绪化的表现,或者

---

① 《当代中国的文化问题》,载《现代与传统》(第 6 辑),第 15 页。
② 《文化的民族性与世界的多元化》,载《现代与传统》(第 6 辑),第 8 页转引。
③ 《建立适应全球时代的文化心态》,载《现代与传统》(第 6 辑),第 17～18 页。

说成是狭隘的文化民族主义。据此就要求东方乃至所有非西方国家承认自己的前现代性,若要现代化即所谓融入世界实质上是走西方化的进程。这里说的是反对东方主义实质上是宣扬西方(欧洲)文化中心主义,用全球化来代替西化。

另外一种观点,就是认为21世纪是以中国文化为主体的东方文化走向灿烂辉煌的世纪,只有东方文化才能拯救人类。对于西方文化,承认其繁荣了几百年,把生产力推到了空前的水平,人类社会以空前的速度进步,但同世界所有文化一样,绝不会永世长存,今天,它已呈现出强弩之末、难以为继之势,具体如生态平衡遭破坏、酸雨横行、江河污染、动植物灭种等。而以分析为基础、征服自然为主要思想的西方文化无法用高科技解决大自然对人类的报复。只有东方文化"天人合一"的精神才能改变现状,挽救人类。由于西方伴随现代化而出现的种种问题,而东方人后起,可以不走过去人走过的错路,因此主张提倡东方化,说是"西方不亮,东方亮"①,"三十年河东,三十年河西",以分析为基础的西方文化将逐渐衰微,必然代之以综合分析为基础的东方文化。"取代"不是"消灭",而是在过去几百年来西方文化所到达水平之基础上,以东方文化为主导,吸收西方文化之精华,把人类发展推向一个更高阶段。②

与此类似的观点,如有学者认为:工业发展与科技进步,既给人们生活带来绚丽多彩,又使人性发生了扭曲与异变。这变异的一方面,为满足物质欲望而向大自然贪得无厌地索取,加剧了生态环境的危机;另一方面受到物欲的奴役,精神越来越空虚与变形,真如马尔库塞所针砭的:"物质丰富,精神痛苦。"西方也很强调以先进科技治理污染的环境,然而如何疗治无休无止的物欲横流与精神空虚两个方面的危机,还鲜有理想的方案。于是,东方的"天人合一"思想被凸显出来了。在与大自然和谐相处中,人类或许能够活得更为丰盛也更为潇洒。③

对西方现代化带来的问题,亦有外国人从体制方面加以批评,如雅克·阿塔利说:尽管有一种普遍的看法认为市场经济和民主制度合在一起构成了一部推动人类进步的永动机,但是这两种价值观本身事实上并不能支撑任何文明。它们全都有不少缺陷,而且越来越可能失效。除非西方以及它自封的领导美国开始承认市场经济和民主制度的缺点,否则,西方文明必将逐渐没落,最终将自我毁灭。④

二

对以上两方面的观点如何评价呢?虽然各自说得有点道理,但都有片面的地

---

① 《西方不亮,东方亮——季羡林在北京外国语大学中文学院的演讲》,载《中国文化研究》1995年第4期。
② 参见《羊城晚报》1998年5月7日《文化广角》报道。
③ 参见《人类——你不要毁灭自我》,载《光明日报》1996年12月4日。
④ 参见美国《外交政策》季刊夏季号,《参考消息》1997年7月12日连载。

方。总的来说,前者是凝固地看待中国和东方的民族文化,认为只能停留在前现代性,要想实现现代化只有西化,这是要用全球化、一体化来否定和代替多元民族文化。后者则过分看重西方文化实现现代化所带来的弊端,如污染地球、破坏生态平衡等大问题,确是由于科技发达带来的负面影响,因而发出东方文化救世的论调。持这两种观点的人,都是把东西文化看成是难以共存的,不是我吞掉你,就是你征服我。不是西风压倒东风,就是东风压倒西风。讲多元一体实质上是宣扬西方文化霸权主义,以全球化为借口并吞各民族的多元文化;讲东方救世的则认为西方文化已趋没落,是彼可取而代之。两者的思想理路是一致的,都未跳出两极对立非此即彼的窠臼。

这里主要是对两种观点所持的思想方法做点评议,至于双方立论的根据,由于都摆出一些现象和动态,是否做到有理有据,还可做点具体分析。

前一种观点认为:在世界日益一体化之际,中国本位文化论提倡者中有些人却有表露民族主义情绪之嫌。1927年以后,它已明显地与政权力量结合,成为抵御时代精神浸润中国的盾牌。国民党执掌全国政权后,一直以传统思想为基础的文化民族主义统制全国人民思想,反对外来先进文化,签署《中国本位文化建设宣言》的10位教授客观上起着为国民党统制人民思想、抵御时代精神的错误政策呼应的作用。在1949年后,又在几十年间把其他学术文化拒于门外,视为"反动的资产阶级的"思想,称之为"精神污染"之源,甚至宣布要在上层建筑领域实行"全面专政",导致知识分子噤若寒蝉,文化落后,人民生活困苦,丧失实现现代化的大好时机。

对造成这种现象的原因认为不止一端,其中最重要一点也是文化民族主义。曾经广泛流行的社会心理:中国人已经成为世界上最正确、最革命的科学代表,我们的责任就是捍卫和在全世界宣传、推广这种科学。这种傲视人类的心态其实就是祖传的天朝大国心理的20世纪修订版。

东方文化救世论(最新的说法是"21世纪是东方文化的世纪")之所以应该受到质疑,重要的一点是所有这些论断都缺乏严谨的论证。当前中国正处在向现代社会转型的历程之际,最紧迫的任务是吸收世界各国的先进文化,减少前进中的失误。此时此境这一于事无补的思潮居然大受赞赏,看来只能从民族自大心理的孽根未断去得到合理的解释。[①]

上面这种严厉的批评,虽然也指出一些事实,但所做的论证未必准确。比如说国民党掌权后统制全国人民思想,反对外来先进文化,这样说也无不可,但以此归罪于中国本体文化论却缺乏论据。国民党是由官僚、地主、买办资产阶级组合的政权,后台是美国,所以不会拒绝西方,而最怕的是共产党和宣传共产主

---

① 《建立适应全球时代的文化心态》,载《现代与传统》(第6辑),第17～18页。

义，并与之势不两立。至于讲中国本位文化还是西化，是不会过分干涉的。

从五四运动前后到1949年，中国大体上出现一种文化思潮。一种由学习西方导致的自由主义西化派，与之对立的可称为中国本位文化派，前面提到1935年王新命等10位教授发表的宣言，宣称"中国在文化的领域中是消失了，中国政治的形态、社会的组织和思想的内容与形式，已经失去了它的特征。由这些没有特征的政治、社会和思想所发育的人民，也断不能算是中国人"。但在胡适等西化派看来，中国的现实不是文化失去特征，而是"中国旧文化的惰性实在大得可怕，我们正可不必替中国本位担忧"①，并进一步提出，所谓"中国本位的文化建设，正是中学为体、西学为用最新式的化装出现"②。王新命则指西化论"就是中国固有文化纵有可存，也不应存。西方文化纵有可舍，也不应舍"③，即完全投靠西方，搞的是民族文化虚无主义。

当时双方论战的1935年，国民党已经实现专制统治，但对中西文化之争却没有干涉，并没有偏向中国本位文化派，而西化派的胡适，与国民党的关系公认是不错的，如果说只有中国本位文化派明显地与政权力量结合，而国民党政府是以文化民族主义来控制全国人民思想，这种论断是片面的。

对1949年以后的批评，虽然也指出一些事实。如宣布要在上层建筑领域实行"全面专政"，在"文化大革命"期间确是这样。但把原因归结为文化民族主义和祖传的天朝大国心理在起作用，那就未必准确。由于1949年新民主主义革命的胜利，接着宣布进行社会主义革命，甚至迫不及待地要向共产主义过渡。当时我国的领导层误认为已经跨越了资本主义社会阶段，如1958年通过人民公社和提出"大跃进"，就意味着向共产主义过渡进军。什么"意气风发""一天等于二十年"等豪言壮语，还有"人有多大胆，地有多高产"，这种把主观精神极度膨胀的呓语也在流行。当时并不认为西方资本主义文化是先进的，相反还要警惕外国资本主义对我国搞和平演变和复辟。"文革"时期则把革命领袖的教条视为最先进的无产阶级文化的代表，要说向世界宣传就是宣传无产阶级最先进的革命文化，是世界革命的组成部分和指导思想。这不是以中国传统思想为基础的文化民族主义在起作用，也不是什么祖传的天朝大国心理的反映，因为作为传统民族文化重要代表的儒家孔学在当时受到猛烈抨击，所谓"封、资、修"都是为无产阶级革命文化所扫荡之列。如果把"文革"期间出现的各种狂妄自大心理归咎于文化民族主义在起作用，不是找错了对象吗？

至于后一种观点，所谓东方文化救世论，看来也是夸大其词，如谈得较多的污染环境，救世论者认为西方现代化由于用科技过度开发，造成地球环境污染和

---

① 《试评所谓中国本位的文化建设》，载《独立评论》135号。
② 《试析所谓中国本位文化建设运动》，载《大公报》1935年3月20日。
③ 《全盘西化论的错误》，载《晨报》1935年4月3日。

破坏生态平衡，因而提出用中国"天人合一"即人与自然和谐相处的思想进行补救，并且认为东方人后起，可以不走西方人走过的错路。

其实这种说法亦有点片面，甚至有点想当然。如果只看到高科技造福人类而看不到它的负面固然不对，但只看到它带来的弊端而不看其正面作用，同样是片面的观点。比如工业过度开发所造成的环境污染是难以避免的，要治理还得靠高科技，用土办法是难以奏效的。至于说不走西方人走过的错路，做出一些改善是可以的，但要实现工业现代化，带来废水、废气之类的毛病也是难以避免，还是要倚靠科技来加以治理，这叫作解铃还须系铃人。如果应用中国"天人合一"的思想，只能从观念上提醒世人，过分损害自然必然遭受大自然的惩罚，人类应该注意与大自然和谐相处。但是这种观念是农业社会里产生的，要实际操作只能恢复田园牧歌式的生活，而在工业现代化的社会是难以办到的，我国改革开放后的实践也说明这一点，甚至明知有负面效应也要付出这种代价，也可以说是无可奈何的事。我国最近长江大水确在警醒人们，像破坏森林、围湖造田这类的蠢事确是不能再干了，但已造成的污染还得靠科技来治理，而不能因噎废食停止向工业现代化进军。否则就为前一种观点所讥讽："是不是由于伴随现代化而出现的种种问题，我们就应该停留在中世纪？"我们要辩证地看现代科技的作用，不能因有负面影响而后退。

三

以上对西化（全球化、一体化）和东化（中国本位文化、东方文化救世论）都做了一点分析，指出其各有偏颇的地方，不知能否有点说服力。至于中华文化的前景如何估计，我认为先要弄清中国传统文化的发展历程及其特点，鉴往事而知来者，可能也会有点参考价值。

中国传统文化有个特点，就是具有开放性和兼容性，在古代如佛学原是印度文化，但传入中国后没有遭到抗拒，反而得到兼容。如东汉末年写的《牟子理惑论》，从书中内容看，信仰是佛教，但对佛祖形象的描述和佛家教义的解释往往用儒、道思想、语言加以论述。这虽然不合印度佛教的原义，但适应传统世俗道德伦理的需要，也符合中国接受外来文化时经过消化吸收的原则。正因为这样，外来佛教文化才得以逐渐融合于我国传统文化之中，成为中国传统文化中的组成部分。

比牟子稍后，康僧会编译的《六度集经》，是利用佛教的故事，将推行"仁道"作为佛教的最高使命，提出的要求是："则天行仁，无残民命，无苟贪，困黎庶；尊老若亲，爱民若子；慎修佛戒，守道以死。"① 这里将儒家的仁政要求

---

① 《六度集经·戒度无极章》。

当作佛家的戒律加以遵守。佛教本来是有"五戒",僧会则加以引申:如"不盗"进而要求"捐己济公""富者济贫","不杀"还要"恩及群生"和"爱众生","不酒"这条戒律加上"尽孝"的内容。这样比附虽有点牵强,但他利用佛教的影响,正面宣扬社会公德,纠正不良的社会风气,这种儒佛兼容的思想,在社会效益方面也应该是可取的。

唐朝的惠能创立南派禅宗,提倡顿悟成佛和承认"众生是佛"。这种强调自识本性,即"我"即"佛"的观点,与孔子说的"我欲仁,斯仁至矣",从最大限度发挥主观能动性来说,两者思想是接近的,与孟子讲的"人皆可以为尧舜",在作圣和成佛的思路上也是一致的。惠能在哲学上属于主观唯心论,但强调人的主观能动作用,主张人人都有佛性,承认众生的平等地位,他要求打破佛典中各种烦琐的经义教条的束缚,直指心源,在当时历史条件下,可起到解放思想的作用,并且能给后世学者以启迪。惠能对佛教中国化走出坚实的一步。

中国历史的发展,没有按一般规律由封建社会转型为资本主义社会。由于西方帝国主义的入侵,把正常发展历程打断了。鸦片战争以后中国逐步沦为半殖民地半封建社会,这样定性虽也有不同意见,但这种社会形态的特殊性是不能否认的。

鸦片战争发生时,英国是个先进的资本主义国家,而中国仍是落后的封建王朝。有个别年轻人认为外国人入侵时应该欢迎而不要反抗,理由是先进可以带动落后,这种观念的引申,也有说中国成为殖民地才可以实现现代化。不过,为搞现代化而付出亡国的代价,未知是否合算?

鸦片战争前后,作为禁烟主角的林则徐是中国近代睁眼看世界的第一人。他了解到西方主要资本主义国家的发展历史和富强现象,对其先进的政治制度、经济实力和军事科学技术,都有不同程度的认识。至于他之所以开眼看世界,通过知己知彼,为的是要制定抵抗侵略的"制夷之策"。林则徐这种开放思想,带动了魏源等人继续从事这项工作,这就开创了中西比较学的先河。魏源是受林则徐的委托,把《四洲志》扩编成《海国图志》,直接介绍"西洋人谭西洋"的资料,成为当时了解全球各地最完备的巨著。魏源自己也说:"不披海图、海志,不知宇宙之大。"而开眼看世界后,则"直可扩万古之心智"。由于他通过比较看到西方不少长处,因而产生了"师夷长技以制夷"① 这一策略思想。

不过,魏源所主张的"师夷长技"虽然主要是学习西方的军事技术以抵抗外来侵略,但也注意探讨西方所以富强之道,并涉及所推行的政治制度和经济政策。他认为英国在军事上之所以强大,是由于重视发展工商业,因而具有雄厚经济实力的结果。对英国的议会制度也做了肯定,认为美国的总统选举是做到公正

---

① 《海国图志叙》。

与周全，胜于中国君主世袭的封建专制制度。魏源的开眼看世界，对学习西方提供了论据。

由于清朝晚年睁眼看世界的风气渐开，一些有识之士从中西比较中逐渐看到西方的长处，如冯桂芬虽主张要以伦常名教为本，但也看到中国是"人无弃材不如夷，地无遗利不如夷，君民不隔不如夷，名实必符不如夷"①。这"四不如"就涉及政治文化方面，不仅是技艺、器物不如西方了。还有郑观应也是主张"变器不变道"，但也认为西方的"治乱之源，富强之本，不尽在船坚炮利，而在议院上下同心，教养得法"。他谈及开设议院的必要性时说："欲行公法，莫要于张国势；欲张国势，莫要于得民心；欲得民心，莫要于通下情；欲通下情，莫要于设议院。"故他主张"必先立议院，达民情，而后能张国威，御外侮"②。何启、胡礼垣写的《新政真诠》更进而提出："人之根本在元气，国之根本在民情。""天下之权，唯民是主。"这就接触到西方资产阶级政治文化的核心问题了。

从清末到民国初年还有一些改革家和革命先行者，主张中西文化要融合会通，如康有为在戊戌变法时就说到要"泯中西之界限，化新旧之门户"③。严复既反对"教育中西主辅之说"，又不同意"尽去吾国之旧，以谋西人之新"。他提出"必将阔视远想，统新故而视其通，苞中外而计其全，而后得之"④。孙中山也主张"发扬吾固有之文化，且吸收世界之文化而光大之，以期与诸民族并驱于世界"。他又说："余之谋中国革命，其所持主义，有因袭吾国固有之思想者，有规抚欧洲之学说事迹者，有吾所独见而创获者。"⑤ 还有李大钊对中西文明比较研究，认为两者"互有长短，不宜妄为轩轾于其间"，"必须时时调和，时时融会，以创造新生命而演进于无疆"⑥。这都是主张对中西方化取长补短，通过融合以创造新文化，这里没有"用夏变夷"或"全盘西化"的问题。

对这个时期学习西方的情况，毛泽东结合自身经历也有一段叙述："自从一八四〇年鸦片战争失败那时起，先进的中国人，经过千辛万苦，向西方国家寻找真理，洪秀全、康有为、严复和孙中山，代表了在中国共产党出世以前向西方寻找真理的一派人物。那时，求进步的中国人，只要是西方的新道理，什么书也看。向日本、英国、美国、法国、德国派遣留学生之多，达到了惊人的程度。国内废科举，兴学校，好像雨后春笋，努力学习西方。我自己在青年时期，学的也

---

① 《校邠庐抗议·制洋器议》。
② 《盛世危言·议院上》。
③ 《康有为政论集》。
④ 《与〈外交报〉主人书》。
⑤ 《中国革命史》，见《孙中山全集》（第7卷），中华书局1985年版，第60页。
⑥ 《东西文明根本之异点》。

是这些东西。这些是西方资产阶级民主主义的文化,即所谓新学……认为这些很可以救中国……要救国,只有维新,要维新,只有学外国。那时的外国只有西方资本主义国家是进步的,它们成功地建设了资产阶级的现代国家。日本人向西方学习有成效,中国人也想向日本人学。……这就是十九世纪四十年代至二十世纪初期中国人学习外国的情形。"依此看来,学习西方已成为一股热潮,为什么成效不大呢?毛泽东接着说:"帝国主义的侵略打破了中国人学西方的迷梦。很奇怪,为什么先生老是侵略学生呢?中国人向西方学得很不少,但是行不通,理想总是不能实现。"① 现在有的学者总是怪中国人不开放,不学习西方先进文化。其实西方国家自己虽然先进,并不愿意扶助落后,相反却作为侵略的对象;它宁可支持专制卖国政府,却不会扶持爱国民主势力;它要使落后国家成为殖民地,绝不会帮扶出一个繁荣进步的现代化国家。先生老是侵略学生,是由帝国主义的政权本质决定的。

有的人将近代中国的积贫积弱归罪于不开放,不学习西方先进文化,是坚持中国本位文化的结果。其实一个独立的民族国家,总是有它的本位文化,这是客观存在,不是由谁赞成还是反对的问题。在世界范围内存在着多种民族,都有各自的文化特点,这不限于东西方的划分,即使同属东方民族,如中国、日本、朝鲜都有自身文化的特点,虽然中国古代文化对它们影响很深,但是不能代替,始终存在着多元民族文化,这是突现文化的民族性。至于西方英、法、德的民族文化也莫不如此。要消除多元民族文化来实现所谓一体化是不可能的,都是以各民族本位文化为主进入一体化的。

但是,如果各个民族认为世界上既然存在多元民族文化,那么就可以自身固守不变,这也是错误的。各民族之间要互相开放,从事经济文化交流,才能赶上时代的步伐。民族文化应该是动态的、发展的,这就是文化的时代性。如果说当前全人类的主流文化是市场经济、民主、法制,各民族也应该以此为取向。但同时推行市场经济、民主和法制,不同政治体制的国家内涵也不尽相同。如我们是建设中国特色社会主义现代化国家,与资本主义国家的要求就有区别。从民族文化的走向来说是从多元归于一体——同属一个时代精神。但从世界视野来看各个民族文化,这个世界一体又是寓于多元之中。这里从多元民族文化与世界文化的关系来看,形象地说,有如百川众流之归大海。但这个大海既不属于西方,又不属于东方,是世界各民族人民群众的历史性创造,是人类共同智慧的升华。这里不应该存在文化霸权主义、文化殖民主义和文化救世主义。

对中华文化发展的前景,国内有学者提出走综合创新之路,即以中国化的马克思主义作为理论指导,经过批判改革以促进传统文化现代化作为继承主体,经

---

① 《论人民民主专政》。

过优选的西方先进科学文化作为学习的借鉴,通过三者的良性互动综合,可以使中华文化得以创新。中华民族既有优秀的历史文化遗产,现在又能以日益富强的面貌自立于世界民族之林,那么,在改革开放和建设社会主义精神文明总方针的指导下,我们的民族文化还将得到发扬,在世界文化发展的长河中总会占有一席之地,并以新的面貌出现而走向世界。

[原载《炎黄春秋》增刊《炎黄文化研究》第 5 期,1998 年;收入《中华文化与二十一世纪》(上卷),中国社会科学出版社 2000 年版]

全球化与中国传统文化的世界走向

21世纪进入新千年，由于经济全球化的扩大发展，全球信息革命成为不可阻挡的趋势。如中国申请加入世界贸易组织，经济活动按"国际惯例"办事，都已为人们所理解。但在政治思想文化领域，是否存在决定意识，随着世界市场的形成和发展，可以形成共同的时代精神？看来这不能用简单的逻辑推理。由于世界上各民族国家都要走向现代化，这是精神文化的时代性；但是人们深层的思想意识，如人生观、价值观以至伦理道德习俗、思维方式等，受到各自传统文化的影响而各有特点，这是精神文化的民族性。这就是说，进入21世纪，即使随着经济全球化的发展会出现共同的时代精神，但思想文化方面仍然会表现出不同民族的特点。因此，世纪之交中国哲学如何走向世界，既能体现文明走向的时代精神，又能保留自身传统文化的持续发展，仍然是一个有待探索的问题。这里谈点个人意见，以供讨论。

一

中国哲学要想走向世界，就要了解当前的国际大势和时代主题，这关系到我们民族文化今后的走向和定位，也是所遇到的客观条件。

世纪之交，国际形势总体上趋向缓和，和平与发展仍然是时代主题，这是基本判断的一面。但是，某些自恃强大的国家及其领导人"冷战"思维不肯放弃，新霸权主义还在扩张，这是与和平和发展的趋势相背离，也与人类的文明要求相矛盾，这也成为基本判断的另一面。

维护世界和平，不管哪个国家和领导人，似乎谁也不会反对，那些搞霸权主义的人可能还叫得最响。他们扩军备战，又做什么战略转移，以遏制包围所谓假想敌人，又称别人是"无赖"国家，称自己处于"防御"地位。联合国组织维持和平部队，不能说是动机不好，但实际效果并不佳，原因不是公平地处理矛盾，如南斯拉夫解体后的问题，维和反而挑起矛盾。

妨碍和平的还有暴力问题。不少国家有所谓防暴警察，说是对付暴力活动。暴力可能有两种：一种是恐怖凶徒的袭击，防暴警察恐怕无能为力；另一种由于所谓民主国家的人民有游行示威的自由，但引起冲突时，政府也有用"防暴"警察拘捕镇压示威者的自由。上面所说的无论"维和"还是"防暴"，说明社会存在复杂的矛盾，世界并不安定。

世纪之交还有一种趋势，就是经济全球化。江泽民在"博鳌亚洲论坛"成立大会上说："当今世界，经济全球化趋势不断发展，一方面它给世界经济的发展提供了机遇和可能，另一方面也带来更多的风险和挑战。尤其是在旧的经济秩序没有根本改变的情况下，发展中国家在经济全球化进程中总体上处于非常不利的地位。为了有效应对经济全球化的挑战，亚洲国家有必要加强合作，以提高整体能力和抵御风险的能力。"① 这表示中国即使加入世界贸易组织，融入世界，仍要面临严峻的挑战，若要得到应有待遇还要经过不懈的斗争。

如上所述，进入新千年经济全球化既成为不可逆转的趋势，同时也带来发达国家与发展中国家的矛盾、富人与穷人的矛盾，并且这种差距越来越大。据一份统计资料：20 年前，联合国确定最不发达的国家有 29 个，今天增加到 48 个。1965 年世界上 7 个最发达国家人均收入是 7 个最贫穷国家的 19 倍，而 1995 年为 38 倍。全世界最富有的 1/5 人口与最贫穷的 1/5 人口之间的收入差距，从 1960 年的 30∶1 扩大到 1997 年的 74∶1。在 1960 年到 1993 年间，工业化国家同发展中国家的人均收入差距几乎增大了 2 倍，从 5700 美元增加到 15400 美元，更让人震惊的是，世界上最富有的 3 个人拥有的财产，已超过了 48 个最不发达国家的国民生产总值的总和。②

最近古巴外长佩雷斯·罗克在北京猛烈抨击目前的国际经济体系，他说这个体系是"不合理和不可持续的"。他说全球化加剧了穷国与富国的差距，世界 20% 的人口消费的东西占了全球总产量的 86%。他在谈到拉美的外债时说，1993 年拉美外债达到 4500 亿美元，从 1993 年到 2000 年付还本息 8000 亿美元，而现在的外债还有 8100 亿美元，这是"让第三世界国家大量出血"。③

从上面这些数字看来，世界贫富差距矛盾的激化能不引起社会动乱吗？近几年来，世界经济高层会议开到哪儿，反对全球化的抗议示威就跟到哪儿。如 2000 年 9 月 26—28 日，国际货币基金组织和世界银行第 55 届年会在捷克首都布拉格举行。据说鉴于西雅图和华盛顿年会的教训，捷克警方准备出动 1.1 万名警察，但参加抗议活动的将达到两万人，结果爆发了大规模的冲突，双方都有流血受伤。④

2001 年 4 月 21 日，有关自由贸易区的美洲国家首脑会议在加拿大魁北克举行。3000 多人徒步穿过美加边界参加抗议活动。美洲民间组织的第二次美洲人民峰会发表一项声明，指出自由贸易协议将会加剧富国与穷国、北方国家与南方国家之间的不平等。是为投资者制定的自由，它把资本凌驾于劳动之上，它把人的生命和世界变成了商品，它否认人的基本权利，同时它还践踏了民主，破坏了

---

① 《光明日报》2001 年 2 月 28 日报道。
② 《羊城晚报》2001 年 1 月 14 日报道。
③ 《参考消息》2001 年 3 月 3 日载引埃菲社北京 3 月 1 日电。
④ 《光明日报》2000 年 9 月 26 日报道。

国家主权。①

据法、英报刊载文：全球化的反对者破坏哥德堡欧盟首脑会议，2001年6月15日引发严重的暴力冲突，造成近600人被拘禁，43人受伤。有人说今天"年轻人中正在出现一种新的反资本主义思潮"，还有扬言说"等到热那亚（7月20—22日将在此召开八国集团会议）你们就会看到，将有10万到15万人参加游行"。也有组织扬言说要把这次八国集团首脑会议"搅得天翻地覆"，热那亚可能将爆发一场最严重的骚乱。哥德堡的血腥暴力事件让意大利当局深感震惊，因而迫使八国首脑会议转移到出海军舰上举行。②

这些反对全球化的暴力，有人归咎于无政府主义者，但欧洲领导人也承认欧盟缺乏民众支持。这也可以说经济全球化是普遍不得人心的，由于它要维护的是富国富人的利益，所以连发达国家的普通群众亦不满意。由于各种矛盾交织，在世界和平发展的大氛围内，小的动乱还会不断，这是我们面临的国际形势。

二

进入新千年，经济全球化既然具有不可阻挡的趋势，而主导却是以美国为首的发达国家，在这一背景下，经济全球化对国际政治关系究竟会产生怎样的影响？有学者认为"冷战"终结后的国际政治关系变得更加微妙、错综复杂并潜藏着深层次的危机。当世界存在一系列矛盾与纷争，从民族矛盾、宗教矛盾到领土纠纷，制度与理念的抗争，殖民遗患、"冷战"旧伤则是这一系列矛盾与纷争的温床，而一些大国或大国集团试图藉全球化之势将自己的价值观念、社会制度强加于人，则是旧矛盾升温、新矛盾产生的重要原因。全球化必须是一个开放融合、自主融合和差异融合的过程，否则文化、传统、制度以及经济发展水平的差异，有可能以新的矛盾形式表现出来。③

"冷战"时期和"冷战"终结后矛盾形式的不同，我认为前者主要表现为两个超级大国的两极对立，而后者则由于苏联解体、美国独霸，而逐渐形成单极霸权与多极对抗的矛盾，这是当前国际政治矛盾的焦点。特别是布什上台以后奉行的政策，对和平与发展的时代主题给予更大的冲击。

今年6月4日，美国《旗帜周刊》发表题为《布什主义》的文章说：今天，美国仍然是杰出的经济、军事、外交和文化强国，从规模上讲是自罗马帝国垮台以来未曾见过的。法国人已经发明了"超强国"（hyperpower）这个词来称美国的新地位。在21世纪伊始，新政府的任务是制定一项与我们所处的压倒之势的

---

① 《参考消息》2001年4月23日埃菲社加拿大魁北克4月21日电。
② 《参考消息》2001年6月21日引法国《世界报》、英国《金融时报》文章。
③ 许坚：《从全球化背景看国际政治》，载《光明日报》2001年5月6日。

统治地位相称的军事和外交政策,在上任后的头四个月,布什政府已经开始了这项任务:改变了克林顿外交政策的假设前提,采取了承认新的单极化和保持这种单极化所必需的单边主义政策。通过断然拒绝《京都议定书》,布什政府从根本上重新阐明了美国外交政策的方向:拒绝多边束缚;把美国从认为它将能够从得到国际上支持的条约中获得真正的安全和利益的概念中解放出来,并明确阐明新的美国单边主义。这是一种适合21世纪世界的单极状态的态势,它的目的是要恢复美国的行为自由。"全球化"流派赞成进行积极有力的干预和动用武力来促进我们的价值观的传播。美国压倒之势的力量不仅有利于美国,而且有利于世界。布什政府是"冷战"后时代赞成这个前提并且照着做的第一届政府,它对美国的"超强国"的作用表示欢迎。在它上任后的头几个月中,它的政策已经反映出对今天世界的单极化感到自在,希望保持并加强它,同时愿意单方面行动来这么做。

  以上是我对文章的摘录,连串起来对所谓"布什主义"的阐释是十分清楚的。它是倚靠美国"超强国"的新地位,用压倒之势的力量推行新的单极化和保持单边主义的政策。它还通过拒绝《京都议定书》以表明拒绝多边束缚,目的是要恢复美国的行动自由,如进行积极有力的干预和动用武力来促使其价值观的传播。其实美国所要的行动自由,就是要利用它无与伦比的力量上的优势,把世界各国都置于单极统治之下,即通过扩大美国式民主和自由制度来扩大和平,认为是一个无可争议的目标,也是促进持久和平最持久的办法。应该说这是布什政府为维护世界和平,实质上是实现霸权所推行的单边主义政策。

  不过,美国想实现单极霸权也可能是一厢情愿,就是讲"布什主义"的文章也承认:"俄罗斯和中国在它们的首脑会议上从未断过毫不含糊地谴责目前世界结构的'单极化',并且保证要尽一切努力来彻底改变它。"①

  中、俄等国抵抗美国的单极霸权也是说到做到的,日本《产经新闻》5月21日文章题:中国以多极化外交对抗美国。说在以联合国为中心的国际舞台上,中国的多极外交是争取得到多数国家的支持,如美国提出的谴责中国人权状况的议案被否决,美国遭到了惨败,中国的"多极化外交取得了胜利"。但是如今多极化的特点是,在战略上与超级大国对立,而在战术上则与之合作。因此对美关系可能在对立与协调这两个方面摇摆。文章后面还列举中国领导人今年展开多极化外交的活动情况。②

  今年6月14、15日,俄通社、路透社、德新社相继报道中、俄等"六个友好邻邦"参加上海峰会的情况。新加坡《联合早报》6月15日的文章,指出

---

① 《参考消息》2001年6月21—25日连载。
② 《参考消息》2001年5月22日转载。

"上海峰会之所以深受瞩目,多半还有一个外在因素,就是在目前世界面对美国超强独霸的时刻,峰会所体现的是多极的发展方向,特别是因为这个组织中包括了美国仍然在战略上模糊定位的中俄两国,加上其他独联体国家"。因此,"对美国来说,上海峰会是一个异类,因为美国政府以分化的手段对待中俄两国,可是峰会却导致中俄走在一起,并把周围一些国家团结起来"。"这说明该组织如果不是'反美'的话,至少也是'非美'的。"①

日本《产经新闻》6月15日也报道了上海峰会,认为俄罗斯的战略意图是,希望从俄罗斯的欧洲部分经过中亚,一直到与中国接壤的南部边境一带,建立一个"反国际恐怖主义"为杠杆的大安全地带,进而打破"冷战"后的美国单极霸权。②

不过美国自恃有强大的经济、政治、军事力量,推行单极霸权是不会轻易罢手的,特别是布什政府上台后,更显得咄咄逼人;多极一方,当然也不轻易屈服,进入新千年后的相当一段时期,这场国际政治上的复杂斗争,看来还得继续下去。

三

进入新千年,由于经济全球化、国际环境和国际政治斗争的复杂多变,相应地带动了思想文化和精神领域的变化。各国经济实力的不同,在一定程度上造成了不同类型文明生存的基础和传播力量的差异,因而世界上会出现所谓强势文化与弱势文化的矛盾。

关于文明的起源,这是人类漫长的历史过程中逐步创造的。由于各民族国家形成的时间不同,如中国就是一个有悠久文明延续的国家,是文明礼仪之邦。中国是个多民族国家,各民族都有自己的文化习俗和思维方式,但不妨碍彼此求同存异,融会成中华传统文化。即使是古代的佛教和近代的马克思主义,传入中国后也与中国实际情况相结合,成为中国文化的佛教和指导中国革命实践的马克思主义。

因此可以说世界上各民族国家,由于自然环境、经济条件、政治制度以至生活方式的不同或差异,如现在就有发达国家和发展中国家,有强势文化和弱势文化,但应该承认它们在不同时期对人类的共同文明都做出过贡献。我们主张建立国际政治经济新秩序,坚持和平共处五项基本原则,尊重世界文明的多样性,求同存异,共同发展,取长补短,相互提高。但是以美国为首的西方国家却用西方标准衡量一切,把全面推行西方价值观作为战略目标之一,以西方价值观作为整

---

① 《参考消息》2001年1月16日转载。
② 《参考消息》2001年1月16日转载。

合世界秩序的基础。西方敌对势力多少年来一直对社会主义国家进行意识形态的渗透，以各种方式施行西化、分化的政治策略，近年来还不断利用所谓人权、民主、自由、民族、宗教等问题向我们发难，这些不同的主张和矛盾斗争，已经不仅仅限于政治经济问题，而是深入到精神文化和人类文明的层面。西方某些人抱有根深蒂固的"西方文明优越论"，企图以自己的所谓"优秀文明"取代其他民族、国家所谓"落后文明"，实质上是从单极政治霸权向意识形态领域伸延，为推行文化霸权主义找寻借口和依据。

我们认为各民族国家由于政治经济发展不平衡，综合国力强弱不同，发达国家与发展中国家，如对人权、自由等问题的价值观念就有差别。关于人权如何理解，给予什么定位，当前就有分歧意见。2000年2月17日，中国国务院新闻办公室通过新华社发表《中国人权发展50年》。同日，法新社介绍说：这份报告重申了中国一贯坚持的观点，即必须把13亿人民的温饱和生活改善放在西方所说的人权更重要的地位；"中国不能照搬西方发达国家的人权发展模式"，"生存权和发展权"必须放在首位，将不断改善人权状况，但不能以社会稳定和经济发展为代价；此外，还承诺将努力推进法治建设，"要从法律和制度上保障人权"。[①]

这在人权定位上的分歧，我认为，西方发达国家较为重视个人思想和政治上的自由，可以发表反政府的言论和发动示威的活动，然而不能过激，否则防暴警察就会不客气；在中国发表颠覆政府的言论是不允许的，这会引起社会动乱和妨碍经济建设，所以主张提高人民的物质生活水平，实现共同富裕，以此来维护个人权益。这种对人权的不同价值取向，我认为还是由不同国情决定的。

两种人权定位的不同价值取向，我认为中国式的对穷人比较实惠，因为生存和发展毕竟是人身的基本权利，否则让你天天示威游行也对解决世界贫富分化对立的问题无补。本文前面引述反对全球化的大规模群众暴动，虽是搞到"天翻地覆"，结果还是与防暴警察两败俱伤，何曾能为穷国穷人求得更好的生存条件？可见所谓提倡民主自由的人权价值观，无非给人民一张空头支票罢了，对生存和发展有什么实惠呢？

中国传统哲学是很重视人生价值观的，立德、立功、立言是人生三不朽，先天下之忧而忧，后天下之乐而乐，因民之所利而利之，这也是对人民生存权和发展权的重视。

但是西方的某些人却坚持他们的人权价值观，如美国国务院每年发表"国别人权报告"，主要批评一些发展中国家的所谓人权问题。由于它有意歪曲甚至无中生有地进行批评，因而引起有关国家的强烈反应。今年美国在联合国人权会议上，又抛出谴责北京人权状况的提案。对其结果，美联社日内瓦4月18日电中

---

① 参见《参考消息》2000年2月19日报道。

无奈地说:"今天,联合国人权监察机构通过了中国提出的一项不考虑美国提案的动议,美国促使国际社会谴责中国人权记录的企图再次遭到失败。"接着还哀叹:"在一年一度的人权会议上,这已经是一个西方国家的政府第 10 次试图谴责中国的提案而遭到失败了。"原因是发展中国家对"发达国家把自己的人权观强加于人表示强烈不满"①,当然不会支持美国侵犯别国主权的提案了。

美国屡次谴责发展中国家的人权问题,这是别有用心的,无非想通过干涉别国的主权来推行自己的霸权而已。关于人权与主权的关系,2000 年 9 月 6 日,江泽民在联合国千年首脑会议的讲话中说:"人权领域内的对话与合作,必须在尊重国家主权的基础上开展,这是保护和促进人权事业最根本最有效的途径,只要世界上还存在国界,人们分别在各自的国家中生活,维护国家的独立和主权就是每个国家政府与人民的最高利益。没有主权,也就谈不上人权。"②

对新千年世界文明的走向,江泽民也谈了原则性意见:"世界是丰富多彩的,如同宇宙间不能只有一种色彩一样,世界上也不能只有一种文明、一种社会制度、一种发展模式、一种价值观念,各个国家、各个民族都为人类文明的发展做出了贡献。应充分尊重不同民族、不同宗教和不同文明的多样性。世界发展的活力恰恰在于这种多样性共存。应本着平等、民主的精神,推动各种文明的相互交流,相互借鉴,以求共同进步。"③

各个国家、各个民族的文明的多样性,能够本着平等、民主精神相互交流,共同进步,那当然是好事。我国学者也大都持这种观点。由于中国儒家提倡"致中和"精神,因而看重这个"和"字,认为进入新千年,中国哲学、中国传统文化将以和谐、和合的精神走向世界。提倡"和合学"的知名学者张立文,就主张"使各民族、各国家在'和而不同'和'求同存异'的规则下,走向文化融突的和合"。还说"在融突中应根据和生、和处、和立、和达、和爱五大中心价值或文化原理,处理各方面及各类型的冲突,以便由融突而形成新的和合体。人类文化在多元民族文化的全球化与全球文化的多元民族化中,达到和合"④。

中国哲学、中国传统文化进入世界,能通过融突在多元民族文化中达到"和合",当然是好事,这是符合和平与发展的时代主题的。但目前世界上有那么多矛盾冲突,政治、经济以至文化领域,霸权主义的幽灵还在游荡。如中国加入世界贸易组织,还是挑战与机遇并存,应付挑战就得自身有经济实力,还要有正确的斗争策略,才能获得胜利的机遇;政治上对付单极霸权,就要联合多极力量进

---

① 《参考消息》2001 年 4 月 20 日报道。
② 《光明日报》2000 年 9 月 7 日报道。
③ 《光明日报》2000 年 9 月 7 日报道。
④ 《民族文化的存在何以可能?》,见《亚文(第二辑):全球化时代的民族文化》,中国社会科学出版社 1997 年版。

行遏制；同样在思想领域内如人权价值观的争议，美国以人权压主权的霸道行为所以不能得逞，一方面在国际上我们是得道多助，但更重要的另一方面是我们有了比较强大的综合国力，他们才不敢轻举妄动，侵犯中国主权。

因此，我认为中国哲学走向世界，要求达到和合的效果，这个文明方向是对的，但如果我们是弱势文化而与西方强势文化有较大的差距，要求平等对话是困难的，这就要有综合国力作为后盾。

对中国传统哲学，我认为并非只有一个"和"字。如先秦有儒、道、墨、法各家，一般认为有激进和保守两种趋向。儒家多被视为保守，但"自强不息"和"厚德载物"还是相辅而行；墨家虽讲兼爱、非攻，但也主张非命、尚力；道家讲柔弱胜刚强，实质上后发制人；至于战国末年，代表先进思想文化的荀子，提出"制天命而用之"；持历史进化论的法家集大成者韩非，主张"当今争于气力"。这就说明中国传统哲学所具有的进取性和斗争性，并重视发挥主观能动精神。只是在宋、明以后，特别是走向近代，综合国力下降，在国际上也就成为弱势文化。我们今天仍然是个发展中国家。而如前所述，当前世界的各种矛盾冲突却普遍存在，我们必须增强综合国力和民族凝聚力，要有自强不息的主观能动精神，迎接挑战，才能使中国哲学在世界文化发展的长河中顺流前进。

不过，中国哲学走向世界不可能是保持不变的原生形态。随着经济全球化的趋势和信息时代的到来，封闭是不可能的，总得对外进行思想文化交流。有人认为传统的和谐哲学、和合学可以派上用场，也就是"厚德载物"。我认为中国哲学走向世界，开放与包容是必要的，但应该以我为主，是冲突与包容互动，矛盾与互补并存。发达国家不能以强势文化推行文化霸权主义、文化殖民主义，要双方平等对话，取长补短，即经过相互吸收、扬弃、输进外来血液，使自身文化发展进入良性循环。中国哲学走向世界，既要保持自身的民族性，同时又要吸收人类的共同智慧，从承传中创新，从而体现新的时代精神，是民族性与时代性的矛盾统一，是终使中外文化进入和谐、和合的精神境界。

自强不息与厚德载物相辅而行，是中国哲学的优良传统，没有前者，中国传统文化就不能随着时代的步伐向现代转化，没有力量与强势文化平等对话，对后者的开放与包容则会丧失主导而被消融过去。但是只有前者没有后者也不行，在全球化大趋势之下，一个民族、国家的文化不能孤立地发展，不能孤芳自赏与夜郎自大。如不能与世界现代化的发展潮流相适应，就难以独立于世界民族之林。只有自强不息与厚德载物相辅而行，才有助于中国哲学循文明途径走向世界。

（原载《现代哲学》2001年第3期，有删节，本文按原稿刊印。全文收入第12届国际中国哲学大会论文集《21世纪中国哲学走向》，商务印书馆2003年版）

世纪之交中华文化的前景问题

今年是1998年,很快就会进入21世纪。在这世纪之交中华文化的前景如何,颇引起人们的关注。中华文化要实现现代化和走向世界,这似乎为学术界所共识,但如何实现这个走向?中华文化进入世界占有什么地位?对此,大家有不同意见。一种说法是:东方国家乃至所有非西方国家要想发展自己,走向世界,首先就得承认西方描绘的图式,承认自己的前现代性,从而开始自己融入世界的现代化过程。亦有换一种说法:认为参加文化多元主义以至东方主义的大合唱,是与全人类的主流文化(市场经济、民主、法制)故意唱反调,因而有阻碍中国现代化的危险。这两种说法虽然角度不同,但都认为东方文化(包括中华文化)属前现代性,要想实现现代化,只有融入西方的主流文化。这仍是坚持"西方文明既是西方的亦是现代的"老调,亦即是说发展中的国家要想现代化只有西化,中华文化的前景在世界上没有独立地位,历史走向是多元一体化。

相反的意见则认为世界文化的走向不是西化而是东化,是西方不亮东方亮,或称之为东方文化救世论。

我认为这两种意见都有点偏颇,前者凝固地看待东方文化,认为只能处在前现代性阶段。其实我们今天要建设社会主义现代化国家,难道一定要走向西化才能实现吗?市场经济、民主、法制也不是西方文化的专利品,为什么说文化多元主义就有阻碍中国现代化的危险呢?至于和西化对着干的东化,也没有什么根据。西方现代化是出现一些毛病,因而受到称为后现代思潮的批评,但医治现代病并非东化所能解决的。东方文化目前多处在前现代性阶段,要都能解决后现代化提出的问题是办不到的。

有人说中华文化曾经有过独领风骚、万国来朝的光辉历史,也曾有过一败涂地、百孔千疮的苦难历程。其前景我认为古代的光辉历史难以再现,而近代的苦难历程也已结束,当前我们正满怀信心建设中国特色社会主义现代化新文化,有学者称之为综合创新。我认为其内涵应为:以中国化的马克思主义作为理论指导,经过批判改革以促进传统文化现代化作为继承主体,经过优选的西方先进科学文化作为学习的借鉴,这三者良性互动综合,可以使中华文化得以创新,并以平等地位在21世纪屹立于世界文化之林。

关于世界文化的走势。有人把自有人类起到哥伦布发现新大陆为止的历史看成是一体多元化的历史,而把以后的历史看成多元一体化的历史。对此,我有点不同理解:认为所谓一体多元,是指文化有它的共同内涵(虽然可以有不同定义),这是一体,但不同民族、国家各有自己的传统和特点,这是多元。至于多元一体化,是指各民族文化走向现代和后现代,这是共同趋势。也可以说是民族性和时代性的关系,是殊途同归的关系。在这世纪之交看中华文化的前景,坚持狭隘的文化民族主义是不对的,但也不能承认自我中心的西方文化霸权主义。应当自强不息参与平等竞争,走博采众长的综合创新的道路。

(原载《中华文化论坛》1998年第1期)

中国民族文化向何处去？

——兼论多元民族文化与世界文化的关系

这些年来，随着改革开放和对外进行经济文化交流，其中经济活动应该按"国际惯例"办事，似已为人们所共识；但在文化领域能否这样，有人心存疑虑。但是，随着世界市场的形成和发展，世界各国的经济逐步进入了一体化阶段，这时有没有形成共同的时代精神？答案又似乎应该予以肯定。但由于文化有不同民族性的特点，走向世界的趋势是不会变的，可是如何走向却有很大的意见分歧，并且多年来都没有解决。这里还牵涉到中国文化将来在世界文化中的地位和作用问题。本文只是提点个人意见，以供讨论。

一

中国民族文化如何走向世界？大概在近代史上才开始出现这个问题。鸦片战争的失败，西方列强的入侵，开始打破清王朝闭关锁国的迷梦。在这种被迫开放的情势下，除那些仍要"严华夷之辨"的顽固派外，一些有识之士不能不开眼看世界。不过当时只看到敌人的坚船利炮，感到自己技不如人。为了对抗敌人，林则徐委托魏源编的《海国图志》提出"师夷长技以制夷"[①]的战略决策。但严格说这算不上是文化开放，当然更谈不上走向世界，不过比那些顽固派和投降派还是要胜一筹，虽然是被迫，但还是打开了一面开放的窗户。

也许是沿着这条思路，后来洋务派也开始学习西方，它办了一些工厂和学堂，修了铁路和煤矿，设立了电报和轮船公司，但重点还是引进一些坚船利炮，由于无习战之方，后在甲午战争中一败涂地，落得个"有器无人终委敌"的可悲下场，这对师夷长技的理解更为片面了。

清政府由于坚持宗法封建专制的统治，所以在物质文化层面，师夷长技还容许引进一些，但到制度文化层面就不行了。鸦片战争的失败，只是承认军工技术不如人，但仍自诩为文明礼仪之邦，而认为外夷则不识教化，士大夫中具有这种心态的还相当普遍。如1861年（咸丰十一年）冯桂芬撰写《校邠庐抗议》，在提出"采西学""制洋器"时，就明确主张要以"中国之伦常名教为原本，辅以诸国富强之术"。薛福成也说要"取西人器数之学，以卫吾尧舜禹汤文武周孔之

---

① 《海国图志叙》。

道,俾西人不敢蔑视中华"。他还进一步提出:"吾知尧舜禹汤文武周孔复生,未始不有事乎此;而其道亦必渐被乎八荒,是乃所谓用夏变夷者也。"①

从以上魏源、冯桂芬、薛福成等人的思想理路,开始是想学习西方的军事技术以抵抗外来的侵略,进而想用西方的科学技术来维护中国的伦理纲常,这可称之为"变器卫道"。再进则想用周孔之道来同化外邦,即所谓"用夏变夷"。从中外经济文化交流的角度来看,物质层面如科学技术的引进,在一定程度和范围内,中国是可以接受的;但牵涉到政治以至精神文化方面,中国固有的伦理纲常,那就不容许外来文化的干扰了。如太平天国运动初期,按照基督教义,宣传在上帝面前人人平等,其实起义队伍本身并没有完全做到。但曾国藩已感到不能容忍,认为是"举中国数千年礼义人伦诗书典则,一旦扫地荡尽""乃开辟以来名教之奇变,我孔子、孟子之所痛哭于九泉"②。张之洞写《劝学篇》,强调说:"三纲为中国神圣相传之至教,礼政之原本,人禽之大防。""五伦之要,百行之源,相传数千年,更无异义,圣人所以为圣人,中国所以为中国,实在于此。"对来自西方的则谓"民权之说无一益而有百害",认为"民权之说一倡,愚民必喜,乱民必作,纲纪不行,大乱四起"。当时持这种观点的人,也是同声责难,如说什么"权既下移,国谁与治?民可自主,君亦何为?是率天下而乱也。平等之说,蔑视人伦,不能自行,而顾以立教,真悖谬之尤也"③。对西方传来的民权、平等之说,可谓深恶痛绝。

张之洞把封建纲常作为立国的根本而称之为"体",而外来科技可作富强之资故谓之"用"。他在1898年(光绪二十四年)的奏折中提出:"以中学为体,以西学为用,既无迂陋无用之讥,亦杜离经叛道之弊。"这就是有名的"中体西用"论。其用意正如辜鸿铭所指出:"文襄之效西法,非慕欧化也;文襄之图富强,志不在富强也。盖欲借富强以保中国,保中国即可以保名教。"④

曾国藩、张之洞等人推行的洋务运动,对外战争虽然失败,但内政方面得到某些论者的肯定。如有篇文章认为,"由开明帝王和士大夫推动的同(治)光(绪)中兴乃是当时历史条件下进行现代化努力的正确选择"⑤。另有篇文章也肯定曾国藩等"富有生机的汉族地主阶级掌握了实权,这对中国近代化的起动具有重大意义"⑥。因此,曾国藩也被称赞为中国近代化的先驱。

上面提到,曾国藩、张之洞都是要维护封建纲常的专制政体不变的,何以说

---

① 《筹洋刍议·变法》。
② 《讨粤匪檄》。
③ 《翼教丛编》卷五。
④ 《张文襄公幕府记闻》。
⑤ 《中体西用·启蒙与救亡之外》,见《原道》(第1辑)。
⑥ 《无本者竭,有本者昌》,见《原道》(第1辑)。

他们能促进中国近代化的发展?做这种评价的论者显然是从物质层面着眼,因为洋务派是办了一些近代装备的工业和邮电水陆等交通事业。不过只靠物质文化的引进,是不能实现近代化的。没有政治体制的转型和思想文化的更新,要实现近代化或现代化都是不可能的。从晚清当时的情况看,中国政治体制可能有三种选择:一是清王朝正在实行的宗法封建制度,二是康、梁领导变法要实现的君主立宪制,三是孙中山领导革命要求的民主共和制。现在学术界有一种观点认为孙中山领导的辛亥革命是搞糟了。说清朝虽然腐朽,但可以通过立宪派的改良来迫着它迈上现代化;而革命却必然军阀混战,所以说"革命"在中国并不一定是好事情。① 对革命的好坏可以另外讨论,但说可以通过立宪派的改良来迫使清朝迈上现代化,历史事实证明并不成功,因为康梁立宪派的改良是失败了。

这里也许有人会说戊戌政变后经过义和团运动和八国联军侵占北京的事变,慈禧不是也主张变法和推行新政吗?有学者认为 1890 年以后,清帝国文化教育、经济、政治等方面都在进行改革,不同意孙中山说这些改革是"骗人的具文"。其实所谓晚清新政,是否真能改革宗法专制制度,从光绪二十六年十二月十日(1901 年 1 月 29 日),清廷发布的上谕中就看得很清楚。这里一边说:"法积则敝,法敝则更,要归于强国利民而已。""取外国之长,乃可补中国之短;惩前事之失,乃可作后事之师。""事穷则变,安危强弱全系于斯。"② 这里变法的大道理讲得还是不错的。但另一边却又不忘问罪康有为,说"康逆之谈新法,乃乱法也,非变法也"。理由是"世有万古不易之常经,无一成不变之治法"。"不易者三纲五常,昭然如日星之照世;而可变者令甲令乙,不妨如琴瑟之改弦。"③ 这里就暴露了所谓行新政的本来面目。三纲五常作为宗法封建专制制度的根本是不能变的,可变的只是某些方法或一些具体的规章条例。当时对康、梁不过用和平手段来推行君主立宪尚不肯放过,更谈不上引进西方的民主制度。所谓取外国之长,如废科举、兴学堂,或制订公司章程,等等,这都没有触动专制统治的根本。有学者认为鸦片战争后到清末,有几次实现现代化的机会,但由于统治集团愚昧无知不思改革而白白丢掉了。统治集团之所以愚昧无知,并不是因为缺乏文化知识。他们坚持用维护封建专制的纲常名教作为立国的根本,而不愿接受民主、民权等西方现代文化,这是由他们自身的利益所决定的。

二

辛亥革命推翻了清王朝,成立中华民国。从理论上来说已经建立了民主共和

---

① 《关于文化现状、道德重建的对话》,载《东方》1994 年第 5、6 期。
② 见《义和团档案史料》。
③ 见《义和团档案史料》。

制度。但由于以孙中山为首的民主革命派没有掌握实权，而别有用心的袁世凯却由当上总统再上演帝制自为的丑剧。接着又是张勋上演复辟闹剧，北洋军阀混战。虽然当时还打着民国的招牌，其实已成为封建割据势力，在思想领域内占统治地位的也还是封建思想。如袁世凯在称帝前已经提倡祭天祭孔，并且通令全国恢复"尊孔读经"。一些前清遗老也纷起组织"尊孔会""孔教会"，提倡以"孔教"为"国教"，鼓吹封建主义的纲常名教，诋毁民主共和以至平等自由的观念，这种逆时代的思潮是和袁世凯称帝、张勋复辟相呼应的，同时也有利于封建军阀的统治。

值得注意的是，孔子思想是怎样被后世利用的问题。以康有为为例，他要进行变法时孔子被打扮成改革家，他参与张勋复辟时孔子又成为保皇派。五四运动时提出"打倒孔家店"，这指的是封建时代的圣人孔子，即是后来被封建统治者利用的儒学，和孔子思想的原型也是有区别的。

以《新青年》为代表的五四新文化运动，举起民主和科学的旗帜，宣传民主主义的新思想、新道德、新文化，这要进一步从制度层面和思想观念上来学习西方。如陈独秀提出："欲建设西洋式之新国家，组织西洋式之新社会，以求适合今世之生存，则根本问题，不可不首先输入西洋式国家之基础，所谓平等人权之新信仰，对于与此新社会新国家新信仰不可相容之孔教不可不有彻底之觉悟，猛勇之决心。不塞不流，不止不行。"①

这里从学习西方到建设西洋式之新国家，已经进入制度文化的层面，对平等人权之信仰，则是进入思想观念层面了。对维护封建伦理纲常的孔教则是作为对立面而予以否定。

五四运动前后，中国知识分子在接受西方民主与科学的同时，由于1917年俄国十月革命的胜利，传来了马克思主义。当时《新青年》主要撰稿人李大钊、陈独秀先后表示接受，还带动毛泽东、周恩来、蔡和森、邓中夏、恽代英等一班青年知识分子。马克思主义的传入，为中国社会增添了一个新的时代思潮。

在倡言西化和马克思主义思想传入中国的情况下，传统儒学受到很大冲击，但也有学者为之辩护。梁漱溟在1922年出版的《东西文化及其哲学》，可以算是这个时期的代表作。梁本人声言"这书的思想差不多归宗儒家"，任务是把中国人和西洋人导向"至美至好的孔子路上来"。②但他也批评孔子和宋儒。如说："孔子不但耽误了中国的科学，并且耽误了中国的德谟克拉西（民主）。"又说："自宋以来，种种偏激之思想，固执之教条，辗转相传而日厉，所加于社会人生的无理压迫，盖已多矣"③。他还指出："中国文化最大之偏失，就在于个人永不

---

① 《宪法与孔教》，载《新青年》第二卷第三号。
② 《东西文化及其哲学》第八版自序。
③ 《东西文化及其哲学》，第150页。

被发现这一点上,一个人简直没有站在自己立场上讲话的机会,多少情感要求被夺抑被抹杀。"① 相反,承认"西方文化有两样特长:一个是科学的方法,一个是人的个性申展、社会性发达"②。他认为这两大特长,中国无法与西方相比。对于民主与科学则肯定"这两种精神完全是对的,只能是无批评无条件承认"③。

梁漱溟的中西文化观发表后,受到各方面的指责。国粹派不满意他批评孔子和宋儒,西化派和马克思主义者在社会发展道路上与他有根本分歧。他宣称:"我们政治上第一个不通的路——欧洲近代民主政治的路,我们政治上第二个不通的路——俄国共产党要走的路。"④

梁漱溟认为中国不同于欧洲和俄国,是一个伦理本位、职业分途的社会。对改造中国社会,他提出要走乡村文明之路,"要使经济上的富,政治上的权,综操于社会,分操于人人"⑤。即要把中国建设成一个在儒家伦理覆盖下,充满着人情味、理性与和谐的社会。他看到帝国主义战争所暴露的人类文明的危机,却认为西方物质文明已趋破产,东方精神文明将重起而代之,所以得出结论说:"世界未来文化就是中国文化的复兴,有似希腊文化在近世的复兴那样。"⑥

这里可以回顾前述薛福成的论调,想用周、孔之道"披乎八荒"来"用夏变夷"。这是想用中国的封建文化来同化西方的资本主义文明,这只是一厢情愿的妄想。梁漱溟与此不同,他承认孔子和宋儒思想的失误;对科学与民主,说"引进这两种精神实在是当今所急"⑦。但他又想用所谓东方精神文明来代替西方物质文明,说明他自身思想也有矛盾。虽然他的用意是想补救西方物质文化带来的弊病,但由此推论出世界未来文化就是中国文化的复兴,就带有东方文化救世论的味道了。

从五四运动前后到1949年,中国大体上出现三种文化思潮。其中一种由学习西方导致的自由主义西化派,但各人提法却稍有不同。如陈序经提出"全盘西化",认为文化是整体不可分的,并把西化与现代化之间画上等号。⑧ 胡适后来想避免用"全盘"二字,认为用"充分西化"和"充分世界化"表述更为恰当。⑨ 张佛泉则主张"根本西化",对枝节问题认为可以不用讨论。⑩ 还有张熙若

---

① 《中国文化要义》,第260页。
② 《东西文化及其哲学》,第21页。
③ 《东西文化及其哲学》,第206页。
④ 《中国民族自救运动之最后觉悟》,第238页。
⑤ 《中国民族自救运动之最后觉悟》,第248页。
⑥ 《东西文化及其哲学》,第199页。
⑦ 《东西文化及其哲学》,第131页。
⑧ 《全盘西化的辩护》,载《独立评论》第160号。
⑨ 《充分世界化与全盘西化》,载《大公报》1935年6月21日。
⑩ 《西化问题之批判》,载《国闻周报》12卷12期。

提出"我们今日大部分的事物都应该西化,一切都应该现代化"①。

与自由主义西化派对立的可称之为中国本位文化派。1935年1月10日,王新命等10位教授发表了《中国本位文化建设宣言》,宣称"中国在文化的领域中是消失了,中国政治的形态、社会的组织和思想的内容与形式,已经失去了它的特征。由这些没有特征的政治、社会和思想所发育的人民,也断不能算是中国人"。但在胡适等西化论者看来,中国的现实不是文化失去特征,而是"中国旧文化的惰性实在大得可怕,我们正可不必替中国本位担忧"②,并进一步指出所谓"中国本位的文化建设,正是中学为体、西学为用最新式的化装出现"③。王新命则指责全盘西化"就是中国固有文化纵有可存,也不应存。西方文化纵有可舍,也不应舍"④。即完全投靠西方,搞的是民族文化虚无主义。

至于马克思主义传入后所产生的社会思潮和思想流派,并没有过多参与中西文化优劣之类的学术论争,而是和反帝反封建的群众运动相结合,终于完成了领导新民主主义革命胜利的历史使命。

三

1949年后,中国境内文化思潮出现一些变化。有文章认为值得研究的是:马列主义成为中国的法定的指导思想后,为何变成了严格封闭的思想堡垒。又在几十年间把其他外来学术文化拒诸门外,视为资产阶级的思想,称之为"精神污染之源",甚至宣布要在上层建筑领域实行"全面专政"。该文认为这种现象产生的重要原因是文化民族主义。曾经广泛流行的社会心理:中国人已经成为世界上最正确、最革命的科学的代表,我们的责任就是捍卫和在全世界宣传、扩广这种科学。这种傲视人类的心理其实就是祖传的天朝大国心理的20世纪修订版,而由此产生的东方文化救世论,或说21世纪是东方文化的世纪,这一于事无补的思潮居然大受赞赏,看来只能从民族自大心理的孽根未断去得到合理的解释。⑤

上面这种严厉的批评,虽然指出一些事实。如宣布要在上层建筑领域实行"全面专政",在"文化大革命"期间确是这样。但把原因归结为文化民族主义和祖传的天朝大国心理在起作用,那就未必准确。由于1949年新民主主义革命的胜利,接着并宣布进行社会主义革命,我国当时认为已经跨越了资本主义社会阶段,如组建人民公社和提出"大跃进",就意味着向共产主义过渡进军。当时

---

① 《全盘西化与中国本位》,载《国闻周报》12卷23期。
② 《试评所谓中国本位的文化建设》,载《独立评论》135号。
③ 《试析所谓中国本位文化建设运动》,载《大公报》1935年3月20日。
④ 《全盘西化论的错误》,载《晨报》1935年4月3日。
⑤ 《建立适应全球化时代的文化态》,载《现代与传统》(第6辑)。

并不认为西方资本主义文化是先进的，相反还要警惕外国资本主义对我国搞和平演变和复辟。"文革"时期把革命领袖的教条视为最先进的无产阶级文化的代表，要说向世界宣传就是宣传无产阶级先进的革命文化，是世界革命的组成部分。这不是以中国传统思想为基础的文化民族主义在起作用，也不是什么祖传的天朝大国心理的反映。因为作为传统民族文化重要代表的儒家孔学在当时是受到猛烈抨击的，所谓"封、资、修"都在为无产阶级革命文化所扫荡之列。

改革开放这些年来，像"文革"时期那样，用所谓无产阶级革命文化来横扫一切的情况不复存在了。新近的提法是："只有深深植根于人民群众的历史创造活动，继承发扬民族优秀文化和革命文化传统，积极吸收世界文化优秀成果，我们的文化事业才能健康发展，愈益繁荣。"① 这里把民族优秀文化和革命文化传统并列要加以继承发扬，对世界文化优秀成果则要积极吸收，同时把文化归于群众的历史创造。如果以此作为社会主义新文化来定位，这里的内容既有民族性，也有世界性，从连续古今来说兼有时代性。如果从多元民族文化与世界文化的关系来看，我们要创造的新型民族文化，与世界文化要取长补短，互相促进，共同提高。

当前，对中国民族文化的世界走向，学术界有两种相反的观点，我认为都带有片面性。

一种观点认为：自有人类起到哥伦布发现新大陆为止的历史看成是一体多元化的历史，而把以后的历史看成多元一体化的历史。所以中国参加文化多元主义以至东方主义大合唱，是与全人类的（也就是全球的）主流文化（市场经济、民主、法制）故意唱反调，因而有阻碍中国现代化的危险。② 类似的观点也是反对东方主义的提法，认为东方主义或文化殖民主义等话题与民族情结有密切关系，其反动性将远大于进步性，或者说其落后作用远大于其文明作用。原因就在于它可能会重演以民族化压现代化的悲剧。因此，东方国家乃至所有非西方国家要想发展自己，走向世界，首先就得承认西方描绘的图式，承认自己的前现代性，从而开始自己融入世界的现代化进程。③

这种观点认为世界文化已进入一体化时代。只有西方主流文化才可以实现现代化。而讲文化多元则被看成民族主义情绪化的表现。要东方乃至所有非西方国家承认自己的前现代性，若要现代化即所谓融入世界实质是走西方化的进程。这里说的是反对东方主义实质上是宣扬西方（欧洲）文化中心主义，用全球化来代替西化。

另外一种观点，就是认为21世纪是东方文化的世纪。理由是西方的物质文

---

① 《中共中央关于加强社会主义精神文明建设若干重要问题的决议》。
② 《当代中国的文化问题》，载《现代与传统》（第6辑）。
③ 转引自《文化的民族性与世界的多元化》，载《现代与传统》（第6辑）。

明、西方科学技术的发展，导致了对自然的破坏、生态平衡的破坏，还有伴随现代化而出现的种种问题。而东方人后起，可以不走过去人走过的错路，因此主张提倡东方化，说是"西方不亮，东方亮"①，与西化论针锋相对。

其实这两种观点都有片面的地方。前者凝固地看东方的民族文化，认为只能停留在前现代性，要想现代化只有西化。这是要用一体化来否定和代替多元民族文化。后者则过分看重西方文化在实现现代化过程中所带来的弊端，因而发出东方文化救世的论调。持这两种观点的人都是把东西方文化看成难以共存的，不是我吞掉你，就是你征服我。不是西风压倒东风，就是东风压倒西风。讲多元一体的实质是宣扬西方文化霸权主义，讲东方救世的则认为对西方文化是彼可取而代之。两者的思路是一致的，都未跳出两极对立非此即彼的窠臼。

我认为从世界视野来看各民族的文化，既是一体多元，又是多元一体，不存在什么时候划分界线的问题。在世界范围内既然存在着多种民族，都有各自的文化特点，这不限于东西方的划分，即使同属东方民族，如中国、日本、朝鲜都有自身文化的特点，虽然中国古代文化对它们影响很深，但是不能代替，始终存在着多元民族文化，这是突现出文化的民族性。至于西方英、法、德的民族文化也莫不如此。要消除多元民族文化来实现所谓一体化是不可能的，都是以各民族本位文化为主进入一体化。

但是，如果各个民族认为世界上既存在多元民族文化，那么就可以自身固守不变，这也是错误的，正如马克思所指出：随着时代的发展，"过去那种地方的和民族的自给自足和闭关自守状态，被各民族的互相往来和各方面的互相依赖所代替了。物质的生产是如此。精神的生产也是如此。民族的片面性和局限性日益成为不可能"②。这就是说，各民族之间要互相开放，从事经济文化交流，才能赶上时代的步伐。民族文化应该是动态的、发展的，这就是文化的时代性。如果说当前全人类的主流文化是市场经济、民主、法制，各民族也应该以此为取向。但同是推行市场经济、民主和法制，不同政治体制的国家内涵也不尽相同，如我们是建设中国特色社会主义现代化国家，与资本主义国家的要求就有区别。从民族文化的走向来说是从多元归于一体——同属一个时代精神，但从世界视野来看各个民族文化，这个世界一体又是寓于多元之中。这里从多元民族文化与世界文化的关系来看，形象地说，则有如百川众流之归大海。但这个大海既不属于西方，也不属于东方，是世界各民族人民群众的历史性创造，是人类共同智慧的升华。这里不应该存在文化霸权主义、文化殖民主义和文化救世主义。

因此，从整个世界文明发展的趋势来看，我认为当今所谓发达国家和发展中

---

① 《西方不亮，东方亮——季羡林在北京外国语大学中文学院的演讲》，载《中国文化研究》1995年第4期。

② 《共产党宣言》，见《马克思恩格斯选集》（第1卷），人民出版社1972年版，第255页。

国家，其差距主要表现在物质财富的积累和科学技术的水平方面。至于精神生活，特别在道德伦理、人际关系等方面，则并无明显的先进与落后的差别，只能说是互有短长。所以，中西文化冲突可能将来形成"互补"的格局，即经过互相吸收、扬弃、输进外来血液，使自身的文化发展进入良性循环。中华民族既有优秀的历史文化遗产，现在又能以日益富强的面貌自立于世界民族之林，那么，在改革开放和建设社会主义精神文明总方针的指导下，我们的民族文化必将得到发扬，在世界文化发展的长河中总会占有一席之地，并以新的面貌出现而走向世界。

〔原载《亚文（第二辑）：全球化时代的民族文化》，中国社会科学出版社1997年版〕

试论中国传统思想文化的承传创新

  1938年10月，抗日战争的烽火燃烧到华南，我的老家东莞县城沦陷。我当时12岁，刚入初中二年级，由于年纪小，没有跟随学校流亡，只好滞留家中。为避免敌兵骚扰，终日关门闭户。由于我没有年龄相近的兄弟姊妹，而家中古典小说及文史方面的藏书却颇为丰富，于是唯有自己读书。先是看小说《水浒传》《三国演义》《西游记》《红楼梦》，继而读唐诗、宋词、汉魏六朝和隋唐的古文和骈文，并逐渐看一点史书和先秦诸子选篇。当时的情况，我后来写的《莞城旧事杂忆》诗中有所表述："少小无知作顺民，胸中郁结向谁申。挑灯作伴惟书卷，闭户关门隔路尘。"还有一首《忆江南》词："思往事，旧梦忆儿时。秋月春花皆过了，行云流水欲何之。无语笑书痴。"这就是我在当年的写照。

  我闭户读了4年书，由于是离群索居，因而养成我比较沉默并有点孤僻的性格，但学业上有不少收获。我背诵了大量诗词，涉猎了文史哲即称之为国学的一些基本著作。4年后我复学，仍然读初中二年级，但前几年功夫并没有白费，起码语文、历史一类课程就不用花多少精力了。1945年我读到高二时开始分文理科，为的是准备高考。当时的风气认为成绩差的才入文科组，我对此不服气，就入了理科组，搞了两年数理化。到毕业时我的成绩平均分是全校第三名，靠的是数理化考到高分。但到高考时我的兴趣又不在理工科。1947年我选考广东文理学院的中文系和中山大学历史系，后被两校都录取。一般认为入中山大学较好，由是我又与史学结缘。

  我入中大学习的前两年（1947—1949），在国统区是社会动荡，人民生活陷入困境的年代。大学生一片"反内战、反饥饿"的呼声，教授们有的还摆出衣物进行"活命大拍卖"。1949年元旦，学校文科膳堂悬一门联："但愿来年菜有肉，莫如去岁饭掺沙。"我看后成一绝句："缘何仓米尽掺沙，当事诸公赶快扒。但愿来年菜有肉，莘莘学子亦堪嗟。"由此可见当时大学生活的一斑。

  我从读中学到入大学，经历了8年的抗日战争和3年解放战争，中间还停学4年，可以说是饱经忧患。从中学到大学是人生学习的黄金时间，外部条件不好不能说没有影响。但是中国又有句格言"殷忧启圣，多难兴邦"，对学习也未尝不可以这样说。我对青少年这段经历，自问并没有虚度年华。越是艰苦越向前，后来我在学业上薄有成就，也在于早年比较能刻苦学习，打下了一定基础。

  1949年10月广州解放，中国历史翻开新的一页。我仍然留校学习。1951年毕业后，分配到中南大区文化部工作了3年。中间曾被选派到北京，参加第一届全国考古工作人员训练班学习。该班由中央文化部、中科院考古所、北京大学联合举办，导师多是第一流专家，同时重视现场教学和实习。故时间虽短，在学以致用方面却收获颇丰。学习结束后我又到长沙参加田野古墓葬发掘工作。1954年撤销大行政区，我又回到中山大学历史系。虽然从事的是中国古代史教学，但那一段考古的实践，对史学研究的充实和提高，我认为是非常有益的。

回到历史系工作后，先是搞古代史，继而主攻方向转为中国思想史。1960年复办哲学系，缺乏中国哲学史方面的教师，于是将历史系的中国思想史教研组调到哲学系，我也随之调动。我在哲学系已工作过40多年，教学，科研，招收硕士、博士研究生，主攻方向仍是中国哲学专业，这一点没有变过。中国古代哲学、中国传统文化与现代化，是专业下面的两个研究方向。

从以上我的学习经历来看，我青少年时主要是停学在家闭户读书的几年，大量读古典小说、诗词等文学著作，虽然不求甚解，但熟能生巧，我早年就掌握了作诗填词和用古文写作的基本功，对国学常识和一些基本文献亦有所涉猎，为我后来研究历史和哲学思想史都有所帮助。由于古人做学问往往是文史哲不分家，要研究某家某派或某个历史人物的思想，不能指望只看他们的哲学论文和专门著作。如南京大学出版一套"中国思想家评传丛书"，从严格的意义上说其中不少人过去并未被认为是思想家。我写了一部《海瑞评传》，海瑞是个政治实干家，没有写过多少哲学论著，只有根据其他方面的资料来分析。我还写过一篇《从政治实践中看林则徐的哲学思想》，主要根据是《林文忠公政书》。陶渊明是个公认的诗人，而我却据此写过他的"无神论思想"。苏东坡是个兼综儒、佛、道的人，我就写过一篇《读东坡诗词论苏轼入世与出世思想的矛盾统一》。对龚自珍也用他的诗词材料论证他"思想矛盾的两重性"。此外，我还写过一篇《"命"与"分"》，是用清代小说的材料来分析宋明理学对后期封建社会的影响。

通过上面这些例子，我只是想说明要研究中国哲学思想史以至传统思想文化，固然要坚持用马克思主义理论做指导，但也需要有丰富的文献知识。看来，具备文、史、哲的通识还是需要的。我国著名哲学史家杜国庠和青年谈治学经验时，主张"博而后约"。"博"意味着知识面宽广，才有比较有选择，在"广"中求"深"。胡适对青年谈治学时亦提出："为学当如金字塔，要能博大又能高。"博大是专精的基础。学习前辈的经验，我愿与青年学人们共勉。

我个人的学术研究，对于中国传统哲学发展的特点，是用"矛盾融合，承传创新"八个字予以概括。我认为，中国传统哲学从先秦各家学派开始，便具有矛盾的两重性。儒家学说的重要特点之一，是着意研究和解决人际关系问题，孔子的"仁"可以说是一种人际关系学。孔子对人们在人格道德上的平等要求和在社会政治上对等级的维护，形成儒家在人际关系上的两重性思想矛盾。道家老子一方面对当政者展开猛烈抨击，另一方面又为统治者的长远利益出谋献策，从而表现了道家思想的矛盾两重性立场。墨家的代表人物是墨子，他既提出"非命"，主张"尚力"，但同时又宣扬"天志"，倡导"明鬼"，构成思想上的两重性矛盾。法家固然尊君，但君主也要依法行事，也有主张君臣合作共事的一面，仍然表现出矛盾的两重性。

先秦诸子在学术思想上开展百家争鸣，构成中国哲学史上的黄金时代，但各家在争鸣中尽管相互间开展激烈的批评，甚至加以攻击，而相互间亦并非没有相同之处，即表现为矛盾融合论。

在先秦各家中，儒墨似是对立的，如孟子辟杨、墨，而墨家却非儒。但孟子也承认"墨子兼爱，摩顶放踵利天下，为之"，即是做了肯定。墨家讲兼爱，似是与儒家推爱不同，其实只是操作程序上的差别。儒家讲正己正人，推己及人；墨家在思维逻辑上却倒转过来，讲视人犹己，这和儒家的泛爱、博爱，实质上应该可以融合。杨朱的"为我"，讲的是"全性保真"，其实与儒家"独善其身"的含义相近。孟子批评杨朱"为我"是无君，那么孔子讲"天下有道则见，无道则隐"，孟子讲"不得志，独行其道"，荀子更是讲"从道不从君"，不也是无君思想吗？儒家是有尊君思想，但到独善其身时，和全性保真道家式的个人修养却相当接近了。

道家老子猛烈批儒、法、墨各家学说，对儒家的仁义礼智、墨家的尚贤、法家的严刑峻法都加以反对。但其实各家思想之间，亦并非没有相通之处。道家倡导无为，而儒家以尧舜的垂拱而治作为最高的政治理想，法家的韩非也以舜侍奉尧为君臣关系的楷模，其实也是对无为而治的肯定，可见在政治理想上也有相通之处。至于反对"损不足以奉有余"，则更是为道、儒、墨、法各家的阐释所认同。即使主张专制统治的韩非，也要求君主"内有德泽于人民"，如"与天下为仇，非全身养生之道也"。这是对道家做出的回应。

从战国末年到汉代，儒、道、法三家沿着矛盾融合的路子朝前发展。如荀子对"礼"的解释，说"礼者，法之大分，类之纲纪也"。从礼到法成为儒法两家的连接点。韩非称德、刑为二柄，也是孔子宽猛相济思想的发挥。汉代董仲舒讲德主刑辅的两手，形成儒表法里或称阳儒阴法思想。汉宣帝所谓"以霸王道杂之"，并成为指导统治思想的汉朝国策。在其后两千年的封建社会中，儒法互补的统治方术一直流传不绝。

道法思想的结合，在战国时期已经出现。如稷下学者曾提出过"法出乎权，权出乎道"的观点，韩非也提到"以道为常，以法为本"。明确讲道与法关系的，还有马王堆出土的《黄老帛书》，提出"道生法"的命题。这里以"道"为本，以"法"为用，法要遵循道的原则。汉初曹参等人执政时，推行清静无为与民休息的政策，就是道法结合思想的具体运用。

从汉初黄老之治的道法结合，到董仲舒儒表法里的儒法互补，中国哲学思想，正是沿着矛盾融合的路子向前发展。佛教是外来宗教，汉代传入中国。东汉末年开始出现道教，奉道家老子为教主。佛、道加上儒家，世俗上称为三教，从各家教义来看，当然是有矛盾，但发展的趋向仍是趋于融合。

牟子《理惑论》相传成书于东汉末年，是我国早期一部宣讲佛学的著作，书中一方面以道家思想去理解佛教，同时另一方面认为古代的圣贤君子也有不同的志向和追求，只要是"不溢其情，不淫其性"，就可以说"其道为贵"。据此"修世事"的尧、舜、周、孔，与"无为志"的佛、老，就能够融合而不应该互相排斥。

汉末到三国时吴国的康僧会，他编译有《六度集经》，宣扬"度世"思想。但众生如何才能得救？他寄希望于儒家的仁道，而救世又是自我解脱修成正果的前提。因此，他将仁道引入佛家教义中，说"诸佛以仁为三界上宝"，这样通过行仁道将儒佛教义加以融合。

魏晋时期出现代替两汉经学的玄学思潮。玄学家们"祖述老庄立论"，用来注释《论语》《周易》等儒家经典。他们把《老子》《庄子》《周易》并称"三玄"，综合儒道两家的思想资源，用以构成自己的理论体系。作为玄学主流派，由王弼"贵无"论的"名教本于自然"，到裴頠"崇有"论的"自然不离名教"，再到郭象的"独化"论，终于论证了"名教即是自然"。其中心论题是通过"有无""本末""体用""动静""一多"等关系的思辨推理，来论证自然和名教的统一，即道家和儒家思想的融合，"儒道兼综"成为玄学的基本特征。

东晋时期葛洪作为神仙道教理论的奠基人，他所著《抱朴子》，自称其中所论《内篇》属道家，《外篇》属儒家。对两者关系，他说："道者，儒之本也；儒者，道之末也。"这里所讲本末，大概也是体用关系。修道成仙是神仙道教的本业，但治世之道却自称是"尚儒术"，同时还要用"刑德以致治"，还表现出儒法兼综思想。

儒、佛、道思想的矛盾融合亦非没有波折，尤其佛属外来宗教，出家弃俗就认为没有君臣父子的关系，佛教徒不拜君亲，违反儒家忠君孝亲之道，这是封建统治者不能容忍的。唐初反佛的傅奕因此斥之为"无父之教"。为缓和与封建统治者的矛盾和适应世俗的需要，佛教到唐代就明显向儒家所谓周、孔之教靠拢。如华严宗的宗密，宣称"佛且类世五常之教，令持五戒"，将佛教的"五戒"与儒家"五常"相比附，表示佛教徒拥护儒家世俗的道德观念。他们又宣扬《孝子报恩经》《父母恩重经》，鼓吹"孝道"是"儒释皆宗之"。自是佛教的世俗化也就趋向儒学化。

关于佛教儒学化，如只将"五戒"与"五常"做简单比附，佛教并未能进入中国传统文化的深层。看来惠能创立的南派禅宗，可以算得上佛教的中国化。因为它不是对儒家伦理的简单比附，而是对佛教教义自身做了新的解释，如称

"佛者觉也"。所谓求佛，只应"向心中求；皈依佛，就只皈依自性"。惠能常说："一念吾如平，即众生自佛，我心自有佛，自佛是真佛，自若无佛心，向何处求佛。"这就否认了心性之外有佛，而直认个人心性为本性，并把心中求佛的过程归结为心性的修养与觉悟，这正是孔、孟儒学并为宋明心学所认同的观念。因此，惠能改造过的佛教才真正成为中国传统哲学文化的组成部分。

融合佛、老思想使儒学走向哲理化的是宋明理学。在唐代，李翱开其端。他写了《复性书》，提出灭情复性的观点，是受了禅宗"无念为宗"说的影响。他用佛学来解释《中庸》，将儒佛思想结合起来，实开宋明理学将儒学哲理化的先导。与此同时还有柳宗元，他是站在儒家立场提出"统合儒释"，这是取其释与儒合的一面；将佛教的"出世间法"与儒家的"独善其身"相结合，这是儒释兼综的一种类型。当时儒佛合流的情况，白居易曾指称："儒门释教虽名教则有异同，约义立宗，彼此亦无差别，所谓同出而异名，殊途而同归者也。"宋明理学与道佛思想有密切关系。作为宋代理学开山的周敦颐，他写的《太极图说》虽是标榜《周易》的阐发，但陆九渊怀疑周说以无极加于太极之上，认为不合儒家宗旨。此点虽经朱熹辩解，也并不能完全否认周敦颐思想与道教的关系。对朱熹本人，也有说他是朱子道、陆子禅，即认为朱、陆思想会受到道、佛的影响。另外，作为宋明理学理论基础的"理一分殊"学说，与佛教华严宗"一多相摄"的观点近似，这一点朱熹亦不否认。朱熹关于"理"的理论也是近似华严宗的"理事"说，采取佛学的思辨形式，为儒家的伦理哲学做论证，这是儒佛思想深层次的融合。从儒学思想的哲理化的过程来说，宋明理学对先秦儒学是在承传的基础上有所创新。宋明理学被称为新儒学，即把中国传统哲学提高到一个新的水平。

从先秦诸子的百家争鸣，到汉晋隋唐逐渐形成的三教并立，再到宋明时期理学的兴起，对佛、道吸收其思辨性的一面，使儒学走上哲理化的途径，这才是真正将三教的思想加以融合。正是经过长期各家各派（包括外来文化）思想的矛盾互补，构成中国哲学、中国传统文化的主流。这里有它的时代性，即随着历史的发展各个时期形成中国哲学和思想文化的时代特点。另一方面也有它的民族性，即逐步形成具有中华民族特色的传统思想文化，这是不同于西方，亦不同于印度的中国特有文明。矛盾融合，承传创新，我认为是中国思想文化发展的规律。

关于中国哲学的承传创新问题，学术界也有争论，比如中国历史上何时出现启蒙思想，最早的上推到16、17世纪之间，有的放在鸦片战争前后，也有放在康、梁戊戌变法的，还有下移到五四新文化运动的。这是关系中国哲学和传统文化如何向近代转型和实现现代化的重要问题。

梁启超、侯外庐等人主张，在明清之际出现有早期启蒙思想，代表人物有黄宗羲、顾炎武、王夫之、颜元等。梁氏特别称赞戴震的《孟子字义疏证》，谓"与欧洲文艺复兴时代之思潮之本质绝相类"。西方作为启蒙运动前奏的意大利文艺复兴，正是打着复古的旗号开路的，从形式上看是复希腊、罗马之古，而实质上却是创资本主义之新。至于在中国近代随着西方思想文化的传入，五四新文化运动提出民主与科学，似乎是中国文化向现代转型的方向。那么，作为传统文化主流的儒学能否承传创新，也是有争议的问题。

被称为现代新儒家的唐君毅等4人，1958年曾发表《中国文化与世界》一文，宣称儒家在"道德上之天下为公、人格平等之思想，必然当发展至民主制度之肯定"。即是说"从中国历史文化之重道德主体之树立，即必当发展为政治上之民主制度"，这称为"返本开新"之论。这种观点，其实是儒家从内圣开出外王思想的发挥。树立道德主体是"本"，开出民主制度是"新"，实质上是以道德文化决定论作为依据，这个问题引起不同意见，仍在继续争论。

当前，我们正在为建设中国特色社会主义新文化而努力，那么，如何对待传统文化，这是不能回避的问题。我们多年来本已提出批判继承的方针，即剔出其封建性糟粕，吸取其民主性的精华，这就是古为今用，但这个方针如何贯彻并未很好解决。

对传统文化如何区分精华与糟粕，我认为，关键要正确分析从思想矛盾的两重性中所带来的社会效应。比如说儒家是讲究亲亲和尊尊，在社会上带来的效应就可以不相同。当处理人际关系时，如能做到尊老爱幼、和睦亲朋邻里、守望相助、疾病相扶，这类传统美德就应加以继承。对领导与被领导、上级与下级的关系，则要在民主集中制的基础上，维持安定团结的局面。但是，儒家那种为亲者讳、为尊者讳的思想作风，也将有助于滋长官僚主义和亲情关系网，以及特权思想和家长作风的泛滥，因而应该进行批评。儒家对道德人格高标准的要求，如讲究正己正人、以身作则、见利思义、先忧后乐等思想行为和立身处世之道，以至不欺暗室的慎独功夫，是儒学中的民主性精华和优良传统，应该加以发扬；但对儒学所塑造出的伪君子、假道学，以至今天那些言行不一的两面派，就要加以揭露和批判。

据此，我认为，传统文化中某些思想观点，其所包含的两重性对社会可以产生不同影响。如上面所说的尊老爱幼，如何应用这个"爱"字就有不同效应。有的人严格教育子女，培养下一代成为"四有"新人；而有的人则偏于溺爱，甚至以权谋私，利用自己的权势为子女营造安乐窝，这种现象为人所诟病。由于取向不同，"用"的效果就不一样。

总之，中国传统思想文化自身包含有矛盾的两重性，对当前社会可以产生正面或负面的效应。如何认识和运用，似乎可以由人各取所需。我认为，凡是能适应社会主义精神文明建设需要的，都符合批判继承原则，也可以说是在承传的基础上有所创新。时代性和民族性从矛盾中得到统一,这就是历史的辩证法。

对中国传统文化和学术思想,对历史人物和事件的评价,我认为可以用矛盾两重性的观点,坚持两点论。以时间、地点为转移,具体问题做具体分析,这是我提倡的方法。反对看问题的主观片面,攻其一点,不及其余,或以个人爱好,代替客观分析的方法。这些年来我参加过一些理论问题的探讨,当然未必正确,但也算是我的一得之见。

关于历史发展动力问题,20世纪70年代末,史学界曾展开热烈讨论。有人认为,生产力的发展是推动整个人类社会发展的根本动力;有人则认为,阶级斗争是阶级社会发展的根本动力。我提出,在阶级社会中,生产斗争和阶级斗争是两个不同的范畴,对于不同社会形态的更替,生产力的发展是决定性因素,以唯物史观来看,生产斗争在历史发展中起最终决定作用,从唯物辩证法的观点来看,阶级斗争则是推动阶级社会发展的伟大动力。

关于封建社会中农民政权的性质和劳动人民思想的估价问题,我在1981年讨论太平天国史时提出,在封建社会中,农民和地主是对立的统一体,反映在思想和主张上,就是革命性与封建性、平均平等与封建特权诸因素错综复杂地结合在一起,太平天国就是带有矛盾两重性的政权。

关于无神论与有神论的思想关系问题,1980年我在无神论学术讨论会上,以陶渊明的无神论思想为例,指出在历史唯物主义创立以前,无神论思想只能表现在自然观方面。如果超出这个界限,涉及社会问题,就会陷入唯心主义的宿命论,从而通向有神论。后来我在讨论柳宗元世界观的性质和老、庄论"道"的性质时,使用这种观点撰文加以阐述,企图解决这类思想的矛盾两重性及其通向问题。

关于中国哲学史的关系问题,《哲学研究》1983年曾开辟专栏进行讨论。我在该刊发表《试论思想史与哲学史的联系和区别》一文,认为前者研究的对象和着重点是思想流变发展规律的历史进程,后者则是理论思维发展的内在逻辑,为这次讨论提出自己的见解。

"文革"期间,由于把中国哲学史歪曲为儒法斗争史,对先秦各家思想流派也以儒法划线而加以比附。对这种情况,我在1979年和1980年发表了《邓析、惠施、公孙龙思想初探》和《宋钘、尹文思想初探》两文,批驳了所谓战国末期名归于法和名家是法家同盟军的论点。由于"文革"时宣扬儒家反动、法家进步的政治论断,"文革"后有人反其道而行之,提出儒家讲民主、法家才提倡专制的论调。我写了《实事求是评价儒法两家思想》和《也谈如何认识儒法两家的思想》,主张两点论,既要揭露"四人帮"所谓"评法批儒"的阴谋,也要对两家思想做出全面公正的评价。后来又写了一篇《论我国传统思想文化中的儒法互补问题》,用矛盾融合的观点,从宏观上论证了两家思想的关联及其历史作用。

由于唐宋以后习惯称儒、释、道为三教，因此儒家是不是宗教也是个有争议的问题。我认为，儒学在社会上是起到教化作用，与对宗教教义的信仰不同。据此我写了《是吸取宗教的哲理，还是儒学的宗教化？》，后来又发表了《儒家思想哲理化的历史进程》，阐明宋明理学既可称为儒教而又不同于宗教，指出两者之间的联系和区别。

宋明时期由于产生"三教合一"的思想，有些儒士的思想也在出入佛、老之间，如苏轼、李贽以至龚自珍都有这个问题。我写有《兼综儒道佛，契合理情神》一文，从读东坡诗词中论苏轼入世与出世思想的矛盾统一。还写有《试论李贽的人生价值取向与终极关怀》一文，指出他从遵循儒家"圣道"而实践人生，最终是不得已求助佛门"胜义"而得到归宿，这是李贽在人生价值取向上的两重性矛盾。龚自珍早年是个才华横溢、意气风发的人物。"少年揽辔澄清志"，可是有心救世，无力回天，最后是"暮气颓唐不自知"，只好"重礼天台七卷经"，皈依我佛了。人生不得志而逃禅，也可以说是儒佛兼综思想的矛盾统一。

对历史人物的评价，不能以政治标准划线分成红脸白脸，对学术流派和学人思想也是这样，评价上不能各走极端。在"文革"期间及拨乱反正后对儒法两家的评价，其前后不同，可以说扬之可以登天，抑之可以入地。近几年对中国近代历史发展路向的争议中，有的人认为中国应该走日本变法维新的道路，认为革命只会造成混乱，破坏安定团结，阻碍中国走向现代化的进程。与此相关的人物评价，大有林则徐不如琦善、孙中山不如袁世凯之意。至于曾国藩由原来称他为汉奸刽子手，现在有人歌颂说是促进中国近代化的功臣。学术界像这类翻烧饼的游戏是不少见的，我们为什么不能用两点论看问题，从两重性的矛盾中说明其历史作用呢？

在当前从计划经济转型到市场经济的条件下，怎样评估人们的道德现状？有人说是道德滑坡，也有人说是爬坡，两派至今还是争论不休。其实事物发展总是不平衡的，在不同情况下也会有不同表现，具体问题要做具体分析。如果攻其一点，不及其余，这样双方的分歧，始终难以解决。

以上是我个人多年学术活动中在理论研究方面的一点体会，对参加或看到的学术论争亦择要表述我个人的学术观点。对我从事教学和研究的中国哲学思想这门学科，在发展过程中也可以说提供过一得之见，以供参考，谈不上有什么重要作用。

（原载《现代哲学》2006年第4期）

链接评议的文章

思想史的 "两重性" 探求及意义衍生
——李锦全先生对中国思想史本质的诠释

解丽霞　华南理工大学

对中国思想史本质的诠释有两个难点：一是先天的，思想史人物众多、学派林立，仅先秦就有"九流十家"之称，而且各个时代思想主流不同，常称为"先秦子学、汉代经学、魏晋玄学、隋唐佛学、宋明理学、明清实学"，这种思想的"多样性"使得对本质的概括往往"失之一隅"。一是后天的，思想史研究没有既定之法，学术界的研究大都采取"思想"和"史"的分割法，即对人物研究侧重"思想"的深层探析，对学派流变、断代史通史采取"史"的粗线条勾勒，这种方法的"分裂性"使思想史的本质湮没于"支离分疏"。因此，对思想史本质的探求，就在于寻求思想史多样性中的统一性、分裂性中的共通性。李锦全先生通过对思想史进行个案研究、学派分析、整体通观三个层次的解读，认为"两重性"① 是其本质特点。对思想史这一本质的把握，不仅仅是李锦全先生对思想史的"对象解读"，更重要的是由此衍生的"自觉意识"，即在其学术研究中一以贯之的"哲史融会"的方法取向和"承传创新"的文化立场。

一、思想史 "两重性" 的整体透视

李锦全先生对思想史"两重性"的探求，可以分为三个层次：个案研究、学派分析、整体通观。通过从点到线再到面的层层解析，使得思想家个人的思想特质、学派的主流思想以及整个思想史的本质特点，逐渐在历史视野中呈现出"两重性"。

在个案研究中，李锦全先生的探索范围涉及每一个历史时期的大思想家及其思想的"两重性"考察，他把视角定位在"有争议的"学术公案上，把思想家的思想矛盾与历史定位、社会效应有机结合，以回应学术界的讨论，发表一己之

① "两重性"是李锦全先生对中国哲学、中国传统思想文化特点的概括（参见李锦全《矛盾融合 承传创新——论中国哲学、传统思想文化发展的特点》，见《李锦全自选二集》，中国文联出版社2000年版）。本文从李锦全先生对中国思想史的整体研究来看，认为"两重性"在他的研究中远远超越了"特点"的意义，而是"本质"的概括，可以说"两重性"是"即特点即本质"的，因此本文立足于"两重性"的思想史本质来分析它在李先生研究中的"一以贯之"作用。另外，在具体的用词上，李锦全先生或用"两重性"，或用"矛盾统一"，或用"矛盾两重性"，但其意义都是一致的，本文采用"两重性"的用词。

见。对先秦诸子，李锦全先生专门探讨了老子政治哲学的矛盾两重性和孟子思想的历史命运及其双重的社会效应。①

对柳宗元、陶渊明两位思想家，李锦全先生是通过分析"无神论与有神论的通向问题"，来讨论其"两重性"的。他通过对柳宗元《天对》《天说》《答刘禹锡天论书》等文本的解读，认为柳宗元在世界观上从属于唯物主义路线，但有时也鼓吹天命鬼神、信仰佛教和维护儒家的传统思想，这都构成他思想体系上的矛盾。对于"矛盾"出现的原因，他指出："在于旧唯物主义无神论者所存在的难以克服的局限，客观上也就是在马克思主义创立历史唯物主义理论之前，唯物主义和无神论思想一般只能表现在自然观方面。如果超出这个界限，涉及社会人事问题，就会陷入唯心主义宿命论，从而通向有神论。"② 同样，陶渊明的无神论自然观得益于从事生产实践和贫困生活的磨炼，但它无法解释人生的各种际遇是由什么力量支配的，从而相信有自然命定之神，无神论也就通向了有神论。③ 在考察老、庄哲学时，他也讲到："无神论与有神论之间虽有界线，但同时也可以通向。否认形象化的威灵显赫的上帝，可以迎来自然无为的司命之神。"④ 这样就挖掘出了古代思想家"矛盾两重性"产生的深刻思想根源。

对苏轼、李贽的分析，李锦全先生侧重于古代知识分子徘徊于入世和出世之间的共通问题，运用"诗词"这样的文学史料，论证其思想的"矛盾两重性"及如何在人生与思想实践中平衡矛盾。苏轼的人生观，既讲究儒家的积极入世，又仰慕道家的顺应自然，兼了解佛教的破除执着，但他能把入世与出世的思想矛盾，引导到适时应物、随遇而安的境地。⑤ 李贽提出"绝假纯真"之"童心"，并不受世俗的干扰，应该是出世的；但他批评现实却无不以世俗为念，又是入世的，他把作圣与成佛联结在一起，表明入世与出世思想在他身上得到了统一。⑥ 对思想家思想与人生的考量，既是对他们所处境遇的同情理解，也是李先生立足

---

① 参见李锦全《老子政治哲学的矛盾两重性与道家思想的历史作用》，见《人文精神的承传与重建》，广东人民出版社 1995 年版；《孟子思想的历史命运及其双重的社会效应》，见《李锦全自选集》，中国文联出版社 2000 年版。由于李锦全先生还有文章探讨儒家和道家思想的"两重性"，所以关于老子和孟子的"两重性"，笔者会放在后文的"学派分析"中来解析。

② 李锦全：《论柳宗元思想的内在矛盾——兼论中国古代无神论与有神论的通向问题》，见《李锦全自选二集》，中国文联出版社 2000 年版，第 109 页。

③ 参见李锦全《陶渊明无神论思想试探——兼论中国古代无神论与有神论的思想界限及其通向》，见《李锦全自选集》，中国文联出版社 2000 年版，第 126 页。

④ 李锦全：《从老、庄论"道"的性质谈到无神论与有神论的思想通向问题》，见《李锦全自选集》，中国文联出版社 2000 年版，第 247 页。

⑤ 参见李锦全《兼综儒道佛 契合理情神——读东坡诗词论苏轼入世与出世思想的矛盾统一》，见《人文精神的承传与重建》，广东人民出版社 1995 年版，第 216 页。

⑥ 参见李锦全《论李贽入世与出世思想的矛盾统一》，见《李锦全自选二集》，中国文联出版社 2000 年版，第 238 页。

人文关怀的学术情结。

对龚自珍、王夫之、洪秀全的研究，李锦全先生立足思想家思想的矛盾、所处的时代、生活的经历，采用"知人论世"的历史主义方法，着重探讨了他们在历史观上表现出的"两重性"。龚自珍由于主客观因素，其矛盾两重性思想表现为对封建统治的批判但又不能彻底决裂、反对权贵同情人民但又看不起人民、入世还是出世之间的矛盾。① 王夫之历史哲学的"矛盾"具体体现为三点：一是"理势合一"历史进化思想，从理论上可以通向突破封建制度的樊篱，但当接触到现实封建社会，就暴露出深刻的内在矛盾；二是在"时势造英雄与英雄造时势"问题的认识上存在矛盾；三是对劳动人民历史作用的认识，他既深刻揭露社会矛盾，又提出"庶民禽兽论"。② 洪秀全既有封建帝王思想，也显露出神学教主的目的；平均平等的主张反映了农民革命的本能，是暂时和局部地实现了与封建这一制度相反的理想。这些对立思想复杂交错地出现在洪秀全身上，就表现为矛盾的两重性。③ 对这些思想家历史观的"两重性"分析，揭示了思想家的历史局限性和阶级局限性。

对理学集大成者朱熹思想的"两重性"探求，李锦全先生则放置在儒学发展的历史进程中来考察。朱熹在儒学发展的两条理路中，既在第一条理路中凸显了他在哲学史上的崇高地位，又在第二条理路中遭到了后来学者对其政治伦理思想的激烈批判。他一方面被捧上神坛，另一方面又成为替罪羊，产生不同的双重社会效应。④ 对因思潮发展而影响思想家的社会效应的关注，体现了李锦全先生融思想于历史的思想史研究方式。

在对思想家进行个案研究的基础上，李锦全先生对先秦各派尤其是儒家和道家，也分别探讨了其"两重性"。对儒家，李锦全先生以"人际关系"为切入点，探讨了儒家在历史发展进程中所体现的"两重性"。先秦儒家孔、孟、荀，都表现出强调独立人格的精神与维护社会等级制度的矛盾。汉代董仲舒表现为既用"天"来维护君权，又想用"天"来限制君权的"两重性"。宋明理学家们面对君权的不断膨胀，从道德心性方面提出平等要求，用"理一分殊"来解决人际关系中的两重性矛盾。明清之际的大思想家，从黄宗羲到戴震，虽有儒学异端的味道，但仍然没有摆脱儒家的传统。近代比较进步的思想家和政治活动家，一

---

① 参见李锦全《试论龚自珍思想矛盾的两重性——读龚定庵诗词兼论其在中国近代文学史上的地位》，见《李锦全自选集》，中国文联出版社 2000 年版，第 206 页。

② 参见李锦全《论王夫之历史观的内在矛盾》，见《李锦全自选二集》，中国文联出版社 2000 年版，第 259～267 页。

③ 参见李锦全《试论洪秀全的思想及太平天国政权的两重性》，见《李锦全自选三集》，中国文联出版社 2001 年版，第 168 页。

④ 参见李锦全《儒学发展的两条理路及双重效应》，见《李锦全自选四集》，延边大学出版社 2001 年版，第 50～52 页。

方面在不同角度和途径都有向西方求真理的思想，另一方面也不能完全摆脱封建儒学的旧传统。从五四运动直到现在，儒家对待人际关系的矛盾两重性思想，在人们的社会现实生活中，仍然有着不同程度的影响。①

对道家，李锦全先生则以"政治哲学"为立足点，探讨了道家思想"两重性"的历史作用。"中国原始道家思想的发展路向，似乎出现了二律背反的现象，即一方面成为当时现实政治的反对派，一方面也属于'务为治'的一派。"②到东汉，黄老道家一方面朝着神仙方术和宗教迷信的方向发展，形成道教；另一方面则是将道家老庄的本原论着重从本体上加以理论深化，形成魏晋玄学。在封建社会后期，以退为进、欲取先予的道家两手策略，仍扮演着两重性的角色。由于哲学与宗教的不同，玄学主流为儒学的义理化开拓出新路，但其唯心主义思辨却在政治上带来更大的欺骗性。道教一方面为统治阶级服务，另一方面为农民起义张目。③另外，李锦全先生还分析了先秦墨家和法家的"两重性"，墨家的"既提出'非命'，主张'尚力'，同时又宣扬'天志'，倡导'明鬼'"，法家的"既讲尊君，又讲君臣合作共事"，都带有矛盾的两重性。④

除此之外，李锦全先生还把"两重性"探索的触角伸向思想史的重大问题。对外来文化冲击下的中国近代资产阶级哲学的"两重性"，他认为：尽管从康有为、谭嗣同、严复到章炳麟、孙中山，他们的哲学各有自己的特色，可是都从不同侧面和在不同程度上表现出世界观上的机械唯物论与主观唯心论、无神论与有神论的矛盾两重性。⑤对古代劳动人民思想，他认为"同样有两种自发倾向，即表现为矛盾的两重性"。他们一方面在"实际生活过程"和所处"物质关系"地位中，在思想意识上会有自发的反应和革命的本能，如要求推翻封建统治和反对剥削压迫的平均平等思想，具有朴素唯物论和朴素辩证法的合理内核；但另一方面由于历史条件限制和受当时在社会上占统治地位的宗教唯心主义的影响，使他们没有能建立起成为体系的唯物主义世界观，最终摆脱不了地主阶级思想的支配。⑥

---

① 参见李锦全《儒家论人际关系的矛盾两重性思想》，见《李锦全自选四集》，延边大学出版社2001年版，第16～31页。

② 李锦全：《道家思想在传统文化中的历史定位》，见《人文精神的承传与重建》，广东人民出版社1995年版，第149页。

③ 参见李锦全《老子政治哲学的矛盾两重性与道家思想的历史作用》，见《人文精神的承传与重建》，广东人民出版社1995年版，第151～171页。

④ 参见李锦全《矛盾融合　承传创新——论中国哲学、传统思想文化发展的特点》，见《李锦全自选二集》，中国文联出版社2000年版，第7页。

⑤ 参见李锦全《试论近代中国资产阶级哲学矛盾的两重性》，见《人文精神的承传与重建》，广东人民出版社1995年版，第282页。

⑥ 参见李锦全《从中国历史上农民起义的纲领口号看劳动人民思想的两重性》，见《李锦全自选集》，中国文联出版社2000年版。对劳动人民思想的"两重性"研究，是李锦全先生关注的重要思想史问题，他还在多篇文章中探讨了这一问题，如《对封建社会中有关农民革命几个理论问题的再商榷》《太平天国革命农民思想的再探索》《怎样看待哲学史上阶级斗争与哲学斗争的关系问题》，均见《李锦全自选三集》。

有了对思想家个体、主流学派以及思想史重大问题深入细致的分析，对中国传统思想文化"两重性"的概括也就"水到渠成"了。李锦全先生认为："中国传统思想文化，表现为封闭与开放的矛盾两重性。"它贯穿在中国传统文化发展的历程中。从先秦到西汉，诸子"百家争鸣"的"开放性"与董仲舒"罢黜百家，独尊儒术"的"封闭性"的矛盾，董仲舒以"儒家思想为主调，广泛吸收墨、法、名、阴阳"则又体现了"包容性"。中国以儒学为主体的传统文化在接受外来文化时，也表现出"封闭与开放的两重性"，佛教的传入与传统儒学是有矛盾的，但以儒家的君父之义来约束，就可以对外来宗教开放和包容。中国近代流行的"中体西用"论，同样是"封闭与开放两重性"的反映。①

可以看出，李锦全先生对中国思想史的"两重性"诠释，既具有强烈的问题意识，又有贯穿始终的方法自觉，更有坚定不移的文化立场。他力图在"史"的诉求中彰显思想家的"特色"，在对象的研究中寻绎思想史的主线，在传统的分析中关照现代化的实践。

二、哲史融会的方法取向

思想史的"两重性"探求与"哲史融会"的方法取向紧密关联，研究对象决定了方法的选择，方法运用也决定了研究的视角。李锦全先生在"两重性"分析中，坚持"于争议处有所正"的原则，着重解决思想本身的"两重性"与历史评价的"两重性"问题。由此研究对象的决定，他采取了"哲史融会"的基本方法，用"知人论世"的历史分析法寻求思想"两重性"的根源，用"同情的了解"的客观评价法定位"两重性"的历史作用。

李锦全先生自觉运用"哲史融会"方法，有三个原因：一是因为他的学术背景。他具有深厚的历史学知识背景和研究经历，熟识历史文献学、考据学、训诂学等国学知识。同时，他从20世纪60年代初就开始哲学研究工作，浸淫于中国哲学几十年。他还有扎实的文学功底，对史料的运用远远超出了历史、哲学的围囿。"文史哲兼通"使得他对问题的研究自觉地把"思想"的解析放置在历史的背景下，并予以充分的论据支持。二是因为中国思想"文史哲"不分的特点。他指出："在中国哲学史上，有的学者写有哲理性的专门论著不多，就算有这类篇章也未必能表达出作者的内心思想感情，而用唯心、唯物或有神、无神论的简单划线，有时往往难说清楚中国传统人生哲学中复杂而多变的心态，也许这正是中国人的思想特色。"② 所以，对思想史进行纯哲学的研究不符合研究对象的特

---

① 参见李锦全《论中国传统思想文化的矛盾两重性》，见《人文精神的承传与重建》，广东人民出版社1995年版，第32～42页。

② 李锦全：《此中有真味　欲辨已忘言——人生苦乐谈读书》，见《李锦全自选三集》，中国文联出版社2001年版，第440页。

点。三是因为中国思想史的本质和内容。以儒学为主体的思想史具有矛盾两重性的特质，它"把人看成群体分子，以伦理政治为轴心，处理和调整人与人之间的关系"①。对没有多少思辨内容的传统思想的把握，关键要立足对历史与社会的分析，在历史事实中寻找"两重性"答案。

"哲史融会"方法如何具体展开在李锦全先生的研究中？我们可以从他对问题的关注和对方法的解释中进一步明晰。在对问题的关注方面，他认为："从马克思主义以前哲学史上的哲学家来看，有些人的哲学观点和政治态度相矛盾，这是历史事实。但这需要进行具体分析，有几种情况必须认真对待：（1）某哲学家的哲学观点和政治态度相矛盾时，要分析其间的因果关系。（2）要弄清楚那个哲学家的一生中哪些时期的政治态度同他哪些时期的哲学观点相矛盾，特别要弄清楚在哪些方面的问题存在矛盾，是一切方面还是某些方面有过矛盾？（3）要在下结论时提供充足的证据。"② 从他的问题研究领域来看，说明他关注的是对思想"矛盾两重性"的探求，体现了"拿事实说话"的客观研究精神。在方法的解释方面，他说比较注意这样两点：第一，要多角度、多层次、多侧面地对中国传统思想文化进行历史的考察和整体的综合研究；第二，要注意运用矛盾分析法。③ 从李锦全先生的用词"多""历史""整体""综合""矛盾分析法"，可以看出他强调的是要从对象研究的多样性中揭示规律，方法上要把"矛盾"分疏具体化为"知人论世"的历史主义考察。

运用"哲史融会"的研究方法，可以对古人的思想予以"同情的了解"，客观平实地做出合乎历史实际的评价。"同情的了解"包括对思想家的"两重性"考察和对评价者"各取所需"的谅解，李锦全先生讲到："孔孟之道以至其他学派的著名思想家，他们思想影响以至受到后人的毁誉，也往往随着时间、地点、条件为转移，同时也会出现双重的社会效应。……后人评价古人往往有各自的立场、观点、方法，所谓知人论世不但要谅解被评价的古人，也要谅解各式各样的后人为什么会做出各种不同的评价，应该做动态式的多面性考察。"④ "客观的评价"则是指：我们不应该苛求前人，但对问题也不要回避或打掩护，应该实事求是地总结这种矛盾思想出现的根源和经验教训，借以锻炼我们的理论思维能力。⑤ 所以，

---

① 这个观点参见梅汝佟《李锦全教授关于中国传统思想文化的纵横谈》，见《李锦全自选三集》，中国文联出版社 2001 年版，第 448 页。

② 李锦全：《太平天国革命农民思想的再探索》，见《李锦全自选三集》，中国文联出版社 2001 年版，第 154 页。

③ 参见梅汝佟《李锦全教授关于中国传统思想文化的纵横谈》，见《李锦全自选三集》，中国文联出版社 2001 年版，第 451～452 页。

④ 李锦全：《孟子思想的历史命运及其双重的社会效应》，见《李锦全自选集》，中国文联出版社 2000 年版，第 34 页。

⑤ 参见李锦全《论王夫之历史观的内在矛盾》，见《李锦全自选二集》，中国文联出版社 2000 年版，第 268 页。

他反对"绝对化的评价"和"相对主义或是非无定质的观点",主张具体问题做具体分析。①

"哲史融会"方法的核心就是"博而后约,杂中求专",它体现在李锦全先生的思想史体认、研究方法的运用中,烙刻在他的学术生命里。他认为中国古代思想家的特点就是"博"而"杂","思辨的哲学"不多,道德伦理与政治教育等思想又往往纠缠在一起,有的人无论在学派和学科上都是不主一家的。所以要研究这些人的思想,既要由"博"取"约"、"杂"中求"专",但也不能无视思想中的矛盾和复杂性,而削足适履地简单划线。② 正是由于有这样的思想认知,他才强调"文、史、哲不可决然分家,应尽可能博专结合,知识面广些"③。在总结自己的研究经验时,他再次指出:"从事传统基础学科的教学研究工作,如文史哲一类专业书,范围不能过窄,视野应该开阔一些,即使是闲杂书亦不妨一读。……当然要讲博而后约,同时也要做到杂中求专,而不要泛滥无归。我是多年来从事中国哲学思想史的教研工作,撰写的论文都是围绕这个中心,但我取材如上所述,诗词小说是不拘一格。"④ 可以这样概括"博约杂专"的关系,史料的选择要"博",主题的确定要"专",观点的提炼要"约",正因为有了这三点,论说的证据才能"准"而"实",评价也才能不失真。

三、承传创新的文化立场

对思想史"两重性"的研究是为了更好地了解传统,对传统的深切体悟是为了提供现代化实践的有益资源。在"两重性"的探求实践中,李锦全先生希望做到的不仅是对定格在历史中的思想家的真实了解或对思想事件的正确定位,而是力图把"传统"演绎为"源头活水",把文化精神熔铸在现代人的生命里。因此,对"如何正确对待中国传统文化、传统文化如何实现现代转型"等问题的关注,便是李锦全先生把对"两重性"探求深入到现代化实践的自觉意识,它体现了以现代反思传统、以传统关照现代的"承传创新"的文化立场。

众所周知,自近代以来,对传统文化的态度有三种代表性观点:保守派或国粹派、全盘西化派、综合创新派。中华人民共和国成立以后,中央的文化方针则

---

① 参见李锦全《孟子思想的历史命运及其双重的社会效应》,见《李锦全自选集》,中国文联出版社2000年版,第34页。
② 参见李锦全《博而后约 杂中求专——治学杂忆散记》,见《李锦全自选三集》,中国文联出版社2001年版,第427页。
③ 梅汝佬:《李锦全教授关于中国传统思想文化的纵横谈》,见《李锦全自选三集》,中国文联出版社2001年版,第452页。
④ 李锦全:《此中有真味 欲辨已忘言——人生苦乐谈读书》,见《李锦全自选三集》,中国文联出版社2001年版,第439页。

提出"批判继承"。"承传创新"坚持了"批判继承"的精神主旨,与"综合创新派"的思路基本一致。"承传"是继承传统思想文化中的优秀部分,它的前提就是要对传统文化进行"精华"与"糟粕"的拣择,要"批判继承"。"创新"有"综合"的意义,应具备各种文化资源、时代条件、内外部环境。这样,"承传创新"所要解决的问题包括相互关联的两个方面:合理分疏传统文化中的"良"与"莠",正确应用文化精华以创造新文化。那么,如何解决这两方面的问题呢?李锦全先生在解决问题的思路上,仍然立足于对传统思想文化进行"两重性"考察,具体分析"精华"与"糟粕"的界限,指出哪些是应该继承的,哪些是应该批判的。传承传统文化的优良部分,吸收外来文化的有益资源,赋予其时代精神和民族精神,"创造新文化"也就顺理成章了。这里贯穿着对传统文化作历史的考察这样一条主线:反思过去、联系现在、展望未来。

"承传创新"的前提是"承传"。李锦全先生认为关键是要正确分析传统思想文化中的矛盾两重性及其所带来的社会效应,这也是区分"精华"与"糟粕"的有效方法。① 他还具体分析了以儒家为主体的传统文化的矛盾两重性,以及应该如何"批判继承"。"儒家对道德人格高标准的要求,如讲究正己正人、以身作则、见利思义、先忧后乐等思想行为和立身处世之道,以至不欺暗室的慎独功夫,这是儒学中的民主性精华和优良传统,应该加以发扬;但对一些过去称之为伪君子、假道学而今天亦有这些言行不一的两面派作风,就要加以揭露和批判。"② 基于对"承传"的"两重性"认识,李锦全先生对走向两个极端的"国粹派"和"全盘西化派"做了批判,"由于传统思想言行基本上是封建社会的产物,必然会带有时代和阶级的局限,因此不能用'拿来主义'而全盘照搬。'五四'以来称之为国粹派的观点是不足取的。但亦不能走另一极端,认为对传统文化只能彻底决裂,从而走上民族虚无主义的道路",应该"对传统文化进行研究、鉴别,区分其糟粕与精华才加以批判继承"。③ 对现代新儒家的观点,他认为在对传统文化做了系统的分析这一点上,是可取的,但对他们的一些具体观点则持怀疑甚至否定的态度,"树立道德主体是'本',开创民主制度是'新',这是从内圣开出外王的传统道德决定论观点。这种观点在现代化社会中的应用效果如何,看来还要由实践做检验"④。不仅要有"实践检验",而且,他认为:"传

---

① 李锦全先生的这一核心观点,见《论中国传统思想文化的矛盾两重性》《正确对待传统文化道德遗产和建设社会主义精神文明的关系》,收入《人文精神的承传与重建》一书。

② 李锦全:《儒家文化与现代化关系问题的探索与思考》,见《人文精神的承传与重建》,广东人民出版社1995年版,第112页。

③ 李锦全:《传统文化是增强中华民族凝聚力的重要思想源泉》,见《人文精神的承传与重建》,广东人民出版社1995年版,第371页。

④ 李锦全:《从社会向近代转型中看儒家思想的适应性》,见《李锦全自选三集》,中国文联出版社2001年版,第320页。

统人文精神是不能自发开出民主制度的，要'开新'就需要有变革性的观念转化。"① 可以说，"两重性"是对待传统文化的基本立足点，也是判别其他文化立场的标准。

"承传创新"的目标是"创新"。"创新"包括这样几个层次的问题：能否创新、如何创新、传统文化如何适应现代化、如何定位它在世界文化中的地位。对这些问题的回答，李锦全先生依然贯彻了"两重性"的研究理念。他首先肯定传统文化是可以"古为今用"的，可以作为创新资源，关键在于"如何应用"。他提出"要用马克思主义理论作为研究的指导，才能收到'古为今用'的效果"②的基本原则。具体而言，"应该在对传统的儒家思想文化的历史作用做出符合实际的评价，对它的现状影响又有比较深切了解的基础上，对它进行批判地总结，既要发扬民族文化传统的优势，又要改造其不适应现代生活的部分"③，把"原来带有封闭型的文化价值体系，转换为现代的、充满科学和理性精神的、开放型的文化价值体系"④。其次，他认为"创新"还要吸收外来文化资源，要"博取外来文化之精华，使我们的社会主义文化成为各项有价值的文化成果的新的综合。这样才能处理好思想文化的继承、吸收与创新的关系"⑤。再次，"创新"是为了解决传统文化的现代化问题，既要应对我国的现代化问题，也要应对世界的现代化问题。他认为："在各地走向现代化的过程中，由于实现的程度各自的条件不同，在接受儒家文化的影响时，就变成各取所需，对如何适应现代化的发展问题上，就会各自起到不同的作用。"⑥ 传统文化的现代化要根据时地不同、程度不同，区别对待，其不同的方面在不同的国家可以各擅胜场。最后，"创新"如何应对全球化的问题。对中西两种不同的文化素质，他坚持"融合创新"的文化立场，中西文化冲突，可能将来形成"互补"的格局，即经过互相吸收、扬弃、输进外来血液，使自身的文化发展进入良性循环。⑦ 对中国文化、中国哲学的世界前景，他也提出了符合时代、民族理念的看法，中国哲学走向世

---

① 李锦全：《儒学传统能否适应现代化——兼对现代新儒家及反传统派思想观点的述评》，见《李锦全自选三集》，中国文联出版社 2001 年版，第 313 页。

② 李锦全：《传统文化是增强中华民族凝聚力的重要思想源泉》，见《人文精神的承传与重建》，广东人民出版社 1995 年版，第 371 页。

③ 梅汝佫：《李锦全教授关于中国传统思想文化的纵横谈》，见《李锦全自选三集》，中国文联出版社 2001 年版，第 451 页。

④ 李锦全：《两个十年的文化反思》，见《李锦全自选四集》，延边大学出版社 2001 年版，第 89 页。

⑤ 梅汝佫：《李锦全教授关于中国传统思想文化的纵横谈》，见《李锦全自选三集》，中国文联出版社 2001 年版，第 451 页。

⑥ 李锦全：《从社会向近代转型中看儒家思想的适应性》，见《李锦全自选三集》，中国文联出版社 2001 年版，第 324 页。

⑦ 参见李锦全《中国民族文化向何处去》，见《李锦全自选三集》，中国文联出版社 2001 年版，第 254 页。

界，开放与包容是必要的，但应该以我为主，是冲突与包容互动，矛盾与互补并存。发达国家不能以强势文化推行文化霸权主义、文化殖民主义，要双方平等对话，取长补短，即经过相互吸收、扬弃、输进外来血液，使自身文化发展进入良性循环。中国哲学走向世界，既要保持自身的民族性，同时又要吸收人类的共同智慧，从承传中创新，从而体现新的时代精神，是民族性与时代性的矛盾统一，是中外文化进入和谐、和合的精神境界。①

"承传创新"的文化立场，摒弃了"全盘拿来"的方法，使得对传统的依赖、对西方文化的轻信变为一种文化创新所要求的理性精神，它深化了"批判继承"的时代内涵，体现了与"综合创新"一样的"有容乃大"的文化气魄，为新的时代再造新文化提供了方向，有益于当下的文化建设实践。

"两重性"的思想史思考始终贯穿在李锦全先生的学术研究中。它已经由"对象意义"衍生为自觉的"方法取向"，升华为"承传创新"的文化信念，这种转变体现了"学术"与"生命"、与"社会"的有机结合，表征了一个学者对民族文化审慎考察的深切情怀，为当代文化建构出谋划策的道义担当，这正是我们青年学人应该"承传"的人文学术精神。

(原载《现代哲学》2005 年第 4 期)

---

① 参见李锦全《全球化与中国传统文化的世界走向》，见《李锦全自选四集》，延边大学出版社 2001 年版，第 76 页。

关于中国传统文化矛盾两重性之启迪

——祝李锦全教授八十寿辰

孔　繁　中国社会科学院

一

　　李锦全教授提出中国传统思想文化具有封闭性和开放性这一矛盾两重性。他认为中国传统文化源远流长，经历数千年而绵延不绝，它所依赖的特殊的历史条件，形成了它的特殊的内容和传统，这表现为它的封闭性的一面。这里所说封闭性，主要是就它所形成的内容的稳固性而言。然而中国传统文化数千年来并非是一成不变的，它对外来思想文化亦有不断地吸收，此即它所表现的开放性的一面。这里所说开放性，主要指它随着历史的变迁而不断地丰富和创新自己的内容。传统文化这种矛盾两重性，并不是非此即彼的，而是历史的和逻辑的辩证统一关系。此亦可称为连续性和间断性的辩证统一。锦全教授是一位博学的中国哲学史家，他的著作无论是通史的或断代史的，均能于传统文化的矛盾两重性的剖析上体现出深刻的理论意义，从而使读者能够从宏观或微观的角度受到融会贯通的启发。我读他的著作，体会到他的关于传统文化矛盾两重性的论证，在针对中国近代思想史时，更为精彩独到，有着更为特殊的深刻意义。如他说：

　　　　中国近代社会与西方不同，没有完成向资本主义社会的转变，却反而陷入半封建半殖民地的境地。在这种情况下，中国传统文化能否走向近代化和如何走向近代化，是一个十分值得研究的问题。当时中国碰到西方的外来文化与过去佛教的传入不同，儒、佛同是古代社会的产物，彼此还比较适应，而近代西方则是资本主义社会文化，比封建儒学超前一个时代，因此中国传统文化如何对付西学东渐问题，是遭受到一场严峻的挑战。①

　　这里所说中国近代社会是指鸦片战争以后的中国社会。1840 年以英国为首的资本主义列强发动的侵华战争，促使中国古老的封建制度逐渐解体。在封建残余势力和殖民主义侵略者联合压迫下，中国很快沦为半封建半殖民地社会，这就

---

　　① 李锦全：《论中国传统思想文化的矛盾两重性》，见《人文精神的承传与重建》，广东人民出版社 1995 年版，第 36 页。

决定了中国近代革命的反帝反封建性质，这也促使中国传统思想文化向反帝反封建革命轨道上转变，提出了传统文化能否近代化和如何近代化的问题。传统文化面临外来文化的挑战，促使它自身将要经历一场革命。因为外来的西方文化乃资本主义社会文化，比中国的封建主义社会文化要超前一个时代，这与以往历史上外来文化的传入，如儒学接受佛学的传入，有着时代的和性质上的区别。因此说传统文化遭遇西学东渐乃是遭受一场严峻的挑战。资本主义的入侵使中国封建制度及其固有的传统文化面临瓦解的形势。传统文化如何正确解决封闭和开放问题，将成为它能否于民族危机中战胜挑战，而完成自身的时代变革问题。

在近代史上，中西文化所反映的两个不同的历史发展阶段，其间明显地存在落后与先进的差距。中国传统文化走向近代化，便是消除与西方文化之间的差距，变落后为先进。这要靠正确地解决自身的封闭与开放这一矛盾两重性。当中国的封建统治于鸦片战争中被西方殖民主义者打败时，人们仅仅认识到战败的原因是中国军事技术落后于西方，因而萌发学习西方先进的军事技术即坚船利炮以达到富强的目的，所谓"师夷长技以制夷"。此时对于中国封建社会制度则仍然认为并无弊病，应当维持不变。这便产生了中学为体西学为用思想。对此，锦全教授说：

> 在中国近代所流行的中体西用论，正是中国传统文化封闭与开放这一矛盾两重性的思想反映。这里所谓"体"是指封建纲常名教，作为立国的根本是不能改变的，这是封闭性的表现。而所谓"用"是指西方的长技，可以开放而予引进，如洋务派走的就是这条路子，这也算是开放性的一面。①

这里对中体西用的解说十分明白："体"即指纲常名教，"用"乃指西方长技，当时主要指军事技术。纲常名教乃立国之根本，不能改变，而夷之长技即"用"是可以学习而应当学习的。这是所谓借西方之"用"以达富强，借富强以保中国，保中国即可保名教，是为中体西用论者的本旨所在。这里应当看到，锦全教授虽然指出中体西用论者认为封建纲常名教不能变，然而他认为洋务派主张学习西方之"用"，仍具有开放的意义，因此说洋务派走的中体西用这条路子，也算得是有开放性的一面。不过他又指出，中体西用论者既要保住中国的名教，又要学到西方富强之术，甚至还想"用夏变夷"，用中国的文化来同化世界，这种一举两得的设想，是不切实际的，是无法行得通的。因为西方的长技是依附于资本主义民主制度的，它是资本主义制度之"用"，封建纲常名教不可能将西方

---

① 李锦全：《论中国传统思想文化的矛盾两重性》，见《人文精神的承传与重建》，广东人民出版社1995年版，第37页。

的民主和科学原封不动地包容进来，或者说只能学西方的科技而拒绝学其民主政治。因此，在中西文化发生撞击时，固有的传统文化受到封闭与开放两重性矛盾的制约，于"体""用"关系上，便处于两难的境地。它对于如何突破传统的封闭性，或者如何对开放性采取正确抉择，都很困难。因此，所谓中体西用论随着历史的发展，就难逃破产的命运了。

随着中西文化日益激烈的冲突，先进的改革家们对传统文化，特别是对儒家的封闭心理逐渐解除，对西方文化的认识逐步提高，中体西用论的束缚逐渐被打破，而能着眼于中西政治经济制度上之比较考量，逐渐领悟到必须改革封建的政治体制，要从体用的辩证关系上学习西方先进的制度，走中西文化会通融合的道路。"泯中西之界限，化新旧之门户"（康有为语），"统新故而视其通，苞中外而计其全"（严复语），"发扬吾国固有之文化，且吸收世界文化而光大之，以期与诸民族并驱于世界"（孙中山语），锦全教授最为赞赏这种中西文化会通融合的主张，并据此认为研究中国近代思想史应着眼于中西文化思想的会通融合。他还引用李大钊所说中西文化"互有长短，不宜妄为轩轾于其间"的主张，认为中西文化取长补短，通过调和融合乃是创造新文化思想的时代要求。

二

锦全教授特别重视为中国传统文化带来新的发展契机的五四新文化运动，他将五四运动定位为具有启蒙性质的反封建传统的新文化运动，认为五四新文化运动具有新的更大的规模和更为迅猛的反封建姿态，在近代民主主义运动史上有着划时代的意义。他说：

> 五四运动在我国近代史上是一场带有启蒙性质的新文化运动。在当时来说，主要强调的是反传统精神。反传统精神实质上就是反封建，因为人们思想上的愚蒙是由封建社会所造成的，所以说要启发愚蒙、开通民智，就要反封建统治，发起一场在思想文化上的启蒙运动，这就是"五四"精神的结晶。①

这里将反封建专制的启蒙思想说成反传统精神，成为"五四"精神的结晶，这更为突出了五四运动在近代批判封建主义文化具有的新的时代转折和深远的历史意义。锦全教授还指出：

---

① 李锦全：《中国传统思想文化的回顾与前瞻》，见《人文精神的承传与重建》，广东人民出版社1995年版，第21页。

> 五四运动是一场爱国主义运动,但要救亡图存,必须自身富强,这就包括要在思想文化方面的更新。因此反对旧传统,这在当时是不可避免的,而提倡民主与科学也是与爱国主义精神相一致。①

将五四新文化运动的启蒙意义提到爱国主义的高度是对五四运动的极高评价。五四运动彻底的反封建反帝国主义精神加快了中国传统文化迈向近代化。锦全教授在高度评价五四新文化运动的历史进程的同时,亦对它不断提出反思,提醒人们应注意它反对旧传统时亦发生某些偏激,如提出"打倒孔家店"有彻底否定传统文化的倾向。他特别不赞成全盘西化论,亦反对那种顽固守旧提倡以国粹救国的主张。他认为全盘西化派与国粹派都与"五四"精神相背离,前者主张彻底抛弃传统文化,后者则主张对传统文化要原封不动地保存。前者容易导致民族虚无主义,后者则抱残守缺保持封建本位不变。这二者都是封闭与开放这一矛盾两重性的片面理解。他还指出,五四运动以后又有新儒家提倡复兴儒学,并据此以求现代化中国文化之重建,这被称为"返本开新"。对此他提出自己看法:中国传统文化,无论是做否定式的主张全盘西化,还是做肯定式的提出要"返本开新",亦都是属于对传统文化封闭与开放这一矛盾两重性的片面理解。这里有两点必须注意:其一,像中国这样的文明古国,它的传统文化经过长期历史积淀,已成为民族精神心理上的深层结构。传统文化不仅不能抛弃,而且应当成为建设新文化、新精神文明的重要源泉之一。其二,传统文化亦要随着历史的发展而不断地变化,时代变了,要想一成不变地保留传统,也是不可能的。锦全教授以建设社会主义道德文明为例说:"社会主义道德作为人类文明中道德发展的新境界,它必然要批判地继承人类历史上一切优良道德传统。"又说:"进行社会主义思想道德建设,还要处理好树立时代精神与弘扬传统美德的关系,把时代精神同弘扬民族传统美德结合起来。"这里充分肯定对传统文化必须继承,而如何正确解决这种继承是近代思想史研究的一个重要课题。

锦全教授所说建设现代精神文明必须处理好时代精神与弘扬传统美德的关系,这亦是认为继承文化遗产,必须坚持批判继承的原则,即批判其封建性的糟粕,继承其民主性的精华。他说这是一个难于解决而且必须解决的问题。从列宁到毛泽东都是重视历史文化知识的积累的,十分重视学习历史遗产。列宁曾说:"无产阶级文化应该是人类在资本主义社会、地主社会和官僚社会压迫下创造出来的全部知识发展的必然结果。"列宁还说:"只有用人类创造的全部知识财富来丰富自己的头脑,才能成为共产主义者。"这是明确主张对历史遗产要继承、

---

① 李锦全:《中国传统思想文化的回顾与前瞻》,见《人文精神的承传与重建》,广东人民出版社1995年版,第23页。

要学习，而不能放弃，马克思主义对待传统文化坚决反对割断历史。

锦全教授认为不能拒绝历史文化遗产，而继承又必须是批判继承。批判继承重要的在于如何区分精华与糟粕，如何正确做到这一点，关键是要正确分析从思想矛盾的两重性中所带来的社会效应。他所指社会效应，并非实用主义，而是具有社会实践意义的命题，例如他认为传统文化中的某些思想，其所包含的矛盾两重性，对当前社会是可以发生不同影响的。这可以说成"古为今用"，这里的"用"字便是以实践检验何为精华、何为糟粕。他举例说：

> 讲究正己正人，以身作则，见利思义，先忧后乐等思想行为和立身处世之道，以至不欺暗室的慎独功夫，这是儒学中的民主性精华和优良传统，就应该加以发扬；但对过去称之为伪君子、假学道，今天亦有这些言行不一的两面派，就要加以揭露和批判。①

儒家的道德伦理思想具有精华和糟粕的矛盾两重性，因时间、地点、条件不同而产生不同影响。例如，儒家道德修养重视正己正人，以身作则，但亦要区别其伪君子和假道学。因此，通过社会效应区分精华或糟粕，不可将精华当成糟粕统统排除，从而发生"打倒孔家店"那样的片面性，亦不可将糟粕当成精华，从而保留腐朽的旧道德。对此，锦全教授举例说，对于儒家所主张的"尊老爱幼"，如何理解这里的"爱"字就大有文章，有的人严格教育子女，培养下一代成为"四有"新人；而有些人则偏于溺爱，甚至以权谋私，利用自己的权势为子女营造安乐窝。这种现象在当前社会是不少见的。锦全教授这些看法均在于强调对传统文化坚持批判继承的研究方法，这也是他研究中国思想史所一贯表现的严肃的审慎的态度。

三

锦全教授对于传统文化的继承、吸收与创新，其最终的立足点是建设社会主义的精神文明。他是将中国传统文化于近代史的命运与社会主义文化的建设相并考虑的：

> 在对传统的儒家思想文化的历史作用做出符合实际的评价，对它的现状影响又有深切了解的基础上，对它进行批判地总结，既要发扬民族传统文化

---

① 李锦全：《论中国传统思想文化的矛盾两重性》，见《人文精神的承传与重建》，广东人民出版社1995年版，第41页。

的优势,又要改造其不适应现代生活的部分,并博取外来文化之精华,使我们的社会主义文化成为各项价值的文化成果的新的综合。这样我们就能处理好思想文化的继承、吸收与创新的关系,为建设社会主义精神文明贡献力量,这也是我们今天所以要花大气力来研究儒家思想的现实意义。①

这段话说得十分恳切,其中有关传统文化必须批判继承的意义,本文已于前面做了不少陈述。这里须引起特别注意的应是这样两方面的内容:其一是说社会主义文化乃是各项有价值的文化成果的新的综合,其二是建设社会主义精神文明要花大气力来研究儒家思想的现实意义。关于上引内容之一,说明社会主义文化是对传统文化的历史作用、现状影响,民族传统以及它与外来文化的关系诸方面的因素做出全面评价而后建立的,它并不排除多元文化,而是吸收了文化多元性的方方面面的有价值的文化成果而形成的新的文化综合。这一见解虽非新颖,然而意义深刻。关于上引内容之二,是要强调社会主义精神文明建设之不容易,特别是在处理思想文化的继承、吸收与创新的关系上,学术界曾有坎坷的遭遇,其中虽有酸甜苦辣,然而坚持马列不渝,此所以锦全教授强调建设社会主义精神文明要花大力气。从他的著作中,使人体会到他在运用马克思主义指导中国思想史的研究,同时亦是对马克思主义不间断地探索。他坚持实事求是的科学态度,说话没有教条主义的武断,亦不含糊其辞,不模棱两可,表现了严肃博厚的学问风格。

(原载《春风讲席——李锦全教授八十寿辰纪念文集》,中山大学出版社2008年版)

---

① 李锦全:《儒家思想的演变及其历史评价》,见《人文精神的承传与重建》,广东人民出版社1995年版,第86页。

探寻传统文化与现代文明的连接点
——李锦全先生关于"传统文化现代化问题"的思考

潘志锋　广东警官学院

近 20 多年来,"传统文化如何现代化"的问题成为中国哲学界讨论的焦点,李锦全先生对这一问题进行了深刻的思考。他先后撰写了十五六篇文章,分析文化论争中形成的各派观点,揭示儒家文化在长期历史发展中显示的以包容性为特征的自我调整机制,试图寻找儒家文化中的伦理思想与现代社会秩序建设的关系,还探讨了儒家文化与现代商业文明的紧密联系。

一、李锦全先生对文化论争中各派观点的评说

李锦全先生在不同的文章中对梁漱溟的"文化三路向"说、现代新儒家的"返本开新"说、西化论和东方文化救世论等观点进行了分析和评说。

梁漱溟在 1922 年出版的《东西文化及其哲学》中提出了中、西、印文化三路向说。李锦全先生认为梁先生思想自身存在着矛盾:一方面他批评孔子和宋儒"耽误"了中国的科学和民主,而这恰好是西方文化的"特长",所以主张引进以弥补中国传统儒家文化的缺陷;另一方面他也看到西方物质文明的病态,就是将人变成"物欲"的奴隶,从而走向人类文化的"歧途"。因此,梁先生设计出了西方的科学和民主文化加之以折中调和为特征的中国人生态度的整合新文化,提出"世界未来文化就是中国文化的复兴"。李锦全先生说,这就带有东方文化救世论的味道了。①

东方文化救世论称 21 世纪是以中国文化为主体的东方文化走向灿烂辉煌的世纪,认为只有东方文化"天人合一"思想才能挽救人类。李锦全先生认为此观点未免有些夸大其词。他说,工业化发展过程中出现的废水、废气之类的问题是难以避免的,这些环境问题的治理还得依靠高科技。"天人合一"思想是中国古代农业社会产生的,要实际操作只能恢复到田园牧歌式的生活中才能做到。我们不能片面地看待工业化导致的污染问题,因噎废食,停止向工业现代化进军。②

关于现代新儒家的学说,李锦全先生认为,他们力图使儒学在更高层次上达

---

① 参见李锦全《中国民族文化向何处去》,见《李锦全自选三集》,中国文联出版社 2001 年版。
② 参见李锦全《世纪之交对中华文化前景的探索》,见《李锦全自选三集》,中国文联出版社 2001 年版。

到会通的努力是可取的,但在论证方式上却给人以依靠逻辑推理和宣扬道德决定论的感觉。现代新儒家提出的"返本开新"说认为,儒家所肯定的"天下为公、人格平等"思想是现代民主政治之根源,民主宪政是中国文化中道德精神自身发展之需要,中国儒家文化之重道德主体之树立,必当发展为政治上之民主制度。李锦全先生分析说,儒家的道德修养思想存在着两重性的思想矛盾,因此体现的人与人之间是对等关系,而非平等关系。由此他认为,传统人文精神不能完全自发地开出民主制度,要"开新"就需要有"变革性"的观念转化,这有待于经济体制与政治体制的改革,单纯依靠道德精神是难以开创出新的社会制度的。①

关于以胡适为代表的西化论观点,李锦全先生认为,西化论实际上是要用一体化来否定和代替多元民族化,实质上是宣扬文化霸权主义。在世界范围内既然存在着多种民族文化,在文化发展中就应突出文化的民族性。从多元民族文化与世界文化的关系来看,犹如百川众流之归大海,这个"大海"既不属于西方,也不属于东方,而是人类共同智慧的升华。从这个意义上讲,"多元一体"即各民族文化同属于一个时代精神。②

二、包容性是儒学丰富与发展的调节机制

李锦全先生认为包容性是儒家文化发展历程中表现出的最重要特点,儒学在长期的封建社会中虽貌似取得独尊地位,但思想内涵却在不断吸取容纳各家之长,包容性是儒学丰富与发展的生命力之所在。

追溯儒家学说产生和发展的历史,李锦全先生指出,孔子创立的儒家思想固然在先秦与墨、道、法三家有分歧、对立的一面,但也有包容各家的地方,如孔子"仁者爱人"中蕴含了与"兼爱"相似的普遍的爱的含义,孔子也说过有关"非攻""节用""节葬"内容的言语等。荀子的思想调和了礼与法。董仲舒以儒家思想为中心,既容纳了刑名法术,又与阴阳家言相结合。魏晋玄学以道释儒,唐代学者也大多儒释兼通。宋明理学表面上力排佛、道,实乃儒、释、道三教合流的产物。近代文化更表现为中西文化冲突中的融合,康有为试图将孔子的仁学与西方的平等博爱挂钩,谭嗣同将仁学变为包容佛教、基督教及儒道墨诸家的繁杂学说。现代新儒学更力图在更高层次上成为会通群流的浩瀚海洋。李锦全先生说:"中国传统文化之所以长期不断丰富和发展,儒学的包容性是功不可没的。"③

在当代世界多种文化冲突融合的背景下,中国传统的儒家文化只能以开放和

---

① 参见李锦全《论儒学思想的包容性及其发展路向》,见《李锦全自选三集》,中国文联出版社2001年版。

② 参见李锦全《中国民族文化向何处去》,见《李锦全自选三集》,中国文联出版社2001年版。

③ 李锦全:《论儒学思想的包容性及其发展路向》,见《李锦全自选三集》,中国文联出版社2001年版。

包容的心态，在平等对话的前提条件下，以我为主，吸收包括西方文化在内的人类共同的智慧，以力求中国哲学走向世界。

三、儒家文化中道德思想的矛盾两重性及其现代转化

李锦全先生认为，在传统文化中，凡是有利于稳定家庭和社会秩序，有利于创造和谐的生活环境，在剔除其中的封建糟粕后，应该加以发扬。因为我们建设社会主义精神文明，也需要有更多的和谐家庭、和谐邻里、守望相助、疾病相扶之类的传统美德还是应该提倡，这会有利于形成安定团结的社会局面。① 正是从这一社会需要出发，李锦全先生对儒家文化中丰富的道德修养内容诸范畴逐一进行分析，提出了矛盾两重性的分析方法。

何为矛盾两重性？李锦全先生说："孔子对人们在人格道德上的平等要求，和在社会政治上对等级的维护，形成了儒家在人际关系上的两重性思想矛盾。"② 儒家文化是一种伦理型文化，它在对个体"修身"的论述上有某种"平等预设"的意味，如孔子讲"立己立人、达己达人"，孟子讲"人皆可以为尧舜"，是想要求无论君王大臣还是普通老百姓都要按照此规范去做。可是，一触及当时社会严格的等级制度，这种道德修养的理论只能成为尊卑观念下的注脚。

李锦全先生试图从封建等级制度的外壳下提炼出儒家道德思想，对其进行重新诠释以期为建设现代和谐社会服务。他说，儒家文化从孔子开始就着意研究人际关系问题，把人看成群体分子，对家庭关系、君臣上下级关系、朋友关系有较完善的论述。我们应剔除其中"为亲者讳""为尊者讳"的不良做法，继承"忠恕"原则、慎独的"正己正人"修养方法，做到尊老爱幼、和睦亲朋邻里，创造和谐的社会秩序。

四、儒家文化与商业文明的关系

李锦全先生认为，虽然儒家文化不能自发地产生资本主义，但儒学与商业文明并非决然对立。儒学中义利统一、义利兼修的价值观为儒家思想与商业文明之间打开了一条通道。儒家道德修养中强调的诚信观念是现代商业经营之本，儒家的和谐思想有助于营造理想的投资环境和商业氛围。

义利关系在中国哲学史上颇多争讼。孔子基本上主张"义利统一"，提出"见利思义""义然后取"。汉代董仲舒和宋明理学家把义利绝对对立了起来，强

---

① 参见李锦全《从儒家思想的发展看儒学在现代化进程中的历史作用》，见《李锦全自选三集》，中国文联出版社2001年版。
② 李锦全：《儒家论人际关系的矛盾两重性思想》，见《李锦全自选四集》，延边大学出版社2001年版。

调"革尽人欲,复尽天理",这种价值观成为宋、元、明、清间的主流观念。但与此同时,儒学中也产生了一支以陈亮、叶适、颜元、李塨为代表的功利主义分派,提出"正其谊而谋其利,明其道而计其功",提倡"义利双行,王霸并用"。这一派的思想成为儒家文化与商业文明的连接点。

关于日本、韩国、新加坡、台湾、香港等国家和地区的经济发展与儒家文化的关系问题,李锦全先生经过细致而全面的分析,得出了比较客观的结论:"如果说它们之所以能够走向现代化之途,主要原因是由于保持了儒家传统,这似乎是一种倒果为因的说法。"① 坦言儒家文化在经济发展中作用的有限性,认为"亚洲四小龙"的经济腾飞主要是其历史条件、地理交通条件、重视科技开发和现代管理等多种因素促就的。日本走上资本主义道路是"脱亚入欧"的结果,而在企业管理、劳资关系等方面表现出的对儒家文化的吸收,是一种实用型的各取所需。新加坡的情况不同,新加坡在经济飞速发展的同时出现了社会道德危机,新加坡政府推行的儒家思想教育,是作为挽救危机的治世良方。

李锦全先生曾在多篇论文中反复引用泰国企业家郑午楼的一段话:"保持儒家传统作为一种安定社会的力量,这对维系整个社会的敬业精神,对于创造一个稳定的投资环境以促进社会经济的发展,会有着极大的重要性。"② 此言也道出了李锦全先生对"儒家文化在商业社会中之作用"思考的心声。

综合以上四方面论述我们可以看出,李锦全先生以现实主义的视角审视和研究传统文化,从现代社会生活出发探求传统文化的理论价值和现实效用,指出儒家文化的开放性和包容性是其传承不息的生命力的核心体现,儒家文化中道德思想的批判继承是传统与现代相连接的基点和基本内容,构建和谐的社会秩序和规范的商业环境是继承传统塑造现代的根本旨归。

(原载《春风讲席——李锦全教授八十寿辰纪念文集》,中山大学出版社2008年版)

---

① 李锦全:《儒家思想与现代化关系的探讨》,见《李锦全自选三集》,中国文联出版社2001年版。
② 参见郑彝元《儒家思想导论》之郑午楼序言。

研讨增强
中华民族凝聚力的文章

传统文化是增强中华民族凝聚力的重要思想源泉

中国历史源远流长,在世界上是有数的文明古国。我们中华民族的祖先,凭着勤劳的双手和智慧的头脑,曾经创造出光辉灿烂的古代文化,至今仍然成为维系着海内外华人的精神凝聚力量。在我们的民族文化中,有着不少的优秀传统,如天下为公、世界大同的宏远理想,兼爱互利、仁民爱物的博大襟怀,天下兴亡、匹夫有责的爱国激情,正己正人、不欺暗室的慎独功夫。这些丰富的文化遗产,在促使我国成为一个多民族的统一国家中起过相当大的历史作用。我们今天要建设社会主义精神文明,实现社会的安定团结,优秀的文化传统,依旧是中华民族凝聚力量的重要思想源泉。

一

在儒家经典《礼记·礼运》篇中,有这样一段记载:"大道之行也,天下为公。选贤与能,讲信修睦。故人不独亲其亲,不独子其子,使老有所终,壮有所用,幼有所长,矜寡孤独废疾者皆有所养;男有分,女有归。货,恶其弃于地也,不必藏于己;力,恶其不出于身也,不必为己。是故谋闭而不兴,盗窃乱贼而不作,故外户而不闭,是谓大同。"对这段记载的思想内容,后来有各种猜测,有疑为道家之言而托于孔子,亦有认为是属于原始社会的史影。但不管怎样,这种思想影响是相当深远的,近代康有为写《大同书》,孙中山提倡"天下为公",都可以说是受了这种思想的影响。

进入阶级社会以后,所谓"天下为公"只能算是一种理想。但即使在家天下的封建时代,作为统治者能否关心人民的生活,治国办事能否出以公心,往往成为社会安定还是动乱的重要原因。先秦各家"务为治"而出谋献策,虽然考虑问题的角度和采取的途径和方法不尽相同,但都要求统治者为公众谋福利,执法行事要做到公正均平,这样才可以使国家安定统一,皇图永固。

儒家孔子在回答子贡提出的对"博施于民,而能济众"的人如何评价时,他认为这就是"圣"者,恐怕尧、舜也难以做到,① 可见对此评价之高。孔子还说"宽则得众""公则说"②。他提出"有国有家者",即对诸侯与大夫来说,

---

① 《论语·雍也》。
② 《论语·尧曰》。

"不患寡而患不均，不患贫而患不安。盖均无贫，和无寡，安无倾"，至于"远人不服，则修文德以来之"①。这样从均平中取得和谐安定的局面。

孟子继承和发挥了孔子这方面的思想，他回答齐宣王提出要具备什么样的德行才可称王于天下时，干脆说："保民而王，莫之能御也。"② 即认为要使人民得到安定而称王于天下，这是没有谁能阻挡得了的。他还总结历史的教训，指出"桀纣之失天下，失其民也；失其民者，失其心也"。相反的则是"得其民，斯得天下矣"，"得其心，斯得民矣"。怎样才能得到民心的拥护？"所欲与之聚之，所恶勿施尔也"③，即老百姓所希望的能给予满足，所厌恶的不要强迫施行，得民心的方法不过如此而已。

墨家的宗旨也是要求"主君之上者"能够"爱利百姓"④。墨子主张节用，"'凡足以奉给民用，则止。'诸加费不加于民利者，圣王弗为"⑤。他自己更是身体力行"摩顶放踵利天下，为之"⑥。道家虽不像儒、墨那样积极入世，但老子对"损不足以奉有余"的不公平社会现实提出批评，认为"孰能以有余奉天下？唯有道者"⑦。庄子则抨击那些"窃国者为诸侯"⑧，认为这是追随效法"大盗"的行为，他向往的仍是"无有相害之心"⑨的公天下。

法家按照司马谈的评价是"严而少恩"，但也承认其主张是"不别亲疏，不殊贵贱，一断于法"⑩。如"商君治秦，法令至行，公平无私，罚不讳强大，赏不私亲近"⑪。韩非也提出要"法不阿贵"，主张"刑过不避大臣，赏善不遗匹夫"⑫。从执行公平无私这一点来说，法家思想也自有其可取之处。

在私有制的封建专制社会中，我国传统文化中的公天下思想仍然是非常宝贵的。即使对"天下为家"的君主，亦要求能关心公众利益，执法行事公正无私，至于对那些凭借势位、以权谋私的统治者，历代都以此作为批评的思想武器，如晋代的嵇康对司马氏集团就提出这样的指责："季世陵迟，继体承资；凭尊恃势，不友不师；宰割天下，以奉其私。故君位益侈，臣路生心。……昔为天下，今为

---

① 《论语·季氏》。
② 《孟子·梁惠王上》。
③ 《孟子·离娄上》。
④ 孙诒让：《墨子传略》。
⑤ 《墨子·节用中》。
⑥ 《孟子·尽心上》。
⑦ 《老子》七十七章。
⑧ 《庄子·胠箧》。
⑨ 《庄子·盗跖》。
⑩ 《论六家要旨》。
⑪ 《战国策·秦策一》。
⑫ 《韩非子·有度》。

一身。下疾其上，君猜其臣。丧乱弘多，国乃陨颠。"① 嵇康抨击司马氏的统治是"宰割天下，以奉其私"，并以"为一身"与"为天下"作为今昔对比，这种强烈的反差说明司马氏的祚命不长，而历史事实做证，西晋很快就遭逢丧乱而灭亡了。

元末的邓牧也是抨击这些谋私的统治者，认为这是"以四海之广，足一夫之用"，并"夺人之所好，聚人之所争"。② 至于任用的官吏掠夺人民，就像"率虎狼牧羊豕"那样任意吞噬。这样一来，"人之乱也，由夺其食；人之危也，由竭其力"③，而社会动乱，也就成为不可避免了。

在我国历史上，对封建君主的谋私行为进行深刻批判的还有明末的黄宗羲。他所写的《明夷待访录》可以说是近代民主启蒙思想的先导。其中的《原君》篇也是从古今对比来进行分析，从而提出了"为天下"还是"为一身"的问题。文云："古者以天下为主，君为客，凡君之所毕世而经营者，为天下也。今也以君为主，天下为客，凡天下之无地而得安宁者，为君也。是以其未得之也，屠毒天下之肝脑，离散天下之子女，以博我一人之产业，曾不惨然，曰：'我固为子孙创业也。'其既得之也，敲剥天下之骨髓，离散天下之子女，以奉我一人之淫乐，视为当然，曰：'此我产业之花息也。'然则为天下之大害者，君而已矣。"其实黄宗羲当时还不可能完全反对君主制度。他对那些"不以一己之利为利，而使天下受其利；不以一己之害为害，而使天下释其害"的所谓三代以上之君，还是向往的；而反对的只是那些"以为天下利害之权皆出于我"，故"以天下之利尽归于己，以天下之害尽归于人"的君主。这种人"以我之大私为天下之大公""视天下为莫大之产业，传之子孙，受享无穷"。黄宗羲将君主视为天下之大害，其原因就在这里。

上面所列举的，可以说是在私有制条件下产生的公天下思想，在过去当然是难以实现的，即使到了近代，上面讲到康有为写过《大同书》，但找不到通往大同世界之路。孙中山讲的"天下为公"，虽然提倡大家要有这种精神，但实际收效是不大的。今天我们在社会主义的条件下，提倡各级干部要全心全意为人民服务，反对以权谋私，各级政府要密切联系群众，要为人民多做好事、实事，只有这样才能得到人民群众的拥护，增强向心力，从而促进社会的安定团结。因此，我认为传统文化中的公天下思想，是构成中华民族凝聚力思想源泉的一个重要方面。

---

① 《嵇中散集》卷十《太师箴》。
② 《伯牙琴·君道篇》。
③ 《伯牙琴·吏道篇》。

二

在我国传统文化中，怎样处理好人际关系，从而促进社会上的安定团结，增强中华民族的凝聚力和向心力？我认为其中重要的一环，就是兼爱互利思想。

"兼爱"是先秦墨家思想的核心。墨子生活在动乱的战国时代，他认为乱之所自起，是由于不相爱，所以才出现强劫弱、众暴寡、富侮贫、贵敖贱等一系列问题。他提出补救的办法是"以兼相爱，交相利之法易之"。他说："视人之国，若视其国。视人之家，若视其家。视人之身，若视其身。是故诸侯相爱，则不野战。家主相爱，则不相篡。人与人相爱，则不相贼。君臣相爱，则惠忠。父子相爱，则慈孝。兄弟相爱，则和调。天下之人皆相爱，强不执弱，众不劫寡，富不侮贫，贵不敖贱，诈不欺愚。凡天下祸篡怨恨，可使毋起者，以相爱生也。是以仁者誉之。"① 墨子认为"仁人之事""必务求兴天下之利，除天下之害"。而要兴利除害，实行"兼相爱，交相利"则是最好的办法，所以为"仁者"所赞誉。对墨家讲的兼爱，儒家孟子曾提出强烈批评。说"墨氏兼爱，是无父也"，并斥之为"禽兽"。② 对这种恶意攻击，如果不是出于误解，就只能说由于学派的偏见。其实孔子也讲"泛爱众"。在回答樊迟问"仁"时，他就以"爱人"作答。③ 孟子自己也说"仁者爱人""爱人者人恒爱之，敬人者人恒敬之"④。这里所讲的"众"与"人"均是全称，不会因此变成无父的禽兽。儒家讲"爱有差等"。墨家提出"兼以易别"，两者似有分歧，但我认为推爱与兼爱只是程序上的不同，而作为人与人之间应该相爱，在思想实质上并无大的区别。

对传统文化中的兼爱思想如果用阶级观点加以衡量，可以认为是不现实的，甚至会被说成是统治阶层思想家们制造的幻想。但如承认中国历史上家国同构这个事实，并且从促进民族融合这个角度来看问题，那么应该承认兼爱思想是有助于增强家国内部和民族之间的凝聚力的。如在一个家庭中，父子、兄弟、夫妇之间能做到互爱互利，那就会有助于彼此和睦相处，更不致反目成仇。至于邻里、乡党之间，就像孟子说的，如做到"出入相友，守望相助，疾病相扶持，则百姓亲睦"⑤。这当然会有助于社会秩序的安定和人民之间的团结，如能搞好各个基层，从整体上自然会对增强国力有利。

由于兼爱的内容包含有互助互利，并且这也不是单方面的，而是具有对等性

---

① 《墨子·兼爱中》。
② 《孟子·滕文公下》。
③ 《论语·颜渊》。
④ 《孟子·离娄下》。
⑤ 《孟子·滕文公上》。

的回应。所以墨子一方面讲"为贤之道",要"有力者疾以助人,有财者勉以分人,有道者劝以教人"。如能做到这样,"则饥者得食,寒者得衣,乱者得治"①。另一方面他又认为"夫爱人者,人必从而爱之;利人者,人必从而利之;恶人者,人必从而恶之;害人者,人必从而害之"②。即无论爱利还是恶害他人,都会得到对等的回报。因而他主张采取主动,"即必吾先从事乎爱利人之亲,然后人报我以爱利吾亲也"③。按照这条思路,墨子赞扬"兼士"的言行,"必为其友之身,若为其身;为其友之亲,若为其亲"④。这就与《礼运》篇所称道的"故人不独亲其亲,不独子其子"的精神相通,这也是兼相爱、交相利的思想实质,如果人人都能这样做,我为人人,人人为我,自是可以进入大同世界。

兼爱思想具体到处理国与国的关系时,墨子提出"非攻"的主张。他认为窃取人家的桃李,夺取人家的牛羊,剥取人家的衣裘,是属不义。而现在一些诸侯,却调动"坚甲利兵,以往攻伐无罪之国。入其国家边境,芟刈其禾稼,斩其树木,堕其城郭,以湮其沟池,攘杀其牲牷,燔溃其祖庙,劲杀其万民,覆其老弱,迁其重器"⑤。像这样的侵略战争,严重损害人民的生命财产,故招来墨子的反对。他不但发表言论,并且还见于行动。如楚国将出兵攻宋,他知道消息后就赶往楚国,亲自与公输般和楚王进行辩论,并与公输大演攻守战术。公输虽"九设攻城之机变",而墨子"九距之"。最后公输之"攻械尽",而墨子之"守圉有余"⑥。公输理屈智穷。墨子猜测他可能想杀死自己,以为宋国就无人守御。于是墨子就告诉楚王,自己的弟子禽滑厘等三百人,已经带了守城器械,"在宋城上,而待楚寇矣"。即使杀了自己也无济于事,于是楚王只好说:"善哉,吾请无攻宋矣。"⑦ 由于墨子的机智勇敢,终于制止了一场侵略战争。

墨子对国与国之间是主张和睦相处,反对损害人民生命财产的不义战争。但他之所以能止楚攻宋,并不是乞求对方,而是依靠自身的力量,进行有理、有利、有节的斗争。墨家反对命定论,主张强力而为⑧,这与《周易》提倡"自强不息"的精神相表里。作为优秀的思想传统,这导致人们对国家民族命运的关怀。宋代范仲淹写下"先天下之忧而忧,后天下之乐而乐"⑨ 的名句,这种高尚的情操就隐含忧时爱国之心。明末东林党人,也写下了"家事、国事、天下事,

---

① 《墨子·尚贤下》。
② 《墨子·兼爱中》。
③ 《墨子·兼爱下》。
④ 《墨子·兼爱下》。
⑤ 《墨子·非攻下》。
⑥ 《墨子·公输》。
⑦ 《墨子·公输》。
⑧ 参见《墨子·非命下》。
⑨ 《岳阳楼记》。

事事关心"的警联,顾炎武更明确提出:"保天下者,匹夫之贱,与有责焉耳矣。"① 这就是我们经常说的"天下兴亡,匹夫有责"。中华民族在形成和发展过程中也经历过不少坎坷,但即使在存亡继绝之秋,各阶层的人民群众在保家卫国的战斗中,所以能形成巨大的凝聚力,特别在近现代时期所发扬的民族气节和爱国主义精神,要追溯其思想渊源,在优秀的传统文化中当可以给我们以启迪。

兼爱和互助互利思想,还有助于民族融合和人民内部之间的友好相处。如子夏说的"四海之内,皆兄弟也"②,就是提倡民族融合的形象描述。宋代张载在《西铭》中提出"民,吾同胞;物,吾与也"的命题,说:"尊高年,所以长其长;慈孤弱,所以幼其幼。""凡天下疲癃残疾,茕独鳏寡,皆吾兄弟之颠连而无告者也。"这就是所谓民胞物与思想,也就是先秦儒家仁民爱物思想的发挥。上文列举的《礼运》篇,就说到要"使老有所终,壮有所用,幼有所长,矜寡孤独废疾者皆有所养",并归属为大同世界的理想,张载在《西铭》中也是向往这种精神。到今天"同胞"一词已被广泛使用,海内外的同胞兄弟,都是本着团结友爱的精神,为建设现代化的中国而共同努力。

三

要加强中华民族的凝聚力,当然不能只靠个人,但如我们说的"众志成城"没有每个人的立志,就不能凝聚成集体力量。对于中国的传统文化,有人认为只有群体而抹杀个体,但如果不是从个人做起,没有个体的作用,那就无法凝聚成群体力量。

我认为在中国传统文化中是重视个人作用的,主要表现在要求个人严于律己和以身作则的精神,还要求个人要有表里如一和不欺暗室的慎独功夫,特别要求居上位的更要为大众做出榜样。只有这样才能团结一切可以团结的力量,成为增强中华民族凝聚力的一个重要源泉。

在先秦各家特别在儒家的文献中,有较多这方面思想言行的叙述。如儒家的创始人孔子,建立了以"仁"为核心的伦理学说。对如何能做到"仁",他强调靠主观自觉,即所谓"为仁由己"③,"我欲仁,斯仁至矣"④。但在处理人我关系时,则要"躬自厚而薄责于人"⑤,即责己严而待人宽。孔子又说:"不患人之

---

① 《日知录》卷十三。
② 《论语·颜渊》。
③ 《论语·颜渊》。
④ 《论语·述而》。
⑤ 《论语·卫灵公》。

不己知，患不知人也。"① 不要责怪别人不了解自己，就怕自己不了解别人。所以他要求做到："见贤思齐焉，见不贤而内自省也。"② 即见到贤人时要向他看齐；见到不贤的人就应该自我反省，看自己有哪些过失。只要能做到"内省不疚，夫何忧何惧"③，自己能做到问心无愧，就不会有什么忧愁和畏惧了。

上面孔子所提倡的严于律己，也就是"修己"功夫，但只做到这一点还不够，还要进一步做到"正身"，即要在行动上做出表率。这点对上层的人更为重要，所以当季康子问孔子如何处理政事时，孔子回答说："政者，正也。子帅以正，孰敢不正？"④ 他把"政"说成"正"的意思，并据此加以发挥说："苟正其身矣，于从政乎何有？不能正其身，如正人何？"⑤ 又说："其身正，不令而行；其身不正，虽令不从。"⑥ 这里所讲的就是"正己正人"的道理。执政者能否先端正自己，做到以身作则，是关系到能否治理好国家政事的关键。所谓"修己以安人""修己以安百姓"⑦ 是对执政者的要求，并成为儒家政治伦理哲学的重要组成部分。

孟子继承和发挥孔子的思想，在修身方面也要"反求诸己"。他说："爱人不亲，反其仁；治人不治，反其智；礼人不答，反其敬。行有不得者，皆反求诸己，其身正而天下归之。"⑧ 这是说，自己爱别人、治理人或以礼待人时，却得不到相应的回报，说明自己的行动没有收到预期的效果，那就要反过来在自己身上找原因，要自身端正才得到天下人的信服。孟子又说"有大人者，正己而物正者也"，并要求君子做到"亲亲而仁民，仁民而爱物"⑨。这就是对正己正人、成己成物思想观点的发挥。

荀子与孟子的思想有好些地方不同，但"正己正人"的观点还是一致的。他也主张居上位的要以身作则，因为"主者，民之唱也；上者，下之仪也"。主倡才有民应，上行才能下效。所以他强调指出："上宣明则下治辨矣，上端诚则下愿悫矣，上公正则下易直矣。"⑩ 对君民关系，荀子提出："君者仪也，民者景也，仪正而景正。君者盘也，民者水也，盘圆而水圆。""君者，民之原也。原清则流清，原浊则流浊。"⑪ 他又提出："庶人安政，然后君子安位。"并引传曰：

---

① 《论语·学而》。
② 《论语·里仁》。
③ 《论语·颜渊》。
④ 《论语·颜渊》。
⑤ 《论语·子路》。
⑥ 《论语·子路》。
⑦ 《论语·宪问》。
⑧ 《孟子·离娄上》。
⑨ 《孟子·尽心上》。
⑩ 《荀子·正论》。
⑪ 《荀子·君道》。

"君者，舟也；庶人者，水也。水则载舟，水则覆舟。"① 他认为民众对于君主，是如影随形，如水载舟，为君的能做民的表率，那就可以"安位"，否则就有"覆舟"之祸。这是从正反两面说明"以身作则"这一思想行动的重要现实作用。

先秦儒家在强调"正己"的过程中，还提出要有慎独功夫。"道也者，不可须臾离也，可离非道也。是故君子戒慎乎其所不睹，恐惧乎其所不闻，莫见乎隐，莫显乎微，故君子慎其独也。"② "所谓诚其意者，毋自欺也。如恶恶臭，如好好色，此之谓自谦，故君子必慎其独也。小人闲居为不善，无所不至，见君子而后厌然，掩其不善而著其善。人之视己，如见其肺肝然，则何益矣？此谓诚于中，形于外，故君子必慎其独也。曾子曰：十目所视，十手所指，其严乎！富润屋，德润身，心广体胖，故君子必诚其意。"③《大学》《中庸》原是《礼记》中的篇章，后由于宋儒的赞赏被单独抽出放在《论语》《孟子》之前，合称为四书。由于讲"慎独"的强调的是个人道德修养，所以即使在别人看不见和听不到的情况下，总是十分谨慎和警惕，在自己单独一人时，也要遵循内心的道德行事，就像处在有很多眼睛看着你，有很多手指着你的严厉场面一样。这种"不欺暗室""不愧屋漏为无忝"，④ 在无人时也不做自欺欺人的事，就称为慎独功夫。

如上所述，在我国传统的民族文化中是有着丰富的思想遗产的，其中有不少嘉言懿行，对如何增强中华民族的凝聚力问题，在思想源泉方面还可以给我们以启迪。但是，由于这些思想言行基本上是封建社会的产物，必然会带有时代和阶级的局限，因此不能用"拿来主义"而全盘照搬。五四运动以来称为国粹派的观点是不足取的。但亦不能走另一极端，认为对传统文化只能彻底决裂，从而走上民族虚无主义的道路。我们的任务是对传统文化需要进行研究、鉴别，区分其糟粕与精华才加以批判继承。如古代讲的民族气节和爱国思想就不免带有忠君的糟粕，又如在处理人际关系时轻视劳动人民和妇女，其中就带有阶级和性别的偏见。因此，我们还是要用马克思主义理论作为研究的指导，才能收到"古为今用"的效果。

（原载《中国文化月刊》，1990 年 11 月）

---

① 《荀子·王制》。
② 《中庸》。
③ 《大学》。
④ 张载：《西铭》。

"兼爱互利" 思想与中华民族凝聚力

在我国传统文化中，怎样处理好人际关系，从而促进社会上的安定团结，构成中华民族的凝聚力和向心力，我认为其中重要的一环就是兼爱互利思想。

"兼爱"是先秦墨家思想的核心。墨子是生活在动乱的战国时代，他认为乱之所自起，是由于不相爱，所以才出现强劫弱、众暴寡、富侮贫、贵敖贱等一系列问题。他提出补救的办法是"以兼相爱，交相利之法易之"。他说：

> 视人之国，若视其国。视人之家，若视其家。视人之身，若视其身。是故诸侯相爱，则不野战。家主相爱，则不相篡。人与人相爱，则不相贼。君臣相爱，则惠忠。父子相爱，则慈孝。兄弟相爱，则和调。天下之人皆相爱，强不执弱，众不劫寡，富不侮贫，贵不敖贱，诈不欺愚。凡天下祸篡怨恨，可使毋起者，以相爱生也。是以仁者誉之。①

墨子认为"仁人之事""必务求兴天下之利，除天下之害"。而要兴利除害，实行"兼相爱，交相利"则是最好的办法，所以为"仁者"所赞誉。对墨家讲的兼爱，儒家孟子曾提出强烈批评。说"墨氏兼爱，是无父也"，并斥之为"禽兽"②。对这种恶意攻击，如果不是出于误解，就只能说由于学派的偏见，其实孔子也讲"泛爱众"。在回答樊迟问"仁"时，就说"爱人"③。孟子自己也说"仁者爱人"。"爱人者人恒爱之，敬人者人恒敬之。"④ 这里所讲的"众"与"人"均是全称，不会因此变成无父的禽兽。儒家讲"爱有差等"，墨家提出"兼以易别"，两者似有分歧，但我认为推爱与兼爱只是程序上的不同，而作为人与人之间应该相爱，在思想实质上并无大的区别。

对传统文化中的兼爱思想如果用阶级观点加以衡量，可以认为是不现实的，甚至会被说成是统治阶层思想家们制造的幻想。但如承认中国历史上家国同构这个事实，并且从促进民族融合这个角度来看问题，那么应该承认兼爱思想是有助于增强家国内部和民族之间的凝聚力。如在一个家庭中，父子、兄弟、夫妇之间能做到互爱互利，那就会有助于彼此和睦相处，更不至于反目成仇。至于邻里、

---

① 《墨子·兼爱中》。
② 《孟子·滕文公下》。
③ 《论语·颜渊》。
④ 《孟子·离娄下》。

乡党之间，就像孟子说的，如做到"出入相友，守望相助，疾病相扶持，则百姓亲睦"①。这当然会有助于社会秩序的安定和人民之间的团结，如能搞好各个基层，从整体上自然会对增强国力有利。

由于兼爱的内容包含有互助互利，并且这也不是单方面的，而是具有对等性的回应。所以墨子一方面讲"为贤之道"，要"有力者疾以助人，有财者勉以分人，有道者劝以教人"。如能做到这样，"则饥者得食，寒者得衣，乱者得治"②。另一方面他又认为"爱人者，人必从而爱之；利人者，人必从而利之；恶人者，人必从而恶之；害人者，人必从而害之"③。即无论爱利还是恶害他人，都会得到对等的回报。因而他主张采取主动，"即必吾先从事乎爱利人之亲，然后人报我以爱利吾亲也"④。按照这条思想理路，墨子赞扬"兼士"的言行，"必为其友之身，若为其身；为其友之亲，若为其亲"⑤。这就与《礼运》篇所称道的"故人不独亲其亲，不独子其子"的精神相通，这也是兼相爱、交相利的思想实质，如果人人都能这样做，我为人人，人人为我，自是可以进入大同世界。

兼爱思想具体到处理国与国的关系时，墨子提出"非攻"的主张。他认为窃取人家的桃李，夺取人家的牛羊，剥取人家的衣裘，是属不义。而现在一些诸侯，却调动"坚甲利兵，以往攻伐无罪之国。入其国家边境，芟刈其禾稼，斩其树木，堕其城郭，以湮其沟池，攘杀其牲牷，燔溃其祖庙，劲杀其万民，覆其老弱，迁其重器"⑥。像这样的侵略战争，严重损害人民的生命财产，故招来墨子的反对。他不但发表言论，并且还见于行动。如楚国将出兵攻宋，他知道消息后就赶往楚国，亲自与公输般和楚王进行辩论，并与公输大演攻守战术。公输虽"九设攻城之机变"，而墨子"九距之"。最后公输之"攻械尽"，而墨子之"守圉有余"。⑦ 公输理屈智穷，墨子猜测他可能想杀死自己，以为宋国就无人守御。于是墨子就告诉楚王，自己的弟子禽滑厘等三百人，已经带了守城器械，"在宋城上，而待楚寇矣"。即使杀了自己也无济于事，于是楚王只好说："善哉，吾请无攻宋矣。"⑧ 由于墨子的机智勇敢，终于制止了一场侵略战争。

墨子对国与国之间是主张和睦相处，反对损害人民生命财产的不义战争。但他之所以能止楚攻宋，并不是乞求对方，而是倚靠自身的力量，进行有理、有

---

① 《孟子·滕文公上》。
② 《墨子·尚贤下》。
③ 《墨子·兼爱中》。
④ 《墨子·兼爱下》。
⑤ 《墨子·兼爱下》。
⑥ 《墨子·非攻下》。
⑦ 《墨子·公输》。
⑧ 《墨子·公输》。

利、有节的斗争。墨家反对命定论，主张强力而为。① 这与《周易》提倡"自强不息"的精神相表里。作为优秀的思想传统，这导致人们对国家民族命运的关怀。宋代范仲淹写"先天下之忧而忧，后天下之乐而乐"的名句，这种高尚的情操就隐含忧时爱国之心。明末东林党人，也写下了"家事、国事、天下事，事事关心"的警联，顾炎武更明确提出："保天下者，匹夫之贱，与有责焉耳矣。"② 这就是我们经常说的"天下兴亡，匹夫有责"。中华民族在形成和发展过程中也经历过不少坎坷，但即使在存亡继绝之秋，各阶层的人民群众在保家卫国的战斗中，所以能构成巨大的凝聚力，特别在近现代时期所发扬的民族气节和爱国主义精神，要追溯其思想渊源，在优秀的传统文化中当可以给我们以启迪。

兼爱和互助互利思想，还有助于民族融合和人民内部之间的友好相处。如子夏说的"四海之内，皆兄弟也"③，就是提倡民族融合的形象描述。宋代张载在《西铭》中提出"民，吾同胞；物，吾与也"的命题，说："尊高年，所以长其长；慈孤弱，所以幼其幼。""凡天下疲癃残疾，茕独鳏寡，皆吾兄弟之颠连而无告者也。"这就是所谓民胞物与思想，也就是先秦儒家仁民爱物思想的发挥。上文列举的《礼运》篇，就说到要"使老有所终，壮有所用，幼有所长，矜寡孤独废疾者皆有所养"，并归属为大同世界的理想，张载在《西铭》中也是向往这种精神的。到今天"同胞"一词已被广泛使用，海内外的同胞兄弟，都是本着团结友爱的精神，为建设社会主义现代化而共同努力。对传统文化中有助于增强中华民族凝聚力的思想源泉，应该作为珍贵遗产而需要我们进行发掘和研究。

（原载《学术研究》1991 年第 3 期）

---

① 参见《墨子·非命下》。
② 《日知录》卷十三。
③ 《论语·颜渊》。

民族凝聚力的双向效应

1. 统一是人心所向，但完成大一统后的国家，并不是都能维持凝聚力的，这要看是什么样的统一

最近，国内学术界和社会各方面的人士，都很关心对中华民族凝聚力的研究，认为这是一个很有现实意义的课题。在讨论中有人提出通过弘扬民族优秀文化，振奋民族精神，用以增强民族凝聚力。对这条思路我是同意的，但对此如何落实，我觉得还需要进一步探讨。

弘扬民族优秀文化，这个提法大概不会有人反对，但民族文化中哪些是属于优秀的，要怎样弘扬才能增强民族凝聚力？这恐怕不是一个简单就能回答的问题。我认为，历史上所形成的思想观点，往往是带有矛盾的两重性的，因此，能否正确认识而加以运用，将产生不同的社会效果，即可能出现增强或者削弱凝聚力的作用。下面拟举些例子进行分析。

爱国主义精神。有的同志认为这是深深根植于中国悠久的历史和文化传统之中，是民族精神的集中体现，是我们民族凝聚力的核心，同时还举出屈原、岳飞、林则徐等人做例子，认为他们都具备了爱国主义精神。

被称为爱国诗人的屈原，他热恋楚国乡土的感情激发着后人的无限追思，但对他的"爱国"，历史上也有人表示异议。如贾谊被谪长沙曾为赋以吊屈原，其中有句："般纷纷其离此尤兮，亦夫子之故也。历九州而相其君兮，何必怀此都也！"贾谊对屈原被谗放逐是同情的，但对他的自沉觉得有点不值得，当时是列国纷争，可以到别处找寻明君，何必留恋着楚都不放呢？像楚怀王那样昏庸，在贾谊看来屈原爱恋楚国以至牺牲性命是不值得的，所以屈原式的爱国对当时中华民族，从总体上也不会增加多少凝聚力。

正是由于传统上爱国往往和忠君联系在一起，所以，同是一个人在不同场合，即使在动机上都自认为是爱国，而社会效应却不一样。如林则徐禁烟抗英，这种爱国精神是会增强民族凝聚力的；但他后来奉命镇压太平天国运动，如果不是中途去世，这样做下去是不会得人心的。同样，岳飞的精忠报国，在抗金斗争中能凝聚着中原豪杰，但他镇压洞庭湖区的农民起义，就失丢了爱国的光彩。

对大一统思想，有的同志给予很高评价，认为其实质是文化的统一和融合，是中华民族的向心力和凝聚力；大一统以华夏文明为准则，是中华民族团结发展的精神力量。

在中国历史上，统一的时间多于分裂，在割据纷争的年代，统一是人心所向，这有助于增强凝聚力。如汉、唐所建立的多民族大一统国家，至今仍产生影响，汉人、唐人在海外还被视为民族团结的象征。但是，有的同志出于好心，认为儒家提倡的大一统是文化的一统，不是武力的征服；孟子多次讲要施仁政，不嗜杀人者才能统一天下，反对统一于虐政。从长远看，在统一的过程中及其以后，行仁政是有凝聚力的，但单靠行仁义是完不成统一任务的。如战国时孟子倡导仁义，其成效却不如商鞅在秦变法，推行耕战政策，对东方各诸侯国的人民更有吸引力，这是为历史实践所证明了的。

至于完成大一统后的国家，亦并不是都能维持它的凝聚力的。如秦的统一改变了战国时期"兵革不休，士民罢（疲）敝"的困境，当时"元元之民，冀得安其性命，莫不虚心而仰上"①，即受到群众的拥戴。但秦始皇统一后却实行暴虐统治，到秦二世更是变本加厉，很快就引起人民的反抗，统一的大帝国接着土崩瓦解。后来汉代的统一之所以能维持比较长久，多少是因为吸取秦亡的教训，开国后较能注意发展生产，与民休息，从而恢复人民对统一国家的向心力、凝聚力。我这里是想说明，不是所有提倡统一的思想都能产生凝聚力，还要看实践中由谁统一，是什么样的统一。如民国初年形成的军阀割据局面，当国民革命军北伐要实现统一时，人民是拥护的，但蒋介石篡夺领导权后，要建立反共反人民的蒋家统一王朝，那就再不会有什么民族凝聚力了。

2. 爱国主义是指人民爱自己的国家，国家要有吸引力，人民要有向心力，必须要这两方面的载体发挥作用

上面我只是想说明，要弘扬民族优秀文化，不能只是肯定几个抽象概念，比如要落实到增强民族凝聚力，对应的双方都要有承受的载体。爱国主义是指人民爱自己的国家，国家要有吸引力，人民要有向心力，必须要这两方面的载体发挥作用，才能构成这个国家民族的凝聚力。所以，一个国家有无凝聚力，甚至它的兴亡，民心的向背是关键。孟子说："桀纣之失天下也，失其民也；失其民者，失其心也。得天下有道：得其民，斯得天下矣；得其民有道：得其心，斯得民矣；得其心有道：所欲与之聚之，所恶勿施尔也。民之归仁也，犹水之就下、兽之走圹也。"②

这里孟子是向当时的诸侯国君说的，指出他们要想得天下称王，就要得民心；而夏桀、商纣之所以失天下，就是因为失民心。他提出要想得到民心的方法：人民想得到的要给予满足，所厌恶的就不要推行，这就是说要实施仁政，人民就像水向下流那样归附着。由于行仁政具有吸引力，人民对此产生向心力，相加在一起就形成了凝聚力。孟子以此证明：是否行仁政决定民心的向背，并关系

---

① 《史记·秦始皇本纪》。
② 《孟子·离娄上》。

到国家的得失兴亡。由此可见，爱国主义精神不是抽象的，也不是凭空产生的，必须当时这个国家具有吸引力，人民才有向心力来"爱"这个国家。大一统的思想也是这样，国家的统一如果不是关注人民的利益，相反却是施行虐政，那么人民又何必厚爱这种统一呢？像秦王朝统一后，"专任刑罚"，弄到"赭衣塞路，囹圄成市，天下愁怨，溃而叛之"①。当然谈不上什么凝聚力了。

在我国民族文化中有一个比较好的传统，就是重民思想。如《尚书》中托名大禹说的"德惟善政，政在养民"。又说："安民则惠，黎民怀之。"当国君的能养民、安民，就会受到人民的怀念，这可以说是产生凝聚力的双向效应。《尚书》中还引到"古人有言曰：抚我则后，虐我则仇"。作为国君，如何对待人民，得到的反应非常明确：能够抚育我就奉之为君，而虐待我的就是仇人。民是国家的根本，如果丧失人民的凝聚力甚至发生动乱，国家也就保不住了。这一点已成为人们的共识，就是《尚书》里说的："民为邦本，本固邦宁。"这就成为我国传统文化中的民本主义思想。重民思想与民本主义，是我国民族文化中的优秀传统。

上面讨论了增强国家民族凝聚力的双向效应，主要是掌握国家权力的"君"，与构成国家要素的"民"，这两者如何构成凝聚力的问题。君是矛盾的主要方面，所推行的是仁政还是暴政，会导致民心的向背问题。为了增强双方的凝聚效应，主动权是在君的方面，而重民思想是条纽带。这里要指出一点，重民并没有改变人民被统治的地位，而君主也并非都为着人民的利益，之所以这样做，是为了取得民众的支持来夺取或保住政权。由于官在地方上多数是亲民的，国家的政策法令，总是通过各级官吏来贯彻执行，是沟通君与民的桥梁。过去的官是为君主办事的，所以爱国往往和忠君联系在一起，如上面提到的屈原、岳飞、林则徐等均属此类。

在封建社会中，大臣是否要尽忠于君主个人？君与臣的职分是什么？明末黄宗羲对此有过批判性的见解。他认为古代理想的君主是"不以一己之利为利，而使天下受其利；不以一己之害为害，而使天下释其害"。可是后世现实的人君却不是这样，而"以为天下利害之权皆出于我，我以天下之利尽归于己，以天下之害尽归于人"。这些人君把国家作为私产，"传之子孙，受享无穷"，甚至"敲剥天下之骨髓，离散天下之子女，以奉我一人之淫乐"。据此，他提出尖锐的批评："然则为天下之大害者，君而已矣。"② 自是黄宗羲反对当大臣的只是尽忠于皇帝一人。他对天下国家和君主的一家一姓做了严格的区分。大臣出仕为的是万民忧乐，而不在于一姓的兴亡。

---

① 《汉书·刑法志》。
② 《明夷待访录·原君》。

3. 增强中华民族凝聚力,要从增强共产党的凝聚力做起,从增强各地区、各系统、各部门、各单位自身的凝聚力做起

前面两个部分,主要讨论如何弘扬我国的民族优秀文化,并进而增强民族凝聚力的问题。由于我们的民族文化遗产多是来自封建社会的传统,所以即使有被称为优秀成分,如爱国精神、大一统思想等,我认为也要经过批判继承,才能做到古为今用。

现在我们谈增强民族凝聚力,和过去有一个很大的不同,就是人民的地位有了根本性的改变。过去无论在封建社会还是半殖民半封建社会,掌权的都是剥削阶级,人民都是处在被统治的无权地位。即使有时统治者发善心,推行所谓仁政,或是宣扬民本主义的重民思想,能够给人民一个休养生息的机会就算不错了。我国历史上汉朝的文景之治,唐代被称赞为贞观、开元之鼎盛,当时国家是趋向或者保持统一,人民生活比较安定,民族凝聚力也就相对增强。但是这些所谓圣君贤相,一旦人亡政息,或是始治终乱,凝聚力也就消亡于无形了。至于地方上有时也会出现为民父母的清官、好官,可以给下面子民一些恩惠,但是即使有名的清官如海瑞,也是难终于位,更不要说其他了。

讲到中华人民共和国成立后最大的不同,就是人民地位的提高,人民变成国家的主人,而国家各级管理干部则称为公仆。许多人认为,当前党中央一再强调必须增强我党的凝聚力,这正是增强中华民族凝聚力的关键所在,增强中华民族凝聚力正需要从增强共产党的凝聚力做起,从增强各地区、各系统、各部门、各单位自身的凝聚力做起。我同意这种意见。我认为要增强党内凝聚力,要实现《中国共产党章程》中提出的基本要求,即:第一,做到思想上政治上的高度一致;第二,坚持民主集中制。至于如何增强党对民族内部各个群体的吸引力,这就是一个如何搞好党群、干群关系的问题。如这次我国碰到百年罕见的特大洪涝灾害,党员干部在抗洪斗争中,能够与群众共患难,把人民的利益放在首位,这样在党群、干群之间就合成坚强的凝聚力。江泽民在建党70周年庆祝会上的讲话中说:"全心全意为人民服务是我们党的根本宗旨,密切联系群众是我们党的优良作风。"又说:"各级领导机关和领导干部都要以身作则,转变作风,扎实工作,勤政为民,认真解决群众迫切需要解决而又能够解决的问题。要坚持人民的利益高于一切。"我认为如果各级党员干部都能按照这样的要求做好工作,就可以成为增强我们国家民族凝聚力的重要保证。

(原载《南方日报》1992年2月3日)

中华民族凝聚力的重要思想源泉

一

在儒家经典《礼记·礼运》篇中，有一段这样的记载：

> 大道之行也，天下为公。选贤与能，讲信修睦。故人不独亲其亲，不独子其子，使老有所终，壮有所用，幼有所长，矜寡孤独废疾者皆有所养；男有分，女有归。货，恶其弃于地也，不必藏于己；力，恶其不出于身也，不必为己。是故谋闭而不兴，盗窃乱贼而不作，故外户而不闭，是谓大同。

对这段记载的思想内容，后代学者有各种猜测，有疑为道家之言而托于孔子，亦有认为是属于原始社会的史影。但不管怎样，其思想影响是相当深远的，直到近代康有为写《大同书》，孙中山提倡"天下为公"，都可以看出这种思想渊源所在。

进入私有制的阶级社会以后，所谓"天下为公"只能算是一种理想。但即使在家天下的封建时代，作为统治者能否关心人民的生活，治国办事能否出以公心，往往成为社会安定还是动乱的重要原因。先秦各家"务为治"而出谋献策，虽然考虑问题的角度和采取的途径和方法不尽相同，但都要求统治者为公众谋福利，执法行事要做到公正均平，这样才可以使国家安定统一，皇图永固。

儒家孔子对子贡提出如有"博施于民，而能济众"的人如何评价时，他认为这就是"圣"者，恐怕尧、舜也难以做到，① 可见评价之高。孔子还说"宽则得众""公则说"②。他提出"有国有家者"，即对诸侯与大夫来说，"不患寡而患不均，不患贫而患不安。盖均无贫，和无寡，安无倾"，至于"远人不服，则修文德以来之"③。这样从均平中取得和谐安定的局面。

孟子继承和发挥孔子这方面的思想，他回答齐宣王提出要具备什么样的德行才可称王于天下时，干脆说："保民而王，莫之能御也。"④ 即认为要使人民得到

---

① 《论语·雍也》。
② 《论语·尧曰》。
③ 《论语·季氏》。
④ 《孟子·梁惠王上》。

安定而称王于天下，这是没有谁能阻挡得了的。他还总结历史上的教训，指出"桀纣之失天下也，失其民也；失其民者，失其心也"。相反的则是"得其民，斯得天下矣"，"得其心，斯得民矣"。怎样才能得到民心的拥护？"所欲与之聚之，所恶勿施尔也。"① 即老百姓所希望的能给予满足，所厌恶的不要强迫施行，得民心的方法不过如此而已。

墨家的宗旨也是要求"主君之上者"能够"爱利百姓"②。墨子主张节用，"'凡足以奉给民用，则止。'诸加费不加于民利者，圣王弗为"③。他自己更是身体力行，"摩顶放踵利天下，为之"④。道家虽不像儒、墨那样积极入世，但老子对"损不足以奉有余"的不公平社会现实提出批评，认为"孰能以有余奉天下？唯有道者"⑤。庄子则抨击那些"窃国者为诸侯"⑥，认为这是追随效法"大盗"的行为，向往的仍是"无有相害之心"⑦ 的公天下。

司马谈对法家的评价是"严而少恩"，但也承认其主张是"不别亲疏，不殊贵贱，一断于法"⑧。如"商君治秦，法令至行，公平无私，罚不讳强大，赏不避亲近"⑨。韩非也提出要"法不阿贵"，主张"刑过不避大臣，赏善不遗匹夫"⑩。从执法公平无私这一点来说，法家思想也自有其可取之处。

在私有制的封建专制社会中，我国传统文化中的公天下思想，往往成为人们对那些凭借势位、以权谋私的统治者进行批评的思想武器。如晋代的嵇康对司马氏集团就提出这样的指责：

> 季世陵迟，继体承资；凭尊恃势，不友不师；宰割天下，以奉其私。故君位益侈，臣路生心。……昔为天下，今为一身。下疾其上，君猜其臣。丧乱弘多，国乃陨颠。⑪

嵇康抨击司马氏的统治是"宰割天下，以奉其私"，并以"为一身"与"为天下"作为今昔对比，说明司马氏的祚命不长，而历史事实做证，西晋很快就遭逢丧乱而灭亡了。

---

① 《孟子·离娄上》。
② 孙诒让：《墨子传略》。
③ 《墨子·节用中》。
④ 《孟子·尽心上》。
⑤ 《老子》七十七章。
⑥ 《庄子·胠箧》。
⑦ 《庄子·盗跖》。
⑧ 《论六家要旨》。
⑨ 《战国策·秦策一》。
⑩ 《韩非子·有度》。
⑪ 《嵇中散集》卷十《太师箴》。

在我国历史上，对封建君主的谋私行为进行深刻批判的还有明末的黄宗羲，他所写的《明夷待访录》可以说是近代民主启蒙思想的先导。其中的《原君》篇也是从古今对比来进行分析，从而提出了"为天下"还是"为一身"的问题。

> 古者以天下为主，君为客，凡君之所毕世而经营者，为天下也。今也以君为主，天下为客，凡天下之无地而得安宁者，为君也。是以其未得之也，屠毒天下之肝脑，离散天下之子女，以博我一人之产业，曾不惨然，曰："我固为子孙创业也。"其既得之也，敲剥天下之骨髓，离散天下之子女，以奉我一人之淫乐，视为当然，曰："此我产业之花息也。"然则为天下之大害者，君而已矣。

其实黄宗羲当时还不可能完全反对君主制度。他对那些"不以一己之利为利，而使天下受其利；不以一己之害为害，而使天下释其害"的所谓三代以上之君，还是向往的；而反对的就是那些"以为天下利害之权皆出于我"，故"以天下之利尽归于己，以天下之害尽归于人"的君主。这种人"以我之大私为天下之公""视天下为莫大之产业，传之子孙，受享无穷"。黄宗羲将君主视为天下之大害，其原因就在这里。

上面所列举的，可以说是在私有制条件下产生的公天下思想，在过去当然是难以实现的。即使到了近代，上面讲到康有为写过《大同书》，但找不到通往大同世界之路。孙中山提倡"天下为公"，但实际收效是不大的。今天我们在社会主义的条件下，既提倡各级干部要全心全意为人民服务，反对以权谋私，而各级政府也要密切联系群众，要为人民多做好事、实事。只有这样才能得到人民群众的拥护，增强向心力，从而促进社会上的安定团结。因此，我认为传统文化中的公天下思想，是构成中华民族凝聚力量思想源泉的一个重要方面。

二

在我国传统文化中，怎样处理好人际关系，从而促进社会上的安定团结，增强中华民族的凝聚力和向心力？我认为其中重要的一环，就是兼爱互利思想。

"兼爱"是先秦墨家思想的核心。墨子生活在动乱的战国时代，他认为乱之所自起，是由于不相爱，所以才出现强劫弱、众暴寡、富侮贫、贵敖贱等一系列问题。他提出补救的办法是"以兼相爱，交相利之法易之"。他说：

> 视人之国，若视其国。视人之家，若视其家。视人之身，若视其身。是故诸侯相爱，则不野战。家主相爱，则不相篡。人与人相爱，则不相贼。君

臣相爱，则惠忠。父子相爱，则慈孝。兄弟相爱，则和调。天下之人皆相爱，强不执弱，众不劫寡，富不侮贫，贵不敖贱，诈不欺愚。凡天下祸篡怨恨，可使毋起者，以相爱生也。是以仁者誉之。①

墨子认为"仁人之事""必务求兴天下之利，除天下之害"。而要兴利除害，实行"兼相爱，交相利"则是最好的办法。

对传统文化中的兼爱思想如果用阶级观点加以衡量，可以认为是不现实的，甚至会被说成是统治层思想家们制造的幻想。但如承认中国历史上家国同构这个事实，并且从促进民族融合这个角度来看问题，那么应该承认兼爱思想是有助于增强家国内部和民族之间的凝聚力的。如在一个家庭中，父子、兄弟、夫妇之间能做到互爱互利，那就会有助于彼此和睦相处，更不致反目成仇。至于邻里、乡党之间，就像孟子说的，如做到"出入相友，守望相助，疾病相扶持，则百姓亲睦"②。这当然会有助于社会秩序的安定和人民之间的团结，如能搞好各个基层，从整体上自然会对增强国力有利。

由于兼爱的内容包含有互助互利，具有对等性的回应，所以墨子一方面讲"为贤之道"，要"有力者疾以助人，有财者勉以分人，有道者劝以教人"③。另一方面，他又认为"夫爱人者，人必从而爱之；利人者，人必从而利之；恶人者，人必从而恶之；害人者，人必从而害之"④。即无论爱利还是恶害他人，都会得到对等的回报。因而他主张采取主动，"即必吾先从事乎爱利人之亲，然后人报我以爱利吾亲也"⑤。按照这条思想理路，墨子赞扬"兼士"的言行，"必为其友之身，若为其身；为其友之亲，若为其亲"⑥。这就与《礼运》篇所称道的，"故人不独亲其亲，不独子其子"的精神相通，这也是兼相爱、交相利的思想实质。如果人人都能这样做，我为人人，人人为我，自是可以进入大同世界。

墨家反对命定论，主张强力而为⑦。这与《周易》提倡"自强不息"的精神相表里。作为优秀的思想传统，这导致人们对国家民族命运的关怀。宋代范仲淹写下"先天下之忧而忧，后天下之乐而乐"的名句，这种高尚的情操就隐含忧时爱国之心。明末东林党人，也写下了"家事、国事、天下事，事事关心"的警联，顾炎武更明确提出："保天下者，匹夫之贱，与有责焉耳矣。"⑧ 这就是我

---

① 《墨子·兼爱中》。
② 《孟子·滕文公上》。
③ 《墨子·尚贤下》。
④ 《墨子·兼爱中》。
⑤ 《墨子·兼爱下》。
⑥ 《墨子·兼爱下》。
⑦ 参见《墨子·非命下》。
⑧ 《日知录》卷十三。

们经常说的"天下兴亡,匹夫有责"。中华民族在形成和发展过程中也经历过不少坎坷,但即使在存亡继绝之秋,各阶层的人民群众在保家卫国的战斗中,所以能构成巨大的凝聚力,特别在近现代时期所发扬的民族气节和爱国主义精神,要追溯其思想渊源,可以在优秀的传统文化中得到启迪。

兼爱和互助互利思想,还有助于民族融合和人民内部之间的友好相处。如子夏说的"四海之内,皆兄弟也"①,就是提倡民族融合的形象描述。宋代张载在《西铭》中提出"民,吾同胞;物,吾与也"的命题,说:"尊高年,所以长其长;慈孤弱,所以幼其幼。""凡天下疲癃残疾,茕独鳏寡,皆吾兄弟之颠连而无告者也。"这就是所谓民胞物与思想,也就是先秦儒家仁民爱物思想的发挥。上文列举的《礼运》篇,就说到要"使老有所终,壮有所用,幼有所长,矜寡孤独废疾者皆有所养",并归属为大同世界的理想,张载在《西铭》中也向往这种精神。到今天"同胞"一词已被广泛使用,海内外的同胞兄弟,都是本着团结友爱的精神,为建设社会主义现代化而共同努力,对传统文化中有助于增强中华民族凝聚力的思想源泉,应该作为珍贵遗产而需要我们进行发掘和研究。

三

要加强中华民族的凝聚力,当然不能只靠个人,但如我们说的"众志成城"没有每个人的立志,就不能凝聚成集体力量。对于中国的传统文化,有人认为只有群体而抹杀个体,但如果不是从个人做起,没有个体的作用,那就无法凝聚成群体力量。

我认为在中国传统文化中是重视个人作用的,主要表现在要求个人严于律己和以身作则的精神,还要求个人要有表里如一和不欺暗室的慎独功夫,特别是居上位者更要为大众做出榜样。

在先秦各家特别在儒家的文献中,有较多这方面思想言行的叙述。如儒家的创始人孔子,建立了以"仁"为核心的伦理学说。对如何能做到"仁",他强调靠主观自觉,即所谓"为仁由己"②,"我欲仁,斯仁至矣"③。但在处理人我关系时,则要"躬自厚而薄责于人"④,即责己严而待人宽。孔子又说:"不患人之不己知,患不知人也。"⑤ 不要责怪别人不了解自己,就怕自己不了解别人。所

---

① 《论语·颜渊》。
② 《论语·颜渊》。
③ 《论语·述而》。
④ 《论语·卫灵公》。
⑤ 《论语·学而》。

以他要求做到："见贤思齐焉，见不贤而内自省也。"① 即见到贤人时要向他看齐，见到不贤的人就应该自我反省，看自己有哪些过失。只要能做到"内省不疚，夫何忧何惧"②，自己能做到问心无愧，就不会有什么忧愁和畏惧了。

上面孔子所提倡的严于律己，也就是"修己"功夫。但只做到这一点还不够，还要进一步做到"正身"，即要在行动上做出表率。这点对上层的人更为重要。所以当季康子问孔子如何处理政事时，孔子回答说："政者，正也。子帅以正，孰敢不正？"③ 他把"政"说成"正"的意思，并据此加以发挥说："苟正其身矣，于从政乎何有？不能正其身，如正人何？"④ 又说："其身正，不令而行；其身不正，虽令不从。"⑤ 这里所讲的就是"正己正人"的道理。执政者能否先端正自己，做到以身作则，是关系到能否治理好国家政事的关键。所谓"修己以安人""修己以安百姓"⑥ 是对执政者的要求，并成为儒家政治伦理哲学的重要组成部分。

孟子继承和发挥孔子的思想，在修身方面也要"反求诸己"。他说："爱人不亲，反其仁；治人不治，反其智；礼人不答，反其敬。行有不得者，皆反求诸己，其身正而天下归之。"⑦ 这是说，自己爱别人、治理人或以礼待人时，却得不到相应的回报，说明自己的行动没有收到预期的效果，那就要反过来在自己身上找原因，要自身端正才得到天下人的信服。

荀子与孟子的思想有好些地方不同，但"正己正人"的观点还是一致的。他也主张居上位的要以身作则，因为"主者，民之唱也；上者，下之仪也"⑧。主倡才有民应，上行才能下效。所以对君民关系，荀子提出："君者仪也，民者景也，仪正而景正。君者盘也，民者水也，盘圆而水圆，盂方则水方。""君者，民之原也。原清则流清，原浊则流浊。"⑨ 并引传曰："君者，舟也；庶人者，水也。水则载舟，水则覆舟。"⑩ 他认为民众对于君主，是如影随形，如水载舟，为君的如不能做民的表率，就有"覆舟"之祸。这是从正反两面说明"以身作则"这一思想行动的重要现实作用。

先秦儒家在强调"正己"的过程中，还提出要有慎独功夫。

---

① 《论语·里仁》。
② 《论语·颜渊》。
③ 《论语·颜渊》。
④ 《论语·子路》。
⑤ 《论语·子路》。
⑥ 《论语·宪问》。
⑦ 《孟子·离娄上》。
⑧ 《荀子·正论》。
⑨ 《荀子·君道》。
⑩ 《荀子·王制》。

  道也者，不可须臾离也，可离非道也。是故君子戒慎乎其所不睹，恐惧乎其所不闻。莫见乎隐，莫显乎微，故君子慎其独也。(《中庸》第一章)

  所谓诚其意者，毋自欺也。如恶恶臭，如好好色，此之谓自谦，故君子必慎其独也。小人闲居为不善，无所不至，见君子而后厌然，掩其不善而著其善。人之视己，如见其肺肝然，则何益矣？此谓诚于中，形于外，故君子必慎其独也。曾子曰："十目所视，十手所指，其严乎！"富润屋，德润身，心广体胖，故君子必诚其意。(《大学》传之六章，释诚意)

  《大学》《中庸》原是《礼记》中的篇章，后由于宋儒的赞赏被单独抽出放在《论语》《孟子》之前，合称为四书。由于讲"慎独"所强调的是个人道德修养，所以即使在别人看不见和听不到的情况下，总是十分谨慎和警惕，在自己单独一人时，也要遵循内心的道德行事，就像相处在有很多眼睛看着你，有很多手指着你的严厉场面一样。这种"不欺暗室""不愧屋漏为无忝"，[①] 在无人时也不做自欺欺人的事，就称为慎独功夫。刘少奇同志在《论共产党员的修养》一书中，对共产党员的要求，其中有一条说："即使在他个人独立工作，无人监督，有做各种坏事的可能的时候，他能够'慎独'，不做任何坏事。"这里对"慎独"的理解，应该说是符合原意的。

  在我国传统文化中，诚实不欺也是我们民族的一种美德，但是不能在众人前明处是一套，无人时暗中搞的又是另一套，这就是表里不一，或者称之为两面派。这样的人在处理人际关系时，彼此间的交情是难以维持长久的，当然更谈不上能够增强民族的凝聚力了。因此，唯有既在广大公众面前做到以身作则，又能在任何情况下做到表里如一的人，特别是作为领导者，只有这样才能起到带动、联系和团结群众的作用。由此可见，要增强中华民族的凝聚力，对传统文化中的优秀思想遗产，还是需要我们经过鉴别后加以继承和发扬，这也是学术研究工作者的一项重要任务。

(原载《同舟共进》1990 年第 7 期)

[①] 张载：《西铭》。

关于增强中华民族凝聚力问题的反思与探索

最近,国内学术界和社会各方面的人士,都很关心对中华民族凝聚力的研究,认为是一个很有现实意义的课题。在讨论中有提出:通过弘扬民族优秀文化,振奋民族精神,用以增强民族凝聚力。对这条思路我是同意的,但对此如何落实,我觉得还要进一步探讨。

一

弘扬民族优秀文化,这个提法大概不会有人反对,但民族文化中哪些是属于优秀的?要怎样弘扬才能增强民族凝聚力?这些似乎不是一个简单的问题。民族文化有它形成的历史过程,即离不开传统,但传统文化不能说都是优秀的,其中有糟粕与精华。我们对传统文化的方针是批判继承、古为今用,只有通过扬弃才能显示出民族文化的优秀成分而加以弘扬。由于传统文化中的糟粕与精华,不是那么现成地摆在那里,是不能拿来就用的。对一些思想观点,也是需要做阶级、历史的分析,在古为今用时,有的还要做创造性的转化。我认为历史上所形成的思想观点往往带有矛盾的两重性,因此能否正确认识而加以运用,会产生不同的社会效果,即可能出现增强或者削弱凝聚力的作用。下面拟举些例子进行分析。

爱国主义精神,有的同志认为这是深深根植于中国悠久的历史和文化传统之中,是民族精神的集中体现,是我们民族凝聚力的核心,同时并举出屈原、林则徐、孙中山等人做例子,认为他们都具备爱国主义精神。

被称为爱国诗人的屈原,他热恋楚国乡土的感情激发着后人的无限追思,但对他的"爱国",历史上也有人表示异议。如贾谊被谪长沙曾为赋以吊屈原,其中有句:"般纷纷其罹此尤兮,亦夫子之故也。历九州而相其君兮,何必怀此都也!"贾谊对屈原被谗放逐是同情的,但对他的自沉觉得有点不值得,因为当时是列国纷争,可以到别处找寻明君,何必留恋着楚都不放呢?由于古代爱国往往和忠君联系在一起,像楚怀王那样昏庸,在贾谊看来屈原爱恋楚国以至牺牲性命是不值得的,所以屈原式的爱国对当时中华民族,从总体上也不会增加多少凝聚力。

正是由于传统上爱国往往和忠君联系在一起,所以,同是一个人在不同场合,即使在动机上都自认为是爱国,而社会效应却不一样。如林则徐禁烟抗英,这种爱国精神会增加民族凝聚力的;但他后来奉命镇压太平天国运动,如果不是中途去世,这样做下去是不会得人心的。同样,岳飞的精忠报国,在抗金斗争中能凝聚着中原豪杰,但他镇压洞庭湖区的农民起义,就丢失了爱国的光彩。即使到了现代,蒋介石统治时也要人尽忠"党国",要求他的将领在反共战争中不成功便成仁。如果有人真的具有这样的"爱国"精神,那是不足取的,不但凝聚不了人民,而只能作为人民的对立面被消灭。

  大一统思想。有的同志对此给予很高评价,认为其实质是文化的统一和融合,体现了中华民族的向心力和凝聚力;大一统以华夏文明为准则,是中华民族团结发展的精神力量。

  在中国历史上,统一的时间多于分裂,在割据纷争的年代,统一是人心所向,这是有助于增强凝聚力的。如汉、唐所建立的多民族大一统国家,至今仍产生影响,汉人、唐人在海外还被视为民族团结的象征。但是,有的同志出于好心,认为儒家提倡的大一统是文化的一统,不是武力的征服:孟子多次讲要施仁政,不嗜杀人者才能统一天下,反对统一于虐政。从长远看,在统一的过程中及其以后,行仁政是有凝聚力的,但单靠行仁义是完不成统一任务的,要经过统一战争似乎是不可避免的。如战国时孟子倡导仁义,其成效却不如商鞅在秦变法,推行耕战政策,对东方各诸侯国的人民更有吸引力,这是为历史实践所证明的。

  至于完成大一统后的国家,亦并不是都能维持它的凝聚力的。如秦的统一改变了战国时期"兵革不休,士民罢(疲)敝"的困境,当时"元元之民,冀得安其性命,莫不虚心而仰上"①,即受到群众的拥戴。但秦始皇统一后却实行暴虐统治,到秦二世更是变本加厉,很快就引起人民的反抗,统一的大帝国接着土崩瓦解。后来汉、唐的统一之所以能维持比较长久,多少是因为吸取秦亡的教训,开国后较能注意发展生产,与民休息,从而恢复人民对统一国家的向心力、凝聚力。我这里是想说明,不是所有提倡统一的思想都能产生凝聚力,还要看实践中由谁统一,是什么样的统一。如民国初年形成的军阀割据局面,当国民革命军北伐要实现统一时,人民是拥护的,但蒋介石篡夺领导权后,要建立反共反人民的蒋家统一王朝,那就再不会有什么民族凝聚力了。

  亲情观念。有不少同志认为这是增强中华民族凝聚力的重要精神支柱,当今海外华侨、华人正因为多有亲人在国内,以亲情观念为纽带,从而增强对祖国的向心力和凝聚力,这一点当然是事实。但是,在传统文化中人们的亲情观念主要受儒家亲亲思想的影响。亲亲讲的是人际关系,是人与人之间的相互感情,但不是对所有人的感情都一样,而是由亲到疏,由近及远,这可以称为推爱思想。孟子说:"亲亲而仁民,仁民而爱物。"② 又说:"老吾老,以及人之老;幼吾幼,

---

① 《史记·秦始皇本纪》。
② 《孟子·尽心上》。

以及人之幼。天下可运于掌。"① 这种推爱式的亲情是可取的。但像孔子所说："父为子隐，子为父隐，直在其中矣。"② 这种家丑不可外扬的亲情观念，在社会上传播，只能起到负面影响。虽然儒家也讲"大义灭亲"，但这样做的人不多；而"为亲者讳，为尊者讳"的思想，却似乎更起作用。流风所及，当今社会上仍有不少人靠亲情关系办事。所谓"学会数理化，不如一个好爸爸""三个公章，不如一个老乡"，这些民间口头流传看来不是全无根据。从一家、一族、一乡、一姓扩展到所谓三同、五同关系，作为邻里乡党，如果像孟子说的，做到"出入相友，守望相助，疾病相扶持"③，那当然是好的。但有的以此结党营私，或为着某些亲情关系而以权谋私，那就并不光彩了。这样做或者可以增强亲情关系网的凝聚力，但对民族凝聚力只能起到削弱作用。

二

上面我只是想说明，要弘扬民族优秀文化，不能只是肯定几个抽象概念，比如要落实到增强民族凝聚力上，对应的双方都要有承受的载体。爱国主义是指人民爱自己的国家，国家要有吸引力，人民要有向心力，必须要这两方面的载体发挥作用，才能构成这个国家民族的凝聚力。所以，一个国家有无凝聚力，甚至它的兴亡，民心的向背是关键。孟子说："桀纣之失天下也，失其民也；失其民者，失其心也。得天下有道：得其民，斯得天下矣；得其民有道：得其心，斯得民矣；得其心有道：所欲与之聚之，所恶勿施尔也。民之归仁也，犹水之就下、兽之走圹也。"④

这里孟子是向当时的诸侯国君说的，指出他们要想得天下称王，就要得民心；而夏桀、商纣之所以失天下，就是因为失民心。他提出要想得到民心的方法：人民想得到的要给予满足，所厌恶的就不要推行，这就是说要实施仁政，人民就像水向下流那样归附着。由于行仁政具有吸引力，人民对此产生向心力，相加在一起就形成了凝聚力。孟子以此证明：是否行仁政决定民心的向背，并关系到国家的得失兴亡。所以他又说："三代之得天下以仁，其失天下也以不仁。国之所以废兴存亡者亦然。"⑤

由此可见，爱国主义精神不是抽象的，也不是凭空产生的，必须当时这个国家具有吸引力，人民才有向心力来"爱"这个国家。大一统的思想也是这样，

---

① 《孟子·梁惠王上》。
② 《论语·子路》。
③ 《孟子·滕文公上》。
④ 《孟子·离娄上》。
⑤ 《孟子·离娄上》。

国家的统一如果不是关注人民的利益,相反却是施行虐政,那么人民又何必厚爱这种统一呢?另外,由于中国封建社会中家国同构的特点,如张载在《西铭》中,将乾坤称为父母,"大君"是父母的"宗子","大臣"则是宗子的"家相",而人民则是"同胞"兄弟。这种扩大了的亲情关系,本来是有助于增强凝聚力的,但如果作为宗子的大君,对广大人民不是"尊高年""慈孤弱",反而使所谓同胞兄弟"颠连而无告",即使出现家国同构的亲情关系,也不可能保持其凝聚力。

在这里有的同志可能会说:我们讨论的是民族凝聚力,而不是人民对统治者的向心力。但要知道,当时的人民主要是小农,其情况正如马克思所指出:"他们不能代表自己,一定要别人来代表他们。他们的代表一定要同时是他们的主宰,是高高站在他们上面的权威,是不受限制的政府权力,这种权力保护他们不受其他阶级侵犯,并从上面赐给他们雨水和阳光。所以,归根到底,小农的政治影响表现为行政权力支配社会。"① 由于小农这种特性,他们希望得到统治者的保护和赐给雨水和阳光。统治者如能做到这一点,自是可以吸引人民的向心力。相反像秦王朝统一后,"专任刑罚",弄到"赭衣塞路,囹圄成市,天下愁怨,溃而叛之"②,当然谈不上什么凝聚力了。

在我国民族文化中有一个比较好的传统,就是重民思想。如《尚书》中托名大禹说的"德惟善政,政在养民"③。又说:"安民则惠,黎民怀之。"④ 当国君的能养民、安民,就会受到人民的怀念,这可以说是产生凝聚力的双向效应。《尚书》中还说:"古人有言曰:抚我则后,虐我则仇。"⑤ 作为国君,如何对待人民,得到的反应非常明确:能够抚育我就奉之为君,而虐待我的就是仇人。这里引到的古人不知是谁,但引用者据传是周武王,可见能够认识到民心向背的原因,这是有相当长远的历史了。武王教导康叔时,亦引到"古人有言曰:'人无于水监,当于民监。'今惟殷坠厥命,我其可不大监抚于时"⑥。这里古人的话是说:人不要用水当作镜子,而应当把民众当作镜子。现在殷朝已经丧失了天命,我怎敢不以殷亡的教训为鉴呢!

在我国民族传统中,历代的国君都宣称自己的统治权力是受命于天的,这是君权神授的观点。但天神与民相比,似乎天意应该符合民心。皋陶说:"天聪明自我民聪明,天明畏自我民明威。"⑦ 武王伐纣,也说:"天视自我民视,天听自

---

① 《路易·波拿巴的雾月十八日》,见《马克思恩格斯选集》(第1卷)。
② 《汉书·刑法志》。
③ 《尚书·大禹谟》。
④ 《尚书·皋陶谟》。
⑤ 《尚书·泰誓下》。
⑥ 《尚书·酒诰》。
⑦ 《尚书·皋陶谟》。

我民听。""惟天惠民，惟辟奉天。"① 既然天的视听来自于民，又是惠爱于民，所以当国君的应该奉承天意。但是武王又说："民之所欲，天必从之。"② 既然天从人愿，奉承天意的国君更是应该听从民之所欲了。当然重民并非完全为着人民的利益，因为民是国家的根本，如果丧失人民的凝聚力甚至发生动乱，国家也就保不住了。这一点已成为人们的共识，就是《尚书》里说的："民为邦本，本固邦宁。"③ 这就成为我国传统文化中的民本主义思想。

西周末年国势逐渐衰落，随着王权的失坠，天神的地位也跟着动摇。人们可以怨天、骂天以发泄其不满。原来天神是主宰人事，是接受民间的意愿而给予赐福。但到春秋时季梁却说："夫民，神之主也。是以圣王先成民而后致力于神。"④ 史嚚则说"国将兴，听于民；将亡，听于神"，神是"依人而行"⑤。这样民的地位在天神之上了。

春秋战国是由诸侯列国纷争走向统一的时代，各国都想争取人民的拥护。如辅助齐桓公成霸业的管仲，就提出想安国就要利民。如说"相地而衰征则民不移""无夺民时则百姓富"⑥。与管仲思想有关的《管子》一书，更是明确指出："政之所兴在顺民心，政之所废在逆民心。"⑦ 这里不是空谈，而是要实现发展生产以吸引人民的凝聚力。即"凡有地牧民者，务在四时，守在仓廪。国多财，则远者来；地辟举，则民留处"⑧。认为要做到"富上而足下，此圣王之至事也"⑨。

齐国之外，晋、秦、楚等国相继争霸，在策略思想上都重视利民。如晋文公实行"救乏振滞，匡困资无"⑩。后来晋悼公也在"匡乏困，救灾患"⑪。秦穆公时，"孟明增修国政，重施于民"⑫。楚庄王也"惠恤其民而善用之"⑬。这几个诸侯国君之所以能够争霸，在一定程度上是因为得到人民的归附。至于他们的后代，有的不能守成，如姜齐就为陈氏所取替。原因如晏子所说，是由于"公（指姜齐国君）弃其民，而归于陈氏"，"其爱之如父母，而归之如流水"⑭。人民

---

① 《尚书·泰誓中》。
② 《尚书·泰誓上》。
③ 《尚书·五子之歌》。
④ 《左传》桓公六年。
⑤ 《左传》庄公三十二年。
⑥ 《国语·齐语》。
⑦ 《管子·牧民》。
⑧ 《管子·牧民》。
⑨ 《管子·小问》。
⑩ 《国语·晋语四》。
⑪ 《左传》成公十八年。
⑫ 《左传》文公二年。
⑬ 《左传》成公二年。
⑭ 《左传》昭公三年。

归向新君，就成为无可避免的趋势了。

　　重民思想与民本主义，是我国民族文化中的优秀传统，先秦各家在言论上多有所反映，其中对这方面的宣扬以孟子最为积极。他与梁惠王、齐宣王的对话中，反复谈到国君要与民同乐。如说："古之人与民偕乐，故能乐也。"①　"保民而王，莫之能御也。"②　又说："为民上而不与民同乐者，亦非也。乐民之乐者，民亦乐其乐；忧民之忧者，民亦忧其忧。乐以天下，忧以天下，然而不王者，未之有也。"③　只有与人民同忧乐，即带有点同呼吸、共命运的意味，在感情上才能凝聚和交融。后来到宋代范仲淹发出"先天下之忧而忧，后天下之乐而乐"④的名言，着眼于忧乐天下而非只尽忠于皇帝一人。虽然他对君与民都有所关注，但眼光已有所放远了。

三

　　上面讨论了增强国家民族凝聚力的双向效应，主要是掌握国家权力的"君"，与构成国家要素的"民"，这两者如何构成凝聚力的问题。君是矛盾的主要方面，所推行的是仁政还是暴政，会导致民心的向背问题。为了增强双方的凝聚效应，主动权是在君的方面，而重民思想是条纽带。这里要指出一点，重民并没有改变人民被统治的地位，而君主也并非都为着人民的利益，之所以这样做，是为了取得民众的支持来夺取或保住政权。还有一点需要指出：在封建社会中君与民之间有一个群体称为"臣"。对君来说，臣民可以作为一体，如说"率土之滨，莫非王臣"，这是包括民在内。但单就臣与民比较，两者亦有区别。臣一般称为"官"，是由君所委任来管理民，所以从这个角度来说，官也是统治集团中的一分子，大官和小官只是地位高低不同而已。由于官在地方上多数是亲民的，国家的政策法令，总是通过各级官吏来贯彻执行，是沟通君与民的桥梁。过去的官是为君主办事的，所以爱国往往和忠君联系在一起，如上面提到的屈原、岳飞、林则徐等均属此类。

　　在封建社会中大臣是否要尽忠于君主个人？君与臣的职分是什么？明末黄宗羲对此有过批判性的见解。他认为古代理想的君主是"不以一己之利为利，而使天下受其利；不以一己之害为害，而使天下释其害"。可是后世现实的人君却不是这样，而"以为天下利害之权皆出于我，我以天下之利尽归于己，以天下之害尽归于人"。这些人君把国家作为私产，"传之子孙，受享无穷"，甚至"敲剥天

---

① 《孟子·梁惠王上》。
② 《孟子·梁惠王上》。
③ 《孟子·梁惠王下》。
④ 《岳阳楼记》。

下之骨髓,离散天下之子女,以奉我一人之淫乐"。据此,他提出尖锐的批评:"然则为天下之大害者,君而已矣。"①

自是黄宗羲反对当大臣的只尽忠于皇帝一人。他说:"故我之出而仕也,为天下,非为君也;为万民,非为一姓也。"他认为"天下之治乱,不在一姓之兴亡,而在万民之忧乐"。所以又说:"吾无天下之责,则吾在君为路人。出而仕于君也,不以天下为事,则君之仆妾也;以天下为事,则君之师友也。"②

这里黄宗羲对天下国家和君主的一家一姓做了严格的区分。大臣出仕为的是万民忧乐,而不在于一姓的兴亡,所以不出来做官时,就把君主视同路人;如果出来做官,不为天下万民办事,变成君主的奴仆,他是不会干的。因此,他反对那些"以君臣之义无所逃于天地之间"的观点。由于孟子讲民贵君轻,朱元璋曾经想将其牌位迁出孔庙。黄宗羲赞成孟子肯定汤、武革命的言论,称之为"圣人之言";而对那些宣扬尊君思想的人斥之为"小儒"。③ 他提出:"为臣者轻视斯民之水火,即能辅君而兴,从君而亡,其于臣道固未尝不背也。"④ 这就是说:当大臣的如不关心人民的疾苦,只是跟着君主转,那么无论使君主得到兴旺或随着他败亡,这都是不符合"臣道"的标准。黄宗羲认为当大臣的不是对君主负责,而是对万民负责。所谓"天下兴亡,匹夫有责",这种思想所产生的民族凝聚力,突破了传统的忠君爱国这一狭隘观念的藩篱,也可以说是批判性的继承,对我们今天如何增强民族凝聚力问题,应该是有所启迪。

四

前面几个部分,主要讨论如何弘扬我国的民族优秀文化,并进而增强民族凝聚力的问题。由于我们的民族文化遗产多是来自封建社会的传统,所以即使有被称为优秀成分,如爱国精神、大一统思想、亲情观念等,我认为也要经过批判继承,才能做到古为今用。而这种批判,前人有的也已在进行,上面讲的黄宗羲就是一例。

现在我们谈增强民族凝聚力,和过去有一个很大的不同,就是人民的地位有了根本性的改变。过去无论在封建社会还是半殖民半封建社会,掌权的都是剥削阶级,人民都是处在被统治的无权地位。即使有时统治者发善心,推行所谓仁政,或是宣扬民本主义的重民思想,能够给人民一个休养生息的机会就算不错了。我国历史上汉朝的文景之治,唐代被称赞为贞观、开元之鼎盛,当时国家是

---

① 《明夷待访录·原君》。
② 《明夷待访录·原臣》。
③ 《明夷待访录·原君》。
④ 《明夷待访录·原臣》。

趋向或者保持统一，人民生活比较安定，民族凝聚力也就相对增强。但是这些所谓圣君贤相，一旦人亡政息，或是始治终乱，凝聚力也就消亡于无形了。至于地方上有时也会出现为民父母的清官、好官，可以给下面子民一些恩惠，但是即使有名的清官如海瑞，也是难终于位，更不要说其他了。

因此，在广大人民处在受压迫、被剥削的地位时，民族凝聚力是不容易增强的，只能是断续起伏，或者不绝如缕。中华人民共和国成立以前，有些外国人称中国民众是一盘散沙，话说得可能有点片面，比如在中国共产党成立后，在长期的革命斗争中，对人民是有凝聚力的；但当时的国民政府，却推行对外投降对内镇压的政策，这就难得人心。如张学良将东北易帜归附，应该是实现国家统一和增强凝聚力的好机会，但当"九一八"事变发生时，蒋介石却严令不准抵抗，甚至国内人民谈抗日的都有罪，使得关心国事的志士仁人大失所望，而一般民众只有变成一盘散沙了。

至于讲到中华人民共和国成立以后最大的不同，就是人民地位的提高，人民变成国家的主人，而国家各级管理干部则称为公仆。在西方资本主义社会也有这种称呼，大概想表示他们是民主国家。不过，我国公仆的作为，我觉得应该是由执政的共产党的性质所规定的。《中国共产党章程》中提出要坚决实现三项基本要求，其中一项就是"全心全意为人民服务"。"党除了工人阶级和最广大人民群众的利益，没有自己特殊的利益。""党在领导群众为实现共产主义理想而奋斗的全部过程中，始终同群众同甘共苦，保持最密切的联系，不允许任何党员脱离群众，凌驾于群众之上。"党员的义务中也有一条："坚持党和人民的利益高于一切，个人利益服从党和人民的利益，吃苦在前，享受在后，克己奉公，绝对不得假公济私，损公利私。"能做到这些规定，当然是名副其实的公仆。

此前，在广东省增强中华民族凝聚力系列研讨活动的推动下，湛江、阳江、阳春、佛山等地都先后举行座谈，与会者曾提出不少好的意见和建议。其中有的谈道：当时党中央一再强调必须增强我党的凝聚力，这正是增强中华民族凝聚力的关键所在。增强中华民族凝聚力正需要从增强共产党的凝聚力做起，从增强各地区、各系统、各部门、各单位自身的凝聚力做起。亦有提出：中华民族凝聚力如果是一种合力的话，作为民族整体的政治核心的中国共产党，就有一个增强对民族内部各个群体的吸引力、凝聚力的问题。作为民主党派本身，就有一个在形成自身凝聚力过程中不断增强对中国共产党的向心力问题。也有主张：要增强中华民族凝聚力，还得面对现实，找寻和分析目前仍存在的各种妨碍民族凝聚力增强的问题，因势利导，克服各种离心倾向和离散因素。

上面讲到增强中华民族凝聚力需要从增强共产党的凝聚力做起，我同意这种意见。我认为要增强党内凝聚力，要实现《中国共产党章程》中提出的基本要求，即：第一，做到思想上政治上的高度一致；第二，坚持民主集中制。至于如何增强党对民族内部各个群体的吸引力，这就是一个如何搞好党群、干群的关系问题。如这次我国碰到百年罕见的特大洪涝灾害，对党群、干群之间的凝聚力就是一场考验。

在这场抗洪斗争中，人民群众对党员干部总的来说是满意的。据了解，群众对干部主要有五赞：一赞，干部与群众心连心，患难之中见真情；二赞，上面干部来到了第一线，体察民情，了解灾情；三赞，政令畅通，团结协作，勤政为民；四赞，清廉俭朴之风扑面而来，干部下基层，放下了架子，粗茶淡饭取代了举杯碰盏；五赞，党的优良传统大发扬，在危急关头，党员、干部冲锋在前，无私奉献。从群众对干部的五赞看来，主要是党员干部在抗洪斗争中能够与群众共患难，把人民的利益放在首位，这样在党群、干群之间就合成坚强的凝聚力。江泽民在建党70周年庆祝会上的讲话中说："全心全意为人民服务是我们党的根本宗旨，密切联系群众是我们党的优良作风。"又说："各级领导机关和领导干部都要以身作则，转变作风，扎实工作，勤政为民，认真解决群众迫切需要解决而又能够解决的问题。要坚持人民的利益高于一切。"我认为如果各级党员干部都能按照这样的要求做好工作，就可以成为增强我们国家民族凝聚力的重要保证。

最后还要指出一点，增强民族凝聚力不是自然形成的，要靠人去工作。同时工作不能靠一时冲动，就可以一劳永逸。如上面讲到灾区群众对干部有五赞，但同时又想到抗洪斗争中凝结成的干群之间的深情厚谊，会不会因时过境迁而忘却或丢失，因而人们在内心里有着五盼：一盼，公仆之心常驻；二盼，人民利益常记；三盼，党风廉政常抓；四盼，群众路线常走；五盼，布衣之交常结。① 这里五盼都有个"常"字，表明群众希望干部在患难时期表现出的好思想、好作风能够经常保持下来，这样所谓患难之交所结成的凝聚力，才会青春常在。

增强民族凝聚力是关系到千家万户的大事，必须最大限度地充分调动人民群众的积极性，才能取得较好的社会效应。弘扬民族优秀文化以振奋民族精神，固然是增强民族凝聚力的一条重要途径。但也正如有些座谈会中所指出，这不是发思古之幽情，而是要同时克服和扬弃传统文化中的封建性糟粕。即是说要经过批判继承，才能收到古为今用的效果。由于历史上的东西只能提供借鉴，传统思想的影响也可能是各取所需，古代的忠君爱国与重民、民本等思想，与今天讲热爱党和社会主义、奉献给国家、全心全意为人民服务等精神相比，在性质上就大有差异。由于时代的不同，增强民族凝聚力的途径和方法也应有所发展，这就需要我们结合实际国情做进一步的探索和研究。

（原载《广东社会科学》1992年第1期）

---

① 参见《光明日报》1991年10月6日。

试论中华民族精神的基本内容及其对民族凝聚力的促进作用

中华炎黄文化研究会、广东中华民族文化促进会、广东中华民族凝聚力研究会，为增强中华民族凝聚力而举行系列学术研讨活动，于1992年12月在广东中山市，以"中华民族精神与民族凝聚力"为主题，联合举行学术研讨会。这次会议，对团结海内外中华儿女，为中华民族的伟大复兴与祖国统一事业的发展，做出了很有现实意义的贡献。本文拟就中华民族精神的基本内容和民族凝聚力的相互关系问题，试做探讨，看民族精神对民族凝聚力的促进作用。

一

什么是民族精神，据说学术界有不同观点。一种认为真正的民族精神，反映出一个民族的精神中的积极因素，它不包括民族观念中的落后消极面；另一种则认为民族精神中具有双重性，即具有优劣两方面。

我认为从弘扬民族精神的角度来说，要弘扬的应是民族精神中积极的一面。我们平常讲中华民族精神，亦是从积极方面来理解，这带有约定俗成的意味，张岱年先生曾提出构成中华民族精神应具备两个条件：一是有比较广泛的影响，为中华民族多数人所信奉；二是能激发人们前进，有促进社会发展的作用。参照这两条界定，我将中华民族精神的基本内容初步归纳为八个方面。

（1）包容和谐精神。我将包容与和谐联结在一起，是因为它们在中华民族精神中是统一而不可分割的。《周易·坤》中说道："至哉坤元，万物资生。""坤厚载物，德合无疆，含弘光大，品物咸亨。"又说："地势坤，君子以厚德载物。"这里用大地做比喻，万物是生长在大地上，取得自然生态平衡，所以说是"品物咸亨"。联系到人事方面，君子待人就要像大地那样承载万物，这是形象地表达中华民族兼容并包的精神。至于被包容的万物，却是和谐地相处，有如《中庸》说的，"万物并育而不相害，道并行而不相悖""致中和，天地位焉，万物育焉"。这种精神反映到政治上，《尚书·尧典》讲"协和万邦"，孔子弟子也讲"礼之用，和为贵"①。我们今天处理国际关系仍是提倡和平共处的五项基本原则，国内也可以推行"一国两制"，这就是在兼容并包的前提下，做到在不同

---

① 《论语·学而》。

的政治制度之间的和谐共处。

（2）互助友爱精神。先秦时作为显学的儒、墨两家，都在提倡这种精神。墨子是反复宣扬"兼相爱，交相利"①的主张。他还提出"欲人之有力相营（相谋，即互相设法帮助），有道相教，有财相分也"②。这就是互助友爱精神。孟子虽曾攻击墨家的兼爱是"无父"，这可能是派性作怪。因为他另处又说"墨子兼爱，摩顶放踵利天下，为之"③，对兼爱做了肯定。孟子所说"爱人者人恒爱之，敬人者人恒敬之"④，与墨子讲的"必吾先从事乎爱利人之亲，然后人报我以爱利吾亲也"⑤，精神应是一致的。从孔子讲"四海之内，皆兄弟也"⑥，到孟子提出"死徙无出乡，乡田同井。出入相友，守望相助，疾病相扶持，则百姓亲睦"⑦。即无论在全国还是乡中，互助友爱都成为中华民族的传统精神。

（3）刻苦耐劳精神。毛泽东同志在《中国革命和中国共产党》一文中，曾说到"中华民族不但以刻苦耐劳著称于世，同时又是酷爱自由、富于革命传统的民族"。这里先谈前一点，中华民族的刻苦耐劳精神是世上公认的，在我国传统文化中从来就提倡这种精神。如孟子列举一些经过艰苦锻炼成才的人，接着说："故天将降大任于斯人也，必先苦其心志，劳其筋骨，饿其体肤，空乏其身，行拂乱其所为，所以动心忍性，曾益其所不能。"⑧要成就大事业的人，不能骄奢逸乐，必须刻苦耐劳，这已成为中华民族的传统精神。而先秦墨家，更是身体力行。如墨子称赞禹是"大圣"而"形劳天下"。故要从学者"日夜不休，以自苦为极"，认为"不能如此，非禹之道也，不足为墨"⑨。自是刻苦耐劳成为中华民族的传统美德。

（4）公平正直精神。这是指中而无偏、正而远邪的古训，在《尚书·洪范》篇中就说："无偏无党，王道荡荡；无党无偏，王道平平；无反无侧，王道正直。"这讲的虽是"王道"，也是对人们做到公平正直的要求。儒家讲中庸之道，按照程、朱的理解，"不偏之谓中""中者天下之正道"，即认为"中"是不偏不倚、无过不及之名，也就是公平之意。至于正直、正与邪、直与曲相对应，正直是具有刚而不屈的特性。孟子讲"富贵不能淫，贫贱不能移，威武不能屈"⑩，

---

① 《墨子·兼爱中》。
② 《墨子·天志中》。
③ 《孟子·尽心上》。
④ 《孟子·离娄下》。
⑤ 《墨子·兼爱下》。
⑥ 《论语·颜渊》。
⑦ 《孟子·滕文公上》。
⑧ 《孟子·告子下》。
⑨ 孙诒让：《墨子传略》。
⑩ 《孟子·滕文公下》。

可以称之为刚直精神和浩然正气。刘少奇同志在《论共产党员的修养》中,就引用过孟子这几句话,并归结为"革命气节"。他还提出"共产党就是代表人类正气的,我们要发扬和提高这种无产阶级的正气,克服一切的邪气"。刘少奇这里所讲的内容实质与古代儒家当然有所不同,但得承认公平正直亦是中华民族的传统精神。

(5)经世致用精神。学以致用本是我国教育的优良传统。儒家讲学而优则仕,出仕就要用世。正如海瑞当教谕时所订《教约》中指出"朝廷养士,盖欲异日为天下用",如果一生"读书作文",对家国毫无补益,就是无用之人了。当然,中国历史上也有清谈误国的人,顾炎武对此曾严加批判,而"天下兴亡,匹夫有责"的观念却深入人心。明、清时代的实学思潮及经世致用精神,成为中华民族精神的组成部分。

(6)团结御侮精神。这是爱国精神的一种体现,与实践"天下兴亡,匹夫有责"这句名言,也有相当关系。中国近代常受列强的侵略,由于中华民族传统上具有忧患意识,所谓"多难兴邦",反而成为团结御侮思想的动力,越能显示中华民族的团结精神,如林则徐之所以敢于进行抗英斗争,是因为他认识到"民心可用"这一伟大力量。一直到抗日战争,这种精神都得到发扬,成为中华民族精神不可缺少的一面。

(7)自强奋进精神。《周易·乾·象传》以天象做比喻说:"天行健,君子以自强不息。"乾坤对应,"自强不息"与"厚德载物"成为中华民族精神的象征,这已为人所公认。自强不息就是要发挥人的主观能动性,奋力不断前进。人定胜天,自力更生,都可以归纳进来,如荀子讲"制天命而用之"①。墨子讲尚力非命,主张强力而为,说"赖其力者生"②。韩非也强调"当今争于气力"③。对幼儿的启蒙教育,也说要"男儿当自强"。鼓励人们自强不息,自是中华民族精神的重要体现。

(8)革故鼎新精神。上引毛泽东同志所说"中华民族又是一个有光荣的革命传统和优秀的历史遗产的民族",其中"革命"一词,在中国是早已使用。《周易·革·象传》:"天地革而四时成,汤、武革命,顺乎天而应乎人,革之时大矣哉!"汤伐桀,武王伐纣,儒家孟子和荀子都表示赞成,这是中华民族的革命传统,也可以称为革故鼎新精神。《周易·杂卦》:"革,去故也;鼎,取新也。"即除旧立新之意。《大学》引"汤之盘铭曰:苟日新,日日新,又日新",革命传统和日新思想是中华民族精神的重要内容。

---

① 《荀子·天论》。
② 《墨子·非乐上》。
③ 《韩非子·五蠹》。

二

上面我将中华民族精神的基本内容归纳为八个方面。之所以说是归纳，是因为这些内容学术界多有谈及，我是集取众长而断以己意，即是在编排上有意识地使各条之间做到合逻辑的发展。上引张岱年先生的意见，认为构成中华民族精神应具备两条：一是为多数人民所信奉；二是能激励人们前进，有促进社会发展的作用。我归纳各条的编排是以此为参照系。

我归纳的第一条包容和谐精神，应是能为多数人民所信奉。中国是个多民族国家，中华民族则是以汉族为主干并包括众多兄弟民族构成的共同体。正因为包容和谐精神能为多数人民所信奉，所以彼此之间能够平等和睦相处。现在我们还把这种精神推广到国外，如提出和平共处的五项基本原则，受到世界上爱好和平的广大人民的欢迎。由此说明这一民族精神在国内外都有广泛影响，起到促进凝聚力的作用。

互助友爱精神，这是促使人们和谐相处的一项重要内容，对增强民族凝聚力会起到促进作用。因为人们即使能和平地生活在社会上，如果彼此漠不关心，就像一盘散沙一样，是没有什么凝聚力的。现在我们讲社会主义大家庭，就是要提倡孟子说的守望相助、疾病相扶持的互助友爱精神。如有人患病急需某种药物，经报上登载或电台、电视播出，就有人送药上门，这种事例就是互助友爱精神的体现。又如上次华东大水灾，海内外华人都积极捐款捐物，救济灾民，这说明互助友爱这一中华民族传统精神，对增强民族凝聚力起到巨大促进作用。

刻苦耐劳、公平正直是中华民族国民性积极方面的表现，也是发扬互助友爱精神需要具备的前提。如果一个人平常好逸恶劳，狡诈自私，要他关心帮助别人，那是不可能的。如果尔虞我诈，恐怕连正常的和睦关系也难以维持。必须发扬刻苦耐劳、公平正直这类中华民族的传统美德，这样从小处的邻里乡党，到大处的整个国家民族，要形成和增强、促进凝聚力，才有可靠和广泛的群众基础。

经世致用、团结御侮是中华民族的外在体现，是应用于社会所取得的成果。比如做官的要做到勤政爱民、为民造福；同时安内还要攘外，抵抗外来的侵扰。从政者如都能这样做，自然会得到人民群众的支持和拥戴，民族凝聚力就会得到加强。如果一个民族内部团结一致，做到万众一心，国家就容易富强，御侮就更能显示力量。所以中华民族凝聚力是互相促进，相得益彰。当然这里需要的是实干精神，不是空谈道理，并且还要有多做奉献，不谋私利，甚至不怕牺牲的爱国精神。宋朝范仲淹讲要"先天下之忧而忧，后天下之乐而乐"[①]，刘少奇同志在

---

① 《岳阳楼记》。

《论共产党员的修养》中引用这句名言后,也提倡"在党内、在人民中",要有"吃苦在前,享受在后,不同别人计较享受的优劣,而同别人比较革命工作的多少和艰苦奋斗的精神"。如果所有的共产党员和领导干部都能这样,当然会联系和团结到更多的群众,对民族凝聚力会起到更大促进作用。

自强奋进、革故鼎新,这是表现为动态精神,重要的是要发挥人的主观能动性。社会总体上是向前发展的,这是不以人的意志为转移的客观规律。但社会是人类的群体组织,发展得快或慢,是飞跃、停滞,还是暂时倒退,即出现回流,还是由社会中的群体在起作用。中华民族既然有自强不息、团结奋进、革故鼎新和更新趋时的精神,自可成为社会发展的内在动力,中国近一百多年饱经忧患,历尽坎坷,虽然在国民性中有它惰性和劣根性的一面,但并非主流;而刚健有为、自强不息的精神还是居于主导地位,艰难曲折地推动社会前进。并且在殷忧启圣、多难兴邦的思想指导下,反而起到增强民族凝聚力的作用。

以上归纳的八条,我认为有它的逻辑顺序和内在联系。从这八条基本内容的精神看,对应张岱年先生提出构成中华民族精神应具备的两个条件,我认为还是符合的。

至于中华民族精神与民族凝聚力的相互关系,林卓才同志在《社会科学报》写过一篇报道,题目是《振奋民族精神,为迈向新世纪铺砌基石》,讲的是广州前段时间的讨论情况,文中说:"中华民族精神是中华民族凝聚力思想内涵的题中应有之义。"方立天同志在《民族精神的界定与中华民族精神的内涵》一文也说:"民族精神就是符合民族生存和发展的规律的思想文化,是具有凝聚性的意识。"[①] 他们将民族精神与民族凝聚力好像必然结合在一起,而没有做出所以然的论证。本文企图将中华民族精神如何促进凝聚力问题试做分析,但理论深度不够,只能初步探索。

最后补充几句中华民族精神的传统性与时代性的关系问题。民族精神是经过历史积累形成的,有它的传统精神,但民族精神不是一成不变的,要随着时代向前发展。传统精神走向现代有个转换过程。我认为中华民族精神有它的包容性和适应性。当然向现代精神转换也是有条件的,并非原封不动就能适应,而是要通过批判继承,也可称之为扬弃,中华民族的传统精神才能适应时代精神的发展。

(原载《东方文化》1994 年第 3 期)

---

① 方立天:《民族精神的界定与中华民族精神的内涵》,载《哲学研究》1991 年第 5 期。

增强中华民族凝聚力是增强综合国力的一项基本保证

中华民族凝聚力作为一个研究课题，是由广东学者率先进行的，20世纪90年代初在郑群同志的倡议下，广东成立中华民族凝聚力研究会，经过将近十年的努力，取得丰硕的研究成果，并建立了"中华民族凝聚力学"这一门新兴的边缘科学，从而受到国内外社会科学界的关注。

中华民族凝聚力的研究为什么引起人们的重视，它有什么功能和作用？我们可以说，民族凝聚力的强弱与中国国力的盛衰是成正比的，这可以从历史和现实方面得到验证。

从历史上看，中华民族的形成和国家的统一，都是由小到大，从多元进化为一体。费孝通在《中华文化多元一体格局》中说：中华民族作为一个自觉的民族实体，是近百年中国和西方列强对抗中出现的，但作为一个自在的民族实体则是几千年的历史过程所形成的。考古学家苏秉琦也认为中国国家的形成和发展是经历多元一体的途径。他提出由五帝时期共识中国的古国林立，到夏、商、周理想中国出现松散式的方国联邦，再经过春秋、战国的分化组合，到秦、汉才形成现实统一的中国，这就是从多元走向一体。

在秦统一以前，构成中华民族主体汉族的族源，据文化史家徐旭生认为，中国远古部落大致是由三大集团构成的：一是地处东方的东夷集团，一是地处西北的华夏集团，一是地处南方的苗蛮集团。三大集团经过长期的交往、斗争，终于融合成为汉族的前身。到秦汉时期，随着汉民族的形成和国家大一统的实现，两者可以说是同步发展。这里能把全体民族成员结成一个统一的有机整体，并确保民族生存、发展的内在机制和原动力，就是民族凝聚力。

汉、唐在中国历史上是一个国力较为强盛的时代，亦是中国以汉族为主体与各族人民大融合的时期。当时实行的和亲政策，应该说曾经起到促进民族融合和文化交流的作用。如昭君和蕃成为汉朝与匈奴和亲的历史见证，使两个民族之间得以和平相处。唐代太宗时文成公主与吐蕃首领松赞干布结亲，中宗时金城公主又嫁给吐蕃赞普弃隶洸赞，重申两族和好。到长庆元年（821），唐朝还与吐蕃会盟。当时认同"社稷如一"的"长庆会盟碑"，至今仍保存在拉萨大昭寺，可以作为双方较长时期和好的历史见证。

历史上各民族之间的文化交融会带来双向效应。如汉武帝时张骞出使西域，带去了中原汉族的先进文化，但也带回西域各族自身的文明。到唐代演奏的十部乐，其中的龟兹乐、疏勒乐、西凉乐等，大概是来自西北的少数民族的舞乐。文化的交融当然有助于各民族凝聚力的加强。

汉民族的和亲政策与各民族的汉化也是同步发展，这与各民族之间的交往、杂处有关。东汉后期以来，西边和北边的少数民族大规模内迁，与汉人杂处，另外，由于中原的动乱，汉民族也有流徙到巴蜀、岭南以至河西走廊。经历三国、两晋、南北朝，这虽然是个分裂割据时期，但从动乱中反而有利于各民族从矛盾中走向融合。如有的少数族统治者入主中原割据一方，由于为汉族先进的生产技术和政治、文化生活所吸引，反而加促他们的汉化，如北魏孝文帝就是一个例子。这就使汉族文化逐渐成为中华民族凝聚力的核心，到隋、唐时皇室以胡汉混杂的血统实现统一。

唐太宗在统一的同时推行民族和睦政策。他接受魏徵"偃革兴文，布德施惠"的建议，做到"中国既安，远人自服，九夷重泽，相望于道"，从而出现"胡越一家，自古未之有也"的局面。

清代以满族入主中原，到康熙时也着力于实行民族和睦政策。如重视处理好与汉族、蒙古族和藏族的关系，治国思想认同儒家的传统文化，以仁德治国，处理好各民族之间的关系，同时亦尊重各民族的语言习俗。如编纂的《清实录》，用汉、满、蒙三种文字缮写，《五体清文鉴》更是用汉、满、蒙、维、藏五种文字编修，这是对各族之间平等地位的尊重。

辛亥革命推翻了清王朝，建立中华民国，仍然打出"五族共和"的旗帜。孙中山宣布中华民国是"建设专为拥护亿兆国民之自由权利，合汉满蒙回藏为一家"，这都是为了加强民族凝聚力。我们现实中则是56个民族和睦相处，每个民族仍然保留原来的族名，但也以中华民族为共同的"族名"，这正是民族大家庭加强凝聚力的一种表现。

无论从历史和现实看，凝聚力的强弱与国力的盛衰是成正比的，汉、唐在国力强盛的年代和清朝所谓康、乾盛世，都是民族凝聚力比较融合的时期；相反在中国近代史上由于朝政腐败，帝国主义入侵，在内忧外患交迫的情况下，阶级矛盾、民族矛盾上升，人民对统治者离心离德，当然谈不到有什么凝聚力，而国势到清朝晚年可以说是一蹶不振。

近代中国尽管经历了丧权辱国的苦难，但是各族人民包括海外华人在受爱国思想的激励下，在与各种投降卖国势力的斗争中，中华民族凝聚力反而有得到加强的一面。经过旧民主主义与新民主主义的革命斗争，特别进行了抗日战争和反对国民党独裁统治的斗争，建立了抗日民族统一战线和人民民主统一战线，使各族人民终于凝聚在共产党的周围，基本上完成国内的统一大业。毛泽东同志说："人民的团结，国内各民族的团结，是我们事业必定要胜利的基本保证。"这可以说是中华人民共和国成立50年来取得革命与建设事业胜利的基本经验。当然，如果违背这条原则，如反右斗争扩大化，"大跃进"和"文革"时期那样的重大失误，造成人际关系矛盾激化和社会混乱，破坏了各民族、各阶层人民之间的凝聚力，从而使综合国力也大为削弱，甚至国家经济陷入破产的边缘。这是我们应当记取的历史教训。

经过"文革"十年的动乱，打倒"四人帮"后，实行拨乱反正，党的十一届三中全会召开后，决定把全党工作的重点转移到社会主义现代化建设上来，结束了以阶级斗争为纲造成的社会混乱状态，全国重新出现安定团结的局面。在邓小平同志正确理论的指导下，从中共十三大到十五大，由于有了党的一系列正确的路线、方针、政策，各族人民有了振兴中华这个共同奋斗的目标，因而凝聚力得以日益加强，中国国力也就提高到一个新阶段。

中华民族凝聚力在历史发展的长河中虽有强弱起伏，但还是能够持续不断地起到作用。英国历史学家汤因比说："就中国人来说，几千年来，比世界任何民族都成功地把几亿民众，从政治、文化上团结起来，他们显示出这种政治、文化上统一的本领，具有无与伦比的经验。"这种说法当然是有根据的，世界上有四大文明古国，几千年来不是只有中国能持续不断显示出政治、文化上统一的本领吗？难道不是中华民族凝聚力在起作用吗？

经过近20年来的改革开放，中华民族凝聚力在团结国内各民族和海外华人方面，表现得更高、更强、更具力度、更具时代特色。在走向现代化的过程中，中国国力的提高更是受到国际瞩目。如阿根廷驻新加坡大使在《民族报》2月1日发表文章，说今天中国已进入十个主要经济国家之列。近年来中国的增长率在这十国中是最高的。在购买力方面，中国仅次于世界最大的经济强国美国，居第二位。中国的国际储备达1500亿美元，仅次于日本。这使中国能够缓解亚洲危机的严重影响，与此同时，中国经济的活动和承受力也促进了危机后的亚洲的稳定与复苏。该文最后说：作为主要经济强国之一，中华人民共和国将在维护世界和平与繁荣方面起重要作用。中国经济近年来的巨大变革，将被认为是20世纪的最大成果之一。

改革开放20年来，不但加强国内人民和各民族之间的团结，同时由于"一国两制"的成功，香港、澳门相继回归，现在做台湾的工作，虽然政治上还有阻力，但民间经济、文化的交流却日趋紧密。还有海外华侨、华人在国内投资和寻根活动，所有这些总体上都是有助于增强中华民族凝聚力。进入2000年新世纪，中国能进入世界经济强国之林，中华民族凝聚力应当会起到重要的促进作用。也可以说是提高中国综合国力，使建设中国特色社会主义现代化事业获得成功的一项基本保证。

（原载《南方日报》2000年3月5日）

批判继承　古为今用

——对增强中华民族凝聚力关系的探讨

最近，国内学术界和社会各方面的人士，都很关心对中华民族凝聚力的研究，认为是一个很有现实意义的课题。在讨论中提出：通过弘扬民族优秀文化，振奋民族精神，用以增强民族凝聚力。对这条思路我是同意的，但对此如何落实，我觉得还要进一步探讨。

一

民族文化中哪些是优秀的？要怎样弘扬才能增强民族凝聚力？这些似乎不是一个简单就能回答的问题。民族文化离不开传统，而传统文化不能说都是优秀的，我们对传统文化的方针是批判继承，古为今用，只能对民族文化的优秀成分加以弘扬。由于传统文化中的糟粕与精华，不是那么现成地摆在那里，是不能拿来就用的。对一些思想观点，也是需要做阶级、历史的分析，在古为今用时，有的还要做创造性的转化。我认为历史上所形成的思想观点往往带有矛盾的两重性，因此能否正确认识而加以运用，会产生不同的社会效果，即可能出现增强或者削弱凝聚力的作用。下面拟举些例子进行分析。

爱国主义精神，有的同志认为它深深植根于中国悠久的历史和文化传统之中，是我们民族凝聚力的核心，同时举出了屈原、林则徐、孙中山等人做例子，认为他们都具备爱国主义精神。

被称为爱国诗人的屈原，他热恋楚国乡土的感情激发着后人的无限追思，但对他的"爱国"，历史上也有人表示异议。如贾谊被谪长沙曾为赋以吊屈原，其中有句："般纷纷其离此尤兮，亦夫子之故也。历九州而相其君兮，何必怀此都也！"贾谊对屈原被谗放逐是同情的，但对他的自沉觉得有点不值得，因为当时是列国纷争，屈原可以到别处找寻明君，何必留恋着楚都不放呢？古代爱国往往和忠君联系在一起，像楚怀王那样昏庸，在贾谊看来屈原爱恋楚国以至牺牲性命是不值得的。所以从总体上看，屈原式的爱国对当时的中华民族不会增加多少凝聚力。

正是由于传统上爱国往往和忠君联系在一起，所以，同是一个人在不同场合，即使在动机上都自认为是爱国，社会效应也不一样。如林则徐禁烟抗英，这种爱国精神是会增加民族凝聚力的；但他后来奉命镇压太平天国运动，如果不是中途去世，这样做下去是不会得人心的。同样，岳飞精忠报国，在抗金斗争中能凝聚着中原豪杰，但他镇压洞庭湖区的农民起义，就失丢了爱国的光彩。

大一统思想。有的同志对此给予很高评价，认为其实质是文化的统一和融合，是中华民族的向心力和凝聚力；大一统以华夏文明为准则，是中华民族团结发展的精神力量。

在中国历史上，统一的时间多于分裂，在割据纷争的年代，统一是人心所向，这有助于增强凝聚力。但是，有的同志出于好心，认为儒家提倡的大一统是文化的一统，不是武力的征服：孟子多次讲要施仁政，不嗜杀人者才能统一天下，反对统一于虐政。从长远看，在统一的过程中及其以后，行仁政是有凝聚力的，但单靠行仁义是完不成统一任务的，要经过统一战争似乎是不可避免的。如战国时孟子倡导仁义，其成效却不如商鞅在秦变法，推行耕战政策，对东方各诸侯国的人民更有吸引力，这是为历史实践所证明的。

至于完成大一统后的国家，亦并不是都能维持它的凝聚力的。如秦的统一改变了战国时期"兵革不休，士民罢（疲）敝"的困境，当时"元元之民，冀得安其性命，莫不虚心而仰上"①，即受到群众的拥戴。但秦始皇统一后却实行暴虐统治，到秦二世更是变本加厉，很快就引起人民的反抗，统一的大帝国接着土崩瓦解。后来汉、唐的统一之所以能维持比较长久，多少是因为吸取秦亡的教训，开国后较能注意发展生产，与民休息，从而恢复人民对统一国家的向心力、凝聚力。我这里是想说明，不是所有提倡统一的思想都能产生凝聚力，还要看实践中由谁统一，是什么样的统一。

亲情观念。有不少同志认为这是增强中华民族凝聚力的重要支柱，当今海外华侨、华人正因为多有亲人在国内，以亲情观念为纽带，从而增强对祖国的向心力和凝聚力，这一点当然是事实。但是，在传统文化中人们的亲情观念主要受儒家亲亲思想的影响。亲亲讲的是人际关系，是人与人之间的相互感情，但不是对所有人的感情都一样，而是由亲到疏，由近及远，这可以称为推爱思想。孟子说："亲亲而仁民，仁民而爱物。"② 又说："老吾老，以及人之老；幼吾幼，以及人之幼。天下可运于掌。"③ 这种推爱式的亲情应该是可取的。但像孔子所说："父为子隐，子为父隐，直在其中矣。"④ 这种家丑不可外扬的亲情观念，在社会上传播，只能起到负面影响。如果像孟子说的，做到"出入相友，守望相助，疾病相扶持"⑤，那当然是好的。但有的以此结党营私，或为着某些亲情关系而以权谋私，那就并不光彩了。这样做或者可以增强亲情关系网的凝聚力，但对民族凝聚力只能起到削弱作用。

---

① 《史记·秦始皇本纪》。
② 《孟子·尽心上》。
③ 《孟子·梁惠王上》。
④ 《论语·子路》。
⑤ 《孟子·滕文公上》。

二

上面我只是想说明，要弘扬民族优秀文化，不能只是肯定几个抽象概念，比如要落实到增强民族凝聚力上，对应的双方都要有承受的载体。爱国主义是指人民爱自己的国家，国家要有吸引力，人民要有向心力，必须要这两方面的载体发挥作用，才能构成这个国家民族的凝聚力。所以，一个国家有无凝聚力，甚至它的兴亡，民心的向背是关键。孟子说："桀纣之失天下也，失其民也；失其民者，失其心也。得天下有道：得其民，斯得天下矣；得其民有道：得其心，斯得民矣。"①

这里孟子是向当时的诸侯国君说的，指出他们要想得天下称王，就要得民心；而夏桀、商纣之所以失天下，就是因为失民心。由此可见，爱国主义精神不是抽象的，也不是凭空产生的，必须当时这个国家具有吸引力，人民才有向心力来"爱"这个国家。大一统的思想也是这样的，国家的统一如果不是关注人民的利益，相反却是施行虐政，那么人民又何必厚爱这种统一呢？

在这里有的同志可能会说：我们讨论的是民族凝聚力，而不是人民对统治者的向心力。但要知道，当时的人民主要是小农，其情况正如马克思所指出："他们不能代表自己，一定要别人来代表他们。他们的代表一定要同时是他们的主宰，是高高站在他们上面的权威，是不受限制的政府权力，这种权力保护他们不受其他阶级侵犯，并从上面赐给他们雨水和阳光。所以，归根到底，小农的政治影响表现为行政权力支配社会。"② 由于小农这种特性，他们希望得到统治者的保护和赐给雨水和阳光。统治者如能做到这一点，自是可以吸引人民的向心力。相反像秦王朝统一后，"专任刑罚"，弄到"赭衣塞路，囹圄成市，天下愁怨，溃而叛之"③，当然谈不上什么凝聚力了。

在我国民族文化中有一个比较好的传统，就是重民思想。如《尚书》中托名大禹说的"德惟善政，政在养民"（《大禹谟》）。当国君的能养民、安民，就会受到人民的怀念，这可以说是产生凝聚力的双向效应。据传周武王教导康叔时，亦说："古人有言曰：'人无于水监，当于民监。'今惟殷坠厥命，我其可不大监抚于时？"（《酒诰》）这里古人的话的意思是：人不要用水当作镜子，而应当把民众当作镜子。现在殷朝已经丧失了天命，我怎敢不以殷亡的教训为鉴呢！

在我国民族传统中，历代的国君都宣称自己的统治权力是受命于天的，这是君权神授的观点。但天神与民相比，似乎天意应该符合民心。武王伐纣时说：

---

① 《孟子·离娄上》。
② 《路易·波拿巴的雾月十八日》，见《马克思恩格斯选集》（第1卷）。
③ 《汉书·刑法志》。

"天视自我民视,天听自我民听。""惟天惠民,惟辟奉天。"① 既然天的视听来自于民,又是惠爱于民,所以当国君的应该奉承天意。但是武王又说:"民之所欲,天必从之。"② 既然天从人愿,奉承天意的国君更是应该听从民之所欲了。当然重民并非完全为着人民的利益,因为民是国家的根本,如果丧失人民的凝聚力甚至发生动乱,国家也就保不住了。这一点已成为人们的共识,就是《尚书》里说的:"民为邦本,本固邦宁。"③ 这就成为我国传统文化中的民本主义思想。

春秋战国是由诸侯列国纷争走向统一的时代,各国都是争取人民的拥护。如辅助齐桓公成霸业的管仲,就提出想安国就要利民。如说"相地而衰征则民不移""无夺民时则百姓富"④。与管仲思想有关的《管子》一书,更是明确指出:"政之所行在顺民心,政之所废在逆民心。"⑤ 这里不是空谈,而是要实现发展生产以吸引人民的凝聚力。

齐国之外,晋、秦、楚等国之所以能相继争霸,在一定程度上是因为得到人民的归附。至于他们的后代,有的不能守成,如姜齐就为陈氏所取替,原因如晏子所说,是由于"公(指姜齐国君)弃其民,而归于陈氏","其爱之如父母,而归之如流水"⑥。人民归向新君,就成为无可避免的趋势了。

三

上面讨论了增强国家民族凝聚力的双向效应,主要是掌握国家权力的"君"与构成国家要素的"民"这两者如何构成凝聚力的问题。还有一点需要指出:在封建社会中君与民之间有一个群体称为"臣"。臣一般称之为"官",由君所委任来管理民,是沟通君与民的桥梁。过去的官是为君主办事的,所以爱国往往和忠君联系在一起,如上面提到的屈原、岳飞、林则徐等均属此类。

在封建社会中大臣是否要尽忠于君主个人?君与臣的职分是什么?明末黄宗羲对此有过批判性的见解。他认为古代理想的君主是"不以一己之利为利,而使天下受其利;不以一己之害为害,而使天下释其害"。可是后世现实的人君却不是这样,这些人君把国家作为私产,"传之子孙,受享无穷",甚至"敲剥天下之骨髓,离散天下之子女,以奉我一人之淫乐"。据此,他提出尖锐的批评:"然则为天下之大害者,君而已矣。"⑦

---

① 《尚书·泰誓中》。
② 《尚书·泰誓上》。
③ 《尚书·五子之歌》。
④ 《国语·齐语》。
⑤ 《管子·牧民》。
⑥ 《左传》昭公三年。
⑦ 《明夷待访录·原君》。

自是黄宗羲反对当大臣的只是尽忠于皇帝一人。他说:"故我之出而仕也,为天下,非为君也;为万民,非为一姓也。"又说:"吾无天下之责,则吾在君为路人。出而仕于君也,不以天下为事,则君之仆妾也;以天下为事,则君之师友也。"① 这里黄宗羲对天下国家和君主的一家一姓做了严格的区分。大臣出仕为的是万民忧乐,如果出来做官,不为天下万民办事,变成君主的奴仆,他是不会干的。因此,他反对那些"以君臣之义无所逃于天地之间"的观点。由于孟子讲民贵君轻,朱元璋曾经想将其牌位迁出孔庙。黄宗羲赞成孟子肯定汤、武革命的言论,称之为"圣人之言";而对那些宣扬尊君思想的人斥之为"小儒"。② 他提出:"为臣者轻视斯民之水火,即能辅君而兴,从君而亡,其于臣道固未尝不背也。"③ 这就是说:当大臣的如不关心人民的疾苦,只是跟着君主转,那么无论使君主得到兴旺或随着他败亡,这都是不符合"臣道"的标准。黄宗羲认为当大臣的不是对君主负责,而是对万民负责。所谓"天下兴亡,匹夫有责",这种思想所产生的民族凝聚力,突破了传统的忠君爱国这一狭隘观念的藩篱,也可以说是批判性的继承,对我们今天如何增强民族凝聚力问题,应该是有所启迪。

四

现在我们谈增强民族凝聚力,和过去有一个很大的不同,就是人民地位的提高,人民变成了国家的主人,而国家各级管理干部则称为公仆。不过,我国公仆的作为,我觉得应该是由执政的共产党的性质所规定的。《中国共产党章程》中提出要坚决实现三项基本要求,其中一项就是"全心全意为人民服务",说"党除了工人阶级和最广大人民群众的利益,没有自己特殊的利益"。党员的义务中也有一条:"坚持党和人民的利益高于一切,个人利益服从党和人民的利益,吃苦在前,享受在后,克己奉公,绝对不得假公济私,损公利私。"能做到这些规定,当然是名副其实的公仆。

此前,在广东省增强中华民族凝聚力系列研讨活动的推动下,湛江、阳江、阳春、佛山等地都先后举行座谈,与会者曾提出不少好的意见和建议。其中有的谈道:当前党中央一再强调必须增强我党的凝聚力,这正是增强中华民族凝聚力的关键所在。增强中华民族凝聚力正需要从增强共产党的凝聚力做起,从增强各地区、各系统、各部门、各单位自身的凝聚力做起。

我同意这种意见。我认为要增强党内凝聚力,要实现《中国共产党章程》中提出的基本要求,即:第一,做到思想上政治上的高度一致;第二,坚持民主

---

① 《明夷待访录·原臣》。
② 《明夷待访录·原君》。
③ 《明夷待访录·原臣》。

集中制。至于如何增强党对民族内部各个群体的吸引力，这就是一个如何搞好党群、干群的关系问题。如这次我国碰到百年罕见的特大洪涝灾害，对党群、干群之间的凝聚力就是一场考验。

在这场抗洪斗争中，人民群众对党员干部总的来说是满意的。据了解，群众对干部有五赞：一赞，干部与群众心连心，患难之中见真情；二赞，上面干部来到了第一线，体察民情，了解灾情；三赞，政令畅通，团结协作，勤政为民；四赞，清廉俭朴之风扑面而来，干部下基层，放下了架子，粗茶淡饭取代了举杯碰盏；五赞，党的优良传统大发扬，在危急关头，党员、干部冲锋在前，无私奉献。从群众对干部的五赞看来，主要是党员干部在抗洪斗争中能够与群众共患难，把人民的利益放在首位，这样在党群、干群之间就合成坚强的凝聚力。江泽民在建党70周年庆祝会上的讲话中说："全心全意为人民服务是我们党的根本宗旨，密切联系群众是我们党的优良作风。"又说："各级领导机关和领导干部都要以身则则，转变作风，扎实工作，勤政为民，认真解决群众迫切需要解决而又能够解决的问题。要坚持人民的利益高于一切。"我认为如果各级党员干部都能按照这样的要求做好工作，就可以成为增强我们国家民族凝聚力的重要保证。

最后还要指出一点，增强民族凝聚力不是自然形成的，要靠人去工作。同时工作不能靠一时冲动，就可以一劳永逸。如上面讲到灾区群众对干部有五赞，但同时又想到抗洪斗争中凝结成的干群之间的深情厚谊，会不会因时过境迁而忘却或丢失，因而人们在内心里有着五盼：一盼，公仆之心常驻；二盼，人民利益常记；三盼，党风廉政常抓；四盼，群众路线常走；五盼，布衣之交常结。① 这里五盼都有个"常"字，表明群众希望党员干部在患难时期表现出的好思想、好作风能够经常保持下来，这样所谓患难之交所结成的凝聚力，才会青春常在。

增强民族凝聚力是关系到千家万户的大事，必须最大限度地充分调动人民群众的积极性，才能取得较好的社会效应。弘扬民族优秀文化以振奋民族精神，固然是增强民族凝聚力的一条重要途径，但也正如有些座谈会中所指出的，这不是发思古之幽情，而是要同时克服和扬弃传统文化中的封建糟粕。即是说要经过批判继承，才能收到古为今用的效果。由于历史上的东西只能提供借鉴，传统思想的影响也可能是各取所需，古代的忠君爱国与重民、民本等思想，与今天讲热爱党和社会主义，奉献给国家，全心全意为人民服务等精神相比，在性质上就大有差异。由于时代的不同，增强民族凝聚力的途径和方法也应有所发展，这就需要我们结合实际国情做进一步的探索和研究。

（原载《增强中华民族凝聚力第二次学术讨论会论文集》，香港汉荣书局1992年版）

---

① 材料来源见《光明日报》1991年10月6日。

近代中华民族凝聚力的历史发展

"近代"作为中国历史分期,学术界有两种提法:一种指无产阶级领导的新民主主义革命开始以前一段的历史,即从鸦片战争到五四运动;另一种是将下限延到1949年中华人民共和国成立,即包括整个中国半殖民地半封建时代的历史。本文是采用前一种提法。

从鸦片战争到五四运动,是标志着中国封建社会的没落和走向半殖民地化的过程,由于西方帝国主义的入侵,中国人民面临反帝反封建的双重任务。在内忧外患频繁压迫下,人民大众经历了一个苦难的年代,但人民并不因此而屈服,反而在斗争中加强团结,并在爱国主义思想的支配下,中华民族凝聚力更是得到进一步的发展。

一、鸦片战争到太平天国运动——人民在反帝反封建斗争中形成的民族凝聚力量

(一)"民心可用"团结御敌与广东人民的抗英斗争

鸦片战争是中国近代史的开端,也是帝国主义入侵把中国变为半殖民地的起点。由于这场侵略战争是在广东爆发,激起广东人民的爱国热情,走上了斗争的最前线,从而"表现了中国人民不甘屈服于帝国主义及其走狗的顽强反抗精神"[①],并在斗争中形成中华民族的凝聚力量。

鸦片战争的起因是以英帝为首的殖民主义国家向我国实行鸦片倾销政策,广东因地理位置关系,受害最深。如1842年用全省义士义民名义发表的檄文,就痛斥英帝国主义:"私住粤洋岛上,贩卖鸦片,毒我生灵,伤民命奚止数百万众?耗民财奚啻数千万金?"对英帝这种谋财害命的勾当,"万众痛心疾首,盖数十年于兹,而英夷人窥伺天朝,其所由来者渐矣"[②]!受害愈深,当然反抗会愈烈,数十年积怨,再碰上英帝蛮横无理的侵略,同仇敌忾,各行业、各阶层的人就会走在一起,团结御侮。当时就有农民、手工业者、渔民、船户、艇工、城市贫民、小商贩和中小商人,亦有爱国士绅和开明官僚参加斗争。官绅与平民虽有矛

---

① 毛泽东:《中国革命和中国共产党》,见《毛泽东选集》(合订本)。
② 《全粤义士义民公檄》,见中国史学会主编《鸦片战争》(第3册),神州国光社1954年版,第353页。

盾，但除开那些投降派和汉奸等人外，出于保家卫国的需要，基本上构成相当广泛的爱国统一战线，而爱国主义则成为促进中华民族凝聚力的思想基础。

在当时中国封建专制体制的条件下，平民大众的抗英斗争基本上是自发的，如要成为有组织的武装，则要接受禁烟派（后成为主战派）林则徐等人的招募；一旦领导权掌握在投降派手里，抗英凝聚力就瓦解了。因此，能否保持凝聚力，是取决于爱国和卖国两条思想路线的斗争。

广东人民反对外来侵略，在鸦片战争前的1838年12月就开始了。当时，广州爆发了人民群众反对鸦片贩子干涉中国司法主权的大示威，使原来主张弛禁的两广总督邓廷桢的态度强硬起来。在答复外侨商会的抗议书时严正指出：在外国商馆前对烟贩执行死刑是中国政府的主权，"若有骄慢侨民，胆敢干涉，行商即应予呈报，驱逐出境"①。正是在人民群众的支持下，地方政府理直气壮地维护了中国司法权力的尊严。

当时主张禁烟的林则徐，正奉命出京查办粤东海口事件。他原本信心不足，在"仆仆道途"时就表现出"忧心忡忡"。但当邓廷桢来信告知人民群众拥护禁烟时，他就大为振奋，到广州后在1839年3月，迅速派兵包围商馆，迫使外国鸦片贩子缴烟。广州人民也就立即予以配合，自动拿起灯笼和长矛，日夜围守商馆前后，大鸦片贩子颠地逃跑时，就被群众截回。② 正是凝聚着广大群众的群策群力，才使林则徐的封锁商馆取得成效，外国烟贩不得不缴出鸦片20283箱，后在虎门当众销毁。林则徐禁烟之所以收到效果，与广东人民的支持是分不开的。

林则徐禁烟，在实践中受到群众的支持和协助，使他感到"民心可用"，因而加强了抗击英国侵略者的信心。收缴鸦片后，英国驻华商务监督义律，既蓄意破坏具结进口贸易，又拒绝交出1839年7月在尖沙咀杀害村民林维喜的凶手，林则徐为防止"意外之患"，下令海口内河各处设防。8月底并发出告示，号召沿海人民聚合丁壮，购置器械，以便自卫。还规定如英人上岸滋事，可以开枪阻止，令其退回。如要觅井汲水，也要加以阻拦，不许饮用。但英人未上岸时，就不要接近英船，以免生事，总之是进行有理有节的斗争。在林则徐的号召下，广州附近的南海、番禺、顺德等地，原有社学组织中的爱国士绅即召集义勇，投入抗英御敌的准备工作。林则徐眼见各地民气激昂，深受感动，他激情地说："察看民情，所有沿海村庄，不但正士端人衔恨刺骨，即渔舟村店亦俱恨其强梁，必能自保身家，团练抵御。"③ 这是经过对民情考察，更坚定他"民心可用"的思想。

---

① 宾汉：《英军在华作战记》，见中国史学会主编《鸦片战争》（第5册），神州国光社1954年版，第17页。

② 参见中国史学会主编《鸦片战争》（第2册），神州国光社1954年版，第420页。

③ 《英人非不可制，应严谕将英船新到烟土查明全缴片》，见《林则徐集·奏稿（中册）》，中华书局1965年版，第678页。

就在林则徐发动群众备战时，10月1日，英内阁会议决定"派遣一支舰队到中国海去"，即准备发动对华侵略战争。到年底，林则徐致函怡良，商讨募勇操练以抗英的大事。当时林则徐还请人辑译《华事夷言》一书，书中有谈到英人对中国问题的看法。裕谦在一奏折中谈到该书的片段内容："末段言中国之人，柔弱不善战，水师军器皆不中用。惟广东岸上粗工力作之人及水中营生之人，勇壮有力，欧罗巴人皆不能及，若拣充兵丁，可谓精兵等语。"①他们看不起中国的正规水师，但对广东的劳苦大众却有所畏惮，实质上是承认人民群众的伟大力量。

林则徐借助人民的力量，在广东实行禁烟时就以民情公愤来警告英方："况察看内地民情，皆动公愤，倘该夷不知改悔，惟利是图，非但水陆官兵，军威壮盛，即号召民间丁壮，已足制其命而有余。"②林则徐这里并非徒托空言，而是付诸实际行动。他从"夷馆工人"到"滨海小民""渔民疍户"等都"收而用之"。

为要提高人民对敌斗争的积极性，林则徐还不断悬赏鼓励群众杀敌。《中国丛报》1841年2月号就载有杀敌夺船的赏格，俘英船一艘十万元，毁一艘三万元等。③

至于当时人民群众之所以英勇抗敌，并非志在奖赏，而主要是要卫国保家。林则徐先是意识到这一点。因为外敌入侵，直接损害到绅民的身家性命，所以为着"自保身家"，必能"团练抵御""以便自卫"。④后来爆发三元里人民的反侵略斗争，就是一场卫国保家的自发行动，并充分表现出由爱国思想所促成的凝聚力量。

鸦片战争爆发后，英国侵略军所进入的中国沿海地区和城市，烧杀抢掠，如在广州原与外国商人进行贸易场所的"十三行"也被洗劫一空，厦门、定海、宁波、乍浦、镇江等地，人民都遭到摧残和劫掠，理所当然会强烈反抗。例如，在福建厦门近郊的乡民以抬枪等为武器，与英军展开激烈战斗，歼敌多人。在浙江宁波、镇海、定海等地出现反抗侵略者的"黑水党"，多次狙击英军。在江苏太仓等地农民埋伏击杀英国士兵，侵略军胆战心惊，不敢上岸。靖江人民还用抬枪击中英舰的火药舱，敌船起火，狼狈逃窜。在台湾的台南、台北、基隆等地也多次击溃英军的进犯。而广州三元里人民的抗英斗争，则是当时中国人民反侵略斗争的一面旗帜。⑤

---

① 《道光朝筹办夷务始末》卷二十四，民国十九年（1930）故宫博物院影印本。
② 《谕洋商责令外商呈缴烟土稿》，见《林则徐集·公牍》，中华书局1965年版，第58～60页。
③ 参见马士《中华帝国对外关系史》（第1卷），生活·读书·新知三联书店1957年版，第297页。
④ 《中国丛报》第8卷第5期。
⑤ 参见胡绳《从鸦片战争到五四运动》，人民出版社1981年版，第53～54页。

三元里人民抗英发生在1841年5月30日（道光二十一年四月初十日），由于投降派的引狼入室，英国侵略军正在广州城边肆行劫掠奸淫。而这一天侵占四方炮台的英军，在广州城北约五里的三元里却遇到了从未料到的抵抗。来自广州近郊103个乡的群众，参加的除农民外，还有当地的丝织工人、打石工人，一些主持社学的地主绅士也参与这场斗争。除那些投降派官僚和汉奸外，在卫国保家的精神召唤下，基本上各阶层的人都凝聚在一起，与侵略者展开肉搏战。英军措手不及，加上雷雨天气和乡间泥泞小路，使他们被分割而陷入群众的包围之中。到了第二天，投降派奕山应英国人的要求，派广州知府余保纯出城解围，劝说群众散开，侵略军才得以撤退。丧权辱国的《南京条约》签订后，广州人民拒绝英国侵略者入城的斗争，广大群众的凝聚力仍然起到决定作用。

（二）林则徐"开眼看世界"、魏源"师夷长技以制夷"与加强民族团结的紧迫感

鸦片战争的失败，从表面看是不如对方的坚船利炮，即在武器方面不如敌人，但看深一层，则是由于清政府的丧权辱国政策所致，不过，人民群众保家卫国的凝聚力也是不可轻视的。前面讲到三元里人民的抗英斗争，爱国诗人张维屏所写《三元里》七言长诗开头部分就说："三元里前声若雷，千众万众同时来。因义生愤愤生勇，乡民合力强徒摧。家室田庐须保卫，不待鼓声群作气。妇女齐心亦健儿，犁锄在手皆兵器。"用犁锄做兵器当然是落后的，但在千众万众乡民合力的情况下，还是能摧毁强徒的侵掠，关键在保卫家室田庐的紧迫感在起作用。

与饱受侵凌劫掠的群众相比，远在北京高高在上的皇帝，骄奢逸乐、养尊处优的贵族、大官僚，不但对外来侵略没有紧迫的预感，并且还在做着君临万国的"天朝"迷梦，妄说："大皇帝君临万国，恩被四表，无论内地外夷，均系大皇帝百姓。"① 像这样闭目塞听的妄自尊大，当然谈不上有什么敌情观念了。即使到了鸦片战争的前夕，连外国人也说"中国官府全不知外国之政事"，在广州的官僚也"不知英吉利人并米利坚人之事情"，因而"不去考究"。② 林则徐也批评这些文武官员，"不谙夷情，震于嘆咭唎之名，而实不知其来历"③。这样对敌方既然无知，内部当然无法构成团结对外的凝聚力，甚至像奕山所说"防民胜于防寇"④，那当然非失败不可了。

---

① 梁廷枏：《粤道贡国说》卷六，第10页。
② 《东西各洋越窜外船严行惩办片》，见中国史学会主编《鸦片战争》（第2册），神州国光社1954年版，第411～412页。
③ 《林则徐集·奏稿（中册）》，中华书局1965年版，第649页。
④ 《筹办夷务始末（道光朝）》（第2册），中华书局1964年版，第995页。

林则徐在鸦片战争中之所以比较重视人民的力量，其中一个原因是他了解敌情和民众的要求。据《道光洋艘征抚记》载："林则徐自去岁（指道光十九年）至粤，日日使人刺探西事，翻译西书，又购其新闻纸，知西人极藐水师，而畏沿海枭徒及渔船蜑户，于是招募丁壮五千，每人给月费银六圆，赡家银六圆。其费洋商、盐商及潮州客商分捐。"① 林则徐之所以这样做，是因为他从敌人方面了解到信息，他们对人民群众的凝聚力还是有所忌惮的。所谓老百姓怕官，官怕洋鬼子，洋鬼子怕老百姓，当时人曾说到这种三角式的关系，看来并非没有根据。林则徐发动群众，有钱出钱，有力出力，开眼看世界，了解敌情，采取对策，增强国人对抗外来侵略的紧迫感，与那些麻木不仁、闭目塞听，对世界大势完全无知的官僚、贵族，恰成强烈的对比。

　　林则徐受命到广东禁烟时，为要了解敌情和外事情况，曾组织译员翻译大量外国书报。其中为了解世界各国基本知识而译的《四洲志》，后来交由魏源扩充为《海国图志》。魏源在该书序言中说："是书何以作？曰：为以夷攻夷而作，为以夷款夷而作，为师夷长技以制夷而作。""师夷"即向西方学习，开眼看世界才承认自己的落后。落后就要挨打，由是产生紧迫感。学习西方长技为的是抵抗外来侵略，对内就要加强团结，产生爱国主义的凝聚力。

　　当林则徐、魏源主张开眼看世界时，一些极端保守的顽固派，仍然想奉行闭关锁国政策，如曾望颜就鼓吹"制夷之策，首在封关"②。当时同意林、魏观点的爱国者姚莹就对此加以驳斥，他指出："自古兵法，先审敌情，未有知己知彼而不胜，聩聩从事而不败者也！""中国无人留心海外，宜其轻中国而敢肆狙狯也。"③

　　鸦片战争失败，被迫订立丧权辱国的和约，爱国志士无不痛心疾首，如广州人民仍加强凝聚力，坚持反对英人入城的斗争。但作为清王朝的统治者，不仅对外来侵略并无紧迫感，反而在"和议之后，都门仍复恬嬉，大有雨过忘雷之意"④。至于向西方学习，更认为"有失国体"。对此，姚莹亦沉痛指出："若坐井观天，视四裔如魑魅，暗昧无知，怀柔乏术，坐致其侵凌，曾不知所忧虑，可乎？甚矣！拘迂之见，误天下国家也。"⑤

　　在中国近代史上，由于顽固派和投降派当政，这些人既不懂世界大势，故步自封；又拒绝学习西方，不思自强之术；反而敌视人民群众，奉行所谓"宁赠友邦，不与家奴"的卖国政策。由于人民忍无可忍，转而爆发反封建斗争。

---

① 魏源：《圣武记》卷十。
② 《筹办夷务始末（道光朝）》（第1册），中华书局1964年版，第250页。
③ 《东溟文后集》卷八，第10～11页。
④ 见中国史学会主编《鸦片战争》（第2册），神州国光社1954年版，第529页。
⑤ 《外夷留心中国文学》，见《康輶纪行》卷十二，第26页。

(三) 太平天国起义，在平均平等旗帜下人民群众的革命凝聚力量

鸦片战争爆发后约 10 个年头，在广西金田村又爆发洪秀全等人领导的太平天国起义。鸦片战争主要是反对外来侵略的反帝斗争，而太平天国起义则是反对清王朝的腐朽统治，是历代农民起义反封建斗争的继续。

太平天国是一场农民革命运动，它的社会基础据张德坚《贼情汇纂》记载，是以"农夫之家，贫寒之家"的广大贫苦农民为主体，也包括"挖煤开矿人，沿江纤夫、船夫、码头挑脚、轿夫、铁木匠作、艰苦手艺"等各行各业的劳动群众，起义领袖洪秀全则是出身于农民家庭的知识分子。当时所以有这样多的人参加起义，主要是忍受不了清王朝的黑暗统治，更加上外来的侵略和掠夺，使广大劳动人民无法生活下去。这一点正如马克思所指出："中国在一八四〇年战争失败后被迫付给英国的赔款，大量的非生产性的鸦片消费，鸦片贸易所引起的金银外流，外国竞争对本国生产的破坏，国家行政机关的腐化，这一切就造成了两个后果：旧税捐更重更难负担，此外又加上了新税捐。"① 同样洪秀全谈到他所以造反时说道："每年化中国之金银几千万为烟土，收花（华）民之脂膏数百万回满洲为花粉，一年如是，年年如是，至今二百年，中国之民富者安得不贫，贫者安能守法？"② 不能遵守封建王法理所当然就要造反。

洪秀全正是看出了人民群众对现实的不满，起义后他提出要建立一个没有私有，没有剥削和压迫的平均平等的新国家，称为太平天国。洪秀全这种思想的出现，正如列宁所指出："剥削的存在，永远会在被剥削者本身和个别'知识分子'代表中间产生一些与这一制度相反的理想。"③

洪秀全发动起义时，曾写过《原道救世歌》《原道醒世训》等一些带有政策性的宣传品，后来还颁发了《天朝田亩制度》，其中显示的平均平等思想是比较突出的。如宣布要"人人不受私，物物归上主"，起义时实行"同食同穿""一论平均"的"公库""圣库"制度，就是经济上的平均平等。政治上提出"天人一气理无二，何得君王私有尊"的责难，还声称："天下多男人，尽是兄弟之辈；天下多女子，尽是姊妹之群，可得存此疆彼界之私，何可起尔吞我并之念。""天下凡间，分言之则有万国，统言之则实一家"，这就是提倡男女和各民族之间应该平等。

洪秀全这种思想，不仅表现在言论上，并且付诸实际行动。从金田团营时起，参加起义的群众就"将一切所有缴纳于公库，全体衣食俱由公款开支，一律

---

① 《中国革命和欧洲革命》，见《马克思恩格斯选集》（第 2 卷），第 3 页。
② 《太平天国》（第 6 册），第 854 页。
③ 《民粹主义的经济内容》，见《列宁全集》（第 6 卷），第 393～394 页。

平均"①。起义后则规定"凡一切杀妖取城,所得金宝绸帛宝物等项,不得私藏,尽缴归天朝圣库"②。当时在军中实行食物供给制,上至天王,下至士兵,一律不支常俸,礼拜钱和粮米油盐都有定制,只在吃肉上有区别。这种制度的施行,有的外国刊物也认为是"共同生活的实现"。③直到1853年冬,从一位外国人访问太平军时的一段对话来看,战士们对这种"共同生活"还比较满意。太平军这种措施,当时受到广大群众的理解和支持,这在一些反对的人当中也得到反映。如有人写过一首诗:"浪说兄弟皆一律,诳称贫富总均匀。博施济齐尧犹病,哀此捐生受惑民。"④该诗作者是站在反对立场,但不能不承认人民是愿意接受这些"异端邪说"而不惜牺牲的。这是从反面证明,太平军在政治、经济上宣传平均平等思想,确是收到一定的效果。

洪秀全等人在宣传和发动群众起义时,早在广西桂平紫荆山区,就提出过"共食天禄"的口号,这口号表面上是披着人人是上帝所生所养的宗教色彩,实质上是反对物质财富为封建统治者所垄断,是带有经济上要求平均平等的内涵,这是来自群众的要求,又对群众参加起义起到巨大的鼓舞作用,李秀成回忆他参加起义军的情景时说,太平军在金田起义后路过藤县,有些不明真相的群众纷纷逃避,此时,"西、南二王传令拜上帝会之人,不必畏逃,同家食饭,何必逃乎"⑤?他就是在"同家食饭"的招引下参加太平军起义的,从这些例子可以看到,平均平等的号召,在近代的农民起义中仍然起到增强凝聚力的作用。

二、戊戌维新与义和团的反帝斗争——革新内政与抗拒外敌促进中华民族凝聚力的发展

(一)甲午战争失败,列强瓜分中国,中华民族面临凝聚御敌的严峻考验

中日甲午战争后,中国面临着被世界列强瓜分的严重危机。列宁曾经指出,在19世纪和20世纪之交,帝国主义列强在争夺分割世界,而"在世界上其他地方已经瓜分完毕的时候,争夺这些半独立国的斗争一定会特别尖锐起来"⑥。半独立国也就是半殖民地,中国当时就成为被列强争夺瓜分的对象。

---

① 《太平天国》(第6册),第870页。
② 《天命诏旨书》。
③ 《华北先驱》第174号。
④ 周邨:《太平军三下扬州》。
⑤ 《李秀成自述》。
⑥ 《帝国主义是资本主义的最高阶段》,见《列宁选集》(第2卷)。

中国是个大国，列强入侵后彼此都难以单独并吞，加上相互间的矛盾和利害冲突，所以瓜分的主要形式表现为争夺势力范围。英国侵华比较早，除占领香港外主要是控制着长江流域，并想从缅甸出发进入云南、四川，使长江上下游联成一气，全部纳入英国势力范围。此外在华南、华北地区，也有相当势力。

当时与英国争夺的有俄、德、法、日等国。甲午战后所订《马关条约》中，原有割让辽东半岛给日本的一条，由于与沙皇俄国利益冲突，俄国联合德、法两国，要求日本放弃占有辽东半岛，结果由中国付出三千万两银子将该地赎回。但沙俄并非为中国着想，而是为它自己扩张势力。光绪二十二年（1896），就迫使中国签订一个密约，容许俄国人修筑铁路经我国境内黑龙江、吉林直达海参崴。密约签订后一年，就出兵占领了旅大，并在《旅大租地条约》中同意俄国人从大连湾修筑铁路。这样一来中国的东北地区，实际上为沙皇俄国所控制。

德国参加三国干涉日本归还辽东后，先是向清政府索取天津和汉口二块租界地作为"报酬"，接着在沙俄占领旅大时，它就强占了胶州湾。在光绪二十四年（1898）签订的《胶澳租界条约》，还规定在胶州湾沿岸一百华里以内的地区，德国军队可随时进驻，同时还取得在山东境内开采矿产和修筑铁路的特权，由是山东省实际上划入德国的势力范围。

俄、德在东北和山东扩充势力时，法国则着眼于南方。它借口参加三国干涉还辽和俄法大借款时，就迫使清政府订立有利于法国侵入云南、广西的补充条款，即取得两地的矿山开采权和将在越南的铁路延伸到广西境内的权利。光绪二十三年（1897），清政府宣布"海南岛决不割让与他国"，这是承认法国在海南的特权。光绪二十四年，当德占胶州湾，俄占旅顺、大连时，法国就以"保持均势"为理由，于光绪二十五年，迫使清政府缔结了租借广州湾（即今广东湛江港）的条约。

在俄、德、法都在扩张势力范围的情况下，使原来占优势的大英帝国感到压力，于是在俄国占领旅大后，英国决定占领威海卫，在渤海湾与俄国对峙，阻挡其势力南下；在华南当法国租借广州湾时，就强租九龙半岛以抗衡法国势力，1896年还在伦敦订立协议，规定在云南和四川的一切权利由英法共同享有。

当英、俄、德、法在中国争夺势力范围的时候，日本却在经营所侵占的台湾，并在光绪二十四年正式向中国提出"不把福建省割让或租借与其他国家"的要求，即是把福建划为它的势力范围。

由上可见，甲午战后短短几年间，中国沿海的重要港湾都为列强所侵占，大片国土被划分为各帝国主义国家的势力范围，中国面临着被瓜分和沦为殖民地的危机，因此如何发奋图强、团结御侮、增强凝聚力以应付时艰，对爱国人士与人民群众是一场严峻的考验。

（二）在变法图强的维新运动中，人民渴望革新的凝聚力量

鸦片战争的失败，西方列强开始打开中国的大门，但当时人并不承认自身思想文化的落后，认为失败的原因只是缺乏同英国对抗的坚船利炮。当时林则徐、魏源等开始放眼世界，魏源提出的"师夷长技以制夷"，主要还是学习西方的军事技术以抵抗外来侵略，但甲午战争的失败，实践证明只靠购置坚甲利器并不能克敌制胜。而当时一些有识之士，在此之前已经看到中国的不足之处。如冯桂芬虽主张伦常名教为本，却又承认"人无弃材不如夷，地无遗利不如夷，君民不隔不如夷，名实必符不如夷"①。这就牵涉到封建专制政体比不上资产阶级民主政治优越性的问题了。

正是在中国受到列强侵凌出现空前危机的情况下，一些爱国之士都在寻求对策。广东首先受到外来侵略，同时亦较多与外界接触和商贸往来，思想开放较早，如郑观应、何启、胡礼垣等都主张效法西方行代议制，认为这样才能促进国内团结和增强凝聚力。

郑观应写了一部《盛世危言》，自称"幼猎书史，长业贸迁，愤彼族之要求，惜中朝之失策，于是学西文，涉重洋，日与彼都人士交接，察其习尚，访其政教，考其风俗利病得失盛衰之由，乃知其治乱之源，富强之本，不尽在船坚炮利，而在议院，上下同心，教养有法"②。他还专门写了《议院》篇，明确指出：西方富强之本，不在船坚炮利，而是推行代议制，在一定程度上听取人民的意见，因而做到朝野上下，同德同心，这是表明推行资产阶级民主制度，比封建专制政体更具备凝聚人民的力量。因此他建议中国也通过选举来设立议院，这样可以做到"君民相洽，情谊交孚"，与"万民之众，同甘共苦"，由是"上下一心，君民一体，尚何敌国外患之敢相陵侮哉"③？

何启、胡礼垣认为行新政就是要凝聚广大人民群众的力量。"一人之心有尽也，合亿兆万民之心则无尽矣。一人之力有穷也，合亿兆万民之力则无穷矣。"④但怎样才能凝聚亿兆人民的心力？他们说："国有公平，然后得民信；先得民信，然后得民心；先得民心，然后得民力；先得民力，然后可以养民和；可以养民和，然后可以平外患。"他们又说："人之根本在元气，国之根本在民情。赢而无害，及其已耗，则盛状而愈危，是以善养生者，培其元气而已。民情若厚，虽积弱而能兴，及其既漓，则刚强而反败。是以善治国者，厚其民情而已。"⑤这

---

① 《校邠庐抗议·制洋器议》，见《中国近代思想史参考资料简编》，第141页。
② 《盛世危言·初刊自序》，见《中国近代思想史参考资料简编》，第229页。
③ 《盛世危言·议院上》，见《中国近代思想史参考资料简编》，第238页。
④ 《新政真诠·曾论书后》，见《中国近代思想史参考资料简编》，第175页。
⑤ 《新政真诠·曾论书后》，见《中国近代思想史参考资料简编》，第181页。

里看来像是传统的民本思想。但他们提出要"开议院以布公平"①，却仍然归结到政治体制的改革方面。没有公平的政治就不能得到人民的信任，没有向心力和凝聚力就不能抗御外患。

综上所述，可见在当时的情况下已是人心思变，想变中国的封建专制政体为西方资产阶级民主的代议制度。王韬写了《变法》篇，就说："我中国既尽用泰西之所长，以至取士授官，亦必不泥成法，盖至此时不得不变古以通今者，势也。"又说："诸国既恃其长，自远而至，……肆其欺凌，相轧以相倾，则我又乌能不思变计哉？"② 变是大势所趋，是"迫我以不得不变"。因此，康有为发动的戊戌维新变法，也是顺理成章而为人心所向了。

康有为变法的终极目标是学习西方，想在中国实现资产阶级的君主立宪，以代替封建专制，但在当时的历史条件下，阶级力量的对比强弱悬殊，在封建顽固势力的反扑下变法归于失败。但在这场变法图强的维新运动中，人民仍然表现出对革新凝聚力量的渴望。

康有为变法维新，原是寄希望于从上而下的改革，但开始时下情不能上达，上书没有效果，梁启超曾说到当时情况："此书既不克上达，康有为以为望变法于朝廷，其事颇难，然各国之革政，未有不从国民而起者，故欲倡之于下，以唤起国民之议论，振刷国民之精神，使厚蓄其力，以待他日之用。"③ 康有为也说："上书不达之后，日以开会之义，号之于同志。"④ 这指的是发动组织学会，向群众宣传，唤起国民的凝聚力量。后来虽然变法没有成功，但引导人民"厚蓄其力"，也是为将来凝聚爱国革新力量做出准备。

（三）义和团在反帝斗争中表现出同仇敌忾的民族团结精神

紧跟着戊戌维新运动失败后，一种由民间秘密结社白莲教演变而来，称为义和拳的组织在山东一带开展活动。当时在山东由于洋货的大量输入，破坏了农村的自然经济，因而激发了农民和贫苦群众仇视外来侵略者的情绪。加上一些外来传教士庇护教民和欺压群众的事件也有发生，于是出现"拳民"与"教民"的矛盾。

在中国封建社会中，长期存在着农民与地主的矛盾。近代帝国主义入侵后，中国人民却担负着反帝反封建的双重任务，像白莲教那些秘密结社原来多用"反清复明"的口号来反对封建统治，后来随着时间的流逝，"复明"已没有什么意义。面对"拳民"活动已成燎原之势，清朝统治者有"剿""抚"两种主张，前

---

① 《新政真诠·新政论议》，见《中国近代思想史参考资料简编》，第197页。
② 《弢园文录外编·变法上》，见《中国近代思想史参考资料简编》，第158～159页。
③ 《戊戌政变记》，见《戊戌变法》（第1册），第297页。
④ 《康南海自编年谱》，见《戊戌变法》（第4册），第133页。

者是用武力镇压；后者则想转移视线，利用"拳民"作为排外的工具。"拳民"受招抚后称为义和团，换了"保清"或"扶清灭洋"的口号。玩弄这种手法，清朝统治者可谓一举两得。

义和团由反清到扶清，由于变化的背景比较复杂，所以对它抵抗外来侵略的历史作用，学术界的评价很不一样。有的认为这是一场自发的爱国运动，是构成中国近代史前期第二次革命高潮的重要组成部分。亦有人认为它是受统治者所利用而盲目排外、仇外，导致八国联军的入侵，自身也陷入悲剧的下场。

平心而论，义和团在这场战争中确是有受骗上当的一面。慈禧太后虽说对外宣战，其实想把北京城里的义和团群众弄去攻打使馆和教堂，但又不给枪械，让团众用大刀长矛来进攻，结果大量死亡在外国兵的枪口前面。这一步棋可以说是借刀杀人，消灭异己。应该指出，清廷这样做是有预谋的。监察御史郑炳麟在一篇奏折中就提到，要"尽移武卫军，率义和团均赴津沽，俾当前敌，而以官军鞭笞督饬，使义和团奋勇杀敌"①。事实上在天津的保卫战中，马玉昆统兵就要义和团做先锋，让官军殿后，在进攻租界的一次战斗中，团民阵亡2000多人，而官兵连受伤的都很少。

义和团既正面受洋兵袭击，又被官兵在背后枪杀。据当时人记载也说："故是夕团匪死者如此之多，并非皆洋兵打死。"② 清廷不但借刀杀人，而且官军还亲自动手，义和团群众可以说死不瞑目。

不过义和团虽是上当受骗，但他们奋勇面对外来侵略者的战斗，确是不乏爱国的真诚。他们没有统一的指挥和严密的组织，使用的是落后武器，加上相信"刀枪不入"之类的迷信意识，失败似乎不可避免。但是，在天津同外来侵略军作战的主力，仍然是义和团的群众，他们英勇地战斗在反侵略的最前线。当时奉旨到天津视察的刘恩溥在给清廷的报告中说："团民大半手持刀矛，以血肉之躯与火药相敌，均属发于义愤，然皆勇而无谋。"③ 他还目击天津失守前的战斗情况，最后作为官军的"宋军马军后队均退至十八里之北仓。团民虽抵御不退，苦无军火"④。可见天津保卫战坚持到最后的还是义和团群众。他们被讥笑为"勇而无谋"，而那些闻风而溃的官兵耍的却是阴谋，是愚弄为国牺牲的群众。义和团的反帝斗争虽然失败了，但表现出同仇敌忾的团结精神，却永远值得我们怀念。

---

① 《义和团档案史料》（上册），第245页。
② 《避难日记》，见《义和团资料》（第2册），第171页。
③ 《义和团档案史料》（上册），第279页。
④ 《义和团档案史料》（上册），第299页。

三、辛亥革命到五四新文化运动——"五族共和"的实现与增强中华民族凝聚力的新篇章

（一）辛亥革命实现"五族共和"与中华民族凝聚力的新发展

1911年10月10日，武昌革命士兵首先发难，掀起一场反对清朝统治的武装起义，史称辛亥革命。武昌首义后各省纷纷独立响应，使清廷对多数省区失去控制。袁世凯就乘机一方面迫使清廷让权，另一方面则对革命群众施展两面派手法，即战与和交替使用，目的是要使自己成为新的统治者。由于革命群众缺乏坚强的领导核心，加上响应独立的多为自身私利，有点陷入群龙无首的局面。

武昌首义后拟筹组临时政府，由于各种矛盾而出现难产，到12月25日孙中山从海外归来才有所转机。孙中山致力革命多年，在全国人民心中享有崇高威望。12月29日孙中山被选为临时大总统，1912年1月1日在南京宣誓就职，宣布中华民国成立。辛亥革命虽未能完成民主革命的根本任务，未能改变中国半封建半殖民地的社会性质，然而毕竟推翻清朝，结束了中国2000多年来长期延续的君主专制制度。毛泽东也认为以孙中山为首的资产阶级革命派，"在辛亥革命时期，领导人民推翻帝制，建立共和国"，这是他们的"丰功伟绩"。①

孙中山在就职宣言中宣布反对民族压迫、坚持民族团结；反对分裂割据，坚持全国统一的政策。他明确指出："国家之本，在于人民，合汉满蒙回藏诸地为一国，即合汉满蒙回藏诸族为一人，是曰民族之统一。"② 这就是"五族共和"的主张。

由于清朝王室是满族人，所以在反对清王朝的革命过程中，不免带有排满的内容。但当时一些有识之士却明确做了区别。如革命烈士熊成基被捕后在狱中写供词数千言，直言革命宗旨是"以推翻政府改革政治为主要，不尽是满汉种族之见"③。"俾我同胞永享共和之幸福，以洗涤我祖国历史上莫大之耻辱"④，孙中山在就职宣言中就是阐述这种思想，并明确提出"五族共和"的主张。在宣言中还指出当时各地响应武昌起义的"所谓独立，对于清廷为脱离，对于各省为联合。蒙古、西藏，意亦同此"。这说明辛亥革命并非闹分裂，而是更好地团结各族人民，维护祖国领土的完整，即是从爱国主义立场来加强全国人民（包括满族）的凝聚力，是具有现实的积极意义。

---

① 《纪念孙中山先生》，载《人民日报》1956年11月12日。
② 《大总统宣言书》，见《辛亥革命》（第8册），第16页。
③ 《熊烈士供词》，见《民国人物传》（第1卷），中华书局1978年版，第71页转引。
④ 《大总统宣言书》，见《辛亥革命》（第8册），第16页。

辛亥革命的目的，是团结全国人民共建共和国体。孙中山的宣言，不但得到群众的拥护，同时在促使清室统治集团的分化瓦解上也起有一定作用。如袁世凯虽然口是心非，也不能不承认"民军万众一心，莫之能御"，以此迫使清帝退位，"以顺民心"。当时南北议和，南京临时政府承认优待清室条件，其中就有关于满蒙回藏四族概与汉族平等的协议。接着清帝在逊位诏书中，亦称："即由袁世凯以全权组织共和政府，与民军协商统一办法。……仍合满汉蒙回藏五族完全领土为一大中华民国。"这里虽然袁世凯在玩弄权术，但他当时也不能不借助共和；而由五族联合建构中华民国，作为清朝统治者也不能不予以承认。

（二）民族团结与反帝制回流的斗争

辛亥革命虽然迫使清朝皇帝退位，并承认共和体制的民国政权，但当时清廷中真正掌握实权的是袁世凯。他利用资产阶级革命党人的软弱性，以清帝退位换取选他为大总统。清帝于1912年2月12日宣布退位，3月10日袁世凯在北京就职为临时大总统。但他对此并不满足，1913年3月刺杀宋教仁，4月以"善后"为名向英、法等五国银行大借款，7月派北洋军南下镇压孙中山发动的"二次革命"。

袁世凯镇压"二次革命"后，一心追求独裁专制的统一，因而采取一系列倒行逆施的步骤。先是胁迫国会选举他为总统，接着解散国民党和国会。1914年5月，公然宣布废除他曾宣誓遵守的《中华民国临时约法》，又自行修改总统选举法，可以终身连任并指定继承人，到12月又像历代皇帝一样到天坛祭天，就这样一步步走上复辟帝制的道路。

袁世凯为了换取日本对其复辟帝制的支持，1915年5月接受日本提出的"二十一条"的卖国条约，到此他自以为有了外援，更加紧复辟帝制活动。经过舆论宣传与组织策动，由参政院以"国民代表大会总代表"的名义，"推戴"袁为"中华帝国大皇帝"。① 他在假意推让之后，于12月12日发布接受帝位申令。接着成立"大典筹备处"，改总统府为"新华宫"，改民国五年为"洪宪"元年，准备1916年元旦"登极"。

但是袁世凯的皇帝梦并不美妙，历史的潮流是要民主共和，复辟帝制当然会受到全国人民的反对。孙中山发表讨袁的宣言和檄文，痛斥他意欲"推翻民国，以一姓之尊而奴视五族"② 的罪行。12月25日蔡锷首先在云南宣布讨袁，组成护国军攻入四川，不久贵州、广西也宣布独立。袁世凯被迫于1916年3月取消帝制令，复称"中华民国"，并仍想保持总统职位。

---

① 黄毅：《袁氏盗国记》（上篇），国民书社1917年版，第91页。
② 孙中山：《讨袁檄文》，见《孙中山选集》（上卷），人民出版社1962年版，第100页。

袁世凯皇帝梦的破灭，再不能得到人民的信任。孙中山号召讨袁要"猛向前进，决不使危害民国如袁氏者生息于国内"①。全国各地也纷纷通电声讨，要求"扑杀此獠，以绝乱种"②。在众叛亲离的情况下，袁世凯在6月6日忧愤而死，这个破坏"五族共和"的独夫民贼，终于受到历史的惩罚。

袁世凯之后还出现过张勋复辟，武昌起义时他任江南提督，就叫嚷说："独立即造反，反皆贼也。"③他在南京城内搜捕革命党人，"凡剪发、悬白旗、携白布者辄遭暴戮"④。接着为革命军击败，退守徐州。清帝退位后，他仍以清朝忠臣自命，伺机复辟。1917年3月间，黎元洪与段祺瑞爆发矛盾，张勋借名调解，带兵于6月14日入京，经过密谋策划，于7月1日拥立清废帝溥仪"登极"。当天就改年号，将民国六年七月一日改为"宣统九年五月十三日"；还把象征"五族共和"的五色旗恢复为黄龙旗，复辟清朝旧制。

张勋复辟消息传出后，立刻遭到各族人民的强烈反对，舆论也一致声讨，段祺瑞借着人民的声威，组成"讨逆军"宣布讨伐张勋，上演12天的复辟丑剧就宣告结束。辛亥革命后再企图恢复帝制是逆历史潮流而动，终被各族人民的凝聚力量所粉碎。

（三）五四群众反帝爱国运动与增强中华民族凝聚力的新路向

民国初年袁世凯、张勋复辟帝制的回流，虽然没有成功，但真正的民主共和政体，也同样没有实现。在中华民国的招牌底下，掌握国政的依然是新旧军阀割据势力。

由于掌权的军阀虽有浓厚的封建割据性，却又仍然打着民国的招牌，这就产生是真共和还是假共和的问题。为要反对北洋军阀的政府，1917年5月，孙中山从上海来到广州，他发表演讲说："中国共和垂六年，国民未有享过些共和幸福。非共和之罪也，执共和国政之人，以假共和之面孔，行真专制之手段也。故今日变乱，非帝政与民政之争，非新旧潮流之争，非南北意见之争，实真共和与假共和之争。""鄙人密察大势，非得强大之海陆军，为国民争回真共和，无以贯澈其救国救民之宗旨。"⑤

孙中山的讲话虽然抓住了要害，但他对那些搞假共和的军阀却无能为力，因为他没有掌握到一支强大的海陆军，而护法运动终归失败。

与此同时，反对军阀统治却开辟了另一条战线，就是我们通常说的五四新文

---

① 《孙中山致各都督司令电》，载《民国日报》1916年5月11日。
② 《十九省公民否认袁世凯冒称总统书》，见《袁氏盗国记》（下篇），第13页。
③ 胡嗣瑗：《〈松寿老人自叙〉签注》。
④ 《共讨残暴之张勋》，见《民立报》1911年11月11日社论。
⑤ 孙中山在黄埔公园欢迎会上的演讲，见《中国国民党史稿》（第三篇），第1072页。

化运动。五四运动是以发生于1919年5月4日的北京学生爱国运动而得名,但从思想舆论方面,1915年创办的《新青年》杂志已经做了准备。这几年发表的文章,是以资产阶级民主主义为思想武器。文章认为中国要想真正成为一个民主共和国,必须彻底批判封建主义的旧思想、旧道德、旧文化,树立民主主义的新思想、新道德、新文化,否则就像辛亥革命那样使民主共和流于形式。这里主要是提高人民群众的民主思想意识和增强人民群众的凝聚力量。

经过两三年思想舆论上的准备,广大群众特别是青年学生的爱国和民主意识大为加强。所以当第一次世界大战结束,1919年召开巴黎和会时,中国的知识界以为可以利用这次机会,争得中国在世界上平等独立的地位。但结果中国的要求失败了,德国在山东的权利都只能让给日本。消息传来,北京的学生首先起来用行动表示对帝国主义和亲日派的愤慨。5月4日下午,北京各校学生3000多人在天安门前集会和游行示威,在宣言中提出"外争主权,内除国贼"的口号,主张立即召开国民大会。这次学生运动震动了全国。

由于北洋军阀政府的阻挠和逮捕学生,更加激起学生群众的愤怒,使运动迅速发展到全国,不仅各地学生罢课,而且商人罢市,工人罢工,形成全国性的反对帝国主义、反对卖国政府的运动。

凝聚着青年学生和各界人民力量的五四群众爱国运动,引起当时护法失败的孙中山很大的激情和希望,1920年1月他在写给国民党员的信中说:"自北京大学学生发生五四运动以来,一般爱国青年,无不以革新思想为将来革新事业之预备。于是蓬蓬勃勃,发抒言论。国内各界舆论,一致同倡。各种新出版物,为热心青年所举办者,纷纷应时而出,扬葩吐艳,各极其致,社会遂蒙绝大之影响。虽以顽劣之伪政府,犹且不敢撄其锋。此种新文化运动,在我国今日,诚思想界空前之大变动。推原其始,不过由于出版界之一二觉悟者从事提倡,遂至舆论放大异彩,学潮弥漫全国,人皆激发天良,誓死为爱国之运动;倘能继长增高,其将来收效之伟大且久远者,可无疑也。"

孙中山对五四运动无疑地做了很高的评价,他肯定这次爱国运动,是由青年学生发起并得到国内各界人民的支持,必然取得伟大和久远的社会效果。其实这场运动,不但标榜出西方的科学与民主思想,同时一些先进的知识分子却开始接受马克思主义向中国的传播,并和工人运动相结合,为中国共产党的成立做了必要的思想准备。自是以工人为核心的人民群众,经过五四反帝爱国运动的锻炼,使民主革命走上一个新台阶,对增强中华民族凝聚力,也走出了一条新的路向。

(原载《中华民族凝聚力论纲》,广东人民出版社1995年版)

"一国两制"构想与中华民族凝聚力

"一国两制"即是在一个国家中，可以同时实行两种政治制度。如在我们中国，内地推行的是社会主义制度，而香港回归后仍然保留它的资本主义制度，这就称之为"一国两制"。中国在现阶段，为什么推行"一国两制"，为什么它对中华民族凝聚力能起到促进作用，这是一个值得探讨的问题。

一

"一国两制"在马、恩、列等人的著作中是没有明确地被论及的，在声称遵循以马克思主义理论作为指导的国家中也没有实行过。邓小平同志在中共十一届三中全会上，确立了解放思想、实事求是的思想路线。他打破"两个凡是"和各种教条主义的框框，提出"一国两制"的伟大构想，这可以说是摆脱教条主义的思想解放，也是对马克思主义的创造性发展。

但是，这种思想解放，并不是凭空设想，而是根据国情的实际来做出的决策。这个问题要回顾一下历史。现在我们提出推行"一国两制"的地区是香港、澳门和台湾，这些原来都曾经被外来侵略者占领。由于侵占它们的是较为发达的资本主义国家，如鸦片战争时的英国，比维持封建专制体制的清王朝当然较为先进。中国由于各种原因，从封建社会向近代转型出现重重困难，康有为领导的戊戌变法的失败，清王朝无法走日本明治维新的道路。至于慈禧晚年推行所谓"新政"，虽然形势迫使她也做出一些有利于社会进步的改革，但最终还是不肯放弃君主专制政权。后来由于武昌起义，加上袁世凯的"逼宫"，清帝才不得已而退位。这次由资产阶级领导的旧民主主义革命，虽然推翻了封建专制的清王朝，换上一块中华民国的招牌，可是作为革命领导人的孙中山，还是承认"革命尚未成功"，即并未建立起具有资本主义社会性质的民主共和制度。

辛亥革命的失败，标志着中国民族资产阶级无法完成向现代社会转型的历史任务。五四运动以后，只能由无产阶级继续进行新民主主义革命，经过艰苦奋斗，由中国共产党领导的革命才取得初步成功，在1949年建立了中华人民共和国。从革命性质来说，新民主主义革命仍属于资产阶级革命范畴，但由共产党领导的革命不可能建立资本主义社会，而要巩固新民主主义社会，又似乎在社会发展阶段上找不到根据。因而，在中华人民共和国成立后经过恢复经济和执行过渡时期总路线取得成功后，就有点急于向社会主义社会转型。于是农业合作化和对私营工商业改造就加速完成，1958年的"大跃进"和向共产主义进军就成为不可避免的趋势。

1958年"大跃进"的欲速不达，接着带来三年经济困难时期，但我们党的主要领导人并未真正吸取教训，反而把资产阶级作为主要敌人，将资本主义复辟视为主要危险。强调以阶级斗争为纲，把党内所谓走资派作为革命主要对象，终于发动史无前例的"文化大革命"，把中国经济弄到将近崩溃的边缘。

与我们在政策上的连年失误相比，受殖民统治的如香港，在经济上反而得到稳步发展。在这种情况下，加上国内强烈地反对资本主义政策，使得国内和境外华人、港澳同胞的关系变得冷淡了。因此，改革开放后如何改变这种局面，特别是香港回归提上议事日程后，如何拨乱反正，就成了一种紧迫的客观形势。邓小平同志对"一国两制"的伟大构想，可以说是应时而生了。实践证明，香港回归后作为特别行政区继续保留其生活方式和社会制度，就有利于保持其社会人心的稳定和社会经济的发展。从"三个有利于"出发，推行"一国两制"，亦是符合"实事求是"精神的。

二

我们回顾一下历史，在中英谈判提出要在1997年恢复行使香港主权时，邓小平同志明确表示，回归主权问题是不容讨论的。当时，港人对此称之为"九七"回归大限。

港人为什么那样关注中英谈判呢？说实在话，有不少港人是表示忧虑的。其中主要是对内地不了解和较为亲英的部分有产者，也有一些知识分子、公务员和一般群众。这些人把"九七"回归大限看成是一场难以捉摸的厄运，其中有的人抽走资金甚至移民国外，或者备有外国护照以便脚踏两条船，做狡兔三窟的准备。就是有些没有条件或是不想离开的，亦是感到心中惶惑不安。总之，对回归问题有点人心浮动。

那么，在中英谈判香港回归时，港人为什么产生疑虑呢？这不能怪人家误解，实在应检查自己政策的失误。20世纪50年代初期，海外华人和港澳同胞对祖国是向往的，有的高级知识分子和科技人员甚至愿意放弃原来在外面的高薪报酬，回来报效祖国，而年轻学生也有不少回国求学，大家相处相当融洽，说明当时国内有较强的凝聚力。但是，由于后来错误估计形势，急于成为发达的社会主义国家，并把资产阶级作为社会主义革命的主要对象。1957年"反右"，把大批知识分子打成资产阶级右派，后来甚至发展到农民养几只鸡、种几棵树也要割资本主义尾巴，对海外归来的人不信任而加以排斥，统战政策和华侨政策受到破坏，到"文革"时期更是大反"封、资、修"，害怕资本主义复辟，国内有点海外关系的人也备受怀疑。对于"文革",港人对当时的情况可能记忆犹新,而我们在党的十一届三中全会后政策的转变,海外的人可能还没有深切感受,因此,在香港回归问题上,在政治上没有大的运作,是难以解除港人的疑虑,恢复对回归的信心的。邓小平同志"一国两制"的伟大构想,正是解决这个要害问题的关键,在思想意识和现实政治问题上稳定港人回归祖国之心。

"一国两制"从构想到实行,是在经过中央谈判和制定"基本法"中加以落实的。当多数港人了解到"基本法",懂得中国是实行"一国两制"、港人治港的高度自治政策时,原来的思想顾虑就得以逐步消除。越是接近"九七"回归,人心不但没有浮动,反而有些人原来外出的,却出现回流现象。以上实践证明,"一国两制"的推行,对香港回归减少了阻力,增强了凝聚力,香港回归的盛典,得到普遍的认同和肯定。回归以后,内地与香港的关系由于"一国两制"的承诺,出现安定团结的局面。这就证明"一国两制"的威力,在实现祖国统一过程中,起到了促进中华民族的凝聚力的巨大作用。

三

"一国两制"是解决港、澳、台回归祖国的最佳方案,这为多数人所认可,但在推行过程中亦不是一帆风顺,如台湾当局当时就表示反对。1999年3月1日发表在英国报纸的一篇采访中,李登辉还是对《金融时报》说:"必须把台湾看作一个独立的主权地区,一个独立的实体。"法新社报道时也认为这番话"排除了立即与中国实现统一的可能性"。对香港回归,其实当时英方也不是很甘心的,只是形势所迫,不能不接受"九七"大限,但末代港督彭定康还是要制造点麻烦。他在立法会的选举程序上违反"基本法"的规定,故意单方面进行所谓政制改革,企图在"九七"回归后在立法会中保持亲英政治的优势。由于这是违反"基本法"的举措,理所当然受到中方的拒绝,并声明这届立法会不能作为跨越"九七"的直通车。"九七"回归后还有亲英党派拒绝参加临时立法会的选举,并且想利用外力来对特别行政区施加压力,虽然这种做法未能得逞,但也说明有些人想对"一国两制"进行干扰。

回归后还有香港法院对港人在内地所生子女居港权的终审裁决,并由此而引发的争议问题。由于裁决中牵涉对全国人大常委会权力的质疑,故引起法律专家的批评。后来由香港提出申请,要求终审法院对这部分的裁决给予解释和澄清,终审法院接受申请做出解释,本来这样做是应该的,但香港法律界和某些党派人士对此并不认可,认为终审法院这样做损害了所谓香港司法独立的权威。

对这个问题的争议,反映了对"一国两制"的不同理解。正如法律专家所说,"一国两制"的前提首先是"一国",香港特别行政区作为地方政府的法院,终审权是由全国人大授予的,终审权只能在"基本法"约束范围之内,如果不受约束,香港就成为主权国家,不是"一国两制"了。而香港法律界和某些政界人物,对香港终审法院对裁决做出澄清性的解释也表示反对,那不是明显对"一国两制"的挑战吗?

对法院的个案判决,应该公平合理。特别是牵涉面大的,更要注意维护多数人的利益,如香港终审法院判决港人在内地子女的居港权问题。据调查,如让这样多的人数进入,香港社会是难以承受的,将会损害大多数港人利益。

根据调查表明,终裁带来了负面影响,号称现代文明社会的大律师对此不会不知道,但他们坚持所谓司法独立,不惜损害多数港人利益,反对依据"基本法"由全国人大常委会行使解释权。对这个问题,正如前面提到有的法律人士所指出:"一国两制"的前提是"一国",如果否认这个前提就变成香港有独立主权了,这等于对"一国两制"原则的否定,我们当然不能接受。

以一个中国原则实现香港、澳门回归,是得到大多数人的赞同的,也得到国际社会的认可,虽也受到极少数人在有意无意之间进行干扰,但基本上还算顺利交接政权。江泽民同志说,"一国两制"是个新事物,中间出现一些问题也不奇怪,又说到"一国两制"的完善也需要有一个过程。即是说这方面我们还要继续做好工作。

港、澳回归以后,要推行"一国两制"就留下一个台湾了。这几年我们的工作并不顺利,关键是一个中国原则没有得到共识。台湾在蒋家父子执政时,虽和我们处于敌对地位,但只承认一个中国。李登辉上台后,却背离了国民党原来的政治理念。当汪、辜准备再次会谈,拟用"一个中国,各自表述"的方式来取得共识时,李登辉对这较为模糊的提法亦不认同,反而把台湾与中国说成国与国的关系,或是特殊国与国的关系。这样一来,就把"一国两制"的前提即"一国"给否定了。

这次台湾选举,国民党落败,民进党陈水扁上台。民进党党章是明确说要搞"台独"的,现在成为执政党怕说得太露骨,有人提出要研究修改,陈水扁也做出和解姿态。我们坚持一个中国原则是和平解决台湾问题的基础和前提,而陈水扁却要耍点花样,不承认一个中国是"原则",却说成个"议题"。因为承认是原则就要遵守,是议题就可以讨论,这是一种巧妙的拖延策略,可能以后还会有别的花样。

企图把台湾分裂出去的分子现在成为推行"一国两制"的主要障碍,也是造成两岸关系紧张的重要原因。台湾选举后,据报道,亚非一些国家重申坚持一个中国原则,江泽民在会见美常驻联合国代表时,也敦促美国用行动坚持一个中国政策。至于一些国家的华人华侨代表及纽约中国和平统一促进会,亦都通过举行座谈会或发表声明等形式,要求台湾地区新领导人接受一个中国原则,不过效果如何就要听其言而观其行了。

其实以香港回归三年多的情况看,原来资本主义制度的一套照常运作,港人治港比原来的英国殖民统治享有更大的民主自由,一些经贸、文化、体育在国际上的活动也沿袭过去不变,如体育代表队只是加上"中国"两字,表示是属于一国而已,香港回归不但没有损失,如亚洲发生金融风暴时还得到内地的支持。对台湾的和平统一,享有民主自由是会有更大的空间,这是人心所向,大势所趋,凡是不愿意做背叛国家民族的人,对此应当有所警悟。

至于"一国两制"的发展前景,我认为在"一国"的归属内,两种制度的关系不是矛盾对立的,而是互相帮助,共同繁荣,缩短双方实现现代化的差距,最终成为一体的社会主义的发达的现代化国家,对促进中华民族凝聚力发挥更大的作用。这是对未来总的展望。

具体对香港的回归,由于说实行"一国两制"是五十年不变,那么五十年后前景如何,颇受人们的关注。我认为我国现在虽然是社会主义国家,但处在初级阶段,与资本主义发达国家相比,仍然属于发展中的国家。也可以说,我们现在仍存在着先进社会制度与落后生产力的矛盾,要缩短差距就要以经济建设为中心,继续发展生产力。"一国两制"可以和平竞争,但不是谁吃掉谁,而是互相促进,共同繁荣。到五十年或若干年后,我们已成为社会主义现代化的发达国家,那时候"一国两制"的界线自然消除了。因为社会主义优越性如果真正得到发挥,生产力的提高会快过资本主义,那么,即使所有制方面存在两种制度的差别,但由于社会经济的发展与人民生活的富裕达到相同的水平,两地人民的凝聚力与时俱进,再不会受到别的干扰,却完全可以肯定,这就是本文的结论。

(原载《中山大学学报》2001年第3期)